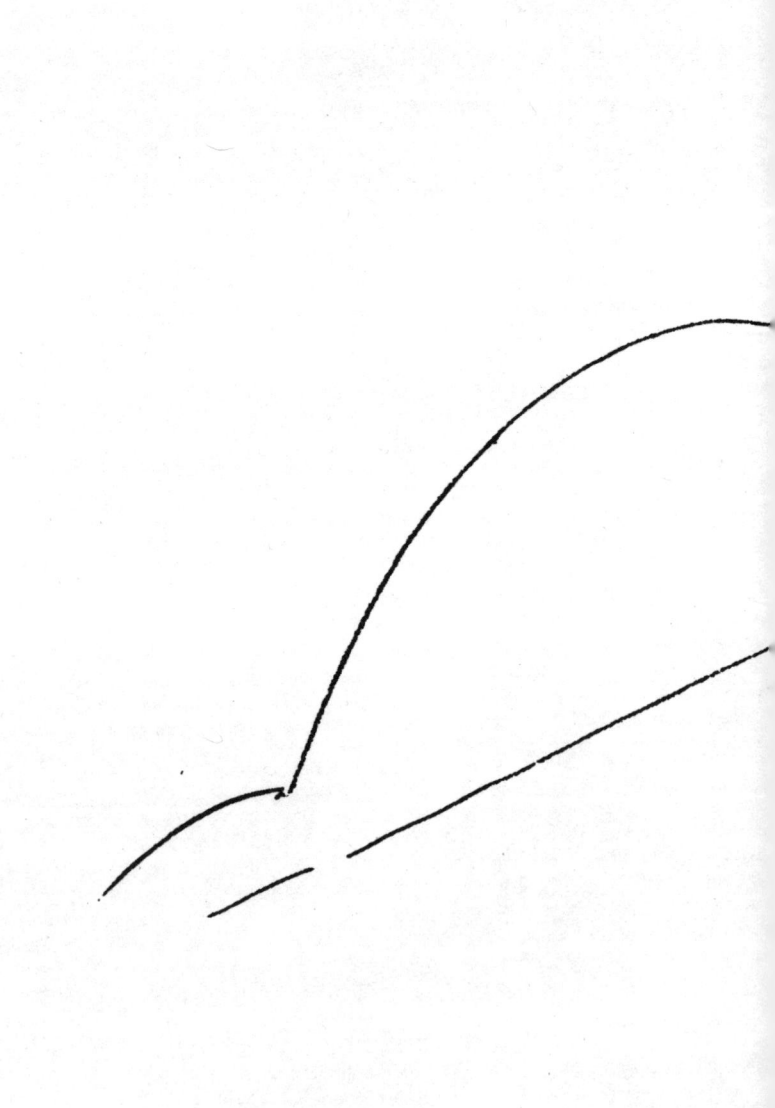

Jelena Kusmina

# *Anna Achmatowa*

Ein Leben im Unbehausten

Aus dem Russischen von
Swetlana Geier

Rowohlt · Berlin

Der Abdruck der Fotos erfolgt mit freundlicher
Genehmigung des Achmatowa-Museums, St. Petersburg

1. Auflage April 1993
Für diese Ausgabe:
Copyright © 1993 by Rowohlt · Berlin Verlag GmbH, Berlin
Alle deutschen Rechte vorbehalten
Copyright © 1991 by Jelena Kusmina
Umschlaggestaltung Walter Hellmann
Foto der Autorin: Otavan Kuva-Arkisto
Redaktion Vera Stutz-Bischitzky
Satz Berling (Linotronic 500)
Gesamtherstellung Clausen & Bosse, Leck
Printed in Germany
ISBN 3 87134 058 8

# Inhalt

Das vorliegende Buch versteht sich als ein Mosaik, zusammenge-
fügt aus Lebenszeugnissen und Werk, wobei Achmatowas Lyrik
durchgehend als Spiegelung des Erlebten gesehen wird. Interpretation und Formales – Sprache, Stil, konstante oder sich wandelnde
Bilder – treten angesichts einer Biographie zurück, die für das zwanzigste Jahrhundert exemplarisch ist. Unter diesem Gesichtspunkt
erscheint eine wortgetreue, interlineare Übersetzung der zitierten
Gedichte als angemessene Lösung, da jede Nachdichtung ihren Tri-
but verlangt, was bedeutet: unvermeidliche inhaltliche Einbußen.

# Statt eines Vorworts

Im Jahre 1910 heiratete Anna Gorenko, die spätere russische Dichterin Anna Achmatowa, den Dichter Nikolai Gumiljow. Die Reise nach Paris, das sie zum ersten Mal sah, war ihre Hochzeitsreise.

Anna war einundzwanzig, und es war noch nie ein Gedicht erschienen, das mit dem Namen «Achmatowa» gezeichnet war.

In Paris, im Sommer 1910, begegnete sie Amedeo Modigliani. Er war sechsundzwanzig und nahezu unbekannt. Sie trafen sich nur wenige Male, doch den ganzen Winter über schrieb er ihr Briefe nach Rußland. «Vous êtes en moi comme une hantise.» Sie behielt diesen Satz aus einem seiner Briefe.

Und bereits ein Jahr später kam sie als *die* Anna Achmatowa nach Paris. Sie wurde inzwischen publiziert und hatte sich für das Pseudonym entschieden, das sie am Ende ihres Lebens auch unter ihre Erinnerungen an Modigliani setzen sollte.

Modigliani kannte die russische Sprache nicht, ahnte aber in ihren Gedichten das Wunder. Von seinen eigenen Gedichten hat er ihr nie erzählt. Doch sie lasen einander Verlaine und Baudelaire vor und freuten sich, daß sie sich an dieselben Verse erinnerten.

Modigliani stand damals im Bann Ägyptens und zeichnete Achmatowa im Kostüm ägyptischer Königinnen und Tänzerinnen. Insgesamt entstanden sechzehn Zeichnungen; es waren die ersten Porträts von Anna Achmatowa. Er wünschte, alle sechzehn sollten in ihrem Zimmer hängen. Diese Zeichnungen, die Briefe und die

Fotografie einer Plastik blieben ihr als Reliquien ihrer Begegnung – sie sollten einander nie wiedersehen.

Sieben Jahre später war in Rußland alles verändert.

Modiglianis Zeichnungen – alle, bis auf eine einzige – gingen verloren, auf dem Speicher des Hauses in Zarskoje Selo waren sie den Rotarmisten für die Selbstgedrehten sehr willkommen. Auch das Haus, in dem Achmatowa damals in der Familie der Gumiljows lebte, wurde kurz darauf zerstört. Ein anderes Zuhause hat sie ihr ganzes langes Leben nicht gefunden. Zusammen mit den verbrannten Archiven gingen «in den Zeiten der großen Verluste» die Briefe und die Fotografie von Modiglianis Plastik verloren. «Das verwüstete Haus» sollte das Schicksal ihres Lebens werden: «Was hab ich schon für Hab und Gut – nur den Modi unter den Arm nehmen und gehen.» Auf allen ihren Wegen begleitete sie stets die einzige ihr gebliebene Modigliani-Zeichnung.

1965, nachdem ein langes und schweres Leben hinter ihr lag, kam Anna Achmatowa noch einmal nach Paris, das sie vierundfünfzig Jahre lang nicht wiedergesehen hatte. Doch es war nicht mehr jenes «echte» Paris, das ihr einst Modigliani gezeigt hatte.

Das Haus in der rue Bonaparte, aus dessen Fenster sie, hinter der Jalousie versteckt, den vor dem Haus auf und ab wandelnden Modigliani beobachtet hatte, stand immer noch. Ein altes Haus, wohl aus dem 18. Jahrhundert, eines von jenen, wie sie in diesem Quartier häufig sind.

Achmatowas Schicksal schien sich zu vollenden, ein Kreis, in dem Anfang und Ende zusammenfallen. Sie starb acht Monate nach der Rückkehr aus Paris – am 5. März 1966.

# «Und nichts von rosenroter Kindheit»

*Ich wurde am 11.(23.) Juni 1889 in Bolschoi Fontan bei Odessa geboren. Mein Vater, Maschineningenieur bei der Marine, war damals nicht mehr im Dienst. Als ich ein Jahr alt war, zog die Familie nach Norden – nach Zarskoje Selo. Dort verbrachte ich die ersten sechzehn Jahre meines Lebens.*

*Meine ersten Erinnerungen an Zarskoje Selo sind: die grüne feuchte Herrlichkeit der Parks, die Weide, wohin meine Kinderfrau mich führte, das Hippodrom, wo kleine, scheckige Pferdchen galoppierten, der alte Bahnhof und einiges mehr, was später in die «Ode an Zarskoje Selo» Eingang finden sollte.*

*Jeden Sommer verbrachte ich in der Gegend von Sewastopol, am Ufer der Strelezker Bucht, und schloß dort Freundschaft mit dem Meer. Der stärkste Eindruck dieser Jahre: das antike Cherson in unserer unmittelbaren Nachbarschaft.*

*Lesen lernte ich nach dem Lesebuch Tolstois. Mit fünf begann ich französisch zu plappern, nachdem ich beim Unterricht der älteren Geschwister zugehört hatte.*

*Mein erstes Gedicht schrieb ich mit elf. Die Poesie begann für mich nicht mit Puschkin und Lermontow, sondern mit Derschawin («Zur Geburt des Thronfolgers») und Nekrassow («Frost Rotnase»). Meine Mutter kannte diese Gedichte auswendig.*

*In Zarskoje Selo besuchte ich das Mädchengymnasium. Zunächst war ich eine schlechte Schülerin, später wesentlich besser, aber stets gleichbleibend lustlos.*

*1905 trennten sich meine Eltern, und Mama zog mit uns Kindern in den Süden. Wir lebten ein ganzes Jahr in Jewpatorija, wo ich mir den Stoff der Unterprima daheim aneignete, mich nach Zarskoje Selo sehnte und eine Unmenge hilfloser Gedichte schrieb. Die Revolution von 1905 erreichte das von der Welt abgeschnittene Jewpatorija als dumpfes Grollen. Die Prima absolvierte ich in Kiew, im Funduklejew-Gymnasium, das ich 1907 abschloß. \**

Das Geheimnis der Genialität regt immer wieder unsere Phantasie an. Selbst wenn wir die Ohnmacht einer logischen Erklärung gegenüber diesem Phänomen anerkennen, selbst wenn wir es als Gabe der Vorsehung betrachten, versuchen wir dennoch jener Ursache, jenem Keim nachzuspüren, der dem Menschen Unsterblichkeit schenkt. Im allgemeinen führt alles Suchen zu keinem eindeutigen Ergebnis. Aber die Menschen fragen trotzdem immer wieder, wann Mozart sein erstes Konzert gespielt, wann Puschkin und Goethe zum ersten Mal zur Feder gegriffen haben, und werden nicht müde, über Einsteins schlechte Zensuren zu staunen. Die übliche, alltägliche Frage: «Wem sieht das Kleine ähnlich?» schlägt angesichts eines genialen Kindes in die Neugierde um, ob es in der Familie eines Musikers Musiker, eines Dichters Dichter und eines Malers Maler gegeben habe. Und diese naive Frage führt auf denselben Weg, den Psychologen und Biographen beschreiten: Alles beginnt mit der Kindheit, mit dem dichtesten, bedeutsamsten Lebensabschnitt eines jeden Menschen, mit jener Zeit, die die Anfänge der Persönlichkeit in sich birgt, das heißt des Charakters, des Intellekts, der Gewohnheiten und der Interessen. Es ist gut möglich, daß der traditionelle Fragenkatalog nach Eltern, Familie, Schule und Milieu oberflächlich ist. Aber er existiert eben – als Versuch, ein Schicksal zu erklären.

\* Alle kursiven Passagen sind Prosatexte (in den meisten Fällen Auszüge) Anna Achmatowas.

Früher oder später beginnt der Mensch sein eigenes Leben als Einheit zu betrachten, und alsbald verknüpfen sich die Fäden logischer, emotionaler und intuitiver Beziehungen, die scheinbar zufälligen Tatsachen und Ereignisse zu einem Ganzen. Sobald der Mensch in seinem Leben ein Geschick, einen Weg, ein Prinzip und Ziel erkannt hat, setzt er nicht nur jeden folgenden Schritt damit in Beziehung, nicht nur die Zukunft, sondern auch die Vergangenheit. Einzelne Episoden werden von diesem Prisma gebündelt. So wirken bedeutende Menschen selbst an der Entstehung der Legende ihres Lebens mit und machen sie zu einem Bestandteil ihres Lebens, während sie sich für uns zu einer psychologischen und kulturellen Bestandsaufnahme einer bestimmten Epoche verwandelt.

Die autobiographischen Notizen Achmatowas sind ein sprechendes Beispiel für die Biographie als Legende der eigenen Person und ihrer Zeit, innerhalb deren dem Zusammentreffen des Jahrhundertanfangs und der eigenen Kindheit symbolische Bedeutung zukommt.

*Ich wurde am 11. (23.) Juni 1889 in Bolschoi Fontan bei Odessa geboren. Mein Vater, Maschineningenieur bei der Marine, war damals nicht mehr im Dienst.*

Das ist eine der spärlichen und kargen Erinnerungen an ihren Vater, das Haupt einer dem Schein nach durchschnittlichen Adelsfamilie. Andrej Antonowitsch Gorenko war Staatsdiener. Wohnort, Wohlstand und Zufriedenheit von Frau und Kindern hingen weitgehend von seinen dienstlichen Verhältnissen ab, die häufig genug zu wünschen übrigließen.

Am Schwarzen Meer, in Sewastopol geboren, diente Andrej Antonowitsch Gorenko seit 1864 bei der Flotte und unterrichtete in verschiedenen Marineschulen, erst im Süden, später in Petersburg. Ende der siebziger Jahre wurde gegen ihn Anklage wegen politischer Unzuverlässigkeit erhoben, das Polizeidepartement strebte sogar einen Prozeß wegen «schädlichen Gedankenguts» an. Die Entlassung aus dem Dienst war unabwendbar. Später sollte Andrej Antonowitsch wieder in den Marinedienst zurückkehren. Allerdings nicht mehr für lange. Bald zog er die Zivillaufbahn vor, die sich viel günstiger gestaltete.

Allerdings gelang es Andrej Antonowitsch, der in seinem Urteil und seinen Äußerungen nicht gerade zurückhaltend war, auch jetzt nicht, mit seinen Vorgesetzten auszukommen, ebensowenig wie es ihm gelingen wollte, die Finanzen seiner Familie zu regeln. Bedenkt man außerdem, daß er «gern lebte», daß die Familie zahlreich war, daß die sechs Kinder* ständig kränkelten, so fällt die Vorstellung nicht schwer, daß weder die äußeren noch inneren Umstände den Familienmitgliedern Ruhe und Geborgenheit schenken konnten.

«Papa Andrej Antonowitsch, ein kräftiger, ungewöhnlich gesunder, bildschöner Marineoffizier der Schwarzmeerflotte, bekleidete einen ziemlich hohen Posten und war in seinen Ansichten und Handlungen völlig souverän (er brachte es sogar fertig, sich mit Großfürst Alexander Michailowitsch wegen irgendwelcher Meinungsverschiedenheiten zu überwerfen). Immer elegant, stets sorgfältig gekleidet, mit tiefem grollendem Baß, zeichnete er sich durch Ironie, durch die Originalität seiner Ausdrucksweise und die ein wenig manierierte Syntax à la sechziger Jahre aus... Er liebte seine Kinder und pflegte sie mit Namen und Vatersnamen anzusprechen (ich sehe heute noch seine mächtige Gestalt in der Haustür und höre: ‹Und wo ist Anna Andrejewna?›, das heißt Anja, die er im Spaß ‹unsere Poetesse› nannte). Aber die Kinder gingen ihm nach Möglichkeit aus dem Weg und fürchteten seine wahrhaft homerischen Zornesausbrüche. Dagegen war die unendlich sanfte und gütige Inna Erasmowna, immer blühend, mit Grübchen in den Wangen und einem Flaum über der Oberlippe, eine keineswegs strenge Mutter, ... und die Kinder brachten ihr eine fröhliche Zärt-

---

* Außer Anna gab es in der Familie Gorenko fünf weitere Kinder: Inna (1883–1905), Andrej (1886–1920), Irina (1888?–1892?), Ija (1894 bis 1922) und Viktor (1896–1976).

lichkeit entgegen.» So beschreibt Annas Schulfreundin Walja Tjulpanowa (verheiratete Sresnewskaja) die Eltern Gorenko.

Die liebevollen Worte über die Mutter Anna Achmatowas sind möglicherweise der Verklärung der Kindheit zuzuschreiben und könnten ohne weiteres mit mangelnder Distanz einer Mutter gegenüber gedeutet werden, während im Verhältnis zu den Vätern Distanz charakteristisch ist.

Die Erwachsenen jedoch bewerteten die Situation in der Familie anders. Andrej Antonowitschs Pflichten, sein Interesse für alles, was ihn umgab, vor allem aber für gutaussehende Frauen, paßte durchaus in die landläufige Vorstellung eines normalen «Männerlebens», und obwohl Inna Erasmowna ebenfalls das übliche Leben einer Dame ihrer Gesellschaftsschicht führte, lag in ihrem Verhalten, in ihren Umgangsformen etwas, was sie auszeichnete und dem Auge des Spießbürgers sonderbar vorkommen mußte.

«Die Gorenkos waren eine sonderbare Familie. Ein Haufen Kinder. Die Mutter – eine reiche Gutsbesitzerin, gütig, zerstreut (bis zur Torheit), unordentlich, hat stets etwas anderes im Kopf, vielleicht aber auch gar nichts. Im Hause ein heilloses Durcheinander. Die Mahlzeiten, wie es gerade kommt, viel Personal und wenig Ordnung. Die Hausfrau wandelt durchs Haus wie eine Mondsüchtige. Einmal, bei einem Umzug, schleppte sie lange Zeit ein dickes Paket mit Staatspapieren im Wert von mehreren tausend Rubeln mit sich herum, im letzten Augenblick fand sie für das Paket einen passenden Platz: Sie stopfte es in eine Kinderbadewanne, die hinten an dem Umzugswagen baumelte. Als ihr Mann das hörte, sprang er in eine Droschke und raste hinter dem Umzugswagen her. Seine Frau aber riß erstaunt die Augen auf und wunderte sich über seine Aufregung und seinen Ärger» *(Ariadna Tyrkowa-Williams)*.

Der zerstreute und ein wenig geistesabwesende Gesichtsausdruck Inna Erasmownas ist vielen aufgefallen. Offensichtlich entsprach ihr inneres Leben in keiner Weise dem äußeren und alltäglichen.

«Unsere Familien lebten zurückgezogen. Sämtliche Interessen unserer Väter richteten sich auf Petersburg. Die Mütter, durchweg mit vielen Kindern, trugen schwer an der Sorge für Familie und Hausstand. Von der früheren leichtlebigen Art des Adels war weit und breit keine Spur mehr übrig. Das Personal war selbstbewußt, die Lebenshaltungskosten stiegen, die Gouvernanten, meist Schweizerinnen, waren höchst anspruchsvoll und nur mäßig gebildet. Das alles erklärt die nicht immer ausgeglichenen Beziehungen zwischen den Familienmitgliedern» *(Walerija Sresnewskaja).*

Das, was sich hinter den behutsamen Worten der Kinderfreundin von Anna Achmatowa verbirgt, hat einige Jahrzehnte vor dem Ende des neunzehnten Jahrhunderts Fjodor Michailowitsch Dostojewski beschrieben und als «die zufällige Familie» bezeichnet. Und obwohl die «zufällige Familie» keineswegs tagtäglichen Krach bedeuten mußte, unterschied sich die gespannte Atmosphäre deutlich von der idyllischen Kindheit des früheren russischen Landadels. In Gedichten Achmatowas klingt dieser Kontrast in den bitteren Zeilen an:

Und nichts von rosenroter Kindheit…
Von Sommersprossen, Teddybärchen, Spielzeug,
Von guten Tanten, furchterregenden Onkeln,
Und schon gar nichts von Freunden unter den Kieseln am Fluß.

Es versteht sich von selbst, daß der häusliche Alltag in erster Linie von dem unausgeglichenen Charakter des Vaters geprägt wurde, während die Mutter, wie es oft der Fall ist, seinen Jähzorn zu mildern bemüht war.

Alles in allem hatte Anna Andrejewnas Mutter kein besonders glückliches Leben gehabt. «Inna Erasmowna erblickte das Licht der Welt auf dem Gut ihres Vaters Erasm Iwanowitsch Stogow im Gouvernement Twer.* Sie war drei Jahre alt, als ihre Mutter

* Hier irrt die Autorin. Das Gut des Vaters befand sich im Podolsker Gouvernement.

starb.* Die sechs Töchter erzog von nun an der Vater, ein harter, recht sonderbarer Mensch. Natürlich gab es im Haus auch Gouvernanten. Der einzige Sohn wurde des Hauses verwiesen und enterbt – wegen Ungehorsams. Jede Tochter, die nach dem Willen des Vaters heiratete, sollte 80 000 Rubel Mitgift erhalten. Später legten die Schwestern zusammen und schenkten dem Bruder 10 000 Rubel. Als Inna Erasmowna in erster Ehe einen gewissen Smuntschilla heiratete, verschwieg sie ihrem Vater, daß sie sich bei den Bestuschew-Kursen hatte einschreiben lassen. Wenn sie ihren Vater besuchte, wischte sie sich den Puder aus dem Gesicht. Das alles hätte seinen rasenden Zorn geweckt.

Wenige Jahre später nahm sich Smuntschilla das Leben. Inna Erasmowna begegnete dem Marineingenieur Andrej Antonowitsch Gorenko und verliebte sich in ihn. Er war ein ungewöhnlich hochgewachsener, sehr gut aussehender Mensch, ein Bild von einem Mann, humorvoll, herrisch, sinnenfreudig, kurz – ein Frauentyp. Die junge schöne Witwe war von seiner Erscheinung überwältigt. Sie selbst hatte schwarzes knielanges Haar, große lichtblaue Augen, die vor Freundlichkeit und unaussprechlicher Güte strahlten, einen feingezeichneten Mund, makellos weißen Teint und eine Nase, die sie Anna und Viktor vererbte. Bei Anna war die ‹Achmatowa-Nase› nur stärker ausgeprägt. Bis ins hohe Alter behielt Inna Erasmowna das knielange schwarze, später von Silberfäden durchzogene Haar und die großen gütigen blauen Augen. Auch ihre zweite Ehe sollte ihr kein Glück bringen. Der leicht entflammbare Andrej Antonowitsch fügte seiner bescheidenen Frau, die ihr Leben den Kindern widmete, immer neue schmerzliche Wunden zu. Der Älteste, Andrej, hatte Tuberkulose. Die Tochter Inna heiratete und starb mit fünfundzwanzig an Tuberkulose. Irina (Rika) starb als kleines Mädchen (ich weiß nicht mehr genau, wie alt sie war)... Inna Erasmowna hat mir oft von Andrej Antonowitsch erzählt, aber alle ihre Erinnerungen klangen verbit-

* Auch hier irrt die Autorin. Inna Erasmownas Mutter starb 1863, sie selbst wurde aber 1856 geboren.

tert, weil er ihre Mitgift von 80 000 durchgebracht, aber für den Unterhalt der Familie, die er verlassen, nur eine höchst bescheidene Summe ausgesetzt hatte» *(Hanna Gorenko)*.

Also eine auf ihre Art unglückliche Familie, ohne alle Poesie, mit alltäglichem, prosaischem Mißgeschick, «wie bei so vielen», und wahrscheinlich mit ebensolchen alltäglichen Freuden. Und in dieser Familie erblickte als viertes Kind ein Mädchen das Licht der Welt, das seiner Mutter sehr ähnlich war und den Lebensmut seines Vaters erbte – allerdings ohne dessen Lebensfreude. «Er besaß nicht die Spur jener poetischen Gabe, von der Anna umweht war.» Hier drängt sich nun die ebenso banale wie unvermeidliche Frage auf: «Nach welchem Gesetz der Vererbung wurde in dieser Familie eine so intelligente, originelle, hochbegabte und reizende Frau geboren?» *(Ariadna Tyrkowa-Williams)* Bekanntlich eine rhetorische Frage. Eine objektive Antwort darauf gibt es nicht. Hier beginnt das Reich der Legende, einer von Achmatowa selbst geschaffenen Legende, in der sich Faktisch-Biographisches und Familiensage auf bizarre Weise verflechten.

*Ich bin mit Charlie Chaplin, Tolstois «Kreutzersonate», Hitler, dem Eiffelturm und, glaube ich, Eliot im selben Jahr zur Welt gekommen. In jenem Sommer, 1889, feierte ganz Paris das Hundertjahrfest des Sturms auf die Bastille. In der Nacht meiner Geburt, am 23. Juni, wurde schon immer und wird auch heute noch Johanni gefeiert (Mitsommernacht). Ich wurde Anna genannt zu Ehren meiner Großmutter Anna Jegorowna Motowilowa. Deren Mutter war eine Nachfahrin Tschingis Khans, die tatarische Prinzessin Achmatowa.\* Ihren Familiennamen habe ich mir zum Schriftstellernamen gewählt, ohne zu bedenken, daß ich eine russische Dichterin werden wollte.*

---

\* Nach der Familienüberlieferung, die historisch nicht belegt ist, stammen die Achmatows von Tatarenkhan Achmat (gest. 1481) ab. Einen Fürstentitel trugen die Achmatows jedoch nie.

Die beiden autobiographischen Aussagen Anna Achmatowas –
diese und die eingangs zitierte – zeigen uns deutlich den Unterschied zwischen Biographie und Schicksal. Der erste Satz («Ich
wurde am 11. [23.] Juni 1889... geboren») bezeichnet nichts als
ein historisches Faktum. «Ich bin mit Charlie Chaplin... im selben
Jahr zur Welt gekommen» – das ist der Beginn eines Schicksals.
Der zweite ordnet jenes Faktum in einen bestimmten Zusammenhang ein und macht es dadurch zu einem Bestandteil der Geschichte und der eigenen Legende. Der historische Kontext ist
sorgfältig gewählt: Sowohl Charlie Chaplin als auch der Eiffelturm
und die Dichtung Eliots sind für Achmatowa Phänomene des
zwanzigsten Jahrhunderts, und der Sturm auf die Bastille ist eine
Ankündigung der Kataklysmen unseres Jahrhunderts. Der Fluß ihrer eigenen Lebenszeit mündet auf diese Weise in den Strom einer
Epoche. Achmatowa folgte in ihren Memoiren einem bewußten
Prinzip: Jedes einzelne Ereignis, jedes Moment – ist Glied einer
langen Kette. Ihre eigene Kette beginnt für sie mit uralten heidnischen Riten. «Wesentlich war ihr sowohl schriftlich als auch münd-
lich wiederholter Hinweis, daß sie zu Johanni geboren wurde...
Sie gab damit zu verstehen, wobei sie freilich den Ernst ihrer Andeutungen in ironischer Verspieltheit aufhob, daß die Magie, die
dieser Nacht zugeschrieben wird, ihre Bräuche, die Suche nach der
feurigen Farnblüte und, mit deren Hilfe, nach vergrabenen Schätzen, das Springen durchs Feuer, die von den Bergen rollenden brennenden Räder, das nächtliche Baden und so weiter wie auch die
gesamten mit Kupala verbundenen Mythen, einem in Wasser,
Feuer, Pflanzen verborgenen Wesen, das den Pflanzen die Kraft des
Wassers und die Wärme der Sonne verleiht – daß dies alles durch
das bloße Faktum ihrer Geburt an diesem Tag in ihr vollkommen
vereint sei» *(Anatoli Naiman)*.
Und weiter zieht sich die Kette der Achmatowa durch die
gesamte russische Geschichte, durch das tatarisch-mongolische
Joch, das – auf den ersten Blick zufällig, in Wirklichkeit durchaus
gerechtfertigt – in dem Pseudonym «Anna Achmatowa» aufklingt.
Und hier wahrscheinlich müßte man nach einer Antwort auf die

ewige Frage suchen: Wie kommt ein Dichter in eine Durchschnittsfamilie?

*In unserer Familie hat, soweit ich sehen kann, nie jemand Gedichte geschrieben, die erste russische Dichterin jedoch, Anna Bunina, war eine Tante meines Großvaters Erasm Iwanowitsch Stogow. Die Stogows waren mittlere Gutsbesitzer im Kreis Moschajsk, Gouvernement Moskau, die nach dem Aufstand um Marfa Possadniza dorthin umgesiedelt wurden. In Nowgorod hatten sie zu den Reicheren und Vornehmeren gehört.*

*Meinen Urahnen, Khan Achmat, ermordete nachts in seinem Zelt ein bestochener Russe, und mit diesem Ereignis fand, wie Karamsin berichtet, das mongolische Joch in Rußland sein Ende. An diesem Tag zog, zur Erinnerung an die glückliche Begebenheit, aus dem Sretenski-Kloster eine Prozession durch ganz Moskau. Dieser Achmat war, soweit man weiß, ein Tschingiside.*

*Eine der Prinzessinnen Achmatow – Praskowja Jegorowna – heiratete im 18. Jahrhundert den reichen und angesehenen Simbirsker Gutsbesitzer Motowilow. Jegor Motowilow war mein Urgroßvater, seine Tochter Anna Jegorowna meine Großmutter. Sie starb, als meine Mutter neun Jahre alt war. Ihr zu Ehren nannte man mich Anna. Ihr Schmuck wurde zu einigen Brillantringen und einem Smaragdring umgearbeitet, ihren Fingerhut konnte ich nicht aufsetzen, obwohl ich schmale Finger hatte.*

Auch die Geschichte ihrer Poesie, obwohl «in unserer Familie, soweit ich sehen kann, nie jemand Gedichte geschrieben» hat, erweist sich als ein Glied in der Kette der russischen Dichtung: «...Die erste russische Dichterin jedoch, Anna Bunina, war eine Tante meines Großvaters...» Hier ist alles beachtenswert: daß sie die «erste» war und daß sie «Anna» hieß. Die Übereinstimmung der Vornamen bestätigt eine Familiensage glaubhafter als alle Dokumente.

Ihr, die in einer heidnischen Nacht auf die Welt kam, war unausweichlich eine «heidnische Kindheit» bestimmt.

## Das wilde Mädchen

*Heidnische Kindheit. In der Umgegend dieser Datscha («Otrada», Strelezker Bucht, Cherson) wurde ich «das wilde Mädchen» genannt, denn ich lief barfuß, trug keinen Hut oder dergleichen, ließ mich vom Boot ins offene Meer fallen, schwamm während des Sturms und wurde so braun, daß ich mich häutete, und das alles schockierte die provinziellen jungen Damen von Sewastopol.*

Achmatowas Memoiren sind bei aller Fülle lapidar. Jedes aufgenommene Fragment oder jede Episode ähnelt am ehesten einem Aphorismus oder einer Anekdote aus dem letzten Jahrhundert, die durch die endlose mündliche Wiederholung blank poliert wurden. Übrigens bewahren die Erinnerungen der Freunde auch Achmatowas Erzählungen, die zwar den autobiographischen Notizen nahekommen, aber nicht immer mit diesen identisch sind. Diese Erzählungen enthalten die Geschichte eines kindlichen Aufruhrs und Eigenwillens, eines möglicherweise noch unbewußten Strebens nach Unabhängigkeit.

*Mama schickte uns Kinder häufig nach Cherson auf den Markt, um Melonen einzukaufen. Im Grunde war es ein riskantes Unternehmen: Wir ruderten auf dem offenen Meer. Eines Tages verlangten die anderen Kinder auf dem Rückweg, daß auch ich rudern solle. Ich war sehr faul und hatte keine Lust dazu. Zuerst schimpften sie, dann aber machten sie sich über mich lustig – sie sagten: Wir transportieren Wassermelonen und Anja. Das kränkte mich. Ich stellte mich auf den Bootsrand und sprang ins Meer. Die andern sahen sich nicht einmal um und ruderten weiter. Mama fragte: «Wo ist Anna?» – «Die ist über Bord gesprungen.» Ich kam glücklich ans Ufer geschwommen, obwohl das Ganze sich in ziemlicher Entfernung abgespielt hatte.*

Die heidnische Kindheit der Anna Gorenko steht nicht so sehr unter dem Stern überlieferter slawischer, heidnischer Vorstellungen. Achmatowa selbst bringt sie mit dem Heidentum des alten Griechenland in Verbindung. Als hätte das Schicksal selbst es sich zum Anliegen gemacht, ihr die antike Tauris und den Pontus Euxinus zu übereignen. Und ganz zwangsläufig stand eine gewöhnliche Datscha mit dem für die damalige Zeit traditionellen Namen «Otrada» (Unser Trost) in unmittelbarer Nachbarschaft der antiken Stadt Cherson. *«Den stärksten Eindruck dieser Jahre hinterließ das antike Cherson.»* Bereits um das Jahr 1910 entsteht ein Bild der Dichterin Achmatowa: ein Profil, das von einer antiken Kamee oder Münze zu stammen scheint. Das eben ist das Schicksal. Und wieder wird die Schicksalsstimme in der Familienchronik vernehmbar: Die Mutter des Vaters war eine Griechin «von den Inseln». Sie sprach Griechisch. Anna Achmatowa, die man auch «die letzte Chersonerin» nannte, hatte ihr Profil geerbt. Die griechischen Ahnen waren samt und sonders Seeräuber, und eine ihrer Frauen, deren Mann auf hoher See gestorben war, steuerte das Schiff selbst in den Hafen zurück. In Achmatowas Memoiren ist der Alltag in die Ewigkeit umgeschmolzen, und in dieser Ewigkeit kommt die Erinnerung einer Ahnung gleich.

*Ich wurde auf der Datscha Sarakini (Bolschoi Fontan, 11. Station der Vorortbahn) bei Odessa geboren. Diese kleine Datscha (eigentlich ein Hüttchen) befand sich in der Tiefe eines handtuchschmalen abschüssigen Grundstücks – in unmittelbarer Nachbarschaft der Post. Der Strand ist dort steil, und die Bahnschienen lagen unmittelbar am Abhang.*

*Als ich fünfzehn war und wir den Sommer in Lustdorf verbrachten, schlug Mama eines Tages, als wir dort vorüberfuhren, vor, diese Datscha Sarakini, die ich noch niemals betreten hatte, anzusehen. Beim Eintreten sagte ich: «Hier wird eines Tages eine Gedenktafel hängen.» Ich war nicht hochmütig. Es war einfach ein dummer Scherz. Mama war betrübt: «Mein Gott, wie schlecht habe ich dich erzogen», sagte sie.*

Im Süden, auf der Krim geboren, kam Achmatowa im Alter von einem Jahr in einen Vorort der russischen Metropole Petersburg, Zarskoje Selo. Andrej Antonowitsch war versetzt worden, und selbstverständlich folgte ihm die Familie. Seit dieser Zeit bedeuteten für Anna Gorenko die Krim den Sommer und Zarskoje Selo den Winter. Diese kleine Stadt war ein besonderer Ort.

Das kleine Anwesen im Süden der Hauptstadt war ein Geschenk Zar Peters I. an seine Frau. Es trug den finnischen Namen Saari Mojs, russisch Sarskaja Mysa. Bald darauf wurde der Name uminterpretiert und lautete nun Zarskoje Selo (Zarendorf), und die besten Architekten jener Zeit errichteten dort die glanzvolle Sommerresidenz des Zaren. Man könnte mit Recht behaupten, daß alle Pracht und aller Luxus des achtzehnten Jahrhunderts in diesem russischen Versailles ihre Verkörperung fanden. Bis auf den heutigen Tag steht die gesamte Stadt unter Denkmalschutz. Aber in ihrer Großartigkeit und ihrem kalten Glanz blieb sie Achmatowa immer fremd und reizte sie sogar gelegentlich durch die Diskrepanz der einstigen Größe und ihres spießigen Alltags:

Im Schatten der elisabethanischen Lustwäldchen
Ergehen sich die Enkelinnen von Puschkins Schönen,
Im distinguierten Canotier, im enggeschnürten Korsett,
Das Sonnenschirmchen in den runzligen Händchen,
Den Mops am Kettchen, Dragees im Täschchen,
Die dame au compagnie mit Ghil oder Bourget.

Aber nicht nur die Enkelinnen von «Puschkins Schönen» erschienen zu Beginn des zwanzigsten Jahrhunderts als absurde Karikaturen – das Leben im Zarenschloß, des Zaren und seines Hofes verwandelte sich bereits vor aller Augen in eine leere Dekoration.

«Die Zarenfamilie lebte völlig abgeschirmt, nur dann und wann sahen wir auf unseren Spaziergängen wunderschöne Kinder in einer Equipage und die kleine bescheidene Person des Zaren selbst, der gelegentlich zu Fuß durch Zarskoje Selo wanderte. Aber 1905 nahm auch dies ein Ende.

Der Hof, das war für uns die Hofkutsche mit dem Kutscher in Pelerine und Dreispitz mit Federschmuck und einem Lakai, gleichfalls mit Pelerine, aber in schwarzem niedrigem Zylinder mit Kokarde; die Schimmel mit kurzen Mähnen und Schwänzen. Ihre Aufgabe war es, die anreisenden Würdenträger abzuholen und die Mumien der Hof- oder Staatsdamen im Ruhestand durch die Parks spazierenzufahren. Gelegentlich sahen wir einen schmalen Schlitten, unter einem blauen Netz (es sollte die Insassen während der schnellen Fahrt vor dem aufgewirbelten Schnee schützen), der über die Boulevards dahinflog, davor zwei Rappen, Heiducken in den roten und blauen Uniformen der Leibwache Seiner Majestät auf den Trittbrettern, und auch Seine Majestät im grauen, hochgeschlossenen Uniformmantel. Mit großen traurigen Augen betrachtete er sein ‹Vaterland›, die leerstehenden, ziemlich verfallenen Häuser des einst prächtigen und rauschenden Zarskoje Selo.

Und da wurden wir alle von Trauer und einem unbestimmten Mitleid übermannt» *(Walerija Sresnewskaja)*.

«In Zarskoje Selo hatten lange, bis zur Revolution zwei völlig verschiedene Welten Seite an Seite existiert. Die eine war die festliche Welt prunkvoller Palais und riesiger Parks mit Teichen, Schwänen, Statuen, Pavillons, Lusthäuschen, eine Welt, in der, entgegen jeder gesunden künstlerischen Vernunft, klassische Kolonnaden, türkische Minaretts und chinesische Pagoden bestens harmonierten. Und die zweite Welt (dort, gleich um die Ecke!) war die eines im Sommer staubigen und im Winter tiefverschneiten halbprovinziellen Garnisonsstädtchens mit einstöckigen Holzhäusern hinter geschnitzten Holzzäunen, mit Husaren, die, den Birkenbesen unterm Arm, ins Bad marschierten, mit der weißen Kathedrale inmitten eines menschenleeren Platzes und dem ebenso menschenleeren Kaufhof, in dem auch Mitrofanow seinen Buchladen hatte – den einzigen in der Stadt, der nur an einem Tag im Jahr ein Geschäft machte – im August, zu Beginn des neuen Schuljahres. Diese zwei Welten existierten friedlich nebeneinander, wobei die zweite nach und nach in die erste hineinwuchs. Und wenn ein hochbeiniges weißes Husarenroß, das aus Altersgründen aus der Garde vor die Droschke ‹versetzt› wurde, mit plötzlichem Elan, früherer Zeiten eingedenk, vor die schmiedeeisernen Parktore galoppierte, war der Sprung um hundert Jahre zurück ebenso selbstverständlich wie auch die anschließende Rückkehr in den Alltag der (ungeachtet der benachbarten Metropole) provinziellen Gegenwart» *(D. Katschenowski).*

Die Eltern Anna Achmatowas ließen sich bei der Wahl ihres künftigen Wohnorts vermutlich von recht prosaischen Überlegungen leiten: Das Klima von Zarskoje Selo galt als heilkräftig bei Tuberkulose. Das war offensichtlich eine Familienkrankheit: Anna hat sie überstanden, ihre beiden Schwestern sind daran gestorben. Es war also weniger die schöne Landschaft, nicht die historischen Bauten, nicht das Leben bei Hofe, was die Entscheidung beeinflußt hatte. Das von Andrej Antonowitsch gemietete Haus lag in gebührlicher Entfernung vom Schloß, unmittelbar neben dem Bahnhof, um ihm die Fahrten zum Dienst nach Petersburg zu erleichtern. Und gerade das Bahnhofsviertel von Zarskoje Selo war jenes «im Sommer staubige und im Winter tiefverschneite halbprovinzielle Garnisonsstädtchen».

*Das Haus der Kaufmannsfrau Jewdokija Iwanowna Schuchardina, das zweite neben dem Bahnhofsgebäude, Ecke Besymjannygasse, verschwand im Winter unter Schnee und im Sommer hinter üppigen Kletten, aus deren Blättern Anna in ihrer frühen Kindheit Körbchen bastelte, hinter wuchernden Brennesseln und riesigem Lattich. Pappeln. Ein baufälliger Lattenzaun auf der einen Seite. Das Haus grün getüncht, ein Holzbau, ziemlich alt. Ende des achtzehnten Jahrhunderts hatte sich hier eine Schenke befunden. Im Souterrain ein Gemischtwarenladen mit einer schrillen Glocke an der Tür und dem für solche Geschäfte typischen unvergeßlichen Geruch. Auf der anderen Seite, ebenfalls im Souterrain, eine Schusterwerkstatt mit einem Schild: Schuster B. Newolin.*

*In diesem Haus verlief (mit kurzen Unterbrechungen) beinahe das ganze Leben A.s bis zu ihrem sechzehnten Lebensjahr, und aus diesem Grunde beschreibe ich es so genau. Annas Zimmer: ein Fenster nach der Besymjannygasse, ein eisernes Bett, ein kleiner Tisch für die Schulaufgaben, ein Bücherregal. Eine Kerze in einem Kerzenhalter aus Messing (es gab noch keine Elektrizität). Die Ikone in einer Ecke. Nicht der* *leiseste Versuch, die Kargheit der Einrichtung zu mildern – weder Nippes noch Stickereien, noch Postkarten. Im Sommer sieht man durch das offene Fenster den Schuster. Er trägt eine grüne Schürze und hat das leichenblasse Gesicht eines Quartalsäufers. Durch das Fenster dringt der Gestank der Schusterwerkstatt herein.\**

Vielleicht hätte ein nüchterner und strenger Realist der sechziger Jahre hier leben können. Wie aber konnte ein solches Haus eine Wiege der Poesie sein? Achmatowa widmet diesem Haus eine Ode, als mache sie sich über solche eingefahrenen Vorstellungen lustig, die *Ode an Zarskoje Selo,* 1961. Warum erinnert sich Achmatowa bis ins hohe Alter wieder und wieder an dieses Haus, was macht es für sie zum «bemerkenswertesten Haus der Welt»?

## Das Haus der Schuchardina

*Das Haus war hundert Jahre alt. Es gehörte der Kaufmannswitwe Schuchardina, die einem Luchs ähnelte und deren seltsame Kleider ich als Kind bewunderte… Es wurde erzählt, daß sich einst, bevor die Eisenbahn gebaut wurde, in diesem Haus an der Stadteinfahrt eine Schenke oder eine Art Gasthof befand. Ich löste in meinem gelben Zimmer die Tapeten ab (Schicht um Schicht), die letzte war ganz ungewöhnlich – von grellem Rot. Das sind die Tapeten von jener Schenke vor hundert Jahren, dachte ich. Im Keller wohnte der Schuster B. Newolin. Heute wäre das Ganze eine Sequenz eines historischen Films.*

«Eine Sequenz eines historischen Films» – vielleicht die wichtigste Äußerung in den Notizen über Zarskoje Selo. Wahrscheinlich vermittelte dieses Städtchen ihr schon in frühester Kindheit die Emp-

---

\* Ein wichtiger Anreiz, autobiographische Skizzen zu schreiben, war Achmatowas Arbeit an den Erinnerungen ihrer Freundin Walerija Sresnewskaja, die sie quasi redigierte. Aus diesem Grunde klingen eine Reihe autobiographischer Aufzeichnungen so, als wären sie von Sresnewskaja verfaßt.

findung vom *Lauf der Zeit*\*, die mit den Jahren zum Urgrund ihrer Dichtung wurde.

*... Und manchmal bewegte sich über diese Schirokaja vom oder zum Bahnhof ein Trauerzug von unglaublichem Prunk: Ein Chor (Knabenchor) sang mit Engelsstimmen, der Sarg verschwand unter lebendem Grün und in der Kälte sterbenden Blumen. Man trug brennende Laternen, die Geistlichen schwangen die Weihrauchfässer, die maskierten Pferde traten langsam und feierlich auf. Dem Sarg folgten Gardeoffiziere, die alle an den Bruder von Wronski erinnerten, das heißt «weintrunkene, offene Gesichter», und Herren im Zylinder. In den Kutschen, die dem Katafalk folgten, thronten würdevolle alte Damen mit ihren Gesellschafterinnen, als warteten sie darauf, endlich an die Reihe zu kommen, und alles erinnerte an die Beerdigung in «Pique Dame».*

*Und wenn ich mich später an dieses Schauspiel erinnerte, empfand ich es als einen Teil des riesigen Leichenzuges des neunzehnten Jahrhunderts. So trug man in den neunziger Jahren Puschkins letzte Zeitgenossen zu Grabe. Bei dem blendenden Schnee und der grellen Sonne von Zarskoje Selo war es ein wunderbarer Anblick. Aber bei dem gelben Licht und der dichten, überall einsickernden Düsternis von damals schien er zuweilen unheimlich und sogar infernalisch.*

Aber unmittelbar auf dieses feierliche Tableau folgt eine gänzlich andere, sarkastische und kraftvolle Episode.

*Ich war zehn, und wir wohnten (in diesem Winter) im Hause Daudel (Ecke Srednjaja/Leontjewskaja). Ein in unserer Nähe wohnender Husarenoffizier pflegte in seinem roten, aufregend aussehenden Automobil auszufahren, einen oder zwei Straßenabschnitte zurückzulegen – dann streikte die Maschine und mußte beschämenderweise von einem Droschkenkutscher nach Hause abgeschleppt werden. Damals*

---

\* *Lauf der Zeit* war der Titel ihres letzten Gedichtbandes, der im Jahre 1965 erschien.

*glaubte kein Mensch an die Möglichkeit von Automobil-, geschweige*
*denn von Flugverkehr.*

Eine für den lebendigen Humor Anna Achmatowas charakteristische Alltagsszene. Aber man sieht auf den ersten Blick, daß dieses abenteuerliche rote Automobil ein Vorbote des neuen Jahrhunderts ist – man beachte nur die Altersangabe! Sie war zehn, die Zeit der Handlung ist das Jahr 1899. Möglicherweise empfand man gerade in Zarskoje Selo deutlicher als anderswo das ordnungswidrige Eindringen des zwanzigsten in den Trauerzug des neunzehnten Jahrhunderts.

Das Mädchen, das dies alles beobachtet, steht ebenfalls jenseits der Grenze, die das anbrechende Jahrhundert von dem vergangenen scheidet – ihr Blick ist bereits der des zwanzigsten Jahrhunderts. Deshalb reizten sie jene wohlbemessenen Regeln, denen seit Urbeginn das wohlbemessene Zarskoje Selo sich fügte, und sie beschreibt sich selbst, die wohlerzogene junge Dame, mit kaum verborgenem Sarkasmus.

*In Zarskoje Selo tat sie alles, was sich damals für ein junges Mädchen*
*zu tun schickte. Sie konnte graziös die Hände falten, einen tiefen Knicks*
*machen, die Frage einer alten Dame kurz und verbindlich französisch*
*beantworten und ging in der Karwoche zum Beten und Beichten in die*
*Kapelle des Gymnasiums. Hin und wieder nahm der Vater sie in das*
*Theater mit (Loge), in Schuluniform.*

Aber ihre Freiheitsliebe und Unabhängigkeit sind nicht mehr bloße Charakterzüge oder Persönlichkeitsmerkmale – es sind Vorboten der neuen Zeit. Anna ist «sehr gewachsen und hübscher geworden: Aus dem linkischen Kind mit kurzgeschnittenem Haar war ein schlankes junges Mädchen geworden, ein wenig blaß, mit großen hellen Augen, etwas scharfem Profil und langem schwarzem Zopf. Sie war unglaublich schlank und gelenkig: Sie konnte die Beine im Nacken kreuzen und von hinten mit den Füßen die Stirn berühren, auf Bäume klettern und schwimmen wie ein Fisch... Mit ihren lan-

gen schwarzen Haaren sah sie wie eine Wassernixe aus, die sich ins
städtische Schwimmbad von Zarskoje Selo verirrt hat, wo übrigens
außer uns kein Mensch badete. Wir beide liebten das Wasser über
alles. Am Wasser sein, ohne zu baden, ohne wenigstens einzutau-
chen, ohne mit dem Wasser zu spielen, war für uns ein unermeß-
licher Kummer, und das Verbot ‹ne faisez pas cela!› wurde so oft
wie nur möglich übertreten» *(Walerija Sresnewskaja).*

Man kann sich kaum vorstellen, daß eine junge Dame, die auf
einem ländlichen Adelssitz aufwächst (so wie wir ihn aus den Be-
schreibungen des neunzehnten Jahrhunderts kennen), ihre Stirn
von hinten mit den Füßen berührt. Diese schlangenartige Ge-
schmeidigkeit und die nixenhafte Leidenschaft zum Wasser, dem
geheimnisvollen und trügerischen Element, gehörten wesenhaft
zur Heldin «dekadenter» Poesie des beginnenden zwanzigsten
Jahrhunderts. Übrigens fallen die ersten Gedichte der elfjährigen
Anna Gorenko bereits in dieses neue Säkulum (1889 + 11 – abermals kein Zufall!) und in die Epoche der Décadence.

*Mein erstes Gedicht schrieb ich mit elf Jahren (es war monströs), aber
schon früher pflegte mich der Vater aus irgendeinem Grund «unsere
dekadente Poetesse» zu nennen.*

Man kann mit Sicherheit annehmen, daß die ersten, unbekannt
gebliebenen Verse um die «grüne feuchte Pracht der Parks» kreisten, die jene von den Regeln des Anstands nicht gefesselte Freiheit
gewährten und wenigstens annähernd an die «heidnische Kindheit» auf der Krim erinnerten. Eine Freundin von Anna Achmatowa erzählt, wie sie eines Tages von Großfürst Wladimir Alexandrowitsch samt begleitendem Adjutanten beim Baden im Bach
überrascht wurden: «Werden Sie sich auch nicht erkälten, meine
jungen Damen?»

Es ist immerhin erstaunlich, wie das Schicksal in der Kindheit
Anna Achmatowas das südliche Cherson der alten Griechen mit
dem nördlichen Klassizismus der Petersburger Vororte verband:
«In den Parks von Zarskoje Selo gibt es auch eine Antike, aber eine

völlig andere (Skulptur).» Diese klassizistische Antike des achtzehnten Jahrhunderts trat in Annas Leben als Bestandteil der russischen Kultur, der bereits den jungen Puschkin inspiriert hatte. Der Knabe Puschkin hatte das Lyzeum von Zarskoje Selo besucht und war der genius loci geblieben:

> Ein sonnenbrauner Jüngling wandelte durch die Alleen
> Und trauerte an den Ufern des Teichs.
> Und wir hüten, seit einem Jahrhundert,
> Das kaum vernehmbare Rascheln seiner Schritte.
> Kiefernnadeln, dicht und stechend,
> Bedecken niedrige Baumstümpfe...
> Hier lag sein Dreispitz
> Und der zerlesene Band Parny.

Stellen wir erneut die rituelle Frage nach der Geburt der Dichterin. Wahrscheinlich hat Achmatowa, als sie viele Jahre später sagte: «Wenn ihr nur wüßtet, aus welchem Kehricht ein Gedicht wächst und es schämt sich dessen nicht», bewußt jenen besonderen Ort ihrer Kindheit und Jugend ausgeklammert, den sie die «Stadt der Musen» nannte. Hier hallte das achtzehnte Jahrhundert der feierlichen Oden Lomonossows wider, hier klagte der bittere Zweifel des neunzehnten Jahrhunderts in Tjutschews Gedichten, hier spürte man bereits das Wehen der neuen Poesie. Und über allem strahlte der Name Puschkin.

«Gerade hier in diesem harmonischen Wechsel von Glanz und Schatten, Azur und Gold, Wasser, Grün und Marmor, von Tradition und Leben, von diesem formvollendeten Bündnis zwischen Natur und Kunst konnte Puschkin noch auf der Schwelle des Jugendalters sämtliche Elemente jener strengen Schönheit finden, der er stets die Treue hielt, sowohl in den Konturen seiner Gestalten als auch in der natürlichen Selbstverständlichkeit der Übergänge und der Eleganz der Kontraste, ja sogar in der Strenge seiner Rhythmen.» So hieß es in der Rede, die Innokenti Fjodorowitsch Annenski hielt, Direktor des Gymnasiums in Zarskoje Selo, Übersetzer aus dem Griechischen und Dichter, bei der Enthüllung des Denkmals für den Lyzeumsschüler Puschkin.

Dieser Mann lebte, von außen betrachtet, ein in sich ruhendes, gleichförmiges Leben im Einklang mit den Gesetzen und dem Alltag von Zarskoje Selo. Auf den ersten Blick schien er ein zugeknöpfter Schulmeister zu sein, der mehr oder weniger (meistens weniger) erfolgreich zwischen den Vorschriften des Erziehungsministeriums und den Stimmungen der Gymnasiasten manövrierte. Diese aber wurden, sogar nach dem Zeugnis der Achmatowa, die damals allen politischen Leidenschaften aus dem Wege ging, immer rebellischer und schärfer.

*Zweifellos, der 9. Januar\* und Tsuschima\*\* bedeuten eine Erschütterung fürs ganze Leben, und da es die erste war, war sie besonders furchtbar.*

«...Eines Tages erschien einer der Schüler zum Unterricht in einem roten Hemd, das demonstrativ unter der Uniformjacke und über dem Kragen hervorschaute. Es mag dem Leser heute vielleicht seltsam erscheinen, aber damals, im Hinblick auf die besonderen Umstände, kam es einem Verbrechen gleich. Der Schüler ‹brüstete› sich auf jede Weise mit seinem Hemd, die Aufseher waren machtlos, die Mitschüler folgten ihm in Scharen auf dem Fuß und waren aufs höchste entzückt. Mein Vater\*\*\* ließ den Missetäter holen. Der erschien, natürlich umgeben von Kameraden. ‹Wie sehen Sie aus? Sie wissen doch, daß in unserem Gymna-

---

\* Am 9. Januar 1905 wurde auf Anordnung Nikolaus' II. in die Menge auf dem Schloßplatz in Petersburg geschossen (es gab mehr als 1000 Tote und 5000 Verletzte).

\*\* Tsuschima – Insel in der koreanischen Meerenge, wo während des russisch-japanischen Krieges in einer Seeschlacht nach der Pazifikflotte auch die russische Ostseeflotte vernichtend geschlagen wurde (1905).

\*\*\* Es handelt sich bei dem zitierten Text um ein Stück aus den Erinnerungen W. Kriwitschs, eines Sohnes von Innokenti Annenski.

sium Uniformpflicht herrscht?› fragte Vater ihn ruhig, jedoch leicht angewidert. ‹Und warum soll ich kein rotes Hemd tragen?› fragte der Gymnasiast ziemlich dreist zurück.

Sein Gefolge spitzte begeistert die Ohren. Sowohl er selbst als auch seine Begleiter waren selbstverständlich überzeugt, daß der Direktor im nächsten Augenblick über die Unzulässigkeit der Farbe Rot sprechen würde – als Anspielung auf die Revolution und daß sie ihm endlich ihre Meinung sagen könnten.

Aber der Direktor lenkte das Gespräch in eine andere Richtung. Er war sich sehr wohl bewußt, daß die Zeiten sich geändert hatten und daß dieses Hemd leicht zum Anlaß werden konnte, das ganze Gymnasium in Aufruhr zu versetzen, in jedem Falle aber konnte es seinem Besitzer zum Verhängnis werden.

‹Ach, Sie sind doch ein erwachsener und vernünftiger Mensch, wollen Sie nicht verstehen, weshalb der Schüler eines Gymnasiums sich auf keinen Fall dazu herablassen darf, ein rotes Hemd zu tragen?› fragte der Vater streng mit leicht erhobener Stimme. ‹Dann sehe ich mich genötigt, es Ihnen zu erklären: Es ist so, daß das rote Hemd schon immer die Berufskleidung des Henkers war. Es mußte rot sein, damit die verspritzten Blutstropfen auf ihm nicht zu sehen waren! Begreifen Sie jetzt, wie unpassend diese Kleidung für Sie ist? Gehen Sie sofort nach Hause, und ziehen Sie sich um›, sagte der Vater und zog sich mit diesen Worten in sein Dienstzimmer zurück. ‹Ich bin überzeugt, daß Sie mich verstanden haben.› Es erfolgte kein Einwand...» *(W. Kriwitsch)*

Annenski war, wie es hieß, ein unfähiger Direktor und kein sehr geschickter Administrator und möglicherweise nicht einmal ein besonders begabter Pädagoge. Er hatte jedoch Humor und war ein echter Lehrer in des Wortes höchster Bedeutung.

«‹Innokenti Fjodorowitsch, warum steht hier ein spiritus asper?› Und in ästhetischer Erregung vertiefte sich der Angesprochene vor der ganzen Klasse voller Hingabe in Homers Psychologie, in die Sprachmelodie, in den singenden Vortrag dieser oder jener Strophe, so lange, bis der fragliche spiritus eindeutig, faßlich und gesetzmäßig wurde...» *(S. Gorny)*

Annenskis Begeisterung für die Geheimnisse der toten Sprachen und die antike Kultur Griechenlands war nicht bloß die Begeisterung des Forschers und Übersetzers, sondern die eines Dichters. In seinen Gedichten verströmt die Antike von Zarskoje Selo das feine, aber herbe Gift vergangener Jahrhunderte und der Reflexion über das Ewige eines Menschen an der Schwelle des zwanzigsten Jahrhunderts: «Mit Zarskoje vergiftet man sich.»

Innokenti Annenski

*Pace*

Zwischen vergoldeten Badehäusern und Triumphobelisken
Steht eine weiße Jungfrau, umgeben von dichtem Gras.
Der Thyrsos ist ihr keine Kurzweil, sie schlägt das Tympanon
   nicht
Und wird nicht von der Liebe des weißen Marmorpans
   beglückt.

Nur kalte Nebel haben sie gekost,
Und ihre feuchten Lippen hinterließen schwarze Wunden.
Doch ihre Schönheit trägt die Jungfrau unverändert stolz,
Und niemals wird das Gras gemäht zu ihren Füßen.

Warum auch immer – der Göttin Bild
Übt einen süßen Zauber aus...
Sie ist gekränkt, das lieb ich, ihre fürchterliche Nase,
Die spröd geschlossenen Schenkel lieb ich, den groben
   Knoten ihres Haars.

Besonders, wenn der kalte Regen nieselt
Und ihre weiße Nacktheit hilflos schimmert...
O wäre mein die Ewigkeit – ich gäbe gern die Ewigkeit
Für die Gelassenheit im Angesicht von Kränkung
   und von Jahren.

«Wir, Anja und ich, haben diese *Pace* lange gesucht, sie schließlich in dem verwilderten Teil des Parks auf einer kleinen Lichtung gefunden und lange ihr vom Regen ‹verwundetes› Gesicht und den ‹groben Knoten ihres Haars› betrachtet. Dabei haben wir mit einem eigentümlichen Unbehagen (war es eine intuitive Zukunftsahnung?) die letzten Zeilen dieses wunderbaren Gedichts wiederholt: ‹O wäre mein die Ewigkeit – ich gäbe gern die Ewigkeit für die Gelassenheit im Angesicht von Kränkung und von Jahren.› Merkwürdig: Beinahe noch Kinder, beobachteten wir aus der Ferne die hochgewachsene überschlanke Gestalt des Dichters, dem ein alter Diener mit einem kleinen Klappsessel folgte – Innokenti Fjodorowitsch war damals schwer herzleidend» *(Walerija Sresnewskaja).*

Dieses halbkindliche Interesse war in der Tat ein Vorwegnehmen der Zukunft – sehr bald sollte Achmatowa es einsehen und viele Jahre später niederschreiben, daß der Mann, der seine Lyrik hinter der Maske eines Gymnasialdirektors verbarg, ihr Lehrer war.

*An den Lehrer*

Dem Gedächtnis Innokenti Annenskis gewidmet

Und jener, den ich für den Lehrer halte,
Zog einem Schatten gleich vorüber, ohne einen Schatten
    zu hinterlassen,
Sog alles Gift ein, leerte den Kelch des Wahns,
Erwartete Ruhm, doch der Ruhm blieb aus,
Jener, der Ahnung war und Omen,
Des Mitleid allen galt, der allen Sehnsucht eingehaucht –
Er ist erstickt...

1945

Achmatowas Biographen werden wohl stets der Versuchung erliegen, eine Bestätigung dafür zu suchen, daß Anna Gorenko und Annenski miteinander bekannt waren – so wäre doch eine direkte und eindeutige Antwort auf die Frage nach der Geburt der Dichterin gefunden. Auch Anna Andrejewna selbst war diese Versuchung nicht unbekannt:

*Als Innokenti Fjodorowitsch Annenski erfuhr, daß der Bruder seiner Schwiegertochter Natascha die älteste der Gorenko-Schwestern heiraten würde, sagte er: «An seiner Stelle hätte ich die Jüngste geheiratet.» Dieses recht bescheidene Kompliment war eines von Anjas kostbarsten Geschmeiden.*

Dieses «kostbare» Kompliment jedoch wird vermutlich weniger eine reale Episode als dem Reich der Legende zuzuordnen gewesen sein, der Legende, von der die schicksalhafte Biographie durchzogen war.

Im realen Alltag jedoch konnte Anja Gorenko Annenski nur aus der Ferne, im Park, bewundern. Aber zweifellos gehörte seine Anwesenheit in ihrer kindlichen und jugendlichen Welt zu den bedeutenden Faktoren ihrer poetischen Biographie. Von seinen Gedichten hatte sie vermutlich durch Kolja Gumiljow erfahren, den sie 1903 als Schulmädchen kennengelernt hatte und der 1910 ihr Ehemann werden sollte. Er besuchte das Nikolai-Gymnasium, dessen Direktor Annenski war, so daß für Gumiljow, auch er Dichter, der «Lehrer Annenski» nicht nur ein literarisches Symbol, sondern lebendige Wirklichkeit darstellte. Gumiljow hat Glück gehabt.

Anna jedoch empfand die Schule, das Maria-Fjodorowna-Mädchengymnasium, stets und in jeder Beziehung als bedrückend: *In den unteren Klassen war sie eine schlechte, später eine gute Schülerin. Das Gymnasium empfand sie stets als eine Last (sie hatte nur wenige Freundinnen).*

Die Mitschülerinnen langweilten sie, die Lehrer langweilten sie ebenfalls. Die einen wie die anderen stießen sie durch die öde Trivialität ihrer spießbürgerlichen Welt ab.

«Die Zusammensetzung der Schüler von Zarskoje Selo war außerordentlich uneinheitlich. Eine kleine Insel bildeten die Kinder jener Intellektuellen aus Literatur und staatlicher Verwaltung, die wegen des angeblich gesunden Klimas in Zarskoje lebten. Die überwiegende Mehrzahl jedoch gehörte zu den Alteingesessenen von Zarskoje Selo: Dort wohnten die Garde und der Hofstaat, deren Kinder nicht auf das Gymnasium, sondern ins Lyzeum oder in das Pagenkorps kamen. Das Gymnasium war gut genug nur für die Kinder der subalternen Hofbeamten und des Personals der Zarenfamilie und der Großfürsten» (B. Warneke).

«Das Mädchengymnasium der Kaiserin Maria Fjodorowna, oder einfach das Mariengymnasium, war eine ganz schlechte Schule. Die Lehrer beherrschten ihr Fach nur mangelhaft: Der Französin Mademoiselle Dufurnelle unterliefen an der Tafel viele Fehler, und die Schülerinnen verbesserten sie; der Mathematiklehrer hatte nur die Volksschule absolviert und nie etwas dazugelernt; in Geschichte wurden wir lange Zeit von einem Fünfundachtzigjährigen unterrichtet, der während des Unterrichts einschlief.

Aber nichts war komischer als die sogenannten ‹Klassendamen›, die für nichts anderes zuständig waren als allein für unser Betragen. Das war eine wahre Raritätensammlung von überreifen ‹jungen Damen› mit gewissen Schönheitsfehlern in ihrem Lebenslauf, bemitleidenswerten Witwen und schließlich von ausrangierten Mätressen mehr oder weniger einflußreicher Persönlichkeiten, die im Alter irgendwie ‹versorgt› werden mußten. Stumpfsinnige, verbitterte Stiefkinder des Schicksals, haßten sie ihre oft hübschen und vor allem jungen Zöglinge, die noch so viele Möglichkeiten, unendlich viel Zeit und Hoffnungen vor sich hatten. Unsicher in Fragen der Moral und gelegentlich auch des Benehmens, hielten sie heiteres Lachen, blühende Wangen, Lachgrübchen, dichtes Haar, strahlendweiße Zähne, leichten Gang und anmutige Bewegungen einfach für anstößig... Sämtliche Attribute der Jugend schmeckten ihnen bitter wie Wermut, und – mein Gott! – wie glühend haßten sie jede von uns, die über diese Attribute verfügte» (Walerija Sresnewskaja).

Vielleicht sind Schulen immer und überall gleich. Als Andrej Antonowitsch Gorenko sich 1905 von seiner Familie trennte, zog die Mutter mit den Kindern in den Süden, und Anna besuchte ein

Jahr, ihr letztes Schuljahr, das Funduklejew-Gymnasium in Kiew. Dort erwartete sie die gleiche Atmosphäre, die sie in Zarskoje Selo als so bedrückend empfunden hatte. Aber inzwischen war nicht nur Anna selbst, sondern auch den anderen bewußt geworden, wie wenig sie in die langweilige Monotonie des Schulalltags paßte:

«Sogar in Kleinigkeiten unterschied sich die Gorenko von uns. Wir Gymnasiastinnen trugen alle Uniform – zimtbraunes Kleid und schwarze Schürze von vorgeschriebenem Schnitt. In jeder Schürze waren links auf dem Brustlatz in Kreuzstich Klasse und Gruppe rot eingestickt. Aber Gorenkos Kleid war aus einem ganz besonderen, fließenden Stoff von angenehmer Farbe gearbeitet. Es saß wie angegossen und war nie an den Ellenbogen ausgebessert. Selbst die Häßlichkeit des zur Uniform gehörenden Hütchens, des ‹Schiffchens›, fiel an ihr nicht auf» *(Vera Beer)*.

Nein, an der Uniform der Schülerin Anna Gorenko konnte es nicht liegen. Auch war der Stoff nicht besonders kostbar. Inna Erasmowna erhielt von ihrem Mann so wenig, daß sie und die Kinder mit knapper Not damit auskamen. Viel eher wird es an der Eigenart ihres Wesens gelegen haben, wenn sie von ihrer Umgebung als etwas Besonderes erlebt wurde.

«In der Kirche ist es dämmrig. Nur wenige Betende. Die frommen alten Frauen verneigen sich immer wieder bis zur Erde, schlagen bedächtig das Kreuz und beten flüsternd. Links im dunklen Seitenschiff erkenne ich das bekannte unverwechselbare Profil. Anna Gorenko. Sie steht reglos da, schmal, schlank, gesammelt. Den Blick konzentriert nach vorn gerichtet. Sie sieht und hört niemand. Man hat den Eindruck, daß sie nicht einmal atmet. Ich unterdrücke meinen ursprünglichen Wunsch, sie anzusprechen. Ich fühle, daß man sie nicht stören darf, und im Kopf regt sich der Gedanke: ‹Wie seltsam ist diese Gorenko. Wie eigenartig›» *(Vera Beer)*.

Noch schärfer empfand Anja selbst die Unzulänglichkeit des sie umgebenden Lebens. Auch jetzt stieß sie das Gymnasium nicht nur ab, sondern forderte gelegentlich ihren scharfen Protest heraus.

«In der Klasse geht es laut zu. Die Schülerinnen treten nacheinander vor die füllige, gutmütige, sehr beschränkte Handarbeitslehrerin Anna Nikolajewna, legen ihr das aus Papier ausgeschnittene Muster für das Vorderteil eines Hemdes vor und empfangen ihre Anweisung, wie es auf den Stoff geheftet und der Stoff zugeschnitten werden soll. Fast alle haben billigen Kaliko, der schmal liegt; um die richtige Breite zu bekommen, müssen Zwickel eingesetzt werden, was uns nicht besonders gefällt. Dann kommt Anna Gorenko an die Reihe. Sie hat einen blaßrosa, fast durchsichtigen Batist in der Hand, so breit, daß von Zwickeln keine Rede sein kann. Anna Nikolajewna aber starrt entsetzt auf den Stoff und erklärt, daß es unschicklich sei, ein solches Hemd zu tragen. Ein Schatten huscht über Annas Gesicht, aber dann sagt sie in ihrer üblichen, leicht herablassenden Art: ‹Für Sie, das kann schon sein, aber nicht für mich.› Wir rissen den Mund auf. Anna Nikolajewna wurde rot wie eine Pfingstrose und blieb die Antwort schuldig. Nur mit viel Mühe und Diplomatie gelang es unserer Klassendame Lydia Grigorjewna, diesen Zwischenfall friedlich beizulegen. Sie konnte schließlich und endlich Anna dazu bewegen, sich bei Anna Nikolajewna zu entschuldigen. Aber wie sie sich entschuldigt hat! Wie eine Königin!» *(Vera Beer)*

Bereits hier, in den Erinnerungen an die damals siebzehnjährige Anna Gorenko, fällt ein Wort, das für die späteren Schilderungen ihrer Erscheinung charakteristisch werden sollte: Königin. Später wird man damit Majestät und innere Stärke verbinden. In dem Bericht der Mitschülerin aus dem Kiewer Gymnasium ist es offensichtlich durch den Eindruck der Unberührbarkeit einer für das Auge des Außenstehenden verborgenen «geheimen geistigen Welt» Annas inspiriert. Es ist kein Zufall, daß die Schilderung des Kirchenbesuchs mit folgenden Worten schließt: «Mehrmals regte sich in mir der Wunsch, ihr von dieser Begegnung in der Kirche zu erzählen, aber jedesmal hielt mich etwas davon ab. Ich glaubte, ich hätte unbeabsichtigt an ein fremdes Geheimnis gerührt, das lieber unerwähnt bleiben sollte.»

Die Verschlossenheit der Anna Gorenko läßt sich wahrschein-

lich damit erklären, daß das äußere Leben, betriebsam und unbe-
deutend, vor einem anderen, mächtigen, beherrschenden und
unendlich erfüllten zurücktritt – vor einer Welt, die, von der Dichtung erschaffen, wesentlich realer ist als die sogenannte Wirklichkeit.

*Sie las viel und dauernd. Großer Einfluß des damaligen Herrschers*
*über die Gedanken Knut Hamsun («Mysterien»); «Pan» und «Vikto-*
*ria» – weniger. Der andere Herrscher war Ibsen…*

Sie war noch ein Kind, als die Mutter ihr Derschawin und Nekrassow laut vorlas. Die Dichtung Puschkins, Lermontows, Tjutschews und Annenskis war ein Geschenk von Zarskoje Selo. Das
Petersburg *«der vorelektrischen, der Pferde-, der Stadtbahnzeit, das*
*donnernde und knirschende, von Kopf bis Fuß mit Ladenschildern be-*
*hängte, die erbarmungslos die Architektur zudeckten»*, das Petersburg, das *«nach dem stillen, duftenden Zarskoje Selo ganz besonders*
*frisch und deutlich»* empfunden wurde, verknüpfte sich schon früh
mit den Romanen Dostojewskis. Diese Sicht der Stadt war typisch
für ihre Generation. Und wie viele ihrer Zeitgenossen begegnete
auch die junge Achmatowa den europäischen Schriftstellern, die
großen Einfluß auf die gesamte russische Kultur des beginnenden
zwanzigsten Jahrhunderts gehabt hatten – Ibsen und Hamsun. Zugleich wurden die Gedichte von Waleri Brjussow, einem der ersten
Vertreter der russischen Moderne, für sie ein Synonym der neuen
Poesie. Eine bezeichnende Episode aus dem Schulalltag mag das
illustrieren:
«Psychologie in der letzten Klasse (Prima) des Kiewer Funduklejew-Gymnasiums. Das Fach ist schwierig, aber der Unterricht
interessant – der Lehrer, Gustaw Gustawowitsch Spät, regt uns,
die wir noch so jung sind, dazu an, über eine Reihe komplizierter
Fragen nachzudenken, und manches, bis dahin unverständlich und
verschwommen, wird sonnenklar. Heute beschäftigen wir uns
mit der Assoziation von Vorstellungen. Gustaw Gustawowitsch
schlägt uns vor, selbst einige Beispiele aus dem Leben oder aus

der Literatur dafür zu finden, wie eine Vorstellung die andere nach sich zieht. Ein allgemeines Gelächter begleitet den Hinweis, wie Mrs. Nickleby in dem damals sehr viel gelesenen Roman *Nicholas Nickleby* von Dickens einen wunderschönen Maimorgen mit einem auf Zwiebeln gebratenen Spanferkel verbindet. Und plötzlich erklingt eine gelassene, sei es träge, sei es monotone Stimme:

Jahrhunderte – Laternchen! Wie viele von euch leuchten im
   Dunkeln,
Am haltbaren Faden der Zeit, gespannt in unserm Kopf!

Der feierliche Rhythmus, die eigenartige Vortragsweise, die ausgefallenen Bilder lassen uns aufhorchen. Wir alle sehen Anja Gorenko an, die nicht einmal aufgestanden war und wie im Schlafe spricht. Das leichte Lächeln verschwindet aus dem Gesicht von Gustaw Gustawowitsch.
‹Wer hat das Gedicht geschrieben?› fragt er, um sie zu prüfen. Darauf die leicht verächtliche Antwort: ‹Waleri Brjussow.› Nur wenige von uns hatten Brjussows Namen je gehört, und keine kannte selbstverständlich seine Gedichte so gut wie Anna Gorenko. ‹Das Beispiel von Fräulein Gorenko ist sehr interessant›, sagt Gustaw Gustawowitsch. Und er rezitiert das von ihr begonnene Gedicht zu Ende und kommentiert es» *(Vera Beer)*.
   Damit könnte man das Kapitel über Kindheit und frühe Jugend der Anna Gorenko, der künftigen russischen Dichterin Anna Achmatowa, abschließen. Alles, was das baldige Erscheinen von Poesie ankündigt, hat sich bereits angedeutet – starkes Interesse für Literatur, ein Gefühl des Unbehagens für die sie umgebende Welt und das geheimnisvolle, verborgene innere Leben. Bleibt nur noch ein kurzer Hinweis: Das erste veröffentlichte Gedicht ist in der zweiten Nummer der Zeitschrift *Sirius* erschienen, in demselben Jahr 1907, in dem Achmatowa das Gymnasium in Kiew verließ. Diese Zeitschrift wurde in Paris von einem russischen Studenten der Sorbonne herausgegeben, Nikolai Gumiljow – ihn würde Ach-

matowa 1910, drei Jahre später, heiraten. Das Gedicht jedoch ist einem anderen gewidmet. Dieser andere war ihr Geheimnis, er blieb fremden Augen verborgen, aber man spürte, daß es ihn gab. Ihm, diesem mysteriösen W.G.K., Wladimir Golenischtschew-Kutusow, einem Studenten in Petersburg, war das von Gumiljow veröffentlichte Gedicht gewidmet.

An seiner Hand trägt er viele glänzende Ringe –
Zarte Mädchenherzen, die er erobert hat.
Da frohlockt der Brillant und träumt der Opal,
Und der schöne Rubin glüht in erlesenem Rot.
Mein Ring aber fehlt an der blassen Hand,
An niemand, niemals werd ich ihn verschenken.
Der goldne Mondstrahl hat ihn geschmiedet
Und mir, als er im Schlaf ihn mir an den Finger steckte,
    beschwörend zugeflüstert:
«Bewahre diese Gabe, auf die Träume sei stolz!»
Ich werde den Ring nicht verschenken, an niemand, niemals.

Die Liebesgeschichte von Anna Gorenko und Nikolai Gumiljow entspricht in allem dem bekannten romantischen Klischee: Ein Jüngling, seit seiner Kindheit in ein junges Mädchen verliebt, das ihr Herz einem anderen geschenkt hatte, erringt schließlich dank seiner Treue ihre Liebe...

«...Kolja Gumiljow, damals noch Primaner, lernte Anna am Heiligen Abend 1903 kennen. Wir – Anna, ich und mein Bruder Serjoscha – verließen das Haus, um noch etwas Christbaumschmuck zu kaufen – an diesem Tag wurde bei uns immer der Weihnachtsbaum aufgestellt.

Es war ein wunderbarer, sonniger Tag. Vor dem Gostinny dwor trafen wir die ‹Gumiljow-Brüder›, Mitja (der Ältere, damals Seekadett) und Kolja, den Gymnasiasten. Ich kannte sie bereits, weil wir dieselbe Klavierlehrerin hatten... Nach der Begrüßung gingen wir gemeinsam weiter – ich mit Mitja, Anna mit Kolja, erledigten unsere Einkäufe, und die beiden begleiteten uns nach Hause. Anna war von dieser Begegnung keineswegs beeindruckt, und ich war es noch weniger, weil ich mich in Mitjas Gesellschaft furchtbar langweilte – in meinen Augen hatte er gar nichts Anziehendes. Für Nikolai Gumiljow bedeutete diese Begegnung aber offenbar etwas ganz anderes.

Ich habe ihn oft, auf dem Heimweg von der Schule, in der Ferne gesehen – er wartete auf Anna.

Kolja setzte alles daran, Annas ältesten Bruder Andrej kennenzulernen, und es gelang ihm, sich Zutritt in ihr ziemlich reserviertes Elternhaus zu verschaffen.

Anna machte sich nichts aus ihm – wahrscheinlich deshalb, weil Mädchen in ihrem Alter von enttäuschten jungen Männern nicht unter fünfundzwanzig träumen, die bereits verbotene Früchte genossen haben und von ihrem würzigen Geschmack übersättigt sind» *(Walerija Sresnewskaja).*

Wie es scheint, entsprach Annas erster Angebeteter haargenau diesem Typ:

*Fünf Monate habe ich auf seine Photographie gewartet, er ist darauf ganz genau so, wie ich ihn kannte, liebte und wahnsinnig fürchtete: elegant, und so gleichgültig-kühl sieht er mich an mit dem müden, gelassenen Blick seiner kurzsichtigen hellen Augen. Il est intimidant. Auf russisch läßt sich das nicht ausdrücken.*

Es mag sein, daß sich auch Gumiljow nach diesem Typus orientierte, der ihn im Gymnasium und in Zarskoje Selo zu einer Legende werden ließ.

«Zuerst war er drei, später aber nur zwei Klassen über mir, weil er es fertiggebracht hatte, in der Prima sitzenzubleiben. Er war nicht besonders schön, aber stets mit sorgfältigem Mittelscheitel, und er trug immer, soweit ich mich erinnere, eine Uniform mit weißem Innenfutter, was unter den Schülern als besonders schick galt. Am Schulleben beteiligte er sich nie, um seinen Namen rankten sich jedoch die wildesten Gerüchte: Man erzählte sich von seinem schlechten Betragen, seinen absonderlichen Gedichten und seinem ebenso absonderlichen Geschmack. Ich habe alles vergessen, außer der andächtigen Neugierde, mit der ich zu ihm aufschaute, wenn er hochmütig den Korridor entlangschritt» *(Nikolai Punin).*

Dieser Nikolai Gumiljow, nun Student an der Sorbonne, Übersetzer und Dichter, der bereits durch zwei Gedichtbände von sich reden gemacht hatte, Afrika-Reisender, langjähriger treuer Bewunderer, erschien Anja plötzlich als die Erlösung, sowohl von dem bitteren Gefühl einer unerwiderten Liebe als auch von der Trostlosigkeit der verschlafenen südlichen Provinz. Die Erinnerung an dieses kindliche Gefühl verschmolz mit dem Heimweh nach Zarskoje Selo, das aus der Ferne in einem idyllischen Licht erschien. Und das einmal mißlungene Idyll einer Schülerliebe kam in Anjas Phantasie zu ihrem Recht.

Federmäppchen und Bücher im Riemen,
War ich auf dem Weg von der Schule nach Haus.
Diese Linden haben bestimmt nicht vergessen
Unsere Treffen, froher Knabe.

Alle diese Erlebnisse, die sich so leicht erklären lassen und die an die Frauen aus der Provinz bei Tschechow erinnern, finden ihren Niederschlag in Achmatowas Briefen. Sie schrieb sie aus Kiew und von der Krim nach Zarskoje Selo an ihren Schwager Sergej Wladimirowitsch von Stein, einen Philologen und Übersetzer. Er war seit 1905 verwitwet, seine Frau, Annas Schwester Inna, war im Alter von fünfundzwanzig Jahren an Tuberkulose gestorben. Es sind Briefe über Geldmangel, über Verwandte, die Anna völlig fremd sind, mit denen sie aber leben muß, über Schwermut und Langeweile.

Diese Briefe erzählen jedoch auch von ihren Gefühlen, von denen das Schicksal einer Frau abhängt und die so oft die ersten Gedichte diktieren. Zu allen Zeiten und in allen Ländern nimmt das Schicksal bedeutender Frauen stets seinen Anfang mit einer unerwiderten Liebe. Anna Achmatowa bildet da keine Ausnahme:

«Schreiben Sie mir so schnell wie möglich von Kutusow. Er bedeutet mir alles.» – «Meine Seele kann sich von ihm nicht lösen. Ich bin
für mein ganzes Leben vergiftet. Bitter ist das Gift der unerwiderten Liebe.»

Es sind Briefe über Krankheit und nahen Tod. «Sterben ist
leicht» – Worte, die ohne weiteres als Pose eines hysterischen jungen Mädchens angesehen werden könnten, wenn nicht ihre
Schwester kurz zuvor an Tuberkulose gestorben wäre und wenn
nicht auch Anna davon betroffen und stets durch diese ererbte
Krankheit bedroht gewesen wäre. Bald darauf entstehen statt der
nervösen Briefe die ersten Gedichte. In ihnen kommt die Todes-
nähe als tragische Lebenshaltung zum Ausdruck. Aus den Briefen
Achmatowas an Sergej Wladimirowitsch von Stein:

*(1906)*

*Gut geht es mir nur dann, wenn alle zum Essen ausgehen oder ins
Theater fahren und ich im dunklen Wohnzimmer der Stille lausche.
Meine Gedanken sind stets in der Vergangenheit, sie war so groß und
hell. Hier sind alle sehr gut zu mir, aber ich liebe sie nicht.*

*Wir sind einfach zu verschieden. Ich schweige immer und weine,
weine und schweige.*

*Mein lieber Stein, wenn Sie nur wüßten, wie dumm und naiv ich
bin. Es ist mir geradezu peinlich, Ihnen zu gestehen, daß ich immer
noch W. K. G. liebe; mein Leben besteht einzig und allein aus diesem
Gefühl.*

*Ich bekam bereits ein Herzleiden von all den Aufregungen, ewigen
Qualen und Tränen.*

*…Wollen Sie mich glücklich machen: dann schicken Sie mir sein
Photo.*

*(1906)*

*Kein Geld. Die Tante nörgelt. Vetter Demjanowski macht mir alle fünf
Minuten eine Liebeserklärung. (Erkennen Sie darin die Dickenssche
Manier??) Was soll ich tun?*

*…Sie müssen wissen, lieber Sergej Wladimirowitsch, daß ich drei*

42

Nächte hintereinander nicht geschlafen habe. Diese Schlaflosigkeit ist entsetzlich. Meine Cousine ist auf das Gut gefahren. Das Personal hat Urlaub, und als ich gestern ohnmächtig wurde und auf dem Teppich zusammenbrach, war keine Menschenseele in der ganzen Wohnung. Ich konnte mich allein nicht auskleiden, und auf den Tapeten sah ich entsetzliche Fratzen! Überhaupt steht es schlecht um mich!

... Sergej Wladimirowitsch, wenn Sie nur sehen könnten, wie erbärmlich und überflüssig ich bin! In erster Linie überflüssig, für alle, für immer. Sterben ist leicht. Hat Ihnen Andrej erzählt, daß ich mich in Jewpatorija erhängen wollte? Und daß der Nagel aus der gekalkten Wand herausgebrochen ist? Mama hat geweint, und ich habe mich geschämt – ganz abscheulich.

Im Sommer hat mich Fjodorow schon wieder geküßt, geschworen, daß er mich liebt, und wieder ging ein Geruch von Mittagessen von ihm aus.

Lieber, nirgends ein Licht.

Ich schreibe keine Gedichte. Ob es mir peinlich ist? Und wozu eigentlich?

Schreiben Sie mir bald von Kutusow.

Er bedeutet mir alles.


*31.Dezember 1906*
Die Feiertage verbrachte ich bei Tante Wakar, die mich nicht ausstehen kann. Alle haben sich nach Kräften über mich lustig gemacht, der Onkel, wenn er brüllt, steht Papa in nichts nach, und wenn man die Augen schließt, ist die Ähnlichkeit komplett. Er pflegte zweimal täglich zu brüllen: beim Mittagstisch und nach dem Abendtee. Ich habe einen Vetter, Sascha. Er war stellvertretender Staatsanwalt, hat seinen Abschied genommen und verbringt diesen Winter in Nizza. Mir gegenüber benahm sich dieser Mensch wunderbar, und ich mußte Saschas wegen ein wahres Martyrium ausstehen.

Ausdrücke wie «Bordell» und «käufliche Weiber» wiederholten sich abwechselnd in den Reden meines lieben Onkels. Aber mir war alles so gleichgültig, daß er es schließlich leid wurde, und den letzten Abend verbrachten wir in friedlicher Unterhaltung.

*Dazu die Gespräche über Politik und Angeln, die mich depri-*
*mierten.*

*2. Februar 1907*

*Ich heirate meinen Jugendfreund Nikolai Stepanowitsch Gumiljow. Er*
*liebt mich bereits seit drei Jahren, und ich glaube, daß es mir vom*
*Schicksal beschieden ist, seine Frau zu sein.*

*Februar 1907*

*Mein lieber Sergej Wladimirowitsch! Ich habe noch keine Antwort auf*
*meinen letzten Brief, schreibe aber schon wieder. Mein Kolja will mich*
*besuchen – ich bin so wahnsinnig glücklich. Er schreibt mir Worte, die*
*ich nicht verstehe, und ich muß irgendwelche Bekannte aufsuchen und*
*um Erläuterungen bitten. Jedesmal, wenn ein Brief aus Paris eintrifft,*
*wird er erst versteckt und mir nur unter ganz besonderen Vorsichts-*
*maßregeln ausgehändigt. Darauf Nervenanfall, kalte Kompressen*
*und allgemeines Unverständnis. Bei der Leidenschaftlichkeit meines*
*Charakters kann es nicht anders sein. Er liebt mich so sehr, daß es*
*sogar unheimlich ist. Was denken Sie, wie wird mein Vater reagieren,*
*wenn er von meinem Entschluß erfährt? Sollte er gegen meine Heirat*
*sein, so werde ich ausreißen und mich heimlich mit Nicolas trauen*
*lassen. Ich kann meinen Vater nicht achten, ich habe ihn niemals ge-*
*liebt, warum sollte ich ihm gehorchen? Ich bin böse, launisch und uner-*
*träglich geworden.*

*11. Februar 1907*

*…Fünf Monate habe ich auf seine Photographie gewartet, er ist darauf*
*ganz genau so, wie ich ihn kannte, liebte und wahnsinnig fürchtete:*
*elegant und so gleichgültig-kühl sieht er mich an mit dem müden, gelas-*
*senen Blick seiner kurzsichtigen, hellen Augen. Il est intimidant. Auf*
*russisch läßt sich das nicht ausdrücken. Wenn Sie nur wüßten, mein*
*lieber Sergej Wladimirowitsch, wie dankbar ich Ihnen bin, daß Sie mir*
*geantwortet haben. Ich habe den Mut völlig verloren… und erwarte*
*jede Minute die Ankunft von Nicolas. Sie wissen doch, daß er genauso*
*verrückt ist wie ich. Aber genug davon… Wie sind Sie nur darauf*

gekommen, daß ich verstummen würde, sobald ich die Photographie bekäme? O nein, ich bin viel zu glücklich, um zu schweigen. Ich schreibe Ihnen und weiß, daß er hier ist, bei mir, daß ich ihn sehen kann – das ist einfach phantastisch, Serjoscha! Meine Seele kann sich von ihm nicht lösen. Ich bin für mein ganzes Leben vergiftet. Bitter ist das Gift der unerwiderten Liebe! Werde ich noch einen neuen Lebensanfang finden? Nein, natürlich nicht! Aber Gumiljow – er ist mein Schicksal, und ich füge mich ihm in Demut. Verdammen Sie mich nicht, wenn es Ihnen möglich ist. Ich schwöre Ihnen bei allem, was mir heilig ist, daß dieser unglückliche Mann mit mir glücklich werden soll.

Kiew, 13. März 1907

... Gestern erst habe ich «Das Leben eines Menschen» bekommen, alles andere kenne ich nicht. Plötzlich hatte ich den Wunsch, in Petersburg zu sein, mitten im Leben, unter Büchern. Aber ich bin ein ewiger Zugvogel durch fremde, häßliche, schmutzige Städte, so waren Jewpatorija und Kiew, so wird Sewastopol sein, ich habe schon längst jede Hoffnung aufgegeben. Mein Leben versickert in aller, aller Stille. Meine Schwester stickt an einem Teppich, und ich lese ihr französische Romane und Alexander Blok vor. (...)

Mein Gedicht «An seiner Hand trägt er viele glänzende Ringe» ist in der zweiten Nummer des «Sirius» abgedruckt, und in der dritten wird vielleicht ein kleines Gedicht erscheinen, das bereits in Jewpatorija entstanden ist. Ich habe es viel zu spät eingesandt und zweifle, ob sie es annehmen. (...)

Warum hat Gumiljow sich des «Sirius» angenommen? Das wundert mich und versetzt mich in ungewöhnlich gute Laune. Wie oft hat sich unser Nicolas die Finger verbrannt – alles umsonst! Sie haben doch wohl bemerkt, daß beinahe alle Autoren genauso bekannt und angesehen sind wie ich? Ich nehme an, daß der liebe Gott Gumiljow mit Wahnsinn geschlagen hat. So etwas kommt vor.

Annuschka

*(1907)*
*Ich weiß nicht, ob Sie von meiner Krankheit gehört haben, die mir die Hoffnung auf ein glückliches Leben geraubt hat. Meine Lunge ist nicht in Ordnung (dies streng vertraulich), und die Gefahr der Tuberkulose ist groß. Ich glaube, daß ich dasselbe erlebe wie Inna, und kann jetzt ihre Stimmung gut verstehen.*
*... Ich fühle mich oft krank, bin bedrückt und nehme ab. Ich hatte eine Rippenfellentzündung, eine Bronchitis, zurück blieb ein chronischer Lungenkatarrh. Jetzt macht mir der Hals zu schaffen. Ich zittere vor einer Kehlkopftuberkulose. Das ist viel schlimmer als Lungentuberkulose. Wir leben in äußerster Not. Ich muß Böden scheuern und Wäsche waschen. So sieht mein Leben aus! Das Gymnasium habe ich sehr gut abgeschlossen. Der Arzt sagt, daß ein Studium für mich tödlich wäre. Also lasse ich es – aus Mitleid mit Mama.*

Mancher Leser wird möglicherweise über die Briefe dieses «albernsten Mädchens» (wie sich Achmatowa in dieser Zeit selbst bezeichnete) lächeln, denn ähnliche Erlebnisse, wenn auch unter anderen Umständen, sind häufig. Noch fügen sie sich nicht zu einem Schicksal, nicht einmal zu einer Biographie in des Wortes eigentlicher Bedeutung zusammen. Alles, was geschieht, geschieht vorläufig der Anja Gorenko, nicht aber der Anna Achmatowa. Aber Anna Achmatowa kannte diesen Unterschied. Und das war wahrscheinlich der Grund, weshalb sie jenes Gedicht, das ihre erste Liebe widerspiegelte und mit der Unterschrift «Anna G.» erschien, in keine ihrer Gedichtsammlungen aufgenommen hat.

Nur ganz weniges kündet die künftige Achmatowa an. Und ihre Beurteilung des Gumiljowschen *Sirius* hat nichts mehr mit den Seufzern, Tränen und Nerven des kapriziösen jungen Mädchens zu tun. Die Ironie dominiert und bestimmt die Intonation. Es ist ganz zwangsläufig, daß ihre Ironie sich an einer Zeitschrift übt – an der Sache der Literatur, die bald zum Zentrum ihres Lebens werden sollte.

# «Der Ruhm, ein Schwan, kam geschwommen»

*Am 25. April 1910 heiratete ich N. S. Gumiljow. Wir heirateten in einer Dorfkirche auf der anderen Seite des Dnjepr. Am selben Tag zog Utotschkin seine Kreise über Kiew, und ich sah zum ersten Mal in meinem Leben ein Flugzeug.*

Eine Dorfkirche auf der anderen Seite des Dnjepr, ein Signum dieses Lebens, des Lebens einer jungen Dame aus der Provinz am Anfang des zwanzigsten Jahrhunderts, die sich als Hörerin bei der juristischen Abteilung der höheren Frauenkurse in Kiew eintragen läßt. Achmatowa betont das Provinzielle bewußt. Kiew, wo sie und Gumiljow heirateten, war eine der größten Städte des russischen Reichs. Eine Dorfkirche hätte man dort vergeblich gesucht. In dieser kurzen Notiz kommt der Dorfkirche eine symbolische Bedeutung zu. Sie ist als Kontrast zu Utotschkin, dem um 1910 berühmten Flieger, und zu dem Flugzeug, einem Signum des anbrechenden Jahrhunderts, des Jahrhunderts der Dichterin Anna Achmatowa, zu verstehen.

Das scheint vielleicht weit hergeholt. Aber auch in ihren Erzählungen von Paris, dem Ziel ihrer Hochzeitsreise, kommt sie auf die Flieger zu sprechen. Dort sah sie, wie die leichten Aeroplane über «ihrem Altersgenossen, dem Eiffelturm», ihre luftigen Kreise zogen. Und dann erzählt Achmatowa folgende Episode:

*Wir, sechs Russen, zogen zum Montmartre. Das Lokal, in dem wir landeten, war nicht gerade fein und ein bißchen anrüchig. Man kam und ging, angeblich um sich im Hause etwas anzusehen, und schon kam der nächste. Ich setzte mich sofort an einen Tisch mit bodenlanger Tischdecke, zog meine Schuhe aus – sie drückten unheimlich – und blickte mich stolz um. Zu meiner Linken saß der damals berühmte Flieger Blériot mit seinem Mechaniker. Als wir uns erhoben, um zu gehen, lag in meinem Schuh die Visitenkarte von Blériot.*

Auch diese hübsche Geschichte gehört zu den ersten Berührungen eines jungen Mädchens aus der russischen Provinz mit dem zwanzigsten Jahrhundert.

Alles veränderte sich ganz unverhofft. Gestern noch das ungeliebte Kiew, das Juristen-Latein und die lästige Verwandtschaft. Und heute – Paris, Eiffelturm, Jardin du Luxembourg. Ihre Erinnerungen an die Hochzeitsreise und an die zweite Reise nach Paris (1911, ebenfalls mit Gumiljow) sind Erinnerungen an Amedeo Modigliani, den sie bereits 1910 kennengelernt hatte:

*Ich glaube allen, die ihn anders beschreiben, als ich ihn kannte, und zwar aus folgendem Grund. Erstens kannte ich möglicherweise nur eine Seite seines Wesens (die leuchtende), denn ich war ja eine fremde und wahrscheinlich selbst nicht besonders leicht durchschaubare zwanzigjährige Ausländerin; zweitens ist auch mir aufgefallen, wie sehr er sich verändert hatte, als wir uns 1911 wiedersahen. Er wirkte irgendwie finster und eingefallen.*

*1910 sah ich ihn sehr selten, nur einige wenige Male. Er schrieb mir dennoch den ganzen Winter über. Er hatte mir nicht erzählt, daß er Gedichte schreibt.*

*Heute weiß ich, daß er vor allem von meiner Fähigkeit fasziniert war, fremde Gedanken zu erraten, fremde Träume zu träumen sowie von anderen Bagatellen, woran jene, die mich gut kannten, sich längst gewöhnt hatten. Er wiederholte oft: «On communique» oder: «Il n'y a que vous pour réaliser cela.»*

*Wahrscheinlich hatten wir damals beide etwas sehr Wesentliches*

48

nicht begriffen: Alles, was geschah, war für uns beide die Vorgeschichte unseres Lebens: seines sehr kurzen, meines sehr langen. Der Odem der Kunst hatte diese beiden Existenzen noch nicht versengt, noch nicht verwandelt, es war die lichte, leichte Stunde vor Sonnenaufgang. Aber die Zukunft, die bekanntlich ihre Schatten vorauswirft, bevor sie eintritt, pochte ans Fenster, versteckte sich hinter den Laternen, durchkreuzte die Träume und geisterte als das schreckliche Paris von Baudelaire in unmittelbarer Nähe umher. Alles Göttliche an Modigliani schimmerte nur durch ein unbestimmtes Dunkel. Er ähnelte niemandem auf der ganzen Welt. Seine Stimme blieb mir für immer im Gedächtnis haften. Er war bettelarm, als ich ihn kannte, und es war unergründlich, wovon er lebte. Als Künstler fand er auch nicht die geringste Anerkennung.

Damals (1911) wohnte er in der Impasse Falguière. Er war so arm, daß wir im Jardin du Luxembourg immer auf Bänken saßen und nicht auf gemieteten Stühlen, wie es sich gehörte. Er klagte niemals, weder über seine offensichtliche Not noch über seinen ebenso offensichtlichen Mißerfolg. Nur einmal hat er 1911 gesagt, daß der vergangene Winter für ihn so schwer gewesen sei, daß er sogar nicht einmal an das ihm Teuerste hätte denken können.

Er kam mir vor, als sei er von einem dichten Ring von Einsamkeit umgeben. Ich kann mich nicht erinnern, daß er je irgend jemand gegrüßt hätte, sei es im Luxembourg oder im Quartier Latin, wo sich alle mehr oder weniger kannten. Ich habe aus seinem Munde nie einen Scherz gehört. Ich habe ihn nie betrunken gesehen, und er hat niemals nach Wein gerochen. Wahrscheinlich begann er erst später zu trinken, aber von Haschisch war in seinen Erzählungen schon damals die Rede. Eine feste Freundin hatte er zu jener Zeit nicht. Er hat niemals über frühere Abenteuer gesprochen (wie es alle tun, leider), Irdisches kam in unseren Gesprächen nicht vor. Er hatte sehr gute Manieren, aber nicht als Folge häuslicher Erziehung, sie entsprachen einfach seinem edlen Wesen.

Damals beschäftigte er sich mit Bildhauerei, er arbeitete in dem kleinen Hof vor seinem Atelier, und in der menschenleeren Sackgasse hörte man das Klopfen seines Hämmerchens. An den Wänden seines

Ateliers hingen dicht an dicht Porträts von unwahrscheinlicher Höhe (heute kommt es mir so vor, als ob sie vom Boden bis zur Decke reichten). Ich habe nie eine Reproduktion davon gesehen – ob sie überhaupt erhalten geblieben sind? Seine Plastik nannte er «La chose», sie wurde, wie ich glaube, bei den «Indépendants» 1911 ausgestellt. Er hatte mich gebeten, hinzugehen und sie anzusehen, hat mich aber in der Ausstellung nicht einmal begrüßt, denn ich kam nicht allein, sondern mit Freunden. In der Zeit meiner großen Verluste verschwand auch die Photographie der Plastik, die er mir geschenkt hatte.

Damals träumte Modigliani von Ägypten. Er besuchte mit mir den Louvre, um mir die ägyptische Abteilung zu zeigen, und versicherte, daß alles andere («tout le reste») nicht der geringsten Beachtung wert sei. Er zeichnete meinen Kopf im Putz ägyptischer Königinnen und Tänzerinnen und schien von der großen Kunst Ägyptens völlig erfüllt. Vermutlich war Ägypten seine letzte Leidenschaft. Sehr bald darauf ist er so eigenständig, daß beim Betrachten seiner Bilder keinerlei Assoziationen entstehen. Heute nennt man diese Phase Modiglianis «Période nègre».

Er sagte: «Les bijoux doivent être sauvages» (über meine afrikanische Halskette) und zeichnete mich damit. Er zeigte mir nachts, bei Mondschein, «le vieux Paris derrière le Panthéon». Obwohl er die Stadt sehr gut kannte, haben wir uns einmal verlaufen... Er war es, der mir das echte Paris gezeigt hat.

Über die Venus von Milo bemerkte er einmal, daß Frauen mit vollkommener Figur, die zu malen und zu modellieren es lohne, in Kleidern immer plump erschienen.

Bei Regen, und in Paris regnet es oft, spannte Modigliani einen riesigen Regenschirm auf. Unter diesem Regenschirm saßen wir manchmal auf einer Bank im Luxembourg, unter dem warmen Sommerregen, in unserer Nähe schlummerte Le vieux palais à l'italienne, und wir deklamierten zweistimmig Verlaine, den wir auswendig kannten, und freuten uns, daß wir dieselben Gedichte gewählt hatten...

Ältere Leute zeigten uns, über welche Allee des Luxembourg Verlaine, umgeben von einer Schar Verehrer, aus «seinem» Café, wo er

tagtäglich residierte, zum Essen in «sein» Restaurant gewandelt war.
Und 1911 wandelte über diese Allee nicht mehr Verlaine, sondern ein
hochgewachsener Herr in tadellosem Gehrock und Zylinder, das Band
der Ehrenlegion im Knopfloch, während unsere Nachbarn flüsterten:
«Henri de Régnier.»
  Uns beiden bedeutete dieser Name nichts. Von Anatole France
wollte Modigliani (wie übrigens manch anderer Gebildeter in Paris)
nichts wissen. Er freute sich, daß auch ich für France nichts übrig hatte.
Und Verlaine war im Luxembourg in Gestalt eines Denkmals anwesend, das in diesem Jahr enthüllt worden war. (...)

Einmal hatten wir uns wohl zu flüchtig verabredet, und als ich Modigliani abholen wollte, war er nicht zu Hause. Ich entschloß mich, ein
wenig auf ihn zu warten. Ich hatte einen Arm voll roter Rosen mitgebracht. Das Fenster über der abgeschlossenen Ateliertür stand offen.
Um mir die Zeit zu vertreiben, warf ich eine Blüte nach der anderen
durch dieses Fenster in das Atelier. Ohne weiter auf Modigliani zu
warten, ging ich.
  Als wir uns wiedersahen, wunderte er sich, wie ich in das verschlos-
sene Zimmer hineingekommen war, da er den einzigen Schlüssel bei
sich gehabt hatte. Ich schilderte ihm, wie alles zugegangen war. «Das
ist unmöglich – sie waren so schön angeordnet.»
  Modigliani liebte es, nächtelang durch Paris zu wandern, und ich
bin oft, wenn ich seine Schritte in der schläfrigen Stille unserer Straße
hörte, ans Fenster getreten und habe seinen Schatten beobachtet, der
unter meinem Fenster zögerte.
  Das damalige Paris hieß bereits am Anfang der zwanziger Jahre «le
vieux Paris» oder «Paris avant la guerre». Damals gab es noch viele
Fiaker, und die Kutscher hatten eigene Kneipen mit dem Schild «Au
Rendez-vous des Cochers», und meine jungen Zeitgenossen, die bald an
der Marne oder bei Verdun fallen sollten, waren noch alle am Leben.
Alle linken Maler waren anerkannt, außer Modigliani. Picasso war
genau so berühmt wie heute, aber damals hieß es «Picasso und Brac-
que». Ida Rubinstein tanzte die Scheherazade, und Diaghilews Ballets
Russes wurden Anziehungspunkte für die elegante Welt (Strawinski,

Nischinski, Pawlowa, Karsawina, Bakst). *Heute wissen wir, daß auch das Werk Strawinskis nicht dem ersten Jahrzehnt des zwanzigsten Jahrhunderts verhaftet blieb und zum höchsten musikalischen Ausdruck des zwanzigsten Jahrhunderts werden sollte. Damals wußten wir das noch nicht. Am 20. Juni 1910 fand die Premiere des «Feuervogels» statt, am 15. Juni 1911 die Premiere von «Petruschka», bei Diaghilew in der Inszenierung von Fokin.*

*Die Schnitte der neuen Boulevards durch den lebendigen Leib von Paris (die Zola beschrieben hatte) waren noch nicht alle fertig (Boulevard Raspail). Werner, ein Freund Edisons, zeigte mir in der Taverne de Panthéon zwei Tische und sagte: «Hier sitzen Ihre Sozialdemokraten, auf dieser Seite die Bolschewiki und dort die Menschewiki.» Die Damen trugen mit wechselndem Erfolg bald Hosenröcke (jupes culottes), bald hauteng Wickelröcke (jupes entravées). Gedichte waren völlig aus der Mode, sie wurden nur wegen der Vignetten von der Hand eines mehr oder weniger berühmten Malers gekauft. Ich hatte bereits damals begriffen, daß die französische Malerei die französische Lyrik verschlungen hatte.*

*René Ghil predigte die «wissenschaftliche Poesie», und seine sogenannten Schüler besuchten ihren Maître mit höchster Überwindung. [...]*

*...Modigliani bedauerte sehr, daß er meine Gedichte nicht verstand, und vermutete darin irgendwelche Wunder, während es sich ja nur um erste zaghafte Versuche handelte...*

*Ich saß ihm nicht Modell. Er zeichnete mich bei sich zu Hause – und schenkte mir die Zeichnungen. Sechzehn an der Zahl. Er bat mich, sie rahmen zu lassen und in meinem Zimmer aufzuhängen. Sie sind in den ersten Jahren nach der Revolution in Zarskoje Selo verlorengegangen. Eine einzige ist erhalten geblieben, jene, in der sich weniger als in den übrigen seine späteren Akte ahnen lassen...*

*Meistens unterhielten wir uns über Gedichte. Wir kannten beide sehr viele französische Gedichte auswendig: Verlaine, Laforgue, Mallarmé, Baudelaire.*

Dante hat er nie für mich gesprochen. Vielleicht deshalb, weil ich damals noch nicht Italienisch konnte.

Einmal sagte er: «J'ai oublié de vous dire que je suis Juif.» Daß er aus der Gegend von Livorno stammte, hatte er gleich erzählt, und daß er vierundzwanzig sei, aber er war bereits sechsundzwanzig.

Er erzählte, daß ihn die Aviatoren (heute heißen sie Flieger) interessierten, daß er aber enttäuscht gewesen sei, als er einen von ihnen kennenlernte. Es waren einfach Sportler. (Was hatte er wohl erwartet?)

Damals kreisten die ersten leichten und, wie jeder weiß, etagerenförmigen Aeroplane über meinem rostigen und ein bißchen schiefen Altersgenossen (1889), dem Eiffelturm.

Er erinnerte mich an einen riesigen Leuchter, den ein Riese inmitten einer Zwergenmetropole stehengelassen hat. Aber das gehört schon ins Reich Gullivers.

...und ringsum tobte der Kubismus, der gerade den Sieg davongetragen hatte, Modigliani aber völlig fremd geblieben war.

Marc Chagall hatte schon sein verzaubertes Witebsk nach Paris versetzt, und über die Pariser Boulevards flanierte als unbekannter junger Mann ein noch nicht aufgegangener Stern: Charlie Chaplin. Der «Große Stumme», so wurde damals der Film genannt, verharrte noch in beredtem Schweigen.

«Und fern im Norden»... in Rußland starben Lew Tolstoi, Wrubel, Vera Komissarschewskaja, die Symbolisten erklärten, sie befänden sich in einer Krise, und Alexander Blok warnte:

O ahntet ihr, Kinder,
Die Kälte und das Dunkel kommender Tage...

Die drei Wale, auf denen heute das zwanzigste Jahrhundert ruht – Proust, Joyce und Kafka – waren noch keine Mythen, obwohl sie schon als Menschen existierten...

Dieser Essay ist ebenso Erinnerung an Modigliani und das Paris des ersten Jahrzehnts unseres Jahrhunderts wie eigene Biographie. Deshalb werden Modigliani und Picasso in einem Atemzug genannt mit Strawinski und Chagall, der Mythos Verlaine mit dem Tod Lew Tolstois, die «wissenschaftliche Poesie» eines René Ghil mit der Krise des russischen Symbolismus, einer poetischen Schule, gegen die Gumiljow und Mandelstam zu einem erbitterten Kampf antreten sollten. Aber Achmatowa reiht nicht bloße Analogien aneinander, sondern schreibt über die Verflechtungen persönlicher Schicksale.

Modiglianis ‹Période nègre› und seine Begeisterung für Ägypten korrespondieren mit den afrikanischen Streifzügen Gumiljows, der seiner Frau aus Ägypten jene afrikanischen Perlen mitbrachte, die den Maler so entzückten. Die auf den ersten Blick zufällige Begegnung eines völlig unbekannten Malers und einer künftigen Dichterin sollte im nachhinein betrachtet einen Schnittpunkt von Schicksalen des zwanzigsten Jahrhunderts markieren.

Freilich handelt es sich um Einsichten, die vom Finale ihres Lebens souffliert sind und die an seinem Anfang, als Anja Gorenko sich stürmisch und unerwartet in die Anna Achmatowa verwandelte, keineswegs auf der Hand lagen.

Damals, in den Jahren 1910 und 1911, erschien in den literarischen Salons, unter anderem im «Turm», der Wohnung Wjatscheslaw Iwanows, oder in der Akademie der Dichtkunst, auch «Gesellschaft der Liebhaber des künstlerischen Wortes» genannt, die Gattin von Nikolai Gumiljow, eines inzwischen recht bekannten Dichters, des Autors von drei Gedichtbänden und Afrika-Reisenden. «Schmal, schlank, einem schüchternen fünfzehnjährigen Mädchen ähnlich, wich sie ihrem Mann keinen Schritt von der Seite, ... der sie gleich bei der ersten Vorstellung als seine Schülerin bezeichnete» *(Kornej Tschukowski)*. Alle waren enttäuscht: eine ganz gewöhnliche junge Dame. Von Gumiljow hatte man offensichtlich erwartet, daß er aus Abessinien (er war soeben aus Afrika zurückgekehrt) «ein Zulu-Fräulein oder wenigstens eine Mulattin mitbringen würde. Offenbar glaubte man, nur eine solche Braut sei ihm angemessen» *(W. Pjast)*.

Es war nicht leicht, Gumiljows Bekannte zum Staunen zu bringen. Er verkehrte damals in dem Kreis der sehr eigenwilligen Elite der neuen Literatur. Bei Wjatscheslaw Iwanow, dem Theoretiker der neuen Weltsicht, fanden die subtilsten Diskussionen über Literatur, Philosophie, Religion, Mystik und Okkultismus statt. Dort trafen sich viele Berühmtheiten jener Zeit: der Philosoph Nikolai Berdjajew, die Dichter Alexander Blok, Andrej Bely, Michail Kusmin, Fjodor Sologub ... Es war eine Ehre, im «Turm» zugelassen zu werden, es bedeutete eine Art Bestätigung, daß man zur Creme der Intelligenzija zählte. Etwas später verwandelten sich die Jours fixes bei Wjatscheslaw Iwanow in die «Gesellschaft der Liebhaber des künstlerischen Wortes». Aber jetzt war Wjatscheslaw der Prächtige das Oberhaupt und zelebrierte nach den Worten einer Zeitgenossin «bald die Rolle eines Apollo-, bald eines Dionysos-Priesters, vielleicht auch noch anderer, dunklerer Götter».

Und plötzlich tauchte eine «Gattin», eine «Schülerin» auf, eine gewöhnliche junge Dame, die «für sich» Gedichte verfaßte. Achmatowa schildert Wjatscheslaw Iwanow stets als eine dämonische Persönlichkeit, als Verführer und Menschenfänger, der mit Vorliebe und gekonnt Menschen an sich zog und seinem Einfluß unterwarf. Sie erzählt:

*Er hat auch an mir seine Zauberkünste ausprobiert. Ich komme zu ihm, und schon führt er mich in sein Arbeitszimmer: Beginnen Sie! Aber was sollte ich ihm damals vortragen? Ganze einundzwanzig, Zöpfe bis in die Kniekehlen und eine eingebildete unglückliche Liebe ... Ich rezitiere etwas wie: «Schlanker, schöner Hirtenknabe». Wjatscheslaw ist hochentzückt: Seit Catull ... usw. usw. Und dann begleitet er mich in den Salon – Lassen Sie hören! Ich trage dasselbe vor, und diesmal ist Wjatscheslaws Kritik vernichtend.*

Unbeabsichtigt fand sich Achmatowa nicht nur im Zentrum des Petersburger literarischen Lebens wieder, sondern auch im Zentrum eines erbitterten Kampfes der Richtungen und Einflußsphären.

Noch kurz zuvor war Gumiljow ein aufmerksamer und ehrfürchtiger Jünger des Olympiers gewesen. Aber schon gegen 1910 ist die Unabhängigkeit seines Verhaltens und seines Urteils unübersehbar. Der Respekt wird zwar gewahrt, aber die Jüngerschaft ist zu Ende. Die Spannungen zwischen Nikolai Gumiljow und dem despotischen Maître Wjatscheslaw Iwanow konnten nicht ohne Folgen für das Verhältnis der beiden zu den Gedichten bleiben, die die junge Frau Gumiljows «für sich» schrieb, Gumiljow konnte diese, nach den eigenen Worten Achmatowas, anfangs

*... nicht ausstehen. Er hörte sie an, weil ich es war, beurteilte sie jedoch sehr negativ; er riet mir, mich für irgendeine andere Beschäftigung zu entscheiden. Er hatte recht: Ich schrieb damals wirklich grauenhafte Gedichte. Wissen Sie, in der Art, wie sie in kleinen Zeitschriften als Füllsel gedruckt werden... Und dann war es so: Wir heirateten im April (davor hatten wir eine lange Verlobungszeit). Und im September reiste er nach Afrika und blieb einige Monate dort. Während dieser Zeit schrieb ich viel und hatte auch erste Erfolge: Alle, die um mich waren – Kusmin, Sologub und auch die Leute bei Wjatscheslaw –, lobten mich. (Bei Wjatscheslaw mochten sie Kolja nicht und versuchten, einen Keil zwischen uns zu treiben. Sie sagten: «Sehen Sie doch nur, er versteht Ihre Gedichte nicht.») Er kam zurück, ich erzählte ihm nichts. Dann fragte er: «Hast du Gedichte geschrieben?» – «Ja.» Und ich las ihm vor. Es waren die Gedichte aus dem Band «Abend». Er war verblüfft. Von da an liebte er meine Gedichte sehr.*

So hatte sich Gumiljow vor seiner exzentrischen afrikanischen Reise von Anna Gumiljowa verabschiedet und wurde bei der Heimkehr von Anna Achmatowa begrüßt.

Dies ist keineswegs eine Metapher. Während Gumiljows Abwesenheit hatte sie in einigen Petersburger Zeitschriften mehrere Gedichte veröffentlicht. Auf keinen Fall war Anna Gumiljowa bereit, den Namen ihres Mannes unter diese Gedichte zu setzen. Sie hat sich wahrscheinlich deshalb für ihren Mädchennamen entschieden, weil er dem Leser nichts über «Gattin und

Schülerin» verriet. Aber nun war es ihr Vater, der vor Zorn kochte und seiner Tochter eine Szene machte: «Ich wünsche nicht, daß du meinen Namen mißbrauchst.» Darauf wählte Anna den Namen ihrer Großmutter, «einer tatarischen Prinzessin Achmatowa... ohne zu bedenken, daß ich eine russische Dichterin werden wollte». Aber auch das war keine endgültige Lösung. Sie stand zwischen zwei Feuern, dem Unmut ihres Vaters und dem Unmut ihres Mannes, der prinzipiell dagegen war, daß sie ihre Gedichte veröffentlichte. Als ihr Sergej Makowski, Herausgeber der Zeitschrift *Apollon*, die 1909 nicht ohne Gumiljows Beteiligung gegründet worden war, anbot, ihre Gedichte zu veröffentlichen, zögerte sie: Was würde Nikolai Stepanowitsch nach seiner Rückkehr dazu sagen? Eine kleine List Makowskis bot den Ausweg: «Also gut, ich übernehme die ganze Verantwortung. Sagen Sie ihm einfach, ich hätte diese Gedichte entwendet und eigenmächtig veröffentlicht.»

«So hatten wir uns abgesprochen... Achmatowas Gedichte wurden, sobald sie im *Apollon* erschienen waren, so sehr gelobt, daß Gumiljow nach seiner Rückkehr aus fernen Landen nichts anderes übrigblieb, als sich mit diesem fait accompli abzufinden. Später war er der erste, der sich für das Talent seiner Frau begeisterte, obwohl er auf ihre Erfolge stets eifersüchtig war» *(Sergej Makowski)*.

Damals waren im vierten Heft der Zeitschrift *Apollon*, Jahrgang 1911, vier Gedichte veröffentlicht worden, darunter das vielleicht populärste aus dem Frühwerk Achmatowas:


*Der grauäugige König*

Preis dir, du auswegloser Schmerz!
Gestern starb der grauäugige König.

Der Herbstabend war purpurn und dumpf.
Mein Mann kam nach Hause und sagte gelassen:

«Weißt du, sie brachten ihn von der Jagd zurück,
Man fand ihn bei der alten Eiche.

Arme Königin. Er war noch so jung!...
In einer Nacht ergraute ihr Haar.»

Er nahm seine Pfeife vom Kamin
Und ging zur Arbeit hinaus in die Nacht.

Mein Töchterchen will ich gleich wecken,
In ihre grauen Äuglein will ich sehen.

Und vor dem Fenster rascheln die Pappeln:
«Dein König ist nicht mehr auf Erden...»

1910

Dieses Gedicht wurde in den ersten Gedichtband *Abend* aufgenommen, der 1912 erschien. Achmatowa schrieb zu diesem Band:

*Diese bescheidenen Verse eines völlig unbedeutenden Mädchens wurden dreizehnmal nachgedruckt (falls ich alle Nachdrucke gesehen habe). Sie wurden auch in einige fremde Sprachen übersetzt. Dieses Mädchen hat (soweit ich mich erinnere) nichts von ihrem späteren Schicksal geahnt und die Zeitschriften, in denen sie abgedruckt wurden, unterm Sofakissen vergraben, «um seine Nerven zu schonen». Nach dem Erscheinen von «Abend» machte sie sich aus Kummer sogar davon, nach Italien, und in der Straßenbahn dachte sie beim Anblick ihrer Nachbarn: «Die Glücklichen! Sie haben keine Neuerscheinungen!»*

Die Verlegenheit und Unsicherheit der Autorin korrespondierten keineswegs mit der Reaktion der Kritiker. Michail Kusmin schloß sein Vorwort zu *Abend* mit den Worten: «Also, meine sehr verehrten Damen und Herren, ein junger, neuer Dichter, der alle Voraussetzungen erfüllt, um ein wahrer Dichter zu werden, ist auf dem Weg zu uns. Er heißt Anna Achmatowa.»
Auf den ersten Blick schien es, als schriebe sie über Dinge, über

die junge Mädchen gewöhnlich schreiben – über die Liebe, den ungetreuen Geliebten, Schmerz, Sehnsucht, Tod – das waren Achmatowas Vokabeln. Zur Jugend gehören die große Fähigkeit und das Verlangen zu leiden. Aber «der jugendliche Pessimismus war bislang die Domäne der noch nicht flüggen Federn», schrieb Gumiljow, «und erst in den Gedichten der Achmatowa erhält er seinen legitimen Platz innerhalb der Dichtung.»

Alle fühlten es – Achmatowa spricht über Gewohntes in einer ungewohnten Sprache. Man suchte vergeblich bei ihr nach einem Werturteil – es gab weder «unglücklich» noch «glücklich», weder «schön» noch «häßlich». Sie fällte keine Urteile. Sie fügte lediglich ihr eigenes Mosaik aus konkreten Splittern zusammen, aus Bagatellen, aus von weit her zusammengetragenen Details. Und es stellte sich heraus, daß diese unzusammenhängenden Details «uns weit mehr quälen und erregen, als wir erwarteten, als ob... sie uns zu jenen Orten geleiteten, wo wir geliebt, geweint, gelacht, gelitten – wo wir gelebt hatten» *(Michail Kusmin).*

So kühl war es ums wehrlose Herz,
Aber leicht war mein Schritt.
Über die rechte Hand zog ich
Den linken Handschuh.

Es schien, der Stufen sind viele,
Doch wußte ich – es waren nur drei!
Im Ahorn das herbstliche Flüstern
Bat: «Stirb doch mit mir!

Ich bin betrogen, hörst du, vom tristen,
Wechselhaften, bösen Geschick.»
Ich antwortete: «Lieber, mein Lieber!
Auch ich werde mit dir sterben...»

Das ist das Lied der letzten Begegnung.
Ich schaute zurück auf das dunkle Haus.

Nur im Schlafzimmer der brennenden Kerzen
Gleichgültig gelber Schein.

Die Todesbereitschaft schärft Auge und Gedächtnis. Das war es,
worauf es Michail Kusmin in seinem Vorwort ankam:
«In Alexandrien gab es eine Gesellschaft, deren Mitglieder sich
um des intensiveren Lebensgenusses willen für Todgeweihte hielten. Jede Stunde, jeden Tag galt es als die letzten zu erleben ... Der
Gedanke an die Steigerung der Aufnahmefähigkeit im Schatten
des Todes ... ist mehr als zutreffend. Die Dichter müssen ein ganz
besonders ausgeprägtes Liebesbewußtsein und weit offene Augen
auf diese ganze liebenswerte, fröhliche und schmerzerfüllte Welt
richten, um sich an ihr satt zu sehen und sie in sich hinein zu schlür-
fen – jeder Augenblick ein letztes Mal. Man weiß ja, daß wir uns im
Augenblick äußerster Gefahr, wenn der Tod unmittelbar bevor-
steht, in einer Sekunde an so vieles erinnern, wie es auch in langen
Stunden bei gewöhnlicher Geistesverfassung unmöglich ist.»
    In diesen Zeilen sind zwei Programme enthalten. Zunächst das
ethische: Die Intensität der Lebenserfahrung ist ein Ziel, das um
jeden Preis erreicht werden muß und kann. Und das literarische:
Die Schärfe der Empfindung ist der absolute Wertmaßstab der
Dichtung.
    Dies ist die Position des zwanzigsten Jahrhunderts. Das neun-
zehnte beharrte auf der Suche nach dem Sinn des Lebens, aus der
das Werk von Lew Tolstoi und Fjodor Dostojewski entstanden
war. Der Symbolismus als literarische Richtung blieb für Achmatowa stets eine Erscheinung des neunzehnten Jahrhunderts. Die
Symbolisten weigerten sich, den sie umgebenden Erscheinungen
und Gegenständen eine unmittelbare Bedeutung zuzugestehen.
Sie bemühten sich weiterhin, in ihnen einen «Sinn des Lebens» zu
entdecken – in der Geliebten die Weisheit Gottes und das Ewig-
Weibliche, in Untreue und Trennung die tragische Unerreichbar-
keit der absoluten Wahrheit.
    «Für einen Symbolisten ist ... die Rose ein Gleichnis der Sonne,
die Sonne ein Gleichnis der Rose, die Taube das Gleichnis eines

jungen Mädchens, das junge Mädchen das Gleichnis der Taube. Die Bilder sind ausgeweidet wie Bälge und mit fremdem Inhalt vollgestopft. Statt des symbolistischen ‹Waldes von Entsprechungen› – die Werkstatt eines Ausstopfers», schrieb Ossip Mandelstam ironisch über die älteren Dichter. «...Kein einziges klares Wort, nur Andeutungen, nur Unausgesprochenes... Keiner möchte er selbst sein... Die Folgen sind ausgesprochen beschwerlich – man kann weder gehen noch stehen, noch sitzen. Am Tisch kann man nicht mehr zu Mittag essen, weil er einfach kein Tisch mehr ist. Man kann auch nicht ohne weiteres Feuer anmachen, denn dies könnte ja einen tieferen Sinn haben, und man würde seines Lebens nicht mehr froh werden. Der Mensch ist nicht mehr Herr im eigenen Haus. Er muß bald in einer Art Kirche, bald in einem Druidenhain leben...»

Sowohl Gumiljow als auch Mandelstam sind Schüler der Symbolisten, aber sie waren nicht länger bereit, nach den Gesetzen ihrer Meister zu leben. Sie behaupteten nicht, daß man die Welt erkennen kann, sie behaupteten nicht, daß sie das Nichtzuerkennende verdrängen wollten. Sie behaupteten nur, daß Mutmaßungen immer nur Mutmaßungen bleiben. «Das kindlich-weise, schmerzlich-süße Empfinden der eigenen Unwissenheit – das ist alles, was uns das Ungewisse schenkt» *(Nikolai Gumiljow)*.

Anna Achmatowa stimmte von Anfang an in ihrem Weltempfinden mit den Dichtern der älteren Generation nicht überein, sie sah die Welt anders als diese. Sie schaute weniger zum Himmel empor als auf das, was um sie und in ihr geschah. Und der von ihr erwähnte Gegenstand – der rechte Handschuh an der linken Hand – beschwor mit Nachdruck einen konkreten Augenblick des irdischen Lebens:

*1910 zeichnete sich die Krisis des Symbolismus deutlich ab, und die jungen Dichter schlossen sich dieser Bewegung nicht mehr an... Gemeinsam mit meinen Kollegen aus der Ersten Dichter-Zunft – Mandelstam, Senkewitsch und Narbut – wurde ich Akmeistin.*

Den Umschlag ihres ersten Gedichtbandes, *Abend*, schmückte die Lyra, das Symbol der Dichter-Zunft. Der Weg zum Akmeismus führte über die «Zunft». Zu ihr gehörten die jungen Dichter, die sich um Gumiljow scharten und ihn als ihr Haupt anerkannten – als «Syndicus». Diese Vereinigung war im Grunde genommen sein Werk und auch seine Herausforderung an die älteren Meister – die Symbolisten Wjatscheslaw Iwanow und Alexander Blok. Die bloße Verbindung der Worte «Dichter» und «Zunft» stieß die literarische Öffentlichkeit vor den Kopf. Eine Zunft ist eine Vereinigung von Handwerkern (etwa von Schustern oder Waffenschmieden), die Dichtung dagegen hält man üblicherweise für eine höhere Gabe. Gumiljow jedoch lehnte alle hochtönenden Überlegungen über Inspiration und göttliche Offenbarung in der Poesie ab und sprach nur über Meisterschaft, über Handwerk, über Verstechnik, die allein den Sinn mit höchster Prägnanz wiedergibt.

Er schien sogar in seinem Äußeren den Gegensatz zum traditionellen Bild eines Dichters, des schönen lockenköpfigen Boten Apollons, demonstrieren zu wollen. So jedoch sah der Leser zu Beginn des neunzehnten Jahrhunderts den vergötterten Alexander Blok. Gumiljow ließ seinen Schädel rasieren, unterstrich dadurch die angeborene Disharmonie seiner Gesichtszüge und bot seinen langen Hinterkopf jedwedem Spott dar. Überzeugt von der Einheit von Literatur und Leben, bereiste er Afrika, um dort wie Adam die von der Zivilisation noch unberührte Erde zum ersten Mal zu erblicken und für Naturerscheinungen und Dinge genaue Bezeichnungen zu finden, ihnen Namen zu geben.

Adamismus – eine männliche, feste Weltsicht, so sollte die von Gumiljow und Sergej Gorodezki ausgerufene Richtung heißen. Ihr Programm legten sie auf einer Sitzung der Zunft vor.

Sie duldeten gewöhnlich keinen Ungehorsam. Als Mandelstam und Achmatowa einen Antrag auf Auflösung der Zunft einreichten, fällte Sergej Gorodezki ein lapidares Urteil: «Alle an den Galgen, die Achmatowa in den Kerker.» Aber es waren durchaus nicht alle bereit, den neuen Meistern zu folgen. So bezeichnete sich Michail Losinski, Herausgeber und Redakteur der Zunft-Zeitschrift

*Hyperboreas* und enger Freund Gumiljows, stets als den letzten Symbolisten. Von den achtundzwanzig Mitgliedern bekannten sich nur sechs, die Begründer der Zunft eingeschlossen, zu der neuen literarischen Schule. Aber Anna Achmatowa verdankte der Zunft menschliche Beziehungen, die ihr ganzes Leben über halten sollten, und jene Freundschaft, die sie später «der Seele hohe Freiheit» nennen würde. Sowohl Michail Losinski als auch der Orientalist Wladimir Schilejko, den sie in zweiter Ehe heiratete, wie auch Ossip Mandelstam – sie alle waren Zunft-Genossen.

Mit Mandelstam verband sie nicht nur die Zunft, sondern auch der gemeinsame Weg – vom «Turm» Iwanows zur neuen Poesie.

*Ich lernte Ossip Mandelstam im «Turm» bei Wjatscheslaw Iwanow kennen, es war im Frühjahr 1911. Damals war er ein schmächtiger Jüngling mit einem Maiglöckchen im Knopfloch, mit zurückgeworfenem Kopf, glühenden Augen und Wimpern, die über die halbe Wange reichten. Das zweite Mal sah ich ihn bei den Tolstois auf dem Alten Newski, er erkannte mich nicht, und Alexej Nikolajewitsch begann ihn auszufragen, wie Gumiljows Frau sei. Er zeigte darauf mit den Händen, wie groß der Hut war, den ich damals trug. Ich bekam Angst, daß etwas Unwiderrufliches geschehen könnte, und gab mich zu erkennen.*

*Das war mein erster Mandelstam, der Autor des grünen «Stein» (Verlag «Akme»), mit der Widmung: «Für Anna Achmatowa – ein Aufflackern des Bewußtseins in der Bewußtlosigkeit der Tage. In Verehrung – der Autor».*

Das erste schmale Bändchen Mandelstams trug auf dem grünen Einband das Verlagssignet *Akme*, ein griechisches Wort, das mit «Spitze», «Gipfel» übersetzt werden kann und der neuen poetischen Schule als Name diente – Akmeismus.

Jenes poetische «Spitzen-Wort» Achmatowas, das die Kritik sofort als ihre Entdeckung würdigte, wurde nicht nur zum Prinzip der neuen Poesie erhoben, sondern lebte in der Bezeichnung der neuen Schule weiter: «Der ganze Akmeismus entwickelte sich aus den Beobachtungen, die an meinen und Ossips Gedichten gemacht wurden», betonte Achmatowa.

Das schlanke Mädchen, das «ihrem Mann keinen Schritt von der Seite wich», wurde sehr bald eine eigenständige, berühmte Dichterin. Alle redeten davon, wie eifersüchtig Gumiljow auf die Gedichte seiner Frau sei. Es war nur zu verständlich, daß Gumiljow sich von den Gerüchten und Sticheleien seiner literarischen Gegner verletzt fühlte: «Nikolai Stepanowitsch Achmatow». So entstand die Legende von seinem heimlichen Neid und seiner Mißgunst. Zutreffen wird jedoch, was Achmatowa sagte: «Wir waren Freunde und hatten einander vieles zu verdanken.» In ihrem Briefwechsel klingt nicht die leiseste Rivalität an. Es sind in erster Linie Briefe von Dichtern und Zunftgenossen. «Ich muß den ganzen Tag an Deine Verse denken... Sie gefallen mir nicht nur, ich berausche mich daran. Mit einfachen Worten ist so vieles gesagt. Ich bin fest davon überzeugt, daß aus der ganzen postsymbolistischen Lyrik Du und vielleicht Narbut sich als die bedeutendsten herausstellen werden», schrieb Gumiljow an Achmatowa.

*Lieber Kolja... Über das Wetter und über das Geschäftliche wird Mama schreiben. In der Juli-Nummer des «Nowoje slowo» wurde ich von Jassinski hoch gelobt. Unseren Nachbarn gehe ich möglichst aus dem Weg. Sie sind sehr fade. Ich habe einige Gedichte geschrieben, die noch kein einziger Mensch gehört hat, aber das macht mir vorläufig, Gott sei Dank, keinen Kummer. Du bist jetzt au courant über alle literarischen Angelegenheiten in Petersburg. Schreib doch, was man so alles hört. Ich schicke Dir Entwürfe meiner neuen Gedichte und warte sehr auf Nachrichten von Dir.*

*Ich küsse Dich, Deine Anna*

Nach der Heirat mit Gumiljow zog Anna Achmatowa wieder nach Zarskoje Selo. Aber dieser Ort war für die beiden kaum die Landschaft einer gemeinsamen Jugend. Die gemeinsamen Kindheitserinnerungen konnten die Stadt nicht beleben. «Nach Paris kam mir Zarskoje völlig tot vor.»

Die Erde ist mit einem schweren Leichentuch bekleidet,
Feierlich dröhnt das Geläut der Glocken,
Von neuem ist der Geist verwirrt und aufgeschreckt
Durch die üble Langeweile von Zarskoje Selo.
Fünf Jahre sind verstrichen. Hier blieb es tot und stumm,
Als wär die Welt an ihrem Ende angelangt.
Wie ein für immer ausgeschöpftes Thema
Ruht der Palast in seinem Todesschlaf.

Das Zarskoje der klassizistischen Pracht war ausgeschöpft. Ausgeschöpft war auch die Park-Idylle. Die Antike – Statuen, Kolonnaden – verkörperte seit jeher Harmonie, Ruhe und hohe Gesinnung. Aber am Anfang des zwanzigsten Jahrhunderts wurden sich die Dichter plötzlich und in aller Schärfe ihres Verlusts bewußt. Und sie sahen gerade in der erstarrten Schönheit dieser kleinen Stadt die Unentrinnbarkeit des Zeitenstroms und die Vereinsamung des Menschen angesichts der steinernen Ewigkeit.

In Anna Achmatowas neuem Leben hängt Zarskoje Selo auch mit einem besonderen «Kreis von Zarskoselsker Gedanken» zusammen. Sie entstanden vielleicht aus ihrer eigenen Unruhe, aber der Umstand, daß Achmatowa sie eben als Gedanken, nicht aber als Emotionen erlebte, muß mit Gumiljow und seinen Lieblingsdichtern, die ebenfalls in Zarskoje wohnten, in Zusammenhang gebracht werden. Er war es, der seiner Frau den Dichter Graf Wassili Komarowski vorstellte, er war es, der ihr 1910 die Fahnen des Bandes *Zypressenschrein* von Innokenti Annenski zu lesen gab, die sie geradezu verschlang und «alles auf der Welt darüber vergaß».

Nicht von ungefähr empfahl Gumiljow seiner Frau den Gedichtband seines Lehrers, der erst nach dem Tod des Verfassers 1910 erschienen war. Er fand in diesem Band Annenskis neue Weltsicht, für den «das Charakteristische unserer Epoche nicht in unserem Glauben, sondern in unserem Unglauben liegt und der für sein Recht, nicht zu glauben, mit dem Eifer eines Propheten kämpft. Mit einem vor Neugier glühenden Blick dringt er in die dunkelsten, tiefsten Winkel der menschlichen Seele… *Zypressen-*

*schrein* ist eine Kollektion modernen Empfindens» *(Nikolai Gumiljow).*

Sowohl für Gumiljow als auch für Achmatowa handelt es sich dabei nicht nur um literarische Spekulation und Werturteil. Ihre Auffassung von Literatur und ihr Verständnis der Epoche waren untrennbar mit ihrem eigenen Leben verbunden. Und in ihrem Leben, in dem ständigen Bewußtsein der «dunkelsten, tiefsten Winkel» ihrer Seele konnte von einem Familienidyll nicht die Rede sein. Einen poetischen Wettstreit hat es wohl zwischen ihnen kaum gegeben. Die Literatur vereinte sie. Aber ihre Liebe war «schicksalhafter Zweikampf». Im Alltag fanden sie kaum Berührungspunkte. Anna Achmatowa konnte und wollte nicht die reizende, bescheidene, gelassene Gattin, verläßliche Hausfrau und Mutter ihrer Kinder sein. Allerdings lag auch Gumiljow nichts an einer solchen Ehefrau.

Ihr gemeinsamer Sohn Lew wurde am 1. Oktober 1912 geboren. Anfangs hatte Anna Andrejwna ihn selbst gestillt und sich ständig in Zarskoje niedergelassen, wo die junge Familie in dem Haus von Anna Iwanowna Gumiljowa, ihrer Schwiegermutter, wohnte. Aber nach und nach ging die Sorge um das Kind auf die Kinderfrau, vor allem aber auf die Großmutter über, während Achmatowa in das gewohnte Leben der Literatur-Boheme zurückkehrte. Der Sohn, von beiden heiß geliebt, konnte die Eltern nicht vereinen, ebensowenig wie das Haus und der gemeinsame Alltag. Auch der Haushalt wurde von Anna Iwanowna geführt. Es war offenkundig, daß die Rolle einer Hausfrau Anna Achmatowa nicht gemäß war.

«Dienstag abend bei Achmatowa. Sie empfing mich im Morgenrock mit ungekämmtem Haar. Sie hüllte sich in ihren Schal und zog sich auf der Liege zu einem Knäuel zusammen. Sehr charakteristisch für sie...

Ich betrachtete mit Bewunderung die schönen Linien ihres Gesichts und dachte im stillen, wie schwer es Menschen haben müssen, die mit diesem Wesen verwandtschaftlich verbunden sind...

In ihrer Wohnung ist es kalt, ungemütlich und häßlich» *(O. Kardowskaja).*

Hier geht es offenbar nicht nur um die mangelnde Fähigkeit, den eigenen Haushalt zu führen und ein behagliches Heim zu schaffen, sondern um das Gefühl innerer Unbehaustheit, das Achmatowa ihr ganzes Leben lang verfolgen sollte.

In diesem Haus zu leben war unheimlich,
Und weder der patriarchalische Kamin
Noch die Wiege meines Kindes,
Noch unser beider Jugend,
So reich an Zukunftsplänen,
Verringerten das Grauen.
Zu lachen lernte ich darüber
Und ließ einen Tropfen Wein
Und Krümel Brots für den, der nachts
Als Hund an unseren Türen kratzte
Oder durchs niedrige Fenster spähte,
Während wir stumm wurden und uns mühten,
Nicht zu sehen, was hinterm Glas des Spiegels vorging,
Unter wessen schweren Schritten
Der dunklen Treppe Stufen stöhnten,
Als flehten sie um Gnade.
Du fragtest seltsam lächelnd dann:
«Wen tragen sie hinunter?»

Jetzt bist du dort, wo man das Ganze weiß, nun sage:
Was wohnte alles außer uns in diesem Haus?

Obwohl Achmatowa später behauptete, daß sie, nachdem sie das Haus Gumiljows verlassen hatte, nie mehr ein Heim gehabt habe, spiegelte sich auch dort, im wohlbestellten und patriarchalischen Elternhaus ihres Mannes, die mangelnde Geborgenheit ihrer Kindheit.

«Natürlich waren beide viel zu freie und bedeutende Menschen, um ein gurrendes Taubenpärchen zu werden. Ihre Beziehungen glichen eher einem geheimen Duell. Ihr ging es um die Selbstbehauptung einer von allen Fesseln befreiten Frau; ihm ging es um die Selbstbehauptung gegen jeden Zauber, um den Willen zur Eigenständigkeit, Unabhängigkeit und Macht... Macht über diese ihm ewig entgleitende Frau, die viele Gesichter hatte und sich niemals unterwarf.» So sah Walerija Sresnewskaja ihre Freunde. Ihre Beobachtungen werden durch Gumiljows Briefe und Gedichte bestätigt: «Liebe Anja, ich weiß, daß Du es nicht magst und es nicht verstehen willst, aber es tut mir nicht nur wohl, sondern es ist für mich schlechthin notwendig, in dem Maße, in dem Du als Frau in mich eindringst, den Mann in mir zu stärken und zu fördern» (aus einem Brief Gumiljows an Anna Achmatowa, 1913).

Nikolai Gumiljow

Es geschah mehr als einmal, und wird mehr als einmal
    geschehen
In unserer Schlacht, heimlich und unnachgiebig:
Wieder hast du, wie so oft, mir abgeschworen,
Doch morgen wirst du, ich weiß, gehorsam zurückkommen.

Aber wundere dich nicht, kämpferische Freundin,
Meine Gegnerin, erfüllt von dunkler Liebe,
Wenn Liebesstöhnen schmerzerfüllte Laute
Und Küsse blutbesudelt sind.

«Achmatowas Herz lebte ein großes und kompliziertes Leben, ich weiß davon wahrscheinlich mehr als irgend jemand sonst», schreibt ihre beste Freundin, «aber Nikolai Stepanowitsch, der Vater ihres einzigen Kindes, nimmt im Leben ihres Herzens einen sehr bescheidenen Platz ein.» Es konnte Gumiljow nicht entgehen, daß sein Bild in ihrer Lyrik fehlte und daß ihre Beziehung in ihren Gedichten nur als Herausforderung widerhallte:

Ein Herz ist an ein Herz nicht angeschmiedet,
Du kannst gehen – sobald du willst.

Eine Menge Glück erwartet
Den, der frei ist auf dem Weg.

Ich weine nicht, ich klage nicht,
Glück ist mir nicht beschieden.
Müde bin ich. Küß mich nicht.
Der Tod kommt, mich zu küssen.

Heißes Schmachten ist vergangen,
Wie der weiße Winter auch.
Doch warum, warum nur bist du
Besser als mein Auserwählter?

Die Leser und Bekannten unter den Literaten durften sich den Kopf
zerbrechen, wer denn dieser Auserwählte sei. Die Gerüchte über ihr
Familienleben, ihre Gedichte, an denen «man sich berauschte wie
an trockenem Rotwein», reizten die Phantasie. Spekulationen, denen man nur zu gern glaubte, nahmen kein Ende. Darunter jene
Version, die auch manch einen Verfasser von Erinnerungen überzeugte, Anna Achmatowa aber bis an ihr Lebensende verfolgte und
erboste. Der grauäugige König ihrer Ballade verwandelte sich mü-
helos in Alexander Blok. Er hatte graue Augen, und Gumiljow hielt
ihn für seinen literarischen Nebenbuhler. Das Publikum allerdings
war an literarischen Duellen nicht interessiert. Es gierte nach einem
Liebesdrama, zumal mit «symmetrischem Grundriß»: berühmter
Dichter – berühmte Dichterin.
    Ungewollt hat Blok dieses Gerücht bestärkt – ein Gedicht, das
er Achmatowa widmete, wurde als Liebes-Madrigal aufgefaßt:

Schönheit ist grausam, wird man Ihnen sagen.
Und Sie ziehen träge
Den spanischen Schal um die Schultern,
Eine rote Rose im Haar.

Schönheit ist schlicht, wird man Ihnen sagen.
Mit dem bunten Schal decken Sie
Ungeübt das Kindchen zu,
Die rote Rose auf dem Boden.

Allen Worten, die um Sie erklingen,
Lauschen Sie zerstreut,
Versinken traurig in Gedanken,
Und im stillen sagen Sie sich immer wieder:

Grausam bin ich nicht und auch nicht schlicht;
Nicht so grausam, schlicht zu morden,
Nicht so schlicht, daß ich nicht wüßte,
Wie grausam Leben ist.

### 16. Dezember 1913

*Den spanischen Schal, mit dem ich dort dargestellt bin, habe ich niemals besessen, aber damals träumte Blok nur von Carmen und mußte auch mich hispanisieren. Auch eine rote Rose habe ich selbstverständlich niemals im Haar getragen.*

Das Bild, das Blok geschaffen hatte, war nicht durch seine damalige Leidenschaft für Spanien bestimmt. Bloks Achmatowa, aus der die Carmen hervorschimmerte, war die neue Heldin des ersten Jahrzehnts dieses Jahrhunderts. Es kann kein Zufall sein, daß die russische Lyrikerin Jelisaweta Dmitrijewa eine Doppelgängerin erfunden hat – Nonne und spanische Prinzessin, deren Gedichte und Briefe auf Briefbogen mit Trauerrand geschrieben waren und einen herben Duft verbreiteten. Am Telefon führte sie «manierierte Unterhaltungen über Klöster, schickte Blumen, verabredete Rendezvous und wartete in einer Kutsche mit heruntergelassenen Vorhängen». Diese Mystifikation, an der Maximilian Woloschin beteiligt war, beschäftigte die gesamte Redaktion des *Apollon*. Alle bewunderten die Gedichte der geheimnisvollen Cherubina de Gabriaque, hielten sie für hervorragend und verliebten sich – sei es in diese Gedichte, sei es in ihre Verfasserin.*

Achmatowa brauchte sich nichts auszudenken: In ihr waren alle notwendigen Eigenschaften vereinigt, die das Ideal einer zeitgenössischen Frau ausmachten. «Sie wird mitunter eine Schönheit genannt: Nein, eine Schönheit war sie nicht. Aber sie war mehr als eine Schönheit, schöner als schön. Ich habe niemals eine Frau gesehen, deren Gesicht und gesamte Erscheinung überall, auch im Kreise noch so schöner Frauen, durch ihre Ausstrahlung auch nur vergleichbar auffielen, durch eine echte Vergeistigung, durch etwas Besonderes, was alle fesselte» *(Georgi Adamowitsch)*.

Bekanntlich ändern sich die Kriterien der Schönheit. Das beginnende zwanzigste Jahrhundert huldigte nicht mehr dem alten Ideal der Harmonie, es bevorzugte Originalität, Expressivität und die nervöse Spannung in den Gesichtszügen. Anna Achmatowa erzählt, daß sie in ihrer Jugend «so mager war, daß man in die Grube über dem Schlüsselbein einen ganzen Sektkelch ausleeren konnte». Und Ossip Mandelstam wiederholte unermüdlich das grausame Kompliment: «Ihr Hals ist für die Guillotine geschaffen.»

Carmen, Spanierin, Griechin (der Vergleich mit Sappho war bereits Platitüde), orientalische Prinzessin – Achmatowas unverwechselbares Äußeres verleitete ihre Zeitgenossen, ihr eine denkbar mysteriöse Biographie anzudichten.

*1911 kam ich nach Slepnjowo, direkt aus Paris, und die bucklige Wärterin in der Damentoilette des Bahnhofs von Beschezk, die alle in Slepnjowo seit Generationen kannte, weigerte sich, mich als die Gnädige anzuerkennen, und sagte zu jemand: «Da ist eine Französische zu den Herrschaften in Slepnjowo angereist gekommen», und als eines Tages der Landamtmann Iwan Jakowlewitsch Derin, ein tolpatschiger,*

---

* Diese Erfindung war nach Achmatowas Meinung der Anlaß für den plötzlichen Tod Innokenti Annenskis. Die Veröffentlichung seiner Gedichte im *Apollon* war zugunsten des Abdrucks der Verse Cherubina de Gabriaques verschoben worden.

*bärtiger Brillenträger, mein Tischnachbar war, fiel ihm nichts Besseres ein, als mich voller Verlegenheit zu fragen: «Sie finden es hier sicherlich sehr kalt im Vergleich zu Ägypten?» Er hatte nämlich gehört, wie die jungen Leute im Ort mich wegen meiner sagenhaften Magerkeit und meines (wie sie damals glaubten) geheimnisvollen Wesens die berühmte «Londoner Mumie» nannten, die allen Unglück bringen würde.*

Exotik war Mode. Die Dichter Narbut, Gumiljow und Balmont bereisten Afrika. Die Maler Petrow-Wodkin, Larionow und Gontscharowa bevorzugten orientalische Motive. Achmatowa interessierte sich dafür, und die Reisen ihres Mannes (er hatte ihr noch vor der Hochzeit angeboten, mit ihm nach Afrika zu gehen), der Kamm und die Perlen, die er ihr mitgebracht, der Kaschmirschal, den er in Petersburg gekauft hatte und von dem sie sich fast niemals trennte – das alles fügte sich auf die eine oder andere Weise zu einem Bild.

Die orientalische Schöne war bereits seit Anfang des neunzehnten Jahrhunderts durch Puschkin und Lermontow zu einer Heroine der russischen Dichtung geworden. Stolz, feurig und leidenschaftlich, unglaublich schlank und biegsam.

Diese Biegsamkeit nutzte Achmatowa in der grotesk-exzentrischen Sphäre jener Zeit für eine besondere Zirkusnummer: Gumiljow, in Frack und Zylinder seines Urgroßvaters, trat bei häuslichen Aufführungen als Zirkusdirektor auf, und Achmatowa als «Schlangenweib». «Sie war erstaunlich gelenkig, konnte mit Leichtigkeit die Beine im Nacken kreuzen und mit der Ferse den Nacken berühren, wobei sie den strengen Ausdruck einer Novizin behielt» *(Vera Newedomskaja).*

Aber dann schließt sich der Kreis – der circensische Auftritt wird zum poetischen Bild. Das eine wie das andere lebt aus dem Kontrast. Wenn Anna Achmatowa ihre Rolle mit dem strengen Gesicht einer Novizin spielt, so verbindet sich die schlangenhafte Biegsamkeit in ihren Gedichten nicht länger mit orientalischem Feuer, sondern mit Kühle.

In meinem Zimmer wohnt eine schöne
Leise schwarze Schlange.
Träge, wie ich
Und kalt, wie ich.

Abends dichte ich wunderbare Märchen
Auf dem Teppich vor dem roten Feuer,
Und aus smaragdnen Augen sieht
Sie gleichgültig mich an.

Nachts lauschen die toten stummen
Ikonen stöhnendem Klagen...
Ich hätte mir sicher anderes gewünscht,
Wären die Schlangenaugen nicht.

Nur am Morgen schwinde ich, die Gefügige,
Wie die dünne Kerze, die rasch niederbrennt...

Und dann gleitet das schwarze Band
Von der tief entblößten Schulter.

In den Gedichten war sie die kalte Schlange und die geheimnisvolle
Nixe, aber im Leben brachten Anna Achmatowa und Mandelstam
einander «so sehr zum Lachen, daß sie auf das mit all seinen Federn
singende Sofa sanken und weiterlachten, bis sie der Ohnmacht
nahe waren...» *(Anna Achmatowa)* Und der stets, schon in seiner
Jugend beherrschte Michail Losinski redete ihr eindringlich zu,
endlich Vernunft anzunehmen, wie es sich für eine bekannte Dichterin gehöre.

Doch man wollte Achmatowa so sehen, wie die Heroine ihrer
Gedichte, ohne auf die Inkongruenz zwischen der lebendigen Frau
und einer dichterischen Gestalt Rücksicht nehmen zu müssen.

«Achmatowa sitzt vor dem Kamin. Sie nippt Mokka und raucht
eine dünne Papyrossa. Wie blaß sie ist! Ja, sie ist blaß – vor Müdigkeit, Wein, grellem elektrischem Licht. Die Mundwinkel hängen

herab. Das Schlüsselbein tritt deutlich hervor, der Blick ist kalt und starr, als nähme sie die Wirklichkeit nicht wahr…
Die Papyrossa raucht in der schmalen Hand. Die Schultern unter dem Schal beben vor Husten.
‹Frieren Sie? Haben Sie sich erkältet?›
‹O nein, ich bin ganz gesund.›
‹Aber Sie husten doch!›
‹Ach so.› Müdes Lächeln. ‹Das ist keine Erkältung. Das ist die Schwindsucht.› Sie wendet sich von dem beunruhigten Gesprächspartner einfach ab und sagt zu einem anderen: ‹Ich habe nie erfahren, was glückliche Liebe ist›» *(Georgi Iwanow)*.

Nach der Lektüre von Georgi Iwanows Memoiren, *Die Petersburger Winter*, geriet Achmatowa außer sich. Sie fand sich darin zur Heldin eines Unterhaltungsromans reduziert. «Müdes Lächeln», «unglückliche Liebe», «Schwindsucht» – man braucht dabei nicht einmal an einen bestimmten drittklassigen Autor zu denken, so etwas finden wir in jedem Trivialroman. Aber diese Passagen sind deshalb wertvoll, weil sie die Grenzen einer Originalität nachzeichnen, die dem Publikum und seinen Erwartungen entspricht.

Das Publikum erwartete einen Roman – Anna Achmatowa, als mache sie sich über den Leser lustig, baut ihre Gedichtbände wie einen Roman auf, in dem einzelne Gedichte sich als Episoden zur Lebensgeschichte der Hauptfigur zusammenfügen. Die Geschichte der Heldin ist die Geschichte ihrer Liebe, und schon ist das Romansujet komplett. Auch das Finale läßt sich leicht voraussagen. Das tragische Gefühl des nahen Todes war das Resultat einer wirklichen, keineswegs einer erdachten Krankheit. Achmatowa hatte tatsächlich Tuberkulose. Das war bekannt. Und ihre reale Krankheit bildete eine der Brücken, die das weibliche lyrische Ich und die lebendige Achmatowa verbanden.

Oh, seufzt mir nicht nach,
Die Trauer ist verbrecherisch und müßig,
Ich bin auf dieser grauen Leinwand
So sonderbar entstanden und so unbestimmt.

74

Der aufgeflognen Hände schmerzliches Verschränken,
Das Lächeln der Ekstase in den Augen,
Ich hätte nicht eine andere sein können,
Vor der bitteren Stunde der Lust.

Er hat es gewollt, er hat es befohlen
Mit Worten, die tot und böse waren.
Darauf erglühten meine Lippen purpurn,
Und meine Wangen wurden weiß wie Schnee.

Und seine Schuld ist frei von Sünde,
Er ging, er blickt in andere Augen,
Aber es träumt mir nichts mehr
In meiner stillen Agonie.

Dieses Gedicht heißt: *Aufschrift auf einem unvollendeten Porträt.* Es ist nur zu natürlich, daß Achmatowa sehr bald das bevorzugte Modell der Maler wurde. 1914 malte Natan Altman das wohl berühmteste Achmatowa-Bildnis. Auf diesem Porträt ist sie «zart, leidend, rätselhaft – stumm und unheimlich».

«Dieses Porträt ist meiner Meinung nach einfach schrecklich», schreibt O. Kardowskaja darüber. «Achmatowa ist irgendwie grün, knochig, das Gesicht und auch der Hintergrund sind kubistisch in Flächen aufgeteilt, aber trotz alledem ist eine Ähnlichkeit da, eine verblüffende Ähnlichkeit, irgendwie abstoßend, irgendwie negativ.»

Wie in den Spiegel schaute ich unruhig
Auf diese graue Leinwand, und mit jeder Woche
Ward immer bitterer und sonderbarer die Ähnlichkeit
Zwischen mir und meinem neuen Bild.

Eigentlich handelte es sich keineswegs um ein neues Bild. In ihrem Porträt trat Anna Achmatowa ihre eigene literarische Gestalt entgegen, die so eng mit der Realität verwoben war, daß nicht einmal sie selbst die Grenze bestimmen konnte – zwischen Anna Andrejewna Gumiljowa und Anna Achmatowa.

Es wäre natürlich eine Vereinfachung, wollte man behaupten, das Altman-Porträt stelle lediglich eine Maske dar, die Achmatowa aufgesetzt hatte und die mit ihrem Gesicht verschmolzen war. Aber Theater und theatralisches Leben gehörten zur Atmosphäre jener Jahre, in der das Spiel sich nach und nach mit Leben erfüllte.

«Unsere ständige Beschäftigung war ein eigenartiges Spiel, das Gumiljow erfunden hatte: Jeder von uns stellte eine bestimmte Gestalt oder einen Typus dar – ‹Große Intrigantin›, ‹Don Quichotte›, ‹Neugieriger› (dieser hatte das Recht, zu lauschen, fremde Briefe zu lesen usw.), ‹Klatschbase›, ‹Ein Mensch, der jedem die Wahrheit ins Gesicht sagt›. Dabei sollte die zugewiesene Rolle keineswegs dem Charakter des Mitspielers, des ‹Darstellers›, entsprechen, sondern im Gegensatz zu seiner natürlichen Veranlagung stehen. Und von jedem wurde erwartet, daß er seine Rolle im Alltag durchhielt. Es war sehr interessant zu beobachten, wie jeder von uns nach und nach in seine Rolle hineinwuchs und sich verwandelte. Unser Leben schien eine neue Dimension zu gewinnen. Gelegentlich ergaben sich sehr heikle Situationen... Die ältere Generation sah uns recht skeptisch zu und schüttelte den Kopf. Wir bekamen zu hören: ‹Zu unserer Zeit gab es nur anständige Spiele: Haschen, Scharaden, Pfänderspiele... Und ihr – was soll das eigentlich? Eine einzige Sinnesverwirrung!›»

Es ist Vera Newedomskaja, die sich hier an das beliebte Spiel erinnert. Dieses Spiel war durchaus legitimiert: Der Kritiker und Regisseur Jewrejnow hatte die theoretische Begründung geliefert und es in dem winzigen Petersburger Literaten- und Künstlerkabarett «Der streunende Hund» in Szene gesetzt. Dort traf Achmatowa übrigens auch Natan Altman. Baudelaires *Fleurs du mal*, mit denen Sergej Sudejkin die Gewölbe dieses Kellerlokals ausgemalt hatte, übertrug Altman gewissermaßen auf sein Bild – als Hintergrund für das Achmatowa-Porträt.

Die Eröffnung des «Streunenden Hundes» fand in der Silvesternacht 1911/1912 statt. «Es war die einzige kleine Insel im nächtlichen Petersburg, wo der künstlerische Nachwuchs, der in der

Regel keine Kopeke in der Tasche hatte, sich wie zu Hause fühlte»
*(Benedikt Liwschiz)*. Das Wort «Künstler» wirkte wie ein «Sesam-öffne-dich!»
Man kam spätabends an und blieb bis zum nächsten Morgen.
«Keller» und «Nacht» waren in erster Linie Zeichen, Symbole
des dort herrschenden Geistes. Wjatscheslaw Iwanows «Turm»
reckte sich in den Himmel. Aber «Erwachsene», schrieb ein
Stammgast des «Streunenden Hundes», der Komponist Arthur
Lourié, «langweilen sich im Paradies; sie sind düster, übersättigt,
die urtümliche Frische und Spontaneität des Paradieses kommen
ihnen fade vor. Wenn ich mir ein Beispiel aus der Literatur erlauben
darf, so ist Dantes ‹Inferno› jedem ungleich verständlicher
und näher als sein ‹Paradiso›.» Wenn sie die Treppe zum «Streunenden
Hund» hinunterstiegen, glaubten die Künstler, Teufel
zu beschwören. Die Teufelslarve war obligater Bestandteil der
Künstlermaskerade. Diese Zeit, genaugenommen das Jahr 1913,
sollte für Achmatowa für immer unter dem Zeichen der Maskerade
stehen.

Man brauchte gar keinen besonderen Aufwand zu treiben,
Sergej Gorodezki stellte eine Liste zusammen, in welcher Verkleidung
man aufzutreten pflegte: Der provozierend gelbe Kittel
des Futuristen Majakowski Seite an Seite mit den russischen Bauernhemden
Kljujews, Jessenins und Gorodezkis selbst; der «Grieche»
Maximilian Woloschin bekränzte sein Haupt, und Michail
Kusmin legte Schönheitspflästerchen à la dix-huitième auf und
malte sich byzantinische Augen. Daneben wirkte der betont korrekte
Rock Gumiljows wie ein altväterlicher Ballaufzug, und Achmatowas
Schal, ihr unzertrennlicher Begleiter, wurde zu Phädras
Tunika.

Ossip Mandelstam

Halb abgewandt, o Trauer,
Streifte sie die Teilnahmslosen mit einem Blick.
Und es versteinerte der von den Schultern gleitende,

Der pseudoklassische Schal.
Die unheilverkündende Stimme – bitterer Rausch –
Löst der Seele Schoß:
So – eine aufgebrachte Phädra –
Stand einst Rahel.

1914

*Was das Gedicht «Halb abgewandt…» angeht, so hat es mit seiner
Entstehung folgende Bewandtnis: Am 6. Januar 1914 veranstaltete
Pronin einen großen Abend des «Streunenden Hundes» nicht im Keller, sondern in einem großen Saal in der Konjuschennaja. Die Stamm-
gäste gingen in der Menge der «Fremden» unter. Es war heiß, voll, laut
und ein ziemliches Durcheinander. Wir hatten schließlich genug und
gingen (etwa zwanzig bis dreißig Leute) in den «Hund» in die Michaj-
lowskaja. Dort war es dunkel und kühl. Ich stand auf der Bühne und
sprach mit jemandem. Einige Stimmen aus dem Saal baten, daß ich
ein paar Gedichte vortrage. Ich tat es, ohne meine Haltung zu verändern. Ossip kam auf mich zu: «Wie Sie dastanden, wie Sie sprachen!»
Damals entstanden die Verse «Halb abgewandt, o Trauer!…»*

Phädra und Rahel traten in Gestalt Anna Achmatowas auf die
Bühne, auf der sonst die Masken des beginnenden zwanzigsten
Jahrhunderts ihren Reigen tanzten.

*Der Dämon, Don Juan mit der in Trauergewänder gehüllten Anna,
Faust (als Greis) mit dem toten Gretchen, der Werst-Pfahl (allein),
eine Bocksfüßige führt den bacchantischen Reigen an, wie auf einer
schwarzfigurigen Vase… Der banalste Tanz, Auftritt von Columbine,
Harlekin und Pierrot. Falsche Glückseligkeit…*
(Aus: Libretto für ein Ballett)

Columbine wie auch die Bocksfüßige des Achmatowaschen Mas-
kenballs – das ist ihre Freundin, die Frau des Malers Sergej Sudejʹ
kin, die Schauspielerin Olga Glebowa-Sudejkina. Sie wurde bald

78

als Puppenfee, raffiniert und erotisch wie die von ihr gefertigten Puppen, bald als Bacchantin gesehen. Und wenn die betonte äußere Kühle der Achmatowa nicht mehr als eine Ahnung ihrer Leidenschaftlichkeit erlaubte, so war für Olga die Leidenschaftlichkeit der eigentliche Grundton ihrer Glanzrolle. Der Tanz der Bocksfüßigen war ihre berühmteste Nummer im «Streunenden Hund».

«Großartig, das Kostüm der halbentblößten Olga Glebowa-Sudejkina, ihr ekstatischer Tanz, ihre Intuition für das ‹Geisterhafte›, ihre expressiven Bewegungen, Drehungen, Sprünge.» Ihr Auftritt wurde zum Symbol des Kabaretts.

Wir alle hier sind Trinker, Sünderinnen,
Wie unfroh sind wir hier miteinander!
An den Mauern die Blumen und Vögel
Sehnen sich nach den Wolken.

Du rauchst eine schwarze Pfeife,
Wie sonderbar das Rauchwölkchen darüber.
Ich trage den engen Rock,
Um noch schlanker zu sein.

Die Fenster sind für immer zugenagelt:
Wie sieht es dort aus? Frühfrost oder Gewitter?
An die Augen einer vorsichtigen Katze
Erinnern mich deine Augen.

Oh, wie sehnt sich mein Herz!
Ist's nicht die Todesstunde, die ich erwarte?
Und die da tanzt,
Sie fährt gewiß zur Hölle.

Die erhaltenen Programmheftchen der Abende im «Streunenden Hund» nähren die Vorstellung, der «Hund» sei ein Sündenbabel gewesen. Sprachwissenschaftliche Vorträge, ein Konzert mit Musik des achtzehnten Jahrhunderts oder Rezitation gingen mit größter Selbstverständlichkeit in Buffonade, karnevalistische Exzentrik und gewagte Zweideutigkeit über. Und die Spielregeln bestimmten nicht wissenschaftliche Vorträge und literarische Diskussionen, sondern das «infernalische» Selbstverständnis des Kabaretts.

Michail Kusmin

Der Ketten viele werden hier gelöst, alles
Bewahrt das unterirdische Gewölbe,
Und Worte, nachts ausgesprochen,
Wird keiner morgens wiederholen.

Die Spielregel erwies sich mächtiger als die Spieler und verwandelte sie, möglicherweise gegen ihren Willen, in die Marionetten der Commedia dell'arte. Es wurde erwartet, daß die ungetreue Columbine den schmachtenden Pierrot zur Seite hatte. «Dragoner-Pierrot» nennt Achmatowa in ihrem *Poem ohne Held* den jungen dichtenden Offizier Wsewolod Knjasew, der in Olga Sudejkina, die Columbine des Jahres 1910, verliebt war. Mit Michail Kusmin befreundet, nahm er offensichtlich am «Spiel der Todgeweihten» teil, aus dem, laut Kusmin, die Kunst geboren werden sollte. Knjasews Rolle implizierte den letalen Ausgang im Finale des Spiels. Das allezeit gültige Motiv der Liebeslyrik, «Herz, laß das Schlagen», wurde Realität. Er erschoß sich am 29. März 1913. Diese Geschichte, deren Heldin Olga Sudejkina war, wurde Bestandteil der Biographie von Anna Achmatowa. Sie erwähnte beiläufig, daß das Vorgefallene sie deutlich an eine bestimmte Begebenheit ihres eigenen Lebens erinnerte.

Die Worte, die Knjasews Mutter bei seiner Beerdigung Olga Sudejkina ins Gesicht schleuderte, klangen für Anna Achmatowa keineswegs wie der Schlußsatz einer kitschigen Liebesgeschichte, sondern wie eine unheimliche Warnung: «Gott wird diejenigen bestrafen, die ihn leiden ließen.»

Im *Poem ohne Held* wird Achmatowa von der Liebe des «Dragoner-Pierrots» Wsewolod Knjasew zu der Columbine Sudejkina erzählen. Dort erscheint Olga als Doppelgängerin der Verfasserin und alles Geschehene als Symbol der «höllischen Harlekinade des Dreizehnerjahres» und als die Ankündigung künftiger Katastrophen.

*Kunst ist eine gefährliche Angelegenheit. Wenn man jung ist, weiß man nichts davon. Ein grauenhaftes Schicksal mit Fallstricken und Wolfsgruben. Jetzt verstehe ich Eltern, die ihre Kinder vor der Poesie, vor dem Theater bewahren möchten... Denken Sie nur, was für grauenhafte Schicksale... Wenn man jung ist, sieht man es nicht, und selbst wenn man es sieht, macht man sich nichts daraus.*

Das sagte Anna Achmatowa 1940, in dem Jahr, in dem sie das *Poem ohne Held* begann. Aber ihre Worte galten nicht dem Poem, sondern den frühen Gedichten um 1910:

*Mir wurde klar, warum ich meine frühen Gedichte nicht ausstehen konnte. Jetzt weiß ich über sie genau Bescheid... Sie sind ungut gegenüber dem Helden, unklug, einfältig und schamlos. Ich versichere Ihnen, daß das stimmt. Und es ist unbegreiflich – warum haben sie den Menschen so gefallen?*

Den Menschen gefiel die exotische Schönheit Anna Achmatowa, sie identifizierten sie mit der leidenden, liebenden und stolzen Heldin ihrer Gedichte. Sie war einzigartig, aber dennoch konnte jede Frau sich in ihr wiederfinden:

Ich bin geliebt, ich bin dein,
Keine Hirtin, keine Prinzessin
Und eine Nonne bin ich schon gar nicht
In diesem grauen Alltagskleid
Und mit den schiefen Absätzen...

Verliebte Frauen, verträumte, listige und begeisterte, haben hier endlich ihre ureigene Sprache gefunden – und diese Sprache war die Entdeckung Anna Achmatowas.

Sie schien so einfach – ein enger Rock und der linke Handschuh an der rechten Hand. Und da jede Frau sagen konnte, «alles wie bei mir», glaubte sie «alles genauso sagen zu können». Liebesgedichte à la Achmatowa überfluteten die Zeitschriften.

Beatrice – konnte sie wie Dante dichten,
Und Laura – konnte sie der Liebe Glut besingen?
Die Frau hab ich gelehrt zu sprechen,
Doch mein Gott, wie kann man sie zum Schweigen bringen?

Was meint Anna Achmatowa? Sie meint, daß Frauen, die ihre Sprache gefunden haben, sich auf das ewige Liebesdrama beschränken, daß ihre eigene Tragödie jedoch und ihr Schmerz nur einen ästhetischen Reiz für andere bedeuten.

Schwer lastest du, Wissen von der Liebe!
In deinem Rauch muß ich singen und glühen,
Für andere ist's nur ein Feuer,
Um die erkaltete Seele zu wärmen.

Anna Achmatowa spricht hier nicht nur für die anderen, etwa jene verliebten Gymnasiastinnen, die an ihren Gedichten so viel Gefallen fanden. In ihren Zeilen schwingen ihre eigenen Zweifel mit. Petrarcas Laura und Dantes Beatrice blieben stumm. Nur dem Mann, der mit wenigen Strichen das Bild der Geliebten entstehen ließ, war es beschieden, Allgemeingültiges, Allmenschliches zu erreichen. Die Frau jedoch bleibt innerhalb dieser «männlichen Kultur», selbst wenn sie für ihre Liebe die anrührendsten Worte findet, immer die Gefangene im Bannkreis ihrer Liebe. Deshalb vielleicht muß sich Anna Achmatowa von ihrem Geliebten den Satz gefallen lassen: «Die Frau als Dichter – ein Unding.»

Achmatowa war nicht die einzige, die die «Grenzen» der weiblichen Themen überwinden wollte. Eine andere russische Dichterin, Sinaida Hippius, älter als Achmatowa, kultiviert offenbar völlig bewußt das Männliche in Haltung und Umgang, sogar in der Denkweise. Sie trägt Herrenanzüge, unterhält sich mit Männern über Politik, Religion und Philosophie. Intellekt und intellektuelle Spannung dominieren in ihren Gedichten das Gefühl.

Bei Anna Achmatowa ist das ganz anders. In ihren Gedichten wie im Leben bleibt sie vor allem Frau. Gumiljow machte sich über sie lustig und sagte, wohl mit dem Blick auf Sinaida Hippius: «Du wirst nie einen Salon haben – den interessantesten Besucher wirst du immer auf dein Zimmer mitnehmen.» Das ist eine ebenso «weibliche» Geste wie die «weiblichen» Worte in den Gedichten, die Alexander Blok ihr übelnahm. Trotzdem gelang es Anna Achmatowa immer wieder, dieses «Unding», die unglückselige Kombination von «Dichter» und «Frau», glaubhaft zu machen. Und wieder war es Nikolai Gumiljow, der das als einer der ersten sah: «Du bist nicht nur die beste russische Dichterin, sondern auch ein bedeutender Dichter.» Seitdem hat Anna Achmatowa all jene brüsk zurückgewiesen, die sie eine «Dichterin» nannten, und sie bestand darauf, ein «Dichter» zu sein.

Aber das Selbstbewußtsein als Dichter war für sie nicht mehr mit Nikolai Gumiljow verbunden; sie meint Nikolai Nedobrowo, wenn sie sagt: «Er war es, der die Achmatowa gemacht hat.»

Er war ein «typischer Petersburger von giftiger Höflichkeit, ein Schwadroneur der späten Symbolisten-Salons, undurchschaubar wie ein junger Beamter, dem man ein Staatsgeheimnis anvertraut hat» *(Ossip Mandelstam).*

Es war offenbar unmöglich, ihn zu übersehen – er muß auffallend schön gewesen sein. «Eine entschiedene Nase mit einem kleinen Höcker, zwei Flügel von breiten Zobel-Augenbrauen über den langen, schmalen Augenschlitzen, die in ruhigen Minuten kaum zu sehen waren und sich plötzlich zu einem offenen, blauen Glanz weiteten... Im Zorn wurden die Augen groß und blau, mit einem schwarzen Feuer in der Mitte... Und immer spürte man in diesem zornigen Glanz die Macht eines empörten Geistes» *(Julia Saso-*

*nowa-Slonimskaja)*. Nedobrowo zog diese allgemeine Aufmerksamkeit auf sich durch seine etwas altmodischen, betont korrekten Manieren, die im scharfen Gegensatz zu den Gepflogenheiten der Literatur-Boheme standen. Aber seine Urteile waren ebenso unabhängig. Als Dichter wenig bekannt, dafür um so anerkannter als Kritiker, wurde er in Schriftstellerkreisen, selbst neben gefeierten Größen wie Alexander Blok und Wjatscheslaw Iwanow, als arbiter elegantiarum angesehen. Für Außenstehende kaum merklich, bewog sein Wort die Umgebung, sich dieser oder jener Ansicht über Literaturgeschichte und Kunst anzuschließen.

Es hätte nicht mit rechten Dingen zugehen müssen, wenn Nedobrowo und Achmatowa einander nicht kennengelernt hätten. Und sie haben einander kennengelernt. Vermutlich im Frühjahr 1913. «Man kann sie nicht eigentlich eine Schönheit nennen, aber sie sieht so interessant aus, daß es sich lohnen würde, sie à la Leonardo zu zeichnen oder à la Gainsborough in Öl zu malen, am besten allerdings im Mittelpunkt eines Mosaiks, das die Welt der Poesie darstellt», schrieb Nedobrowo an seinen Freund Boris Anrep. Auch in dem lyrischen Tagebuch der Achmatowa tauchten sehr bald Seiten auf, die N. W. D. (Nikolai Wladimirowitsch Nedobrowo) gewidmet waren.

In jeder Nähe zwischen Menschen gibt es eine heilge Grenze,
Die weder Verliebtheit noch Leidenschaft überschreitet –
Wenn auch in unheimlicher Stille die Lippen sich
    aufeinanderpressen
Und wenn vor lauter Liebe das Herz zerspringt.

Da ist Freundschaft machtlos, und auch Jahre
Des höchsten und feurigen Glücks,
Wenn die Seele frei ist und fremd
Der zögernd-langsamen Müdigkeit der Wollust.

Die nach ihr trachten, sind des Wahnsinns,
Und die sie kennen, mit Melancholie geschlagen...

Jetzt weißt du endlich, warum mein Herz
Nicht klopft unter deiner Hand.

1915

Nedobrowo, der Geliebte, und Nedobrowo, der Dichter, haben
sicher verstanden, daß Achmatowas Gedichte über das unerwi-
derte Gefühl unvergleichlich mehr bedeuten als schlichte Liebeslyrik. In ihnen brennt jener Durst, der nicht gestillt werden kann;
«wenn der Geliebte nur liebt», brennt «die dunkle Ahnung vom
Ungenügen der Nur-Liebe». «Die unendlichen Leiden dieser keineswegs leicht verletzbaren Seele erklären sich durch die ungeheuren Dimensionen ihrer Erwartung, dadurch, daß sie gewillt ist, sich
nur über Bedeutendes zu freuen oder daran zu leiden. Andere
Menschen gehen durchs Leben, jubeln, stürzen, verletzen einander, dies alles geschieht jedoch im Zentrum des Erdenkreises; Achmatowa aber gehört zu jenen Menschen, die seine Peripherie erreichen und nicht gewillt sind, umzukehren und den Rückweg in die
Welt anzutreten. Nein, sie rennen ohne Hoffnung gegen die ge-
schlossene Grenze an, und sie klagen, und sie weinen.» In seiner
Besprechung von Achmatowas zweitem Gedichtband, *Der Rosenkranz* (1914), schrieb Nedobrowo, daß ihre Gedichte «nicht von
Weinerlichkeit über alltägliche Lappalien zeugen, sondern einen
Einblick in eine eher harte als übermäßig weiche Seele gewähren,
die eher grausam denn larmoyant ist, jedenfalls eindeutig herrscht
und keineswegs unterdrückt ist».

Für Achmatowa bedeutete diese Rezension nicht einfach Kritik, sondern Wahrsagung und Prophetie:

*Wie konnte er nur die künftige Härte und Grausamkeit im voraus
erkennen, wie kam er darauf? Das ist ein Wunder! Denn damals war
es üblich, Gedichte für Laune, Larmoyanz, Sentimentalität und Zeit-
vertreib zu halten. Eine bessere Schaustellerei... Aber Nedobrowo erkannte meinen Weg, meine Zukunft, sagte sie voraus und weissagte,
weil er mich gut kannte.*

85

Nedobrowo sollte nicht mehr erfahren, wie das Leben von Anna Achmatowa weiter verlief. Er starb 1919 auf der Krim, zum letzten Mal sahen sie sich 1916, bereits im Süden, wo sich beide auf ärztlichen Rat aufhielten – beide litten an offener Tuberkulose. Der Schatten des Todes lag wahrscheinlich schon von Anfang an auf ihrer Beziehung. Und dies nicht nur auf Grund der Krankheit, sondern ihrer Vorstellung von der Liebe. Jene Begegnung auf der Krim in Bachtschissaraj war bereits Abschied. Einmal hatte Nedobrowo Achmatowa seinen Freund, den Maler und Mosaikkünstler Boris Anrep, vorgestellt. Das war das Ende einer langjährigen, von Kindheit an währenden Männerfreundschaft. «In seinen letzten Lebensjahren entzog mir Nedobrowo seine Sympathie und Freundschaft, weil er wegen Anna Andrejewna Achmatowa eifersüchtig war.» An die Stelle der früheren menschlichen Wärme trat ein konventioneller gesellschaftlicher Kontakt. Dennoch lud Nedobrowo im Februar 1916 auch Anrep zu sich nach Zarskoje Selo ein, um dort seine Tragödie *Judith* vorzulesen. Auch Achmatowa war eingeladen. Aber weder sie noch Anrep hörte wirklich zu, und es waren nicht die Verse, die in ihrer Erinnerung hafteten. Später wird Anna Achmatowa sich an diesen Abend erinnern:

> Wie beim Abendbrot ich saß,
> In die dunklen Augen schaute,
> Wie an diesem Eichentische
> Ich nichts aß und auch nicht trank
> Und den schwarzen Fingerring
> Unter der gestickten Decke
> In die Hand des anderen legte,
> Wie er ins Gesicht mir blickte,
> Sich erhob und ging.

Boris Anrep beschreibt diesen Abend in seinen Memoiren: «Ich hörte zwar zu, aber ich verstand nichts. Hin und wieder warf ich einen Blick auf Anna Andrejewnas Profil, sie blickte irgendwie in die Ferne. Ich versuchte, mich zu konzentrieren. Die Reime und Rhythmen klangen in meinen Ohren wie das Rattern eines Eisenbahnzuges. Ich schloß die Augen und ließ meine Hand auf den Sofasitz sinken. Plötzlich fiel etwas in meine Hand: ein schwarzer Ring. ‹Nehmen Sie›, flüsterte Anna Andrejewna. ‹Für Sie.› Ich wollte etwas sagen. Mein Herz hämmerte. Ich blickte sie fragend an. Sie schwieg und schaute in die Ferne. Ich schloß die Hand. Nedobrowo las. Endlich war er fertig... Ich verabschiedete mich eilig und ging.»

Aber wie sich auch die Verhältnisse innerhalb dieses Dreiecks gestalteten, in Anna Achmatowas Biographie bleiben Nedobrowo und Anrep stets Gegensätze. 1917 wird Anrep ihr erklären, daß er die «gelassene, englische Zivilisation der Vernunft, nicht aber die religiöse und politische Wahnidee liebe», Rußland verlassen und für immer in England bleiben würde. Ihre eigene Entscheidung war offenbar durch Nedobrowo beeinflußt: «Er hielt Rußland für den Träger des Geistes, für ihn waren mit Rußland sämtliche Fragen einer künftigen menschlichen Existenz verbunden. Rußland sollte den Menschen zu seinem wahren Leben hinführen, in Rußland, in Rußlands wahrem Weg sollten die wesentlichen spirituellen Fragen ihre Lösung finden» *(Julia Sasonowa-Slonimskaja)*.

Der Weltkrieg – die Tragödie Rußlands – war möglicherweise auch die Ursache seines Todes. «Er kränkelte den ganzen Winter 1914/1915. Beim Rückzug 1915 nahm sein Unwohlsein die Form einer echten Krankheit an, und als diese Krankheit 1916 beim Namen genannt wurde, war es die Schwindsucht. Seit Sommer 1917 wiederholte er voll Verzweiflung: ‹Rußlands Krone entschwindet. Der Geist hat es verlassen.› Um dieselbe Zeit warnte der Arzt seine Frau: ‹Die Krankheit nimmt einen ungünstigen Verlauf›» *(Julia Sasonowa-Slonimskaja)*.

Wie eine Paraphrase der Worte Nedobrowos klingt ein Achmatowa-Gedicht aus dem Kriegsjahr 1915:

Schick mir bittere Jahre der Krankheit,
Atemnot, schlaflose Nächte und Fieber,
Nimm das Kind mir und den Freund
Und der Lieder rätselhafte Gabe –
So bete ich bei deiner Liturgie
Nach so vielen quälenden Tagen,
Daß die Wolke über dem leidvollen Rußland
Aufleuchte in den Strahlen des Ruhms.

Die «bitteren Jahre der Krankheit» blieben für Achmatowa nicht nur eine poetische Metapher. 1915 hatten die Ärzte zum ersten Mal eine offene Tuberkulose diagnostiziert. Durch diese Krankheit war gleichsam ihr persönliches Schicksal mit dem Schicksal ihrer todgeweihten Generation verbunden.

Von einer solchen Verbundenheit hatte auch Nedobrowo gesprochen: Eine Rezension, die nach Ausbruch des Krieges veröffentlicht wurde, spiegelt das Licht der künftigen Katastrophe: «Vergessen wir nicht», heißt es, «daß das Vorliegende im Frühjahr 1914 entstanden ist. Seitdem hat die Geschichte das Leben der Menschheit mit solchen neuen Opfern und derart verhängnisvollen Schicksalen überflutet, wie man sie früher nicht einmal träumte. Und es stellte sich heraus, daß die Menschen, Gott sei Dank, unendlich viel besser sind, als man es ihnen zutraute. Das gilt vor allem für unsere junge Generation, die in den Vorkriegsjahren so sehr verleumdet worden ist und die die Mehrzahl der Soldaten und jüngeren Offiziere unserer Armee stellt und auf diese Weise für die lichte Zukunft Rußlands und der ganzen Welt eintritt. Achmatowa verdient eine um so größere Beachtung, weil sie in vielem den Geist dieser Generation zum Ausdruck bringt und weil ihr Werk von dieser Generation geliebt wird.»

Nedobrowo meint dieselbe Generation, von der auch Achmatowa sagt:

*...Wir fühlten uns als Zeitgenossen des zwanzigsten Jahrhunderts und wollten keineswegs dem letzten verhaftet bleiben. Nikolai Stepano-*

witsch ist nur sieben Jahre jünger als Blok, aber ein Abgrund liegt zwischen den beiden…

Das Jahr 1913 war erst das Vorspiel einer neuen Epoche. Sein haut goût und seine raffinierten Spiele, für die Älteren unverständlich und von ihnen mißbilligt, beschleunigten gleichsam den Lauf der Zeit. Und Wsewolod Knjasew, der sich aus unglücklicher Liebe erschossen hatte, erschien nun als jemand, der nicht nur überempfindlich auf eine frühe Kränkung reagierte, sondern der ebenso sensibel den kommenden Untergang spürte.

*Die infernalische Harlekinade des Jahres dreizehn war soeben vorübergerast, nachdem sie ihre Epoche, die große Schweigerin, zum Sprechen wachgerüttelt hatte, und hinterließ jene Unordnung, die jeder festlichen Prozession und jedem Trauerzug eigen ist – Fackelrauch, verstreute Blumen auf dem Boden und für alle Ewigkeit verlorene heilige Souvenirs.* (Aus: Poem ohne Held)

Der Sommer 1914 zwang die Zeitgenossen, die Masken abzulegen und die Narrenkappen angesichts des neuen Jahrhunderts herunterzureißen:

*Das zwanzigste Jahrhundert begann im Herbst 1914 mit dem Krieg, so, wie das neunzehnte mit dem Wiener Kongreß begonnen hatte. Das Datum im Kalender ist nicht von Bedeutung.*

*Zum Gedenken an den 19. Juli 1914*

Wir sind um hundert Jahre gealtert,
Da dies geschah in einer einzigen Stunde:
Der kurze Sommer neigte sich dem Ende zu,
Es dampfte der Leib der gepflügten Felder.

Plötzlich buntes Gedränge auf den stillen Straßen,
Ein Weinen schwebt vorbei mit silbernem Glockenton…
Ich verhüllte das Gesicht und flehte meinen Schöpfer an,
Mir den Tod zu schenken noch vor der ersten Schlacht.

Aus dem Gedächtnis schwand, wie eine überflüss'ge Last,
Der Schatten von Leidenschaft und Liedern.
Ihm, dem entleerten, beschied der Allerhöchste,
Das Buch der Schreckensnachrichten zu führen.

*1916*

Die Nachricht vom Ausbruch des Ersten Weltkrieges überraschte
Anna Achmatowa in Slepnjowo. Das Schicksal scheint sie mit Vor-
bedacht auf das Gut ihrer Schwiegermutter geführt zu haben, damit sie sich dort in asketischer Einsamkeit von den Petersburger
Irrungen befreite.

*In meinem Zimmer (nach Norden) hing eine große Ikone – Christi
Gefangennahme. Das schmale Sofa war so hart, daß ich nachts auf-
wachte und lange sitzen mußte, um mich zu erholen... Über dem Sofa
hing ein kleines Porträt von Nikolai I., anders als bei den Petersburger
Snobs, nicht als Exotik, sondern ganz im Ernst, wie in «Onegin» («Des
Zaren Bild in Hermelin»)... Im Schrank Reste der alten Bibliothek...
Die Bäuerinnen gingen in selbstgewebten Röcken zur Arbeit, und alle
Frauen und plumpen Dirnen schienen mit einemmal schlanker als an-
tike Statuen zu sein...*

*Slepnjowo ist für mich wie der Bogen in der Architektur... Zuerst
ist er klein, dann wird er größer und größer und schließlich – die volle
Freiheit (wenn man hindurchgeht).*

Hier in Slepnjowo legte sie die frühere Verspieltheit ab. Es ist sicher kein Zufall, daß Achmatowa nach Ausbruch des Krieges nur
noch selten im «Streunenden Hund» gesehen wurde. Das Besondere von Slepnjowo war die puschkinsche Einfachheit und der
mißbilligende Blick der «stillen, sonnenverbrannten Bäuerinnen».
Achmatowa lernte das «einfache weise Leben» kennen. Slepnjowo
vermittelte ihr vermutlich jenes Gefühl für Rußland, von dem
Nedobrowo gesprochen hatte. Deshalb war es für sie so wichtig,

daß «die Wolke über dem leidvollen Rußland in den Strahlen des Ruhms aufleuchtete».

Nikolai Gumiljow kam bereits Ende Juli nach Slepnjowo, um sich von seiner Familie zu verabschieden. Wegen seiner schlechten Augen war er vom Dienst zurückgestellt worden, aber es gelang ihm, als Freiwilliger bei den Garde-Ulanen unterzukommen. Der Krieg war also für Achmatowa keineswegs etwas Fernes, er war ein ungebetener Gast unter ihrem Dach, in ihrem Leben. «Wir stehen wahrscheinlich wieder einmal vor einer Schlacht, und zwar vor einer interessanten, mit Kavallerie-Einsatz. Ihr dürft Euch also nicht aufregen, wenn eine Zeitlang keine Post von mir kommt. Ich werde nicht fallen (Du weißt ja, daß Dichter Propheten sind) – aber ich werde keine Zeit zum Schreiben haben.»

Er wollte ins Feld und ließ sich nicht zurückhalten. Dennoch wurden seine Worte für Anna Achmatowa zum Symbol des Krieges, als Untergang der Kultur.

Am 5. August 1914 trafen sich Gumiljow, Achmatowa und Blok im Bahnhofsrestaurant von Zarskoje Selo zu einem gemeinsamen Essen. Achmatowa war aus Slepnjowo gekommen, um sich von ihrem Mann zu verabschieden. Blok besuchte damals die Familien der Mobilisierten, um sie nach Möglichkeit zu unterstützen. Als er gegangen war, sagte Gumiljow: «Darf denn das sein, daß auch er an die Front geschickt wird? Das ist ja so, als wolle man eine Nachtigall braten.»

Gumiljow selbst aber empfand den Krieg nicht als Katastrophe. Ihm, dem Dichter, Weltreisenden und Soldaten, war die Tapferkeit vor dem Feind (er wurde zweimal mit dem Sankt-Georgs-Kreuz ausgezeichnet) ebenso selbstverständlich wie die Jagd auf Nashörner und Löwen in Afrika.

Die Nachrichten von Gumiljow beschränkten sich nicht nur auf Briefe. Die Zeitung *Birschewyje wedomosti* veröffentlichte seine Fronttagebücher *(Aufzeichnungen eines Kavalleristen)*. Darin konnten die Leser die männlich-feste Lebensanschauung des Verfassers des akmeistischen Manifests wiederfinden.

«Meine liebe Anetschka! Endlich komme ich dazu, Dir einigermaßen zusammenhängend zu schreiben. Sitze in einem polnischen Bauernhaus auf einem Küchenhocker vor einem Tisch. Sehr bequem und sogar behaglich. Überhaupt erinnert mich der Krieg an meine abessinischen Reisen. Die Analogie ist nahezu perfekt. Die mangelnde Exotik wird durch weit stärkere Empfindungen kompensiert... Wären wir häufiger im Einsatz – ich wäre mit meinem Schicksal uneingeschränkt zufrieden.»

Es gab jedoch eine weitere Einschränkung: In einem seiner Briefe an Achmatowa wundert er sich über das alltägliche, grausame, keineswegs romantische Gesicht des Krieges. «Es gibt ziemlich viele Verwundete. Ihre Verwundungen sind irgendwie merkwürdig: Die meisten sind nicht in die Brust oder den Kopf getroffen, wie es in Romanen beschrieben wird, sondern ins Gesicht, in Arme oder Beine. Unter einem unserer Ulanen schlug die Kugel in den Sattel genau in dem Augenblick ein, als er sich in den Steigbügeln erhob; eine einzige Sekunde vorher oder nachher, und er wäre getroffen worden.»

Aber das, worüber sich Gumiljow wunderte, traf mit den Ahnungen und Gesichten Achmatowas zusammen.

Des Wacholders süßer Duft
Weht von den brennenden Wäldern herüber.
Soldatenfrauen stöhnen über ihren Kindern,
Witwenklage hallt durchs Dorf.

Nicht umsonst wurden Gottesdienste gehalten,
Nicht umsonst hat die Erde sich nach Regen gesehnt:
Roter Tau fiel warm
Auf die zertrampelten Felder.

Tief hängt der leere Himmel, tief,
Und die Stimme des Betenden ist leise:
Sie verwunden Deinen heiligen Leib,
Sie würfeln in Deinen Gewändern.

Die Erklärung, daß es der Krieg war, der Anna Achmatowas Themen veränderte, der die Heldin ihrer Gedichte verwandelte, liegt nahe. Und doch glaubte man in ihren Versen dieselbe Frau zu sehen, die, nach den Worten eines Rezensenten, «niemals glücklich war».

Allenfalls eine größere Einfachheit und Strenge wurden ihr zugebilligt. Allenfalls nahm man wahr, daß der kostbare Schal durch klösterliche Gewänder ersetzt worden war, die «die schmerzlich verschränkten Hände» verbargen.

Und dann, plötzlich, wurde allen klar, daß die Stimme ihrer Muse unmöglich für die einer kapriziösen und verwöhnten Schönen gehalten werden konnte. Die Stimme verkündete Verzicht. «Nach dem Weib war nun die Reihe an der frouwe» *(Ossip Mandelstam)*.

## «Die prophezeiten Tage
## brechen an»

Jetzt möchte niemand Lieder hören.
Die prophezeiten Tage brechen an.
Mein Letztes, die Welt ist nicht mehr Wunder,
Zerreiß mir nicht das Herz und klinge nicht.

Gerade noch als freie Schwalbe
Flogst du empor in deinem Morgenflug,
Und heute, ein hungrig Bettelweib,
Klopfst du vergeblich am fremden Tor.

1917

Eigentlich begann das zwanzigste Jahrhundert für Anna Achmatowa erst mit dem Ausbruch des Ersten Weltkrieges. Und schon diese erste Katastrophe barg all die Ereignisse in sich, die ihrer Generation zum Schicksal werden sollten. Es war ihr nicht bestimmt, die künftigen Tragödien nur zu ahnen und nur zu prophezeien – für Anna Achmatowa wurden sie Realität.

«Kerenskis Revolution. In den Straßen von Petrograd drängt sich das Volk. Es fallen vereinzelte Schüsse. Die Eisenbahnverbindung ist unterbrochen. Ich denke kaum an die Revolution. Ich habe nur einen Gedanken, nur einen Wunsch – ich möchte

Anna Andrejewna sehen. Sie wohnte damals in der Wohnung von Professor Sresnewski, dem bekannten Psychiater, mit dessen Frau sie eng befreundet war. Die Wohnung lag auf der anderen Seite der Newa... Ich überquerte den Fluß auf dem Eis, um die Barrikaden an den Brücken nicht passieren zu müssen... Schließlich das Haus von Sresnewski, ich läute, Achmatowa öffnet die Tür. ‹Wie? Sie sind es? An einem solchen Tag? Offiziere werden auf der Straße verhaftet!› – ‹Ich habe die Schulterstücke abgenommen.›

Sie war offensichtlich sehr gerührt, daß ich kam. Wir gingen in ihr Zimmer. Sie rollte sich auf der Liege zusammen. Eine Weile unterhielten wir uns über die Bedeutung der ausgebrochenen Revolution. Sie war erregt und sagte, daß man mit großen Veränderungen des Lebens rechnen müsse. ‹Es wird so kommen, wie während der Revolution in Frankreich, und vielleicht noch schlimmer.› – ‹Wir wollen nicht länger darüber sprechen.› Wir schwiegen. Sie ließ den Kopf sinken. ‹Wir werden uns nie wiedersehen. Sie werden weggehen›» *(Boris Anrep).*

Aus Vorliebe für die «gelassene englische Zivilisation» emigrierte Boris Anrep nach England, damals schon, als noch niemand auch nur daran dachte, Rußland zu verlassen, und blieb in Achmatowas Augen für immer ein Abtrünniger.

Obwohl sie wußte, daß die Zukunft Schreckliches barg, war ihr Entschluß gefaßt: Sie würde in Rußland bleiben. Dieser Abschied jedoch, ein Vorbote kommender Trennungen, war nicht nur ein Abschied zweier sich nahestehender Menschen, sondern ein nicht wieder rückgängig zu machender Schritt zwischen ihrer gemeinsamen Vergangenheit und einer dunklen und ungewissen Zukunft, die von nun an nur ihr gelten würde. Es dauerte nicht mehr lange, bis Shakespeares «Die Zeit ist aus den Fugen» auf eine neue Weise Realität wurde – durch die am Tage hochgezogenen Newa-Brücken.

*Ich stand auf der Litejny-Brücke in dem Moment, als sie mitten am hellichten Tage plötzlich hochgezogen wurde (ein beispielloser Fall),*

Die Familie Gorenko um 1895 (zweite v. rechts: Anna)

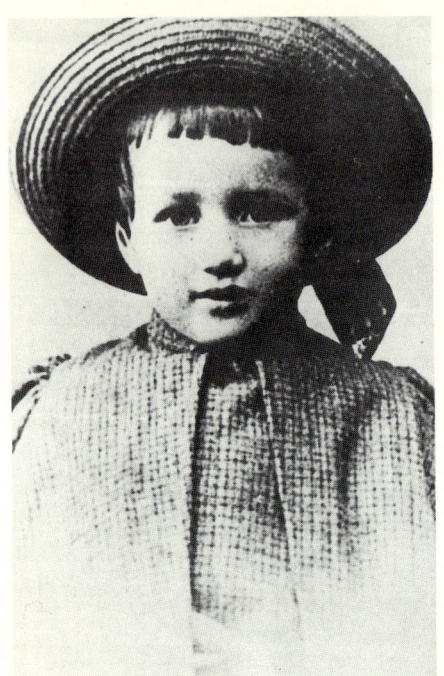

Fünfjährig:
«Lesen lernte ich nach dem
Lesebuch Tolstois.»

1900: «Mein erstes Gedicht schrieb
ich mit elf.»

nna Achmatowa 1925 vor dem Lyzeum in Zarskoje Selo, dessen Schülerin sie bis
)05 war

Die Cameron-Galerien in Zarskoje Selo

Als Primanerin, 1906

ie Prima des Kiewer Funduklejew-Gymnasiums, in der Anna Achmatowa
)06—1907 Schülerin war (zweite Reihe, zweite v. links)

Anna (links) mit Mutter und den Geschwistern Andrej, Viktor und Ija Gorenko, 1908

Der Lyriker Nikolai Gumiljow,
Ehemann Anna Achmatowas
1910–1918

Auf dem Landgut der Eltern
Gumiljows in Slepnjowo, 1913

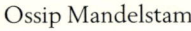
Ossip Mandelstam

Michail Kusmin

Anna Achmatowa, gezeichnet von Amedeo Modigliani, 1911

Mit Nikolai Gumiljow und dem gemeinsamen Sohn Lew, 1915

Boris Anrep

Nikolai Nedobrowo

Olga Glebowa-Sudejkina

Im Petersburger Künstlerkabarett «Streunender Hund»

Mit Olga Glebowa-Sudejkina, 1924

Karikatur von Natan Altman, «Altman zeichnet Achmatowa», 1914

chmatowa im Jahr 1914

Achmatowa, gezeichnet von Dmitri Buschen, 1914

n Zarskoje Selo, 1916

Anna Achmatowa 1916

*um Torpedoboote zum Smolny zur Unterstützung der Bolschewiki durchzulassen. (25. Oktober 1917)*

Diese Notiz entspricht beinahe wörtlich der Tagebucheintragung von Sinaida Hippius, einer anderen russischen Dichterin: «Petersburg, seine Bevölkerung, schweigt düster und zornig, unfreundlich wie der Oktober. Was sind das nur für widerwärtige, schwarze, schreckliche und beschämende Tage... Ich kann mir nicht denken, daß jemand, aus welchen Berichten oder Aufzeichnungen auch immer, die Atmosphäre hier verstehen und sich vorstellen könnte. Und in dieser Atmosphäre muß man leben.

Heute zogen die Bolschewiki sämtliche Brücken hoch und brachten auf Schleppern(!) ihre Panzerwagen auf der Newa zum Smolny. Ein noch nie dagewesener Wahnsinn...

Noch einmal kurz zum Winterpalais. Sie feuerten aus schweren Geschützen, aber nicht von der ‹Aurora›, die behauptet, sie hätte nicht scharf geschossen, es sei nur ein Signal gewesen, denn, so heißt es, wenn sie scharf geschossen hätte, dann läge der Palast in Trümmern. Die Kadetten und Frauen verteidigten sich, so gut sie konnten, gegen die Soldatenbanden (und wurden alle niedergestreckt), solange die Minister sich nicht entschlossen, dieser blutigen Sinnlosigkeit ein Ende zu setzen. Die Aufständischen waren ohnehin schon mit Hilfe irgendwelcher Verräter in das Palastinnere eingedrungen.

Sobald die Revolutionstruppen (pfui, pfui) – das Regiment Kexholm und noch irgendeines – das Palais überflutet hatten, begannen sie sofort, zu zerstören und zu plündern, brachen die Vorratskammern auf und rafften Silber zusammen. Was sie nicht mitnehmen konnten – wurde zerstört. Sie zerschlugen kostbares Porzellan, zerschnitten Teppiche, zerstückelten und zerstachen ein Porträt von Serow und fanden schließlich den Weinkeller. Nein, ich schäme mich, dies niederzuschreiben...

Aber es soll alles ans Licht: Das Frauenbataillon, darunter viele Verwundete, haben sie in die Pawlowsker Kaserne geschleppt und sämtliche Frauen vergewaltigt...»

So also verlief der legendäre Sturm auf das Winterpalais. Die wenigen Kadetten und das Frauenbataillon waren nicht in der Lage, ernsthaft Widerstand zu leisten. Und die Oktober-Barbarei war die Fortsetzung des Blutvergießens im Februar desselben Jahres 1917.

*Der einzige Ort, wo ich frei atmen konnte, war Petersburg. Aber seit der Zeit, da es hier Sitte wurde, das Pflaster allmonatlich mit dem Blut seiner Bürger zu begießen, hat die Stadt zu einem gewissen Teil an Anziehung für mich verloren. (16. August 1917)*

In diesem Brief, der zwischen zwei Revolutionen geschrieben wurde, klingt noch Ironie an, wenn auch eine bittere. Sie dient freilich mehr dazu, das hohe Pathos zu kaschieren, das eigentlich nicht in die Korrespondenz zweier Freundinnen gehört. Aber es war gerade dieses Pathos, das die veränderten Werturteile und Ansichten Achmatowas kennzeichnet. Schon zu Beginn der zwanziger Jahre sagte Achmatowa, daß das Wort «Blut» für sie seitdem stets mit der Vorstellung der rotbraunen Flecken verbunden sei, die im Schnee und auf dem Pflaster zerfließen und einen widerwärtigen Geruch verbreiten.

*Das Blut ist nur so lange gut, wie es lebendig ist, solange es durch die Adern strömt, aber es ist höchst schrecklich und widerlich in allen anderen Formen.*

Die Einstellung zum Blut, die sich in der vorrevolutionären Dichtung findet, war ihr völlig fremd geworden. Bereits 1913 hatte Anna Achmatowa nach dem Selbstmord von Knjasew verstanden, daß für das Spiel «intensiver und scharfer Genuß» mit dem teuren Preis eines menschlichen Lebens bezahlt werden muß.

Aber zunächst sah die Revolution nach einer Maskerade aus. «Auf der Straße ein Treiben wie während der Butterwoche. Seite an Seite mit bis zu den Zähnen bewaffneten Matrosen marschieren irgendwelche Burschen in Kettenhemden und mit krummen türkischen Säbeln. Etwas später erfuhr ich den Grund dieser Kostümierung. Auf der Suche nach Waffen war eines Tages eine Gesellschaft in das Palais des Grafen Scheremetjew auf der Fontanka* eingebrochen. Der Hausherr persönlich tritt ihnen entgegen. ‹Waffen?› fragt er. ‹Sie brauchen Waffen? Bitte schön. Meine Hellebarden und Armbrüste stehen zu Ihrer Verfügung›» (N. Drisen).

Die Matrosen schmückten sich mit Krummsäbeln und Kettenhemden, während die künstlerische Elite, so der Kunsthistoriker Nikolai Punin oder der Komponist Arthur Lourié, ein Stammgast im «Streunenden Hund», die Lederjacken der Kommissare anzogen. Waren das die neuen Masken? Olga Sudejkina saß in Kälte und Schmutz, ohne Brennholz, ohne Lebensmittelzuteilung und nähte ihre wunderschönen Puppen. «Sie waren wohl kaum für die Öffentlichkeit geeignet, so erotisch wirkten sie. Gefertigt aus bunten Seidenstoffen und mit echtem Haar, stellten alle halbentblößte Frauengestalten dar. Und dann gab es auch noch graziöse Tänzerinnen aus Porzellan, die die Sudejkina selbst bemalte» (Ida Nappelbaum). Es waren noch immer die gleichen Marquisen und Columbinen.

Aber der Maskenball selbst war ein anderer geworden. Eleganz und Fröhlichkeit hatten sich in ein barbarisches Fest verwandelt.

Einmal in der verrückten Monopole,
Beim Skythenfest, am Ufer der Newa,
Im Lärm des ekelhaften Balls,
Reißen sie das Kopftuch von einem schönen Haupt.

Diese Zeilen, die Ossip Mandelstam an Anna Achmatowa richtete, nannte sie eine «merkwürdige, teilweise eingetretene Prophezeiung».

* Es ist dasselbe Palais, in das Anna Achmatowa im Jahr darauf einzog und in dem sie, mit einer Unterbrechung von einigen Jahren, fast 30 Jahre lang wohnen wird.

Anna Achmatowa war eine der ersten, die begriff, daß beim Ausklang dieses sich in die Länge ziehenden Mummenschanzes der Todgeweihten alle tatsächlich dem Henker in die Hände fallen würden. Und daß dieser Henker keineswegs eine so malerische Erscheinung sei, wie sein romantisiertes Bild vermuten ließ.

Bitter bin ich und alt. Wie ein Netz
überziehen Runzeln das gelbe Gesicht.
Der Rücken krumm, die Hände zittern.
Mein Henker aber blickt heiter um sich
Und rühmt sich seiner guten Arbeit,
Indem er auf welker Haut
Die Striemen begutachtet, o Herr, vergib!

1919

«Bitter bin ich und alt...» – dies ist keine Metapher, sondern ein genaues Porträt, fast schon eine Fotografie.
«Damals ging sie auf die Fünfunddreißig zu. Sie war oft krank, sehr mager, die Gesichtsfarbe erdig, die Hände knochig, mit langen, nach innen gekrümmten Fingern, die an die Krallen eines großen Vogels erinnerten. Sie lebte in äußerster Armut und war mehr als bescheiden gekleidet. Irgendwann zeigte sie mir eine Münze, die sie sorgsam hütete: Ein altes Mütterchen hatte sie ihr einmal auf der Straße zugesteckt, im Glauben, sie sei eine Bettlerin. Aber das Mütterchen hatte wohl nicht mehr richtig gesehen: Haltung und Schritt dieser Bettlerin waren majestätisch» (W. Weidle).
Ja, majestätisch erschien sie noch immer, doch niemand hätte an Achmatowa jetzt noch etwas Exotisches entdecken können. Und sie sprach von sich ja auch völlig anders.

Bin eure Stimme, die Glut eures Odems.
Bin eures Gesichts Spiegelbild.

Sie teilte tatsächlich das Leben der meisten ihrer Zeitgenossen. Die Aufzeichnungen des Schriftstellers und Kritikers Kornej Tschukowski aus der Zeit unmittelbar nach der Revolution illustrieren anschaulich das Leben im damaligen Petrograd: «1. November 1919. In der Nähe unserer Gasse ein Pferdekadaver. Er liegt bereits seit über einer Woche da. Jemand hat aus der Kruppe gut zehn Pfund Fleisch herausgeschnitten, ich hoffe, zum Verkauf und nicht für den eigenen Verzehr. Gestern war ich im ‹Haus der Schriftsteller›: Alle in zerdrückten, herunterhängenden Kleidern, offenbar haben die Menschen in Kleidern geschlafen und sich mit ihren Mänteln bedeckt. Alle Frauen wie angefressen. Als hätte jemand an ihnen herumgekaut – und sie dann ausgespuckt. Gorki hat dieser Tage Blok sehr eindrucksvoll vorgespielt, wie ein Petersburger zwinkernd einen Baumstamm an der Straßenbahnhaltestelle abklopfte. ‹Er wird ihn diese Nacht fällen›, flüsterte Gorki wie ein Komplize. Juri Annenkow hat ein Porträt von mir angefangen. Aber bei ihm ist es so kalt! Er verheizt die Türen: hängt die Tür aus, zerhackt sie und steckt sie samt Türgriff in den Herd!»

Männer hatten es vielleicht leichter. Aber Anna Achmatowa mußte alle Probleme selbst lösen. Das dringlichste war das Brennholz. Sie nahm eine Stelle als Bibliothekarin im Landwirtschaftlichen Institut an, weil man dort mit Holz bezahlt wurde. Die gefeierte Schöne des ersten Dezenniums mußte im zweiten eigenhändig Holz sägen und auf dem Markt zugeteilte Heringe zum Tausch gegen Brot oder Butter anbieten. Dort sah sie Wladislaw Chodassewitsch, ebenfalls ein Dichter, der ebenfalls Heringe anbot: «Einmal wöchentlich nahm ich einen Leinensack und begab mich auf die Millionnaja in das ‹Haus der Akademiker›, um die Schriftstellerzuteilung in Empfang zu nehmen. Die berechtigten Personen waren in sechs Gruppen eingeteilt – nach Wochentagen. Mein Tag war der Mittwoch. Die Zuteilungen wurden in einem Kellerraum ausgegeben. Zu diesem Raum führte ein langer Korridor. Dort stellten wir uns an, und aus der Schlange bildete sich eine Art Club. Hier erörterte man alle möglichen akademischen und schriftstellerischen Angelegenheiten und vereinbarte Termine...

Gelegentlich fehlten irgendwelche der uns zustehenden Lebensmittel (meistens Butter und Zucker), sie wurden dann einige Wochen lang durch etwas anderes ersetzt (nicht selten leider durch Lorbeerblätter und Zimt). Eines Tages, nachdem die Schuld ziemlich aufgelaufen war, verteilte das ‹Haus der Akademiker› ein halbes Pud Heringe pro Person. Folglich stand jeder vor der Aufgabe, den Hering zu verkaufen und für das eingenommene Geld Butter zu erwerben. Nach ein paar Tagen begab ich mich zum Obwodny-Kanal. Das Markttreiben war in vollem Gange. Ich suchte mir einen Platz, setzte meinen Sack ab, öffnete ihn ein wenig, damit meine Ware auch zu sehen war, und wartete auf Käufer. Natürlich hätte ich rufen müssen: ‹Frischer holländischer Hering! Hier gibt's Hering!› Oder etwas Ähnliches. Aber ich fühlte, daß ich dazu kein Talent hatte. Das Fehlen der Reklame, dieser Triebfeder jedes Handels, machte sich indes bemerkbar. Die Menschen gingen vorüber, ohne stehenzubleiben. Als ich ziemlich niedergeschlagen umherblickte, entdeckte ich etwa zwanzig Schritt von mir entfernt eine hochgewachsene, schlanke Frau, die ebenso schweigend hinter einem gleichen Sack stand. Das war Anna Andrejewna Achmatowa. Ich wollte ihr gerade vorschlagen, unseren Handel zusammenzulegen, damit es nicht so langweilig wäre, aber da kam mein erster Käufer, dann der zweite, der dritte – und mein Geschäft blühte. Mein Hering erwies sich als erstklassig. Um die Fische nicht berühren zu müssen, bot ich den Käufern an, sie eigenhändig dem Sack zu entnehmen, und mit den Händen, von denen eine widerwärtige Flüssigkeit tropfte, mein Sack war bereits durchweicht, zählten sie die Scheine ab, die ich angeekelt in meine Tasche steckte...

Nachdem ich meine Ware losgeworden war und Butter gekauft hatte, suchte ich Achmatowa vergeblich auf dem alten Platz und ging nach Hause...»

Die Ironie von Chodassewitsch ist die Ironie eines Menschen, dem es «in seiner Haut nicht wohl ist». Auch ist Achmatowa nicht zufällig verschwunden, ohne ihn zu grüßen. Sie hatte wohl kaum Wert darauf gelegt, in dieser erniedrigenden und kränkenden Situation gesehen zu werden. Und wären Zeugen dabeigewesen, so hätte sie ihre Verlegenheit hinter Ironie verborgen. So war es, als sie eines Tages mit Tschukowski Straßenbahn fuhr. «In der Straßenbahn stellte sich heraus, daß ihr Geld für einen Fahrschein nicht reichte. (Ein Fahrschein kostete damals fünfzig Millionen, Achmatowa hatte jedoch nur fünfzehn Millionen in der Tasche. ‹Ich dachte, ich hätte hundert Millionen, aber ich habe nur zehn.› Ich sagte: ‹In der Straßenbahn bin ich immer großzügig und erkläre mich bereit, einen Fahrschein für Sie zu erwerben.› – ‹Sie erinnern mich›, entgegnete sie, ‹an einen Amerikaner in Paris. Es regnet, ich stehe unter einer Arkade und warte, daß es aufhört. Da kommt ein Amerikaner und flüstert mir zu: ‹Mademoiselle, kommen Sie mit mir ins Café, ich lade Sie zu einem Glas Bier ein.› Ich warf ihm einen hochmütigen Blick zu. Darauf sagte er: ‹Ich lade Sie zu einem Glas Bier ein, aber Sie sollen wissen, daß es Sie zu nichts verpflichtet...›» *(Kornej Tschukowski, Tagebuch, 14.2.1923)*

Doch selbst Humor half damals kaum weiter, das Leben war viel zu ernst.

Für Anna Achmatowa war der Zustand der allgemeinen Destruktion wesentlich schlimmer als für andere, denn sie hatte kein Dach über dem Kopf. Sie verließ das Haus von Gumiljow noch bevor ihre Scheidung, die inzwischen bloße Formsache war, rechtskräftig wurde (1918). «Seit ich das Haus von Gumiljow verlassen habe, besitze ich kein Zuhause mehr.» In den zwanziger Jahren wechselte ihre Anschrift häufig – sie wohnte bald bei diesen, bald bei jenen Freunden.

«24. Dezember 1921. Soeben komme ich von Anna Achmatowa. Sie wohnt auf der Fontanka 18, in der Wohnung von Olga Sudejkina. ‹Oletschka ist nicht in Petersburg. Ich wohne solange bei ihr, sobald sie zurückkommt, muß ich hier raus.› Ein winziges Zimmer, das große Bett ist nicht gemacht. An der linken Schranktür an einem Nagel eine Ikone, die Muttergottes unter silbernem Beschlag. Am Bett ein kleiner Tisch. Auf dem Tisch Butter und Schwarzbrot... Über Achmatowas Beine ist ein Reiseplaid gebreitet: ‹Ich bin erkältet und huste›... Eine alte Frau macht den

Kanonenofen im Zimmer an und sagt, daß für den nächsten Tag kein Holz mehr da sei. ‹Macht nichts›, darauf Achmatowa, ‹morgen werde ich eine Säge besorgen, dann machen wir gemeinsam Brennholz.› Sie liegt auf dem Bett im Mantel – tastet unter dem Plaid und zieht große, fest zusammengerollte Papierbögen hervor. Ein Ballett-Libretto nach Bloks *Schneemaske*. Und sie beginnt, das von ihr verfaßte Libretto vorzulesen, das mir sofort als wunderbarer, feinsinniger Kommentar zur *Schneemaske* lieb und teuer war... ‹Ich habe mir die Katastrophe im Dritten Bild noch nicht zurechtgelegt. Dieses Libretto schreibe ich für Arthur Sergejewitsch. Er bat mich darum. Vielleicht wird Diaghilew es in Paris aufführen›» *(Kornej Tschukowski)*.

Paris war zu weit entfernt. Diaghilew hat das Ballett nie aufgeführt, das Manuskript ist verlorengegangen, und Achmatowa zog damals auch nicht aus Sudejkinas Zimmer aus. Sie lebten zu dritt: Olga, Arthur Lourié und Anna Andrejewna.

Es war eine Zeit seltsamer, unerwarteter und ephemerer Verbindungen. Die absolute Unbehaustheit, geistig und materiell, trieb die Menschen zueinander, Revolution und Bürgerkrieg zerrissen die festesten Bindungen. Ein Zuhause, die Familie – das waren Werte, die mit der Epoche der Anna Achmatowa praktisch unvereinbar erscheinen.

Und im Süden, auf der Krim, damals unerreichbar, waren die Mutter und Schwester Ija zurückgeblieben. Ija starb dort 1922 an Tuberkulose. Der Älteste, der Lieblingsbruder Andrej, war seit 1920 verschollen; «über den zweiten Bruder Viktor wurde erzählt, er sei in Jalta erschossen worden. Es hieß: die Leichen wurden von der Mole ins Meer geworfen, und am folgenden Morgen war das Meer so ruhig und klar, daß man die noch nicht an die Oberfläche getriebenen Körper auf dem Grund sehen konnte. Es kursierten unzählige derartige Gerüchte. Wer wollte ihnen schon auf den Grund gehen...» *(Nadeschda Mandelstam)* *

---

* Dieses Gerücht erwies sich glücklicherweise als falsch. Viktor war zur Weißen Armee in den Fernen Osten gegangen, lebte eine Zeitlang in

Aber es war nicht nur der Tod, der Trennung brachte. Die fast absolute Unmöglichkeit, in dem hungernden und frierenden Petrograd der zwanziger Jahre unter einigermaßen menschlichen Bedingungen zu existieren, wirkte sich auch auf die Familien verhängnisvoll aus. So lebte auch Ljowa, der Sohn von Achmatowa und Gumiljow, in Beschezk bei seiner Großmutter Anna Iwanowna Gumiljowa. Nicht ohne Schadenfreude wurden Achmatowa Ljowas Worte hinterbracht: «Ich rechne aus, zu wieviel Prozent Mama an mich denkt.» Aber ihr, die selbst kein Dach über dem Kopf hatte, war es unmöglich, ihren Sohn nach Petrograd zu holen.

Weiße Kirchen sind da und klirrendes, leuchtendes Eis.
Meines lieben Sohnes Augen blühen dort, kornblumenblau.

Sie konnte ihrem Sohn und ihrer Schwiegermutter nur mit Geldsendungen und Päckchen helfen (soweit es ihr überhaupt möglich war) und voll Sehnsucht und Hoffnung an Ljowa denken. Aber wenn schon die Bande zwischen Geschwistern, zwischen Eltern und Kindern sich als brüchig erwiesen, so waren die Beziehungen zwischen Mann und Frau, zwischen Ehegatten besonders anfällig. Man klammerte sich aneinander, wenn man sich von früher her kannte. So auch Achmatowa an ihren «Dreierbund» mit Sudejkina und Lourié. Doch auch ihm war keine Dauer beschieden. Lourié emigrierte 1922, Sudejkina reiste zwei Jahre später nach Paris. Achmatowa war wieder allein. Viele hatten diese Dreierbeziehung für anstößig gehalten. Aber nicht weniger hatte sich Achmatowas Umgebung über die zweite Ehe gewundert.

Zu Sudejkina und Lourié war sie gezogen, nachdem ihre zweite Ehe zerbrochen war. 1918 hatte sie den Orientalisten und Dichter Wladimir Kasimirowitsch Schilejko geheiratet, der auch zum Um-

Charbin, später in den USA, wo er 1976 starb. Erst 1963 konnte Achmatowa Kontakt zu ihm aufnehmen. So fanden sie einander erst wieder, als beider Leben bereits dem Ende zuging.

kreis der Dichter-Zunft gehört hatte. Schon damals, 1910, wußte man, daß er hoffnungslos in Achmatowa verliebt war. «Anna erschien eines Tages und sagte: ‹Ich ziehe ins Scheremetjew-Palais.› – ‹??› – ‹Dort wohnt ein wunderbarer Mensch: Weißt du, Vögelchen, ich halte ihn für genial. Im Augenblick ist er schwer krank. Ich will ihn pflegen. Komm uns doch besuchen.› – ‹Aber du bist doch selber nicht gerade die Kräftigste?› – ‹Das macht nichts.› Sie verabschiedete sich. Ein paar Tage später – ich machte mir große Sorgen – ging ich zu ihr. In den Labyrinthen des Scheremetjew-Palais kennen sich nur wenige aus. Innenhöfe, Nebentreppen, Türen, die zu endlosen Gängen führen, Kälte, Dunkelheit, Jagdtrophäen an den Wänden; schließlich eine Tür. Ich trete ein. Ein langgezogener Raum. Ein Bett. Ein Diwan. Ein großer runder Tisch. Alles sehr eigenartig, klobig und düster. Eine Tischlampe spendet spärliches Licht. Die Winkel des großen Zimmers liegen im Schatten.

Am Tisch sitzt ein Mann im Soldatenmantel. Sehr fein geschnittene, regelmäßige Züge, die großen, unfreundlichen Augen schauen einen kühl durch die Brille an. Der sehr rote Mund verzieht sich zu einem schiefen Lächeln. Anna schenkt einen fast schwarzen, starken Tee ein. ‹Walja, das ist Wladimir Kasimirowitsch Schilejko.›

Der Blick, den er mir zuwirft, ist nicht besonders freundlich. Nach kurzer Zeit reißt er das Gespräch an sich. Galliger Witz, außerordentliche Bildung, sehr interessant. Spricht sehr leise, hält dabei den Kopf etwas schief. Erzählt von Ägypten, Babylon und Assyrien. Spricht über Assurnasirbal wie über einen Zeitgenossen: ganz selbstverständlich und spannend. Trägt den Text eines ganzen Schrifttäfelchens auswendig vor. ‹Das ist nicht mehr reines Assyrisch. Hier beginnt schon Babylonien.› Ich höre zu und bin entzückt... Aber wenn ich ihn länger betrachte, sehe ich den großen Egoismus, das Launische. Sie muß den Tee noch einmal aufwärmen: Er trinkt ihn nur sehr stark und sehr heiß. Wir gehen zusammen (äußerster Mißmut, daß sie mich begleiten will). ‹Du siehst sehr müde aus, Anna, und so blaß.› – ‹Weißt du, er schläft nächtelang nicht. Er sitzt über seinen Täfelchen und trinkt mehrmals Tee.› – ‹Und du stehst jedesmal auf, kochst Tee und schenkst ihm ein?› – ‹Aber natürlich. Er ist sehr nervös, sehr mißtrauisch und verlangt ungeteilte Aufmerksamkeit. Meine übrigen Beziehungen und Gefühle müssen da zurückstehen.› Wir verabschieden uns. Ich gehe und denke: ‹Wie lange wird eine solche Selbstverleugnung bei unserer so freiheitsliebenden, so unabhängigen Anna Bestand haben?›» *(Walerija Sresnewskaja)*

Die Bedenken der Schulfreundin waren nicht unberechtigt. Schilejko forderte von ihr eifersüchtig eine fast nonnenhafte Zurückgezogenheit – und Achmatowa verließ kaum das Haus; er forderte, daß sie sich seinem Lebens- und Arbeitsrhythmus unterwarf – und sie schrieb stundenlang nach Diktat seine Übersetzungen der alten Texte. Es gibt kaum Achmatowa-Gedichte aus dem Jahr 1920. Die Frau des Orientalisten Schilejko schrieb keine Gedichte. Und obwohl seine Worte: «Wenn Sie den hermelinbesetzten Talar aus Oxford erhalten, gedenken Sie mein in Ihren Gebeten» sich als prophetisch erweisen sollten (Achmatowa erhielt diesen Talar 1965), so war das 1920 die Ironie des Mannes und Gelehrten. Aber Achmatowa schien damals bereit, sämtliche Forderungen ihres Gatten in Demut zu erfüllen: «Von mir aus bin ich zu ihm gekommen... Ich fühlte mich so schwarz, hoffte auf eine Reinigung.» Und das weibliche Ich der Gedichte, die Schilejko gewidmet sind, spricht zunächst von Ergebenheit:

Es geschehe alles nach deinem Willen:
So sei es!
Meinem Gelübde bleibe ich treu.

Um so entschiedener und kraftvoller klang ihre Stimme nach dem Bruch im Jahre 1921.

Ergeben? Dir? Du bist von Sinnen!
Ergeben bin ich nur des Herrn Willen.

In der Frau, die diese Verse hinausschleuderte, erkennt man leicht die stolze und selbstherrliche Geliebte aus Gumiljows Gedichten an Anna Achmatowa, die sie wesentlich geprägt hatten. Man könnte sich nach diesen Worten vorstellen, daß auch der Roman mit Schilejko in einem romantischen «schicksalhaften Duell» hätte enden müssen. Aber völlig unerwartet vernimmt man einen zärtlich-dankbaren Schlußakkord.

Ergeben? Dir? Du bist von Sinnen!
Ergeben bin ich nur des Herrn Willen.
Ich wünsche weder Schmerz noch Zittern.
Mein Mann – ein Henker, sein Haus – ein Kerker.

Weißt du? Von mir aus bin ich ja gekommen...
Dezember vor der Tür, im Feld der Winde Heulen,
So hell war es in deinem Kerker,
Und hinterm Fenster lauerte die Nacht.

Mit ganzem Leib fliegt so der Vogel
Gegen das klare Glas bei Sturm und Winterkälte,
Und Blut befleckt die weiße Schwinge.

Leb wohl, mein Stiller, ich werde deiner
    ewig liebevoll gedenken,
Weil du dein Haus der Pilgerin geöffnet hast.

1921

Auch als Achmatowa sich von Schilejko getrennt hatte und bei Olga Sudejkina eingezogen war, brachte sie ihm nach wie vor Tee und Tabak, ohne die er nicht leben konnte. Seitdem verband sie mit ihrem zweiten Mann, ebenso wie mit vielen ihrer Jugendfreunde, eine ruhige Freundschaft. Das Leben war so schwierig, daß kaum jemand es allein ertragen hätte. Unversehens waren alle «Pilger» geworden.

«In den letzten Jahren fügte es sich, daß alle Menschen, die Anna Andrejewna umgaben, so schwer am Alltag zu tragen hatten, so überbürdet waren, daß ein Stoß genügte, um ihren Untergang herbeizuführen. Sie flüchteten sich mit ihrer Bürde zu Achmatowa, und sie trug ihre Bürde mit. Das war so schwer, daß ihre Kräfte für die eigene Last nicht mehr ausreichten. Sie glaubte, für alle diese Menschen moralisch verantwortlich zu sein... Und deshalb hatte sie keinen Willen mehr. Sie wollte nicht mehr zum Arzt gehen, nicht mehr gesund werden, sie wollte nicht mehr verreisen, sie hatte zu nichts mehr Lust. Sie wollte nur ihren Kelch leeren, leeren bis zur Neige» *(Pawel Luknizki).*

Dieser düsteren Resignation entsprachen auch die Häuser, in denen sie in den zwanziger Jahren wohnte. Stets waren sie kalt und öde. Letzteres war besonders auffallend, weil es nicht die gewöhnlichen deprimierenden Mietshäuser der Stadt Dostojewskis waren – wie zum Hohn bescherte ihr, der Mittellosen und Heimatlosen, das Schicksal ein Unterkommen unter dem Dach zweier berühmter Petersburger Palais. Schon 1918 wohnte sie mit Schilejko im Palais der Grafen Scheremetjew an der Fontanka. Bis zur Revolution war Schilejko als Erzieher im Hause des Grafen Scheremetjew angestellt gewesen und wohnte in einem der Wirtschaftstrakte. Auf diese Weise kam Achmatowa «unter das Dach des Hauses an der Fontanka». Wenige Jahre später, ab Mitte der zwanziger Jahre, sollte es ihr für beinahe drei Jahrzehnte von neuem Unterschlupf gewähren. Und die Devise auf dem Wappen des Grafen Scheremetjew an dem wundervollen schmiedeeisernen Gitter, «Deus conservat omnia», «Der Herr bewahrt alles», sollte auch ihr Leitspruch werden. Freilich konnte dieser Spruch den völligen Verfall des Wirtschaftstrakts nicht aufhalten, in dessen dunklen und feuchten Gängen man nur mit großer Mühe das «Café Sumer», so nannten die Schilejkos ihr Zimmer, finden konnte. Wenig später zog sie in das sogenannte Marmorpalais um, in eine großfürstliche Residenz aus dem achtzehnten Jahrhundert, ebenfalls in den Wirtschaftstrakt, der ebenso düster und verfallen war wie ihre frühere

Zuflucht, aber aus den Fenstern sah sie auf das Marsfeld und die Newa.

«Anna Achmatowa wohnt im Marmorpalais. Das Palais ist schmutzig und verwinkelt. Alt und zahnlos. Vor ihm die Newa, im Rücken das Marsfeld. Weite, Winde und Himmel... Achmatowas Behausung ist eng und unbequem. Und auch ihr Leben ist eng, ohne Weite. Sie hat ihr eigenes, unbegreifliches Leben, eigene Gewohnheiten, eigene Maßstäbe für Begeisterung und Schmerz» *(J. Bassalajew).*
Ihre Werteskala war tatsächlich nur für wenige begreiflich – sie paßte in kein Schema. Die Menschen ihrer Generation und ihres Kreises, für die die Revolution eine Katastrophe war, sahen keinen Hoffnungsschimmer. Und der offiziöse Optimismus des neuen Regimes bestand mit äußerster Härte auf der Dur-Tonart. Deshalb konnten und wollten weder die einen noch die anderen verstehen, wie in Achmatowas Seele und in ihren Gedichten die leeren, zerfallenen Palais und «Weite, Wind und Himmel» sich miteinander vertrugen.

Geplündert ist alles, verraten, verkauft,
Der schwarze Tod streift uns mit seinen Schwingen,
Zernagt ist alles vom hungrigen Schmerz,
Wie kommt es, daß es hell um uns wird?

Tags spürt man den kirschblütenweißen Atem
Des noch nie gesehenen Hains vor der Stadt,
Nachts funkelt mit neuen Sternenbildern
Die Tiefe des durchsichtigen Julihimmels.

Und so nahe tritt das Wunder
An die zerfallenen Häuserreihen...
Niemandem, gar niemandem bekannt,
Aber seit Urzeiten von uns allen ersehnt.

*1921*

Freilich, Achmatowa war nicht die einzige, die wußte, «daß der Geist weht, wo er will». Und es war paradoxerweise Petersburg, das allen dieses Wissen vermittelte, die «Granitstadt des Ruhms und des Unheils». Das «feierliche und schwere Leben», das um die Mitte des ersten Jahrzehnts dieses Jahrhunderts von ihr nur gefühlt und geahnt wurde, wird in den zwanziger Jahren Realität.

«... gerade um diese Zeit wurde Petersburg so außerordentlich schön, wie die Stadt lange, ja, vielleicht noch niemals gewesen war...

Wollte man Moskau das Handels- und Verwaltungstreiben nehmen, wäre es eine armselige Stadt. Petersburg dagegen wurde jetzt majestätisch. Mit den Ladenschildern schien die Stadt die überflüssige Buntheit zu verlieren. Die Häuser, selbst die allergewöhnlichsten, gewannen jene Strenge und Harmonie, die früher allein den Palais eigen gewesen war. Petersburg war menschenleer geworden (damals zählte es etwa 700 000 Einwohner), es fuhr keine Straßenbahn mehr, gelegentlich hörte man Hufeklappern oder einen Automobilmotor, und es stellte sich heraus, daß Ruhe und Reglosigkeit die Stadt besser kleiden als Straßenverkehr. Natürlich fehlte jede Novität. Die Stadt hatte nicht dazugewonnen, aber sie hatte all das verloren, was ihr nicht gemäß war. Es gibt Menschen, die der Tod verschönt: So war es, glaube ich, bei Puschkin. Zweifelsohne war es mit Petersburg ebenso.

Es ist eine Schönheit auf Zeit. Ihr folgt auf dem Fuß die Häßlichkeit des Zerfalls. Betrachtet man sie aber, so erfährt man eine unaussprechliche, nahezu schmerzliche Lust. Vor unsern Augen bemächtigte sich die Verwesung auch Petersburgs: Hier sank das Pflaster ein, dort blätterte der Putz ab, eine Mauer stürzte ein, ein Standbild verlor einen Arm. Aber auch dieser kaum wahrnehmbare Verfall war noch schön, und auch das Gras, das hie und da zwischen den Steinen der Bürgersteige sproß, tat der Schönheit der Stadt keinen Abbruch, sondern schmückte sie, so, wie der Efeu klassische Ruinen schmückt. Petersburg im Tageslicht war ebenso still und majestätisch wie zur Nachtzeit» *(Wladislaw Chodassewitsch).*

Wladislaw Chodassewitsch sah Petrograd in den Jahren 1920 und 1921 mit den gleichen Augen wie Achmatowa – mit dem Blick des Dichters.

Maxim Gorki, der damals ebenfalls in Petrograd lebte und seinem Temperament und seiner Denkweise nach ebenso Schriftsteller wie Repräsentant der Gesellschaft war, hatte von dem Petrograd nach der Revolution ein weniger poetisches, dafür aber um so nüchterneres Bild.

«Petrograd als Stadt und als Zentrum geistigen Lebens stirbt dahin. In diesem Prozeß fühlt man einen grauenhaften Fatalismus, das passive russische Verhältnis zum Leben. ... Es muß etwas geschehen. Man muß gegen die physische und geistige Auszehrung der Intelligenzija ankämpfen. Man muß begreifen, daß sie das Gehirn unseres Landes darstellt und daß wir dieses kostbare Gehirn noch niemals so nötig hatten wie heute.

Die intellektuellen Kräfte Petrograds müssen sich umgehend organisieren – zum Zweck der Selbsterhaltung und zum Schutz vor einer Nervenauszehrung. Man könnte klein beginnen – mit der Organisation von Gemeinschaftsverpflegung, und im Verlauf dieser Arbeit können Mittel und Wege zu Größerem gefunden werden» *(Maxim Gorki).*

Gorkis Vorschlag erscheint heute vielleicht naiv, aber er wußte: Wenn ein Künstler kein Brennholz und kein Brot hat, töten Auszehrung und Hunger nicht nur das «schwache Fleisch», sondern auch den «willigen Geist». Und deshalb organisierte er tatsächlich Gemeinschaftsverpflegung, Lebensmittel für die Schriftsteller und kümmerte sich um Brennholz, neue Hosen und Gummigaloschen.

Er war es auch, der 1918 den Verlag für Weltliteratur, *Wsemirnaja literatura,* gründete, in dem die bedeutendsten Werke der Klassiker erschienen. Die Schriftsteller bekamen Gelegenheit zu übersetzen, verdienten Geld, und dem Leser wurden Dickens und Mark Twain, Oscar Wilde und das Gilgamesch-Epos zugänglich gemacht.

Um 1919, wiederum dank Gorkis Bemühungen, öffnete das «Haus der Künste» seine Türen, das im ehemaligen Haus des Kauf-

manns Jelissejew, an der Ecke Newski-Prospekt und Mojka, untergebracht war. Es war eine Art Wohnheim, das in der Zeit allgemeiner Notlage Mandelstam und Chodassewitsch, Gumiljow und
vielen anderen eine sichere Zuflucht gewährte. Das «Haus der
Künste» half ihnen zu überleben, physisch und geistig. «Das Leben
war dort sehr würdig. Es war von innerem Adel erfüllt. Vor allem
aber, wie schon gesagt, war es von dem echten Geist schöpferischer
Arbeit durchdrungen. Deshalb strömte man hier aus ganz Petersburg zusammen, um seine reine Luft zu atmen und eine Geborgenheit zu genießen, die die meisten entbehrten. Abends gingen die
vielen Lichter in den Fenstern an – einige waren sogar von der Fontanka aus zu sehen –, und dann wirkte es wie ein Schiff, das durch
Finsternis, Schneegestöber und Unwetter fuhr» *(Wladislaw Chodassewitsch)*. In das «Haus der Künste» kamen die älteren Schriftsteller, die es nicht glauben und sich nicht damit abfinden konnten,
daß die Revolution das Ende des gewohnten intellektuellen und
geistigen Lebens bedeuten sollte. Aber es kam auch die Jugend, für
die die zwanziger Jahre Anfang war; sie kam, um die Meister und
einstigen Berühmtheiten zu sehen und von ihnen zu lernen.
«Schon die Mauern des Jelissejewschen Hauses, seine Innentreppe,
schmal, knarrend, aus dunklem Holz, der Weiße Saal – alles ver-
wahrlost, kalt, leblos und doch gleichzeitig von pulsierendem
neuem Leben erfüllt, schon die Gerüche lockten, erregten, zogen
an. Ich konnte die Abende kaum erwarten, an denen ich zu den
Veranstaltungen im Dichter-Studio ging» *(Ida Nappelbaum)*.
     Der Wunsch, den früheren Lebensrhythmus und Umgangsstil
beizubehalten, äußerte sich im Festhalten an überlieferten Kultur-
traditionen, während Neugier und Energie der Jugend eine selb-
ständige und lebendige Kunst entstehen ließen. Es ist merkwürdig,
aber in dem hungrigen und verödenden Petrograd erschien eine
Vielzahl von Zeitschriften und Büchern, obwohl das Papier unvor-
stellbar schlecht war und die Dichter häufig selbst als Setzer in den
Druckereien oder als Verkäufer in den Buchläden einspringen
mußten. Im «Haus der Schriftsteller», im «Haus der Künste» wurden Vorträge gehalten, und die poetologischen und literarischen

Seminare erfreuten sich eines regen Zulaufs. Die Seminare fanden statt, selbst wenn man in den Räumen die Mäntel anbehalten mußte, selbst wenn nur wenige Menschen anwesend waren.

Man brachte sogar die Kraft auf, einen Ball zu veranstalten – denn ein Fest ist wirkungsvoller als die schönsten Worte und die vernünftigsten Argumente. So auch zur Jahreswende 1920: «In den riesigen eisigen Sälen des Subow-Palais am Isaak-Platz spärliche Beleuchtung und Frosthauch. In den Kaminen qualmen und schwelen die feuchten Holzscheite. Das literarische und künstlerische Petersburg ist vollständig vertreten. Dröhnende Musik. Die Menschen bewegen sich im Halbdunkel und drängen zu den Kaminen. Mein Gott, wie sehen sie aus! Filzstiefel, Pullover, schäbige Pelze, die man selbst beim Tanzen anbehalten muß! Da, mit gebührender Verspätung, erscheint Gumiljow, Arm in Arm mit einer Dame im tiefdekolletierten schwarzen Kleid, die vor Kälte zittert. Aufrecht, hochmütig, wie immer im Frack, schreitet er durch die Säle. Er schaudert vor Kälte, grüßt aber hoheitsvoll und liebenswürdig nach rechts und links, wechselt weltmännisch ein paar Worte mit Bekannten. Sein Spiel heißt ‹Ball›, sein ganzes Äußeres sagt: Es ist nichts geschehen. Revolution? Keine Ahnung» (Wladislaw Chodassewitsch).

Nikolai Gumiljow war eine der farbigsten und originellsten Erscheinungen im Kulturleben des damaligen Petrograd. Er war aus London über Paris 1918 nach Rußland zurückgekehrt. Um diese Zeit hatten schon viele ihre Koffer gepackt, um in den Westen zu gehen. Er aber kehrte zurück. Er hat wohl auch kaum darüber gesprochen, warum er das tat – er lebte einfach in Petrograd unter denselben Bedingungen wie seine Zeitgenossen. Aber er versuchte, sein Leben so einzurichten, als ob «nichts geschehen wäre», weil der Dichter nur sich selbst, nicht aber den Umständen verpflichtet ist. Kornej Tschukowski erinnert sich: «Eines Tages hatte er mich eingeladen. Ich schleppte mich tapfer bis an seine Tür, brach aber davor zusammen: Der Hunger hatte mich plötzlich umgeworfen. In einem prachtvollen Bett kam ich zu mir, später stellte sich heraus, daß Nikolai Stepanowitsch mir entgegengehen wollte (über die Küchentreppe, die Haupteingänge waren überall zugenagelt).

Kaum war ich zu mir gekommen, trat er mit seiner üblichen imposanten und feierlichen Haltung ins Schlafzimmer, in der Hand eine kostbare Platte, azurblau mit mattem Gold, die eigentlich ins Museum gehörte, darauf lag eine wie Zigarettenpapier hauchdünne, durchsichtige, kleine – nein, keine Scheibe, sondern eher ein Blütenblatt aus graubraunem, lehmigem Brot – die höchste Kostbarkeit dieses Winters. Die Feierlichkeit, mit der das Brot serviert wurde, kam mir in diesem Augenblick völlig natürlich vor. Es war weder Pose noch Angeberei. Mir wurde klar, daß sich der Hang zum Prunk nicht nur in seinen Gedichten ausdrückte, die Gestaltung des Alltags stellte für ihn ein bedeutsames Ritual dar.

Nachdem er seine karge Mahlzeit mit mir brüderlich geteilt hatte, entnahm er ebenso feierlich einem Sekretär die Druckfahnen seiner Tragödie *Gondla* und begann beim Schein einer wunderschönen alten Öllampe laut zu lesen. Aber die Öllampe verlosch. Dunkelheit umgab uns, und da wurde ich Zeuge eines Mirakels: Der Dichter las im Dunkeln ohne zu stocken seine Tragödie weiter, nicht nur den gereimten Text, sondern auch sämtliche Regieanweisungen, und ich staunte, wie so oft, über sein ungewöhnliches Gedächtnis.»

Mandelstam erzählte, daß Gumiljow einst einen niemals zu Papier gebrachten Vertrag über die wechselseitigen Beziehungen zwischen dem bolschewistischen Regime und seiner Person entworfen hätte. Es war ein Vertrag zwischen Angehörigen verschiedener Nationen, die zwar Feinde waren, aber einander respektierten. Über Politik verlor er nie ein Wort. Er war nichts als Dichter. Gorki machte ihm das Angebot, bei der *Weltliteratur* mitzuarbeiten. Gumiljow stimmte zu, wurde Mitglied des Redaktionskollegiums und Redakteur der Übersetzungsabteilung, übersetzte auch selbst, so Coleridge und Saadi, Gilgamesch und französische Volkslieder. Er hielt Vorlesungen über Lyrik – im «Institut des Lebendigen Wortes», im «Haus der Künste», in den Räumen von «Proletkult» und sogar vor Milizionären. Seine Vorlesungen waren jedoch außerordentlich schwer verständlich: Reim-Tabellen, Sujet-Tabellen, Epitheta-Tabellen. Er empfahl, die «Harmonie mit Algebra zu prüfen». Seine Hörer wollten zu gern glauben, daß es Regeln und Gesetze gäbe, mit deren Hilfe man ein Dichter werden könnte. Und anfangs glaubten viele, daß der mächtige Syndikus Gumiljow sie in den Besitz solcher Gesetze bringen könnte. Aber er sagte: «Ich kann Ihnen nicht garantieren, daß Sie ein Dichter werden. Ich kann Ihnen Begabung nicht einhauchen. Aber Sie können wunderbare Leser werden, und das ist schon sehr viel.» Die Seminare von Gumiljow galten jedoch nicht nur der hohen Theorie. «...Den zweiten Teil unserer Studien verbrachten wir mit allen möglichen Spielen. Häufig spielten wir zum Beispiel Bourimé. Jeder Teilnehmer mußte der Reihe nach eine Zeile nach einem vorgegebenen Reim dichten, mit dem Ziel, ein sinnvolles Gedicht entstehen zu lassen. Auch Nikolai Stepanowitsch beteiligte sich an unserer Arbeit.

Unsere poetischen Spiele wurden auf dem Teppich im Salon fortgesetzt; dann schlossen sich uns die ‹erwachsenen› Dichter aus der ‹Zunft› an... Man sprach in Versen. So entstanden Burlesken, Scharaden, Lyrik und sogar eine echte Liebeserklärung, mit der der erfahrene Meister seine jungen Schülerinnen in Verlegenheit brachte» (Ida Nappelbaum).

«Ich spiele mit meinen Schülern Blindekuh... und werde aus diesem Grunde ganz gewiß neunzig werden», sagte dazu Gumiljow selbst, als wollte er das Schicksal in die Irre führen. Es gibt Menschen, deren bloßes Dasein für andere eine Stütze ist. Für viele war Gumiljow ein solcher Mensch dank seiner unabhängigen Haltung, seiner fast jugendlichen Verachtung von Hunger, Kälte und Alltagssorgen, dank seiner nie versiegenden Energie.

Die Lebenspfade von Achmatowa und Gumiljow haben sich seit der Trennung im Jahre 1918 nur selten gekreuzt. Aber wahrscheinlich haben beide, wenn sie vor einer Entscheidung standen, immer an den anderen und dessen Weg gedacht. Und Gumiljows letzte Gedichte verrieten Achmatowa manches von seiner geistigen Reifung.

Sie selbst stand in jenen Jahren am Rand des literarischen Treibens. Das lag zum Teil an ihren persönlichen Umständen, an dem Zusammenleben mit Schilejko, aber der tiefere Grund war vermutlich, daß sie sich selbst treu bleiben wollte und mußte. Sie erzählte zum Beispiel später, wie sie eines Tages Gorki aufgesucht und ihn gebeten habe, ihr irgendeine Arbeit zu vermitteln. Gorki empfahl ihr, sich an den Smolny zu wenden und die Proklamationen der Komintern ins Italienische zu übersetzen:

*Bei meinen geringen Italienischkenntnissen wäre ich damals beim besten Willen nicht imstande gewesen, diese Proklamationen zu übersetzen. Außerdem, stellen Sie sich vor: Ich würde Übersetzungen machen, die nach Italien geschickt werden und dort Menschen ins Gefängnis bringen könnten...*

Sie nahm es Gorki nicht übel: «Er war ein einzelner, aber Hunderte von Menschen wandten sich an ihn. Er konnte doch nicht jedem eine Arbeit vermitteln!» Die offenkundige Verwandlung der Literatur in einen Erwerbszweig, der einen vor dem Hungertod retten konnte, stieß sie jedoch offensichtlich ab. Deshalb sah man sie im «Haus der Künste» fast nie, deshalb hielt sie keine Vorträge und beteiligte sich nicht an dem Projekt *Weltliteratur*. Sie stand nun in ihrem Verhältnis zur Welt Blok näher als Gumiljow – nicht um ein dauerndes Tätigsein ging es ihr, sondern um stille, permanente innere Arbeit.

«Blok, der über den Alltag und seinen Sorgen hoch erhaben war, wachte über den Geist und die Kultur. Der Sinn für die Persönlichkeit, für ihre Würde und Freiheit war bei ihm, im Gegensatz zu vielen anderen bedeutenden und unbedeutenden Dichtern, mit der seltenen Gabe verbunden, Abstand zu sich selbst zu wahren, sich über sich selbst zu erheben, mit ausgeprägtem Gefühl für Geschichte und Pflichtgefühl gegenüber seinen Mitmenschen» *(Dmitri Maximow)*.

Blok empfand ebenso wie Achmatowa das Schicksal seiner Generation als eine Vergeltung und die Revolution als eine Elementarkraft, unentrinnbar, zerstörend, aber dennoch kathartisch. Und darum war er bereit, sie anzunehmen. Als er jedoch sah, daß sich diese Elementarkraft in ein Regime mit starren Regeln zu verwandeln begann: «erlaubt – unerlaubt», «rot – weiß», verstummte er und rang nach Luft.

«Es ist nicht Sache des Dichters, jeden Dummkopf wachzurütteln; die von ihm gewonnene Harmonie trifft vielmehr eine Auswahl unter ihnen mit dem Ziel, etwas Interessanteres aus dem Berg menschlicher Schlacke zu gewinnen als das menschliche Mittelmaß. Früher oder später wird dieses Ziel natürlich erreicht werden; keine Zensur der Welt wird dieses Grundanliegen der Poesie aufhalten können... Ruhe und Freiheit. Sie sind dem Dichter für die Befreiung der Harmonie unentbehrlich. Aber auch Ruhe und Freiheit werden ihm genommen. Nicht die äußere Ruhe, sondern die schöpferische. Nicht der kindliche Mutwille, nicht die Freiheit zur Libertinage, sondern die schöpferische, die geheime Freiheit. Und der Dichter stirbt, weil ihm die Luft zum Atmen fehlt; das Leben hat seinen Sinn verloren.»

Das sagte Alexander Blok 1921 in seiner Rede zum 84. Todestag Puschkins. Er sprach über Puschkin und seine Zeit, aber er meinte sich selbst und seine Generation: «Puschkin tötete der Mangel an Atemluft. Mit ihm starb seine Kultur.»

Blok starb am 7. August 1921 an «allgemeiner Nervenauszehrung». «Ich sah ihn zwischen fünf und sechs Uhr abends am 8. August auf dem Tisch in jenem Zimmer in der Ofizerskaja, in dem er die letzten Monate seines Lebens verbracht hatte. Man hatte ihm gerade die Gipsmaske vom Gesicht genommen. Als ich eintrat, wirkte der Raum sehr still, leer und feierlich; in der Nähe des Toten an der Wand stand leise weinend Anna Achmatowa; gegen sechs Uhr füllte sich das Zimmer, es sollte eine Messe gelesen werden.

Alexander Alexandrowitsch lag nach alter Sitte aufgebahrt da, mit einem schmal gewordenen, gelblich blassen Gesicht; über dem Mund und an den Wangen sprossen kurze dunkle Stoppeln. Die Augen waren tief eingefallen, die gerade Nase hatte einen Höcker bekommen; der Körper, im dunklen Zweireiher, hatte sich gestreckt und war ausgetrocknet. Im Tode wirkte er nicht mehr imponierend, sondern leidend und vergänglich, wie jeder Verstorbene...

Und dann der letzte Eindruck von Blok im Sarg – in der Kirche auf dem Smolensker Friedhof, vor dem letzten Küssen und der Aussegnung: die dunkle Stirn unter der locker aufliegenden Totenkrone, leicht geöffnete, ausgedörrte Lippen und das Geheimnis ewiger Qual auf dem zurückgeworfenen toten Gesicht» *(Wilhelm Sorgenfrei).*

Blok wurde in Petrograd auf dem Smolensker Friedhof beigesetzt.

Wir brachten zur Smolensker Fürbitterin,
Wir brachten zur heiligsten Gottesgebärerin
Auf unseren Händen, im silbernen Sarg
Unsere Sonne, die in Qual erloschen war,
Alexander, Schwan ohne Makel.

Es war derselbe Friedhof, auf dem Wsewolod Knjasew, der sich 1913 das Leben genommen hatte, beerdigt worden war. Er hatte gleichsam den Totenreigen eröffnet.

*...Ein Bild, vom Scheinwerfer der Erinnerung aus dem Dunkel der Vergangenheit herausgerissen: Olga und ich suchen nach Bloks Beerdigung auf dem Smolensker Friedhof das Grab von Wsewolod (1913). «Irgendwo an der Mauer», meinte Olga, aber wir konnten es nicht finden. Aus irgendeinem Grunde hat sich bei mir dieser Augenblick für immer eingeprägt.*

Das Pathos eines romantischen Todes im Namen von Liebe und Kunst war ebenso dahin wie das vergessene, unauffindbare Grab. Der Tod war unpathetisch und furchtbarer geworden, wie Bloks Tod zeigte. Achmatowa erzählte später, daß sie zu Beginn der zwanziger Jahre begriffen hätte, daß der Tod auch eintreten könne, weil das Leben dem Organismus einfach entweiche.

Die Angst, im Dunkel Dinge sichtend,
Richtet den Mondstrahl auf die Axt.
Hinter der Wand ein unheilvolles Klopfen –
Sind's Ratten, ein Gespenst, ein Dieb?

Er plätschert in der dumpfen Küche,
Die morschen Dielen zählt er nach,
Sein glänzend schwarzer Bart erscheint
ganz kurz nur hinterm Giebelfenster –

Und ist dann still. Wie böse ist er, wie geschickt,
Er hat die Zündhölzer versteckt, die Kerze ausgeblasen.
Lieber wäre mir das Blinken von Gewehrläufen,
Die auf meine Brust gerichtet sind.

Lieber stiege ich im grünen Feld
Auf das Schafott aus rohen Brettern,
Um zur Musik von Freudenschrei und Klage
Als roter Blutstrom zu verströmen bis zum letzten Tropfen.

Ich drücke an mein Herz das kleine, glatte Kreuz:
Mein Gott, gib meiner Seele ihren Frieden wieder!
Verwesung weht betäubend süß
Vom kühlen Laken.

*1923*

Aber auch die Vision eines Todes vor blinkenden Gewehrläufen
sollte sich bewahrheiten:

*Von der Verhaftung Nikolai Stepanowitschs hörte ich auf der Beerdigung von Blok. «Verwesung weht betäubend süß» in meinem Gedicht «Angst», das in der Nacht des 25. August 1921 entstand, steht ebenfalls im Zusammenhang mit dieser Beerdigung.*

Die Nachricht von dieser Verhaftung löste noch keine Panik aus. Alle hofften auf Gumiljows Freilassung. Es gab ähnliche Fälle. Aber Achmatowa schien einen Blick in die Zukunft getan zu haben.

Es ist dir nicht bestimmt, unter den Lebenden zu bleiben,
Dich zu erheben aus dem Schnee,
Achtundzwanzig Bajonette,
Feuerwaffen – fünf.

Ein neues Hemd
Habe ich meinem Liebsten genäht,
Die russische Erde trinkt gern
Frisches Blut.

In den Memoiren von Achmatowa findet sich zur Geschichte dieses Gedichts eine ganze Novelle:

*Lokomotiv-Funken*

*Im Sommer 1921 fuhr ich von Zarskoje Selo nach Petersburg. Der ehemalige Erste-Klasse-Waggon war, wie damals üblich, überfüllt, lauter mit Säcken schwerbepackte Menschen. Ich hatte Glück, bekam einen Platz, saß da und schaute zum Fenster hinaus. Alles interessierte mich – sogar das schon Bekannte. Plötzlich, und wie immer unerwartet, fühlte ich das Nahen noch undefinierbarer Zeilen. Mich überkam eine unbändige Lust auf eine Zigarette. Ich wußte, daß ich ohne Zigarette nichts zustande bringen würde. Ich tastete in meiner Handtasche herum, fand eine ziemlich mitgenommene «Sappho», aber – ich hatte keine Streichhölzer. Und niemand im ganzen Waggon hatte Streichhölzer. Ich trat hinaus auf die Plattform, dort standen blutjunge Rotarmisten, die fürchterlich fluchten. Auch sie hatten keine Streichhölzer, aber die großen, roten, gleichsam lebendigen fetten Funken, die von der Lokomotive herüberwehten, ließen sich auf das Geländer nieder. Ich drückte immer wieder meine Zigarette dagegen. Etwa beim dritten*

Funken ging die Zigarette an. *Die Burschen, die meine Bemühungen neugierig beobachteten, gerieten in Begeisterung. «Die kommt durch», sagte einer von ihnen. Es war das Gedicht: «Es ist dir nicht bestimmt...»*

Achmatowa ahnte, daß Gumiljow verloren war, versuchte einen Fingerzeig für ihr eigenes künftiges Schicksal zu erkennen und zu bannen, so wie Gumiljow es getan hatte:

*Lachend machte er mir vor, wie ich in fünf Jahren mit krummem Rücken mich dahinschleppen würde, während er kerzengerade einherschreitet.*

Chodassewitsch erinnert sich, wie Gumiljow ihm am Vorabend seiner Verhaftung versichert hätte, daß er neunzig und kein Jährchen weniger zu werden gedächte. «Als ich am nächsten Morgen vor Gumiljows Tür stand und anklopfte, machte mir niemand auf. Im Speisesaal hörte ich dann von Jefim, einem Angestellten, daß Gumiljow nachts verhaftet und abgeführt worden sei. Ich war also der letzte, der ihn in Freiheit gesehen hatte. In seiner auffälligen Freude über meinen Besuch schwang wahrscheinlich die Ahnung mit, daß dies sein letztes Treffen mit einem Freund sein würde» *(Wladislaw Chodassewitsch).*

Gumiljow wurde in der Nacht vom 2. auf den 3. August 1923 im «Haus der Künste» ohne Angabe von Gründen verhaftet. Der ermittelnde Staatsanwalt der Tscheka, bei dem seine Freunde Erkundigungen einzuziehen versuchten, verwechselte, mit Absicht oder aus Gleichgültigkeit und Unkenntnis, den Namen («Gumiljowski?») und sprach von Finanzvergehen. Ein Dichter und Finanzvergehen? Es kursierten zahllose Gerüchte, um so mehr, da Gumiljow aus seinen Ansichten nie ein Geheimnis gemacht hatte.

«Wahrscheinlich stellte man Gumiljow beim Verhör die bei den Staatsanwälten der Tscheka übliche Frage nach der politischen Überzeugung. Es gehörte nicht viel dazu, sich bei dieser Frage irgendwie herauszureden, aber Gumiljow war viel zu geradlinig, um mit Ausreden aufzuwarten. In Gesellschaft von Kollegen, die Republikaner, Demokraten oder Sozialisten waren, nannte er sich stets ohne Rücksicht auf seinen Ruf einen Monarchisten (obwohl er Nikolai II. und die gesamte letzte Generation der gestürzten Dynastie nicht ausstehen konnte). In Gesellschaft von Atheisten und Freidenkern bekreuzigte er sich vor jeder Kirchenkuppel, ohne sich um ihr spöttisches Lächeln zu kümmern, und trug auf der Brust ein großes Kreuz. Wenn es dem Staatsanwalt beim Verhör gelungen sein sollte, seinen Stolz zu verletzen, ihn durch seinen Ton oder einen groben Ausdruck zu beleidigen – worauf sich diese Herren ja ausgezeichnet verstanden –, so darf man sicher sein, daß Nikolai Stepanowitsch es ihm unverzüglich heimgezahlt hatte – mit jenem scheinbar eiskalten, vernichtenden Hochmut, den er bei allen feindseligen Auseinandersetzungen an den Tag legte und der ihn zum anachronistischen Ebenbild der rauflustigen Duellanten ‹der guten alten Zeit› machte. Nun, bei der Tscheka war diese Sorte nicht gern gesehen» *(Alexander Amfiteatrow)*.

Nikolai Gumiljow wurde wegen der Teilnahme an einer konterrevolutionären Verschwörung erschossen. (Der Fall der konterrevolutionären Verschwörung, mit dem Professor der Petersburger Universität W. Taganzew [1886–1921] an der Spitze, wirft eine Vielzahl von Fragen auf. Eine Antwort könnten nur die noch immer nicht zugänglichen Dokumente in den Archiven des KGB geben. Ein Teil des Materials, das den Fall Gumiljow betrifft, wurde inzwischen freigegeben. Daraus geht hervor, daß er anfangs jede Schuld bestritt, später jedoch sämtliche Protokolle mit dem Schuldgeständnis unterschrieb. Das zugängliche Material läßt erkennen, daß viele Fakten von den Staatsanwälten manipuliert wurden. Eine offizielle Revision hat bis heute nicht stattgefunden.)

Die magischen Worte «konterrevolutionäre Verschwörung» ermöglichten es, jeden Verdacht ungeprüft und unbewiesen in eine Anklage zu verwandeln.

«Gumiljow, Nikolai Stepanowitsch, dreiunddreißig Jahre alt*, ehem. Adliger, Philologe, Mitglied des Redaktionskollegiums im Verlag *Weltliteratur*, verheiratet, ehem. Offizier, Mitglied der kon-

---

* Gumiljow war fünfunddreißig Jahre alt.

terrevolutionären Kampfzelle in Petrograd, unterstützte aktiv den Druck von Flugblättern konterrevolutionären Inhalts, beabsichtigte im Falle eines Aufstands umgehend eine Kampfgruppe von Intellektuellen und Berufsoffizieren aufzustellen und empfing von der Organisation Gelder für operative Zwecke. Anmerkung: Verurteilung zur Höchststrafe – Tod durch Erschießen.»

(Aus dem Protokoll der Präsidiumssitzung der Gouvernements-Tscheka Petrograd vom 24. August 1921) Beinahe wortwörtlich wurde dieser Beschluß am 1. September 1921 in der Zeitschrift *Petrogradskaja Prawda* veröffentlicht, die allerdings von insgesamt zweiundsechzig Erschossenen berichtet.

*Vom Tod Nikolai Stepanowitschs erfuhr ich am 1. September in Zarskoje Selo (ich las die Zeitung am Bahnhof), wo ich mich zur Kur... halb Krankenhaus, halb Sanatorium... aufhielt. Ich war so schwach, daß ich nicht ein einziges Mal im Park spazierengehen konnte...*
*In jenem Sommer haben die Wälder um Petersburg gebrannt. Durch die Straßen zogen Schwaden giftigen gelben Rauchs. Im Herbst war aus dem Marsfeld ein riesiger, bereits verödeter Gemüsegarten geworden, darüber Scharen unzähliger Krähen. Als ich aus Zarskoje Selo angekommen war, ging ich zu Fuß (damals gingen alle zu Fuß) ins «Marmorpalais» zu Schilejko (quer über das Marsfeld) – er weinte.*

Dieser verödete Gemüsegarten, die Krähenscharen über dem Marsfeld und der Rauch der Waldbrände in den Straßen Petersburgs – all das sind Symbole für den Untergang der Kultur, von der Alexander Blok vor seinem Tode gesprochen hatte. Deshalb werden sie in einem Atemzug mit der Nachricht von der Hinrichtung Gumiljows genannt.

«Nach dem August 1921 bekam man in Petersburg keine Luft mehr, es war dort keines Bleibens länger, die todkranke Stadt starb mit dem letzten Atemzug von Blok und Gumiljow» *(Nikolai Ozup)*. Das Gefühl, daß alles zu Ende war, daß eine ganze Epoche in Trümmern lag, ließ die Menschen nicht los. «Jener August markierte einen Endpunkt. Alles begann mit der *Ode auf die Einnahme von Chotin* (1739) von Lomonossow, und alles endete im August 1921. Das Folgende (ein paar Jahre noch) war lediglich eine Fortsetzung jenes Augusts: die Abreise von Bely und Remisow* ins Ausland, der Aufbruch von Gorki**, die Massenausweisung der Intelligenzija im Sommer 1922, der Auftakt zu den planmäßigen Repressionen, die Ausmerzung zweier Generationen – ich spreche von der zweihundertjährigen Periode der russischen Literatur: Ich sage nicht, daß diese Literatur am Ende sei, aber es ging eine Epoche zu Ende.» So schreibt in ihrer Autobiographie *Ich komme aus St. Petersburg* Nina Berberowa, die Rußland gemeinsam mit dem Dichter Wladislaw Chodassewitsch verließ. Beide gehörten jenem Teil der russischen Intelligenzija an, der begriffen hatte, daß nach dem August 1921 die schöpferische Freiheit in Rußland dem Untergang geweiht war. Zu diesem Zeitpunkt waren sämtliche Illusionen all jener, die an die Revolution als Befreiung der schöpferischen Kräfte und Befreiung der Kunst von den Schablonen der Vergangenheit geglaubt hatten, zerschellt. Hinweggefegt wurden die alten Dogmen, aber an ihre Stelle traten die nicht minder unerschütterlichen Regeln der «neuen Kunst».

Die Massenemigration der russischen Intelligenzija hängt weniger mit dem Ausdruck der Revolution als vielmehr mit der Entwicklung in den Jahren 1921 und 1922 zusammen. Damals verließen Rußland Remisow, Chodassewitsch, Georgi Iwanow, Andrej Bely, Alexej Tolstoi, Marina Zwetajewa und selbst Gorki, die einen in der Hoffnung auf eine Wende und Rückkehr, die anderen, wie zum Beispiel Gorki, «aus gesundheitlichen Gründen». Dem Regime war die Intelligenzija schon immer verdächtig, und es unterstützte bereitwillig ihr Streben nach Westen. Chodassewitsch war

* Andrej Bely und Alexej Remisow verließen Rußland im Jahre 1921. Bely kehrte später zurück, Remisow starb 1957 in Paris.
** Maxim Gorki brach 1921 ins Ausland auf. Erst 1931 kehrte er endgültig in die Sowjetunion zurück.

bereits in Berlin, als er erfuhr, daß ihm die sowjetische Staatsbürgerschaft entzogen worden war, Nikolai Berdjajew wurde nach der zweiten Verhaftung, ebenfalls 1922, kurzerhand ausgewiesen. Auch Arthur Lourié und Olga Sudejkina, Achmatowas enge Freunde, waren gen Westen aufgebrochen. Achmatowa blieb allein zurück, sie hatte ihren Entschluß bereits 1917 gefaßt. Blok sagte: «Achmatowa hat recht... Vor der russischen Revolution zu fliehen wäre eine Schmach.» 1922 schreibt Anna Achmatowa:

Mit dem bin ich nicht, der unsere Erde
Den Feinden zum Zerfleischen überließ.
Ich überhöre sein plumpes Lob
Und gönne ihm keines meiner Lieder.

Mich dauert vielmehr der Verjagte,
Als wär er ein Sträfling, ein Kranker.
Dein Weg ist dunkel, Wanderer,
Nach Wermut riecht das fremde Brot.

Und hier, im trüben Glast des Feuers,
Verschwenden wir den Rest der Jugend
Und halten stand
Und weichen nie.

Wir wissen, daß im späten Urteil
Gerechtfertigt wird jede Stunde...
Doch keiner auf der Welt ist
Tränenloser, hochmütiger und schlichter als wir.

Anna Achmatowa war davon überzeugt, daß der Abschied von Rußland ihr die Stimme nehmen würde. Ihre stoische Haltung stimmte mit den Überzeugungen Alexander Bloks überein: «Wir sterben, aber die Kunst bleibt. Ihr letzter Sinn ist uns unbekannt, und anders kann es auch nicht sein. Sie ist eins und unteilbar» *(Alexander Blok).*

Nachdem Blok gestorben und Gumiljow erschossen war, erzählte man sich in Moskau, daß auch Achmatowa tot sei – so eng waren diese Namen im Bewußtsein ihrer Zeitgenossen miteinander verbunden. Am 13. September 1923 schrieb eine andere russische Dichterin, Marina Zwetajewa, deren Schicksal die Zeit nicht minder hart geprägt hatte: «Teure Anna Andrejewna! All diese Tage kursierten hier düstere Gerüchte über Sie, die von Stunde zu Stunde hartnäckiger und unwiderlegbarer wurden. ... Ein Alptraum! Ich möchte aufwachen und kann es nicht. An jeden trat ich dicht heran, flehte um Ihr Leben. Es fehlte nicht viel, und ich hätte es ausgesprochen: ‹Meine Herrschaften, macht, daß Achmatowa lebt!›»

In dem verödeten, verblutenden Rußland war es dem Namen ‹Achmatowa› beschieden, zu einem Symbol des geistigen Lebens zu werden. Larissa Reisner schrieb am 24. November 1923 an Anna Achmatowa:

«Teure und hochverehrte Anna Andrejewna!
Zeitungen, die neuntausend Werst zurückgelegt haben, brachten uns die Nachricht von Bloks Tod. Und aus irgendeinem Grunde drängt es mich, nur Ihnen zu sagen, wie bitter das ist und wie absurd. Nur Ihnen, als wäre ummittelbar an Ihrer Seite eine Säule gestürzt, eine ebenso schlanke, weiße und edle wie Sie. Jetzt, da er nicht mehr ist, Ihr Ihnen ebenbürtiger einziger Bruder im Geiste, jetzt wird es noch deutlicher, daß es Sie gibt, daß Sie atmen, sich quälen, daß Sie, wunderschön, wie Sie sind, einen Hof mit schadhaftem Pflaster überqueren und beliebige Bücher an beliebige Menschen ausleihen, Bücher, die wesentlich minderwertiger sind als Ihre eigenen.

Sie liebe, Sie allerzärtlichste Dichterin! Schreiben Sie jetzt Gedichte? Es gibt nichts Höheres als das. Eine einzige Zeile von Ihnen kann den Menschen für ein ganzes böses, vertanes Jahr entschädigen.

Ihre Kunst ist Sinn und Rechtfertigung für alles. Schwarz kann Weiß werden, Wasser aus dem Stein quellen, wenn Poesie lebt. Sie sind die Freude, der Lebensinhalt und die lichte Seele aller, die unrecht gelebt haben, die im Unrat erstickt und vor Schmerz vergangen sind. Sie dürfen nicht verstummen – Sie dürfen nicht bei lebendigem Leibe sterben!» In diesem impulsiven Aufschrei einer Schriftstellerin kam die allgemeine Meinung der Leser zum Ausdruck.

«Läßt man sich für eine Stunde in einem Buchladen nieder, erlebt man ganz bestimmt, daß zwei oder drei Käufer hereinkommen und fragen:

‹Haben Sie Blok?›

‹Nein.›

‹Auch nicht *Die Zwölf?*›

‹Auch nicht *Die Zwölf*!‹

Pause.

‹Nun, dann geben Sie mir etwas von Anna Achmatowa.›»

(*Kornej Tschukowski*)

Tschukowski mahnte Achmatowa von Zeit zu Zeit: «Sie verwalten jetzt ein schweres Amt. Sie sind sowohl Gorki als auch Tolstoi und Leonid Andrejew und Igor Sewerjanin – alle in einer Person, es ist geradezu unheimlich.»

«Ein Herz erträgt keine Leere, selbst im Kollektiv nicht.» So beschrieb Michail Kusmin die Situation. Zeitschriften druckten Achmatowa, man veranstaltete Leseabende. Die Zeit klösterlicher Einsamkeit und Kontemplation mit Schilejko war endgültig vorbei. Damals gab es mehrere Auflagen ihres Bandes *Der weiße Schwarm*.

*Dieser Band erschien im September 1917 und konnte wegen fehlender Transportmöglichkeiten nicht einmal nach Moskau gesandt werden... Dennoch war ein Jahr später die nächste Auflage nötig. Die dritte verlegte Aljanski 1922. Gleichzeitig erschien auch die Berliner Ausgabe. Es war die vierte.*

Schon *Der weiße Schwarm* wurde von vielen Kritikern und Lesern als ein Verzicht der Dichterin auf «raffinierte Emotionen» und «kunstreiche Liedhaftigkeit» empfunden. In diesem Sammelband sah man die neugewonnene «strenge Entschlossenheit, leidvolle

Feierlichkeit und innige Verhaltenheit der Stimme». Das bedeutete keineswegs ein Verschwinden des Themas «Liebe», das sie einst berühmt gemacht hatte, aber das «Liebesgedächtnis», die Erinnerung an den Geliebten, verwandelte sich in ein Gebet für den Umgekommenen, und die Trennung von dem Geliebten – in eine bewußte Entscheidung für den eigenen Platz auf Erden. Und das ärmliche Kopftuch, das die Heldin der Kriegsgedichte statt des exotischen Schals trägt, deutete niemand mehr als raffinierte Metapher – es war in Rußland nach der Revolution nicht weniger kostbar als früher die Seide. Ebenso wie der anspruchslose Wegerich, der an die Stelle der «feuchten Stengel der Winterrosen» trat. *Wegerich* überschreibt Anna Achmatowa den schmalen Band, der 1921 erschien.

Wenig später wurden die Gedichte des *Wegerich* in einen neuen Band aufgenommen, den sie im selben Jahr unter dem beziehungsreichen Titel *Anno Domini MCMXXI* veröffentlichte. Die große Welt und ihre tragische Geschichte verbinden sich mit der Welt einer weiblichen Seele, und ein lyrisches Tagebuch verwandelt sich in Annalen.

Aber der erneute Ruhm war Achmatowa sogar lästig, und sie konnte den immer neuen Einladungen zu Leseabenden nichts abgewinnen:

*Hört das Publikum die Gedichte überhaupt? Man kann Gedichte nicht auf einer Bühne lesen. Der Gedichtvortrag erreicht nur die ersten Reihen. Die folgenden Reihen hören nichts mehr, und das Publikum als Ganzes nimmt nur eine Pantomime wahr… Ich verstehe mich nicht auf das Verbeugen vor dem Publikum. Und wofür soll ich mich eigentlich verbeugen? Weil das Publikum mich angehört, weil es mir applaudiert hat?*

In ihren Worten, in ihren Gesten war die Herausforderung nicht zu erkennen, die sie dem Auditorium entgegenschleuderte.

«Zum ersten Mal sah ich Achmatowa 1923 oder 1924 bei einer Dichterlesung, die der Schriftstellerverband veranstaltete… Achmatowa stand im Foyer, unterhielt sich lebhaft mit zwei oder drei mir unbekannten Damen. Sie trug einen weißen, eng anliegenden Pullover und wirkte jung, schlank und grazil. Die Unterhaltung schien leicht und zwanglos, von ständigem Lächeln begleitet. Achmatowa verkörperte Freiheit, Schlichtheit und Grazie. Als sie die Bühne betrat, war sie dieselbe, aber gleichzeitig eine völlig andere. Sie trug nur zwei kurze Gedichte vor. Es sah so aus, als wollte sie mit dem Auditorium keine Freundschaft schließen und kapselte sich ab. Nachdem sie die Gedichte gelesen hatte, drehte sie sich auf dem Absatz um – und war verschwunden. Diese Geste war nicht nur elegant, sondern kraftvoll, kühn und herausfordernd» *(Dmitri Maximow)*.

Diese Provokation war charakteristisch für ihre Grundhaltung und hing offenbar nicht nur mit ihrer alten Überzeugung zusammen, daß Gedichte von der Bühne nicht gut zu hören und zu verstehen sind. Achmatowa hatte es nie deutlich ausgesprochen, aber ihren beiläufigen Bemerkungen konnte man entnehmen, daß das Publikum ihrer Meinung nach sehr grob geworden sei.

Es ist schwer zu sagen, ob sie recht hatte. Ihre Bücher wurden nicht nur von der älteren Generation gekauft, zu ihren Lesungen kamen stets viele junge Menschen. Dmitri Maximow, der spätere Professor der Philologie und ein guter Bekannter von Anna Achmatowa, schreibt: «In meinem Leben und in dem Leben meiner Altersgenossen und Kommilitonen... nahm die Lyrik einen ungeheuren Platz ein, erfüllte unsere freie Zeit und lenkte uns vom Studium ab. Sie ersetzte uns weitgehend die Philosophie, die ja aus dem intellektuellen Alltag der zwanziger Jahre verbannt war.» Diese Aussage ist nicht zu bezweifeln, und dennoch war zwischen Anna Achmatowa und der neuen Generation eine gewisse Dissonanz zu spüren. «Achmatowa übernimmt eindeutig die Verantwortung für ihre Epoche, für das Gedenken der Toten und den Ruhm der Lebenden... Achmatowa sitzt gelassen da und betrachtet uns aus zusammengekniffenen Augen – unsere Kultur ist für sie weniger unbegreiflich als vielmehr unnötig. Es ist müßig, darüber zu diskutieren, ob wir selbst sie brauchen, denn sie stellt einen gewissen Bestandteil unserer Kultur dar. Sie ist für uns ein historisches Faktum, das man nicht verleugnen kann – wir aber, die humanistisch orientierte Jugend der zwanziger Jahre, sind in ihren Augen keineswegs ein historisches Faktum, weil unsere Historie zu einem Zeitpunkt begann, als ihre möglicherweise bereits zu Ende war.»

Lydia Ginsburg, die dies 1927 schrieb und die stets als Wissenschaftlerin und als Mensch unabhängig und originell gedacht hatte, darf unter keinen Umständen im politischen oder sozialen Sinne mißverstanden werden. Ihr geht es am allerwenigsten um die «Eigenen und die Fremden», «Rot und Weiß». Das erste Drittel des zwanzigsten Jahrhunderts war wohl auf der ganzen Welt von Diskussionen über neue Kunst, Klassik und Avantgarde erfüllt. Diese Spannung brachte Picasso und Kandinsky in der Malerei hervor, Schönberg und Schostakowitsch in der Musik und blieb auch auf dem Gebiet der Literatur nicht ohne Folgen. Für die russische Literatur ist in diesem Zusammenhang der Unterschied zwischen Achmatowa und Majakowski signifikant.

Kornej Tschukowski hatte diesen Gegensatz bereits in den frühen zwanziger Jahren gesehen. Ein später veröffentlichter Vortrag trug den Titel *Achmatowa und Majakowski. Das eine und das andere Rußland*. Der Kritiker suchte die Quellen der Lyrik Achmatowas im alten, vorpetrinischen Rußland – sie schaue zurück, während das Auge Majakowskis in die Zukunft blicke. Der Artikel enthält viele interessante und präzise Beobachtungen, und wenn die Literatur in Rußland nicht bald darauf in sklavische Abhängigkeit von der Politik geraten wäre, hätte Achmatowa ihn auch gelassener aufgenommen. (Achmatowa war überzeugt, daß einige Thesen dieses Artikels der Rede von Schdanow im Jahr 1946 zugrunde lagen.)

Viel wesentlicher als die Diskussion über das Alte und das Neue in der Kunst war für Anna Achmatowa der oben zitierte Ausspruch von Blok, die Kunst sei «eins und unteilbar». Und wenn sie in den zwanziger Jahren auf ihre eigene Generation zu sprechen kam, so bietet sich als Schlüssel zu ihrem Schicksal die Klassik an. André

Chenier erscheint plötzlich als Urbild Gumiljows und seines Schicksals.

Die Erinnerungen an Gumiljow werden im steigenden Maße zu einer Achse ihres Lebens. Gemeinsam mit Pawel Luknizki – er arbeitete über Gumiljow und suchte Achmatowa deshalb 1925 auf – schrieb sie an einer Biographie von Gumiljow, rekonstruierte die wichtigsten Ereignisse und Daten seines Lebens, kommentierte und interpretierte seine Gedichte. «Ich sprach davon, wie gut es wäre, wenn nicht ich, sondern Anna Andrejewna Gumiljows Biographie schriebe. Sie antwortete, daß sie sich eine andere Aufgabe gestellt habe – zwei, drei Artikel (einen über Annenski, einen über Baudelaire, einen dritten über alle anderen Dichter, die Gumiljow beeinflußt hätten) – und daß sie, falls sie ihr gelänge, damit völlig zufrieden sein würde. Überlegen Sie, sagte sie lächelnd, wie unschicklich es, gelinde gesagt, wäre, wenn ich über seine Romane schreiben wollte» *(Pawel Luknizki)*.

In dieser auf den ersten Blick rein philologischen Aufgabenstellung setzte sie ihrer frühere komplizierte Beziehung zu Gumiljow fort.

Auf des Paradieses weißer Schwelle
Sah er sich um und rief mir zu: Ich warte!
Und vermachte mir im Sterben
Armut und Güte.

Und er sieht bei klarem Himmel
Mit dem Glockenflügelschlag,
Wie ich den Brotkanten teile,
Mit jedem, der mich bittet.

Und wenn die Wolken wie nach einer Schlacht
Im Blute schwimmen, hört er
Meine innigen Gebete
Und die Worte meiner Liebe.

Anna Achmatowa besaß die erstaunliche Fähigkeit, alles Vergangene plastisch zu sehen und nachzuempfinden, die Zeit Dantes oder Shakespeares wie ihre eigene. «Anna Andrejewna hatte selbst zu literarischen Figuren eine ganz persönliche, subjektive Beziehung. Eines Tages fand ich sie bei der Lektüre von Shakespeare. ‹Wissen Sie›, sagte Anna Andrejewna, ‹Desdemona ist einfach reizend. Ophelia aber ist hysterisch, sie trägt Papierblumen im Haar und erinnert mich an N. N.› ... Hier wird die Intimität, das Handgreifliche der Assoziationen deutlich. In den Unterhaltungen mit Anna Andrejewna stellten sie sich bei Realien des Alltags ein, bei der Beurteilung der sie umgebenden Menschen, bei konkreten Beobachtungen des Lebens» *(Lydia Ginsburg)*.

Und ebenso subjektiv und fast schockierend persönlich war ihr Verhältnis zu Puschkin und seiner Umgebung. «Sie hat sie beurteilt, bewertet, geliebt, gehaßt, als seien sie Mitwirkende immer noch gegenwärtiger Ereignisse» *(Lydia Ginsburg)*. Deshalb suchte sie nach dem Grab von Gumiljow, das bis heute unbekannt ist, auch an der Mündung der Newa, auf der Insel Golodaj, wo Alexander Puschkin bereits seine hingerichteten Freunde gesucht hatte. Auch diese, die hingerichteten Dekabristen, wurden auf Befehl Nikolais I. heimlich beerdigt, auch ihr Grab ist bis auf den heutigen Tag unbekannt. Und einige Jahrzehnte später wird Achmatowa einen Aufsatz schreiben, *Puschkin und die Newa-Mündung,* in dem sie die in seinen Gedichten enthaltenen chiffrierten Angaben über seine Nachforschungen nach diesem Grab entschlüsselt zu haben behauptet. Dieser Artikel, wie viele andere Aufsätze Anna Achmatowas, war eine «Schatulle mit doppeltem Boden». Für einen Uneingeweihten bloße Literaturgeschichte, erkennt selbst der flüchtig Eingeweihte darin Autobiographisches.

Um die Mitte der zwanziger Jahre wendet sie sich forschend Puschkin zu. Ihre Kenntnis seines Werkes war einfach erstaunlich. Eine beliebige, auch wenig charakteristische Zeile konnte sie fortsetzen und fehlerlos bestimmen, wohin sie gehört – sei es ein Brief, ein Artikel oder ein Gedicht. Ihre Freunde stellten sie mehrfach auf die Probe – stets blieb sie Sieger. Sie war eine scharfsinnige Forscherin, und schon ihre erste Puschkin-Arbeit, *Das letzte Märchen Puschkins* – über das Märchen *Der goldene Hahn* –, wurde in der Zeitschrift *Swesda* (Nr. 1 / 1933) veröffentlicht.

Puschkin war für Achmatowa jene Stütze, die allem Verfall von Schönheit, Moral und Gesellschaft widersteht. Und als alles um sie herum zusammenbrach, als man mit Feuer und Schwert eine «neue Welt» aufbauen wollte, zog sie sich auf Puschkin zurück, um der ewigen Werte, der «einen und unteilbaren» Kunst willen. Bereits in den zwanziger Jahren empfand sie sich als Bewahrerin einer untergehenden Kultur. Dieses Bewußtsein prägte nicht nur ihr inneres, geistiges Leben, sondern auch die Entstehung eines anderen Achmatowa-Bildes, nicht mehr das der gebrochenen und schmerzlich ergreifenden Schönheit, sondern ein harmonisches im Sinne Puschkins.

«Besonders deutlich manifestierte sich in ihr der Geist der Klassik, wie er bei Puschkin, bei Goethe zu finden ist. Ich glaube, daß ein unbeirrbares Gefühl für die Form die dominierende, die charakteristischste Eigenschaft Anna Andrejewnas war. Dies äußerte sich in all ihren Handlungen – angefangen von ihrem Werk bis zu ihrer Haltung und ihrer Art zu sprechen... Unter dem Gefühl für die Form und den Geist der Klassik verstehe ich innere Harmonie und Takt in des Wortes weitestem und exaktestem Sinn» *(W. Petrow)*. Diese Ansicht eines Kunsthistorikers kennzeichnet das Bild der «neuen» Achmatowa, wie sie in den zwanziger und beginnenden dreißiger Jahren von ihren Lesern gesehen wurde.

«Achmatowa saß immer etwas abseits. Sie mischte sich nie unter die Anwesenden. Es war undenkbar, sie sich auf dem Boden kauernd oder leger auf einer Couch sitzend vorzustellen. Sie saß auf einem Stuhl am Fenster, ruhig, streng mit ihrem eng, ganz eng um die spitzen Schultern gezogenen bunten Schal.» So Ida Nappelbaum, die Tochter des berühmten Fotografen, in dessen Wohnung die noch von Gumiljow gegründete «Tönende Muschel», eine Vereinigung junger Dichter, tagte. Die betonte Eleganz und strenge Zurückhaltung Achmatowas waren gegenüber der ungezwungenen Lebensart der jungen Leute der nachrevolutionären

Epoche natürlich besonders augenfällig. Sie war eine unüberseh-
bare Erscheinung.

«Bei Samjatins zeigte man mir ein Foto: Achmatowa neben der
Muse mit dem zerschlagenen Wasserkrug. Ein Bild von größtem
Seltenheitswert! Offensichtlich ist sie sich ihrer Biographie und
ihres Ruhms wohl bewußt» *(I. Bassalajew)*.

1830 hatte Puschkin die Statue «Jungfrau mit dem Wasserkrug» in Hexametern zu neuem Leben erweckt. Ungefähr hundert
Jahre später unternahm Achmatowa das Wagnis, ihre Verse neben
die von Puschkin zu stellen und die Bronzejungfrau zu ihrer Doppelgängerin zu machen.

Und, blendend schlank,
Die Beine, die nie frieren, untergeschlagen,
Sitzt sie auf nordischem Stein
Und schaut die Wege an.

Als Jungfrau auf einem Stein sitzend zeichnet Nina Kogan 1925 die
Dichterin.

Und als wollte das Schicksal selbst die Entstehung der «Puschkinschen» Achmatowa begünstigen, führt es sie nach Zarskoje Selo
zurück, und zwar geradewegs ins Lyzeum. Aber der Park, das ein-
stige Reich der Harmonie, blieb ihr diesmal verschlossen, das Gespenst von Verfall, Tod und Krankheit schwebte über der kleinen
Stadt ihrer Kindheit.

*1925 wohnte ich mit Mandelstam in der Pension Sajzew in Zarskoje
Selo. Nadja\* und ich waren schwer krank, lagen im Bett, maßen die
Temperatur, die ständig erhöht war, und sind, soweit ich mich erinnere, kein einziges Mal im Park spazierengegangen, obwohl er in unmittelbarer Nähe lag...*

*Einen Winter lang wohnten Mandelstams (Nadjas Gesundheit
wegen) in Zarskoje Selo, im Lyzeum. Ich habe sie einige Male besucht –*

* Nadeschda Mandelstam, die Frau von Ossip Mandelstam.

*ich war zum Skilaufen gekommen. Sie hatten sich gewünscht, im Halb-*
*rund des Großen Palais zu wohnen, aber dort qualmten die Öfen, und*
*das Dach war nicht mehr dicht. So mußten sie mit dem Lyzeum vor-*
*liebnehmen. Ossip wohnte dort ungern.*

Aber auch inmitten von Verfall und Verwüstung erreichte sie ein
Echo früherer Zeiten:

*In Zarskoje, inzwischen umbenannt in «Genosse-Urizki-Kinderdorf»,*
*hielten fast alle Einwohner Ziegen; aus irgendeinem Grund hießen sie*
*alle «Tamara».*
   *Zarskoje bot damals ein unvorstellbares Bild. Alle Zäune hatte*
*man verfeuert. Über den offenen Schächten der Wasserleitungen stan-*
*den verrostete Lazarettbetten aus dem Ersten Weltkrieg, Gras wu-*
*cherte zwischen den Pflastersteinen, überall stolzierten und krähten*
*Hähne in den verschiedensten Farben...*
   *Am Torgitter der vor kurzem noch prachtvollen Villa des Grafen*
*Stenbock-Fermor prangte ein riesiges Schild: «Deckstation».*
   *Aber auf der Schirokaja dufteten immer noch herbstlich die Eichen*
*– die Zeugen meiner Kindheit, und die Krähen auf den Kuppelkreuzen*
*der Kathedrale riefen sich dasselbe zu, was ich gehört habe, als ich über*
*das Grün vor der Kirche ins Gymnasium ging, und die Statuen in den*
*Parks sahen genauso aus wie 1910. In den abgerissenen und angstein-*
*flößenden Gestalten erkannte ich manchmal die alten Einwohner von*
*Zarskoje Selo. Der Kaufhof war geschlossen.*

Genauso erlebte Achmatowa auch Petersburg – in einer Verbindung von Untergang und Schönheit. Sie sieht zwei Städte vor sich:

*Die erste – wohlriechend, der Juli-Reglosigkeit still hingegeben, die*
*zweite – unter Wasser, 1924.*

Neben den Puschkin-Studien beschäftigt sie sich mit der Architektur Petersburgs. Aber sie fühlt sich nicht zur Moderne hingezo-
gen, sondern zum Petersburg Puschkins der klassizistisch strengen

Linien. Als jemand einmal für ihre Vielseitigkeit schwärmte, entgegnete Achmatowa: «Nein, ich kenne nur Puschkin und die Architektur Petersburgs. Das kenne ich wirklich, und ich habe es mir selbst ausgesucht.»

«Architektur und Plastik sind ihr verwandt. Aus ihren Gedichten treten uns bald das Gewölbe der Smolny-Kathedrale, bald ‹dröhnende und steile Brücken›, bald ‹Ufersäulen an der Newa› entgegen… Sie ist Architekt in ihrem Werk. Viele ihrer Gedichte sind keine Lieder, sondern Bauten. Bauten im klassizistischen Stil, ohne architektonische Ausschweifungen, auf dauerhaften Fundamenten aus Granit, ein getreues Abbild musikalischer Proportionen» *(Kornej Tschukowski)*.

Aber Achmatowa vergaß niemals den Fluch, der auf der Stadt lag, und die unheimliche Bedrohung, unter der sie lebte. Die Zarin Jewdokija, die erste Frau Peters des Großen, von ihm gezwungen, den Schleier zu nehmen, hatte sein Werk verflucht: «Wüst und leer soll dieser Ort sein.» Diese Worte wurden in der verhängnisvollen Hochwasserkatastrophe Wirklichkeit, in der entsetzlichen Flut des Jahres 1824, die in Puschkins *Ehernem Reiter* immer gegenwärtig bleibt, und in der zweiten, kaum weniger entsetzlichen, die hundert Jahre später das Petersburg Achmatowas heimsuchte.

«Das Jahr 1924 war bekanntlich das Hochwasserjahr. Es brachte die grauenhaftesten Erlebnisse mit sich. Schon am Morgen warnten Kanonenschüsse vor dem steigenden Wasser. Ein furchtbarer Wind raste und heulte. Unser Kanal füllte sich mit Wasser. Die Wellen jagten und tobten gegen die engen Einfassungsmauern… Das Wasser stieg bis in den Hof, bis auf die Straßen… Schon schwappte das Wasser über die Quaibrüstung. Die Stadt verwandelte sich in ein Gefäß. Das Wasser stieg vom Boden gegen den Himmel. Wir standen am Fenster und schauten zu, wie ein Stockwerk nach dem anderen verschwand… Ein Ende war nicht abzusehen. Ich glaubte, daß unser Haus entweder einstürzen oder das Wasser unaufhaltsam hinaufklettern würde. … Hie und da zappelten im Wasser bedauernswürdige Menschengestalten. Später sah man einzelne Boote, aber nur sehr wenige…

Der folgende Morgen bleibt mir unvergeßlich. Paradiesisch schönes Wetter. Blauer Himmel. Sonne. Windstille. ... Überall waren die Pflaster aufgerissen, die Straßen wankten» *(Olga Freudenberg)*.

Im selben Jahr legte Petrograd auch den Namen Peters ab und verwandelte sich in Leningrad. Gott schien die Stadt mit dem Hochwasser zu strafen, wie er einst Sodom, auf das der letzte Blick von Lots Weib gerichtet war, mit Feuer gestraft hatte. Nun empfindet Achmatowa sich als Lots Weib und verwandelt deren Sünde in höchsten Mut.

> *Und Lots Weib sah hinter sich*
> *und ward zur Salzsäule.*
> 1. Mose 19

Der Gerechte folgte dem Boten des Herrn
Riesengroß und licht übers schwarze Gebirge.
Doch der Frau redete laut die Unruhe zu:
Noch ist es Zeit, noch kannst du sehen
Die roten Türme des heimatlichen Sodom,
Den Platz, wo du gesungen, den Hof, wo du gesponnen,
Die gähnenden Fenster des hohen Hauses,
Wo du Kinder geboren dem geliebten Mann.
Sie schaute – getroffen von lähmendem Schmerz,
Sahen die Augen nichts mehr;
Und ihr Leib wurde durchsichtiges Salz,
Und die schnellen Füße verwuchsen mit der Erde.

Wer wird je sie beweinen?
Ist sie nicht der geringste Verlust?
Nur mein Herz wird ewig der gedenken,
Die einen einzigen Blick mit dem Leben bezahlte.

1922/24

Boris Pasternak sah in diesem Gedicht «das Finale (Ende der Epoche, Ende der Revolution, Ende der Jugend, Untergang Europas)».

Das Gedicht *Lots Weib* wurde 1924 in der ersten Nummer der von Kornej Tschukowski herausgegebenen neugegründeten Literaturzeitschrift *Russki sowremennik* veröffentlicht. Zu den Mitarbeitern gehörten Pasternak, Achmatowa, Samjatin, kurz, jene überlebenden Schriftsteller, die in Rußland geblieben waren und immer noch hofften, das Recht auf eine eigene Stimme zu behalten und wenn auch nicht die politische, so doch die künstlerische Unabhängigkeit zu wahren. Damit die Zeitschrift zugelassen wurde, mußte das Redaktionskollegium an Eides Statt die Frage beantworten: «‹Haben Sie die Absicht, auch nur heimlich, auch nur teilweise, auch nur versteckt das Sowjetregime zu attackieren? In diesem Fall wäre es sinnlos, die Zeitschrift auch nur zu planen.› Wir antworteten einstimmig: ‹Nein›», erinnert sich Tschukowski.

Die Leser warteten zweifellos auf diese Zeitschrift, sowohl die Liebhaber der vorrevolutionären Lyrik als auch die junge Generation, waren doch die sogenannten sowjetischen Gedichte außerstande, den Durst nach dem poetischen Wort zu stillen. Und eines Tages wurde in Moskau ein Leseabend zur Einführung der neuen Zeitschrift angekündigt. «In Moskau herrscht große Erregung – ich glaube, die Ankündigungen sind zu aufdringlich. Im ‹Eremitage› sind auch Samjatin und Achmatowa abgestiegen. Achmatowa und ich haben uns flüchtig gesehen. Sie sagt: ‹Ich traue mich nicht auf die Straße. Meine Plakate sind zu schrecklich.› Es stimmt, in der ganzen Stadt hängen Plakate: ‹...kommt aus Leningrad, nur für einen einzigen Abend›.» In den Tagebüchern Tschukowskis findet sich seltsamerweise keine Spur eines Triumphs. Und die Worte der Achmatowa, die er anführt, klingen auch nicht kokett. Tschukowski schreibt weiter: «Efros ist mit der Situation äußerst unzufrieden. Seiner Ansicht nach wird um die Zeitschrift viel zuviel Lärm gemacht. Es wäre besonders schlimm, wenn man in unserem Auftreten Konterrevolution sehen würde.»

Überall vermutete das Regime Konterrevolution, jeder unabhängige Gedanke war gleichbedeutend mit Konterrevolution. Die

Befürchtungen Tschukowskis sollten sich bewahrheiten. Bereits die erste Nummer rief in den offiziellen Kreisen Unbehagen hervor: «Es riecht drei Werst gegen den Wind nach Zarismus, hieß es. Man erkundigte sich beim Volkskommissar für Bildung Lunatscharski, ob ihm die Zeitschrift gefalle. ‹Ja! Ja! Sehr gut!› – ‹Wären Sie bereit mitzuarbeiten?› – ‹Nein, nein, nein. Das ist mir zu gefährlich.›» Die Geschichte dieser Zeitschrift war die Geschichte eines verzweifelten Kampfes gegen die Zensur. Kornej Tschukowski schreibt: «4. oder 5. Oktober. Neue Probleme mit der Zensur. Wassili kam gelaufen (es war Samstag): ‹Die Zeitschrift darf nicht ausgeliefert werden!› – ‹Warum?› – ‹Weil Sie eine Zeile hinzugefügt haben!› Es stellte sich heraus, daß ich nach der Zensur noch etwas bei Fink korrigiert und eine Zeile über das rote Bäuerlein von Susdal, das heutzutage wie eine Ikone gemalt und verehrt wird, hinzugesetzt hatte. Bei der Revision wurde die Nummer zurückgehalten. Ich renne, ich feilsche, ich beschwöre – schließlich wird sie freigegeben. Aber die Blicke, die mich begleiten, verheißen Unheil. Ich werde als Geisteskranker angesehen: ‹Das ist der Redakteur des *Sowremennik*.›»

In dieser Zeitschrift wurde weder der Arbeiter noch der Rotarmist glorifiziert, wie es zum Beispiel Majakowski tat. Die kommunistische Kritik geißelte das Blatt wegen der Verherrlichung «spießbürgerlicher Werte». Nach der Lesung in Moskau äußerte sich die *Prawda* mit aller Deutlichkeit über den Auftritt von Anna Achmatowa: «Und dann intonierte Achmatowa im Stile altgläubiger Gesänge irgend etwas über Tote... Im Saal verdichtete sich die Atmosphäre von reinster Ästhetik, Archivstaub und Eau de Cologne... Die zerknitterten, nach Mottenpulver riechenden, steifen Gehröcke haben einfach nicht bemerkt, daß ihr ‹Heute› das Heute von gestern ist und die Beschaffenheit steinharten Brotes hat, das selbst ein geübter Esser kaum herunterwürgen kann. Den ewig Gestrigen schmeckt natürlich auch die Speise von gestern am besten» *(A. Sergejew).*

Nachdem die Kulturfunktionäre die Literatur «von gestern» als überflüssig abgestempelt hatten, war es ein leichtes, den nächsten

Schritt zu tun und diese Literatur «im Namen des Volkes» als schädlich und für den Staat und den «neuen» Menschen sogar gefährlich zu erklären. Der Beschluß der Zensur sagte genau das aus: «Ihre Zeitschrift ist insgesamt schädlich. Es geht nicht um einzelne Artikel, sondern um das Ganze. Und sie muß als Ganzes eliminiert werden. Sind Sie überhaupt in der Lage zu begreifen, wie groß der Schaden ist, den sie einem Arbeiter, einem Rotarmisten zufügen kann?»

Nach der vierten Nummer wurde die Zeitschrift verboten. Wenn der Staat Druckereien und Verlage schloß, ging es ihm um nichts anderes als um intellektuelle Gleichmacherei. Es wurde selbst das ausgemerzt, was unmittelbar nach der Revolution noch möglich gewesen war. Im selben Jahr, 1924, stirbt der Verlag *Weltliteratur*. Die aufklärerische Idee, den russischen Leser mit den Schätzen der Weltliteratur bekannt zu machen, stellte sich nun für den sozialistischen Staat als allzu freizügig heraus. Die neuen Literaturfunktionäre hatten befunden: «Die Absicht des *Verlages für Weltliteratur* erschien zunächst positiv. Es erwies sich aber, daß die Resonanz im Lande ausblieb. Der größte Teil der Vorhaben scheint uns überflüssig zu sein. Es ergibt sich die Notwendigkeit, hieraus einen Extrakt zu ziehen.»

Natürlich war für einen «Extrakt» ein eigener Verlag unrentabel – und von nun an gingen alle verlegerischen Pläne in die Hände des Staatsverlags über.

Tschukowski in seiner Verzweiflung schreit es beinahe heraus: «Als besonders bemerkenswert ist festzustellen, daß es heute nicht mehr die Leser sind, die Pressefreiheit verlangen, sondern eine Handvoll Schriftsteller, für die sich niemand interessiert. Für den Leser ist es sogar bequemer, wenn er nicht die volle Wahrheit erfährt, nicht nur bequemer, sondern vielleicht auch vorteilhafter. So bleibt also unklar, wofür wir eigentlich kämpfen, um wessen Interessen es dabei geht.»

Das Verlöschen jedes literarischen und öffentlichen Lebens, das sich nicht der «Diktatur des Proletariats» unterwarf, wirkte sich natürlich auch auf das persönliche Schicksal Anna Achmatowas aus. Es wurde offiziell verkündet, daß sie «mystisch, nonnenhaft und ideologisch reaktionär ist, folglich uns gegenüber eindeutig feindlich... Ein Kommunist muß sagen: ‹Diese Dichterin gehört nicht zu uns, sie ist ein Feind, wir müssen gegen ihre soziale Orientierung, gegen ihre ungesunden Vorlieben und ihre orthodox-religiösen Vorurteile kämpfen» *(S. Rodow)*.

Aus der Flut von Beschimpfungen, die sich über sie ergoß, wählte Achmatowa als Leitspruch die unüberbietbaren Worte des proletarischen Kritikers Perzow aus: «Wir können mit einer Frau, die nicht weiß, wann sie zu sterben hat, kein Mitleid empfinden.» Und das ist noch der anständigste Satz aus seinem Artikel.

Das Resultat dieser Kampagne war nach Achmatowas Meinung ein Parteibeschluß, der sogar die Erwähnung ihres Namens untersagte. Dokumente, die dies belegen könnten, sind bis auf den heutigen Tag nicht aufgetaucht. Wie es sich auch verhielt, in jedem Falle konnte Achmatowa nach 1924 in der Sowjetunion nicht publizieren. Für die zweibändige Ausgabe, die im Wirtschaftsverlag *Petrograd* vorbereitet worden war, kämpfte sie über zwei Jahre. Es gab Zeiten, da schien es so, als würde sie tatsächlich erscheinen. Die Korrekturfahnen waren bereits fertiggestellt. Aber dann stellte sich heraus, daß das nichts zu bedeuten hatte. Zunächst wurde eine Auflage von nur fünfhundert Exemplaren genehmigt (diese Genehmigung war gleichbedeutend mit einem Verbot, denn niemals hätte sich ein Verlag auf ein solches Verlustgeschäft eingelassen), dann wurden alle Gedichte gestrichen, in denen die Worte «Gott», «Gebet» und «Christus» vorkamen. Am 3. Januar 1929 notiert Pawel Luknizki: «Ihre Gedichtsammlung wird genehmigt, mit der Auflage, aus dem ersten Band achtzehn und aus dem zweiten vierzig Gedichte zu streichen. Mit anderen Worten: die Gedichtsammlung wird nicht erscheinen (falls die Auflage nicht geändert wird, was kaum anzunehmen ist).» Und schließlich am 9. Februar 1929: «Die Gedichte von Anna Andrejewna werden nicht erscheinen, ausgeschlossen.» Diesem Buch, das bereits gedruckt und angekündigt war, war es bestimmt, ein Fahnenabzug zu bleiben. Achmatowa schreibt dazu:

*Die bereits fertige zweibändige Ausgabe bei Gessen (Petrograd) wurde
1928 vernichtet. Die Beschimpfungen gingen aus einem episodischen
Stadium in ein planmäßiges und durchdachtes über... und erreichten
dann und wann Windstärke zwölf, das heißt, sie wurden zum todbrin-
genden Sturm. Übersetzungsaufträge, außer den Rubens-Briefen
1930, blieben aus. Jedoch erschien meine erste Arbeit über Puschkin
(«Puschkins letztes Märchen») in «Swesda». Das Druckverbot bezog
sich nur auf meine Gedichte. Das ist die reinste Wahrheit.*

Achmatowas Name überraschte auf dem Titelblatt der russischen
Ausgabe von Rubens' Briefen eigentlich noch mehr als unter der
Puschkin-Studie. Diese Briefe bildeten den Auftakt zu einer Arbeit, die sie das ganze Leben lang verfolgen und belasten sollte,
aber die letzte Möglichkeit darstellte, Geld zu verdienen. Doch
warum ausgerechnet Rubens? Vielleicht war es Nikolai Punin, der
Kunsthistoriker, der ihr den Auftrag vermittelt hatte, vielleicht
wollte Achmatowa ihn auch bei seiner Arbeit unterstützen.

Um die Mitte der zwanziger Jahre wurde Anna Achmatowa
Punins Frau. Sie kannten einander schon lange. Beide waren aus
Zarskoje Selo – Punin ging in dasselbe Knaben-Gymnasium, in
dem Innokenti Annenski Direktor und Nikolai Gumiljow Schüler
gewesen waren. Als in der Zeitschrift *Apollon* die frühen Gedichte
Achmatowas erschienen waren, konnte man in derselben Ausgabe
auch Punins kunstwissenschaftliche Aufsätze lesen. Und nach der
Erschießung Gumiljows war es Nikolai Punin, der Anna Andrejewna und Schilejko erzählt hatte, wie er, als er 1921 selbst inhaftiert war, als einer der letzten Gumiljow im Gefängnis sah. Es waren wohl die gemeinsamen Erinnerungen, die zu einer engeren
Verbindung führten. Nachdem Achmatowa in Punins Wohnung
eingezogen war, fand sie sich wieder unter dem Dach des Schere-
metjewschen Palais, diesmal für drei lange Jahrzehnte. In diesem
Palais war damals die Sammlung der Exponate aus ehemaligen
Adelssitzen untergebracht, eine Dependance des Museums für
Russische Kunst, in dem Punin arbeitete. Ihm wurde eine Dienst-
wohnung im Gartenflügel zugewiesen.

Viele Zeitgenossen erlebten damals eine glückliche Anna Achmatowa. Aber im Tagebuch von Pawel Luknizki, der seine fast täglichen Begegnungen mit Achmatowa schildert, finden sich öfter auch Eintragungen wie diese: «Als Punin gestern abend erfuhr, daß er heute einen Vortrag zu halten habe, ...flehte er Anna Andrejewna an, diesen Vortrag vorzubereiten. Anna Andrejewna arbeitete die ganze Nacht hindurch, überflog ein Buch über Ingres von 520 Seiten und war gegen sieben Uhr morgens fertig.» – «Drei Tage lang übersetzte sie fleißig eine Künstler-Biographie aus dem Französischen und stellte das Konzept für Punins Vorträge zusammen. Sie ist ständig mit solchen Dingen beschäftigt... Anfangs kostete es sie große Mühe, zwei, drei Textseiten zu referieren. Jetzt faßt sie in einem Zug bis zu einhundertfünfzig Seiten zusammen.»

Wie sehr erinnert das an die Übersetzungen alter assyrischer Texte, die Schilejko ihr diktiert hatte. Und die unmißverständlich verletzenden Worte Punins, die Anna Andrejewna so gekränkt hatten: «Sie sind eine Dichterin von nur lokaler, Zarskoselsker Bedeutung», entsprechen gleichsam der feinen Ironie Schilejkos, als er vom Oxforder Talar sprach. Achmatowas Ehen hatten alle etwas Sonderbares. Unter anderem mußte Achmatowa Wand an Wand mit Punins verlassener Familie leben, mit Anna Jewgenjewna Arens und deren Tochter. Die dürftigen materiellen Verhältnisse machten eine Trennung unmöglich.

So brachte auch diese Ehe Achmatowa weder materielle noch moralische Erleichterung, selbst zu der Zeit, als ihr Verhältnis zu ihrem dritten Mann ungetrübt war.

«Anna Andrejewna lebt nach wie vor still und traurig. In der Wohnung ist es kalt, hoffnungslos und bedrückend. Silvester wird nicht gefeiert – sie haben weder Geld noch die richtige Stimmung...» Luknizki notiert weiter: «Es kommt auch wenig Besuch... Gestern war ich bei ihr. Sie liest Pilnjaks *Mahagoni* im Manuskript, der Text ist durchkorrigiert und für den Staatsverlag vorbereitet. Spätabends gingen wir spazieren, haben viel über Literatur gesprochen und darüber, ob man unter den augenblicklichen Bedingungen überhaupt schreiben kann. Sie sagt kategorisch: Echte Literatur kann es gegenwärtig nicht geben.» Dieses kategorische Urteil läßt sich keineswegs dadurch erklären, daß ihr selbst die Türen sämtlicher Verlage verschlossen blieben. Ihre Kollegen machten dieselbe Erfahrung. Pilnjaks Novelle, die sie im Manuskript gelesen hatte, wurde schließlich von sämtlichen sowjetischen Verlagen abgelehnt. Sie erschien schließlich 1929 in Berlin. Etwas früher, 1927, wurde in Prag der Roman *Wir* von Jewgeni Samjatin veröffentlicht, der in mancher Hinsicht die Anti-Utopie *1984* von George Orwell vorwegnahm. Nach diesen Veröffentlichungen wurden beide Schriftsteller sämtlicher Todsünden bezichtigt. Aber diese Kampagne beschränkte sich keineswegs auf die Diskreditierung von Pilnjak und Samjatin. Der reorganisierte Allrussische Schriftstellerverband nahm eine Resolution an, in der er sich als «Truppe der revolutionären Intelligenzija» bezeichnete, «die ihre eigenen Ziele und Aufgaben mit den Zielen und Aufgaben des Proletariats in dem gemeinsamen Kampf um die Verwirklichung des Sozialismus identifizierte». Das bedeutete: Die Devise «wer nicht mit uns ist, ist gegen uns» wurde zum Gesetz des literarischen Lebens.

Achmatowa trat aus dem Schriftstellerverband aus. Mit ihr – Boris Pasternak und Michail Bulgakow. Diese einzig mögliche Geste verlangte schon damals großen Mut.

An dieser Stelle ließe sich der Bericht über das Leben von Anna Achmatowa in den zwanziger Jahren abschließen. Aber das Besondere ihres Schicksals bestand darin, daß Ereignisse, ihrer Bedeutung nach noch so unterschiedlich, sich immer wieder zu einem einzigen Knoten knüpften. In diesem Jahr, 1929, holte sie endlich die von Olga Sudejkina zurückgelassenen Sachen, um sie in ihre eigene Wohnung zu bringen.

«Und gestern, am Sonntag, begab ich mich schon am Vormittag mit Anna Andrejewna in das Marmor-Palais, um die Beerdigung der Wohnung zu vollenden. Wir räumten die letzten Sachen aus...
Schadhaft, altersschwach – alles Mahagoni – ein kleiner Sekre-

tär, ein Bett, zwei Sessel, ein Trumeau, ein Tischchen, eine Vitrine...

Als Anna Andrejewna noch vor der Revolution nach Petrograd gezogen war, gehörte das Ehepaar Sudejkin zu den ersten Bekannten, die sie häufig besuchte. Anna Andrejewna ahnte damals natürlich nicht, daß sie viele Jahre später die Möbel aus der Sudejkinschen Wohnung holen würde. Und fünf Jahre später sollte ich diese Möbel abholen... Die Bücher in Kisten, die Möbel einfach so. Wir stellten alles auf der Straße ab, ich hielt Wache und hörte die Kommentare der Passanten: ‹Und so was nennt sich Eigentum!› (ein Mann, verächtlich); ‹Die Sachen sind ja alt, schäbig... Wo sollen die denn hin – wohl zum Verkauf?› (eine Frau, mitleidig).

Wir nahmen alles mit, außer den Dingen, die ins Haus gehörten... Ein nasser, trüber Tag. Die Luft war warm... ‹Wie in Paris›, sagte Anna Andrejewna, als wir am Vormittag das Marsfeld überquerten... Überhaupt befindet sich Anna Andrejewna in einer tiefen Depression» *(Pawel Luknizki).*

Diese «Beerdigung» zog einen Trennungsstrich. Das Leben im Marmor-Palais mit Schilejko, das Leben mit Olga Sudejkina gehörten von nun an der Vergangenheit an, die geerbten Möbel waren für Achmatowa eine Verkörperung der gemeinsamen, weit zurückliegenden Zeit. Ende der dreißiger, Anfang der vierziger Jahre sollten diese Erinnerungen im *Poem ohne Held* wieder lebendig werden. Dann wird Achmatowa wieder schreiben können. Aber im Jahre 1929 ist sie stumm – seit Mitte der zwanziger Jahre «sickern die Gedichte tropfenweise».

Für nichts bin ich mehr gut,
Kein einzig Wort kommt über meine Lippen.
Kein Präsens, stolz bin ich auf Vergangenheit.
Und diese Schande nimmt den Atem mir.

# «Der zehnte Kreis»

*Der selige Dante hätte einen zehnten Kreis*
*der Hölle schaffen können.*
Anna Achmatowa

Die poetische Stummheit würgte Achmatowa nach ihren eigenen Worten dreizehn lange Jahre. *Ich habe wahrscheinlich alles schon geschrieben. Es werden keine Gedichte mehr in meinem Kopf geboren.* Mandelstam hatte dafür eine Erklärung: «Sie ist eine fleischfressende Möwe. Wenn historische Ereignisse eintreten, dann hört man Achmatowas Stimme, und die Ereignisse sind nur der Kamm, der Scheitelpunkt einer Welle: Krieg, Revolution. Die gleichförmigen und ebenen Lebensphasen bringen keine Gedichte hervor, sie äußern sich als krankhafte Selbstwiederholung, als übermäßige Erschöpfung während der Pausen.» Es läßt sich schwer beurteilen, ob das Ende der zwanziger und der Anfang der dreißiger Jahre für Achmatowa eine «gleichförmige und ebene Lebensphase» waren. Wie dem auch sei – das Ende ihrer dichterischen Stummheit stand in direkter Beziehung zu den neuen Katastrophen.

*... 1936 fange ich wieder an zu schreiben, doch meine Handschrift ist verändert, und die Stimme klingt inzwischen anders. Und das Leben führt mir am Zügel einen Pegasus vor, der irgendwie an das apokalyptische Fahle Pferd erinnert ... Eine Rückkehr zur Manier von ehedem*

*ist ausgeschlossen. Es steht mir nicht zu, zu beurteilen, was besser und was schlechter ist. 1940 ist ein Höhepunkt. Die Gedichte tönen ununterbrochen, treten einander auf die Fersen, überstürzt und atemlos, und sind hin und wieder wahrscheinlich schlecht.*

Wir nähern uns in unserem Bericht über das Leben Anna Achmatowas jener Zeit, die als die Jahre des Stalinschen Terrors bekannt sind. Bis vor wenigen Jahren wurde über diese Zeit vorwiegend im Westen geschrieben. Heute schreibt und diskutiert man auch in Rußland sehr viel über diese Thematik. Dabei verschwindet völlig überraschend die von der Intelligenzija wachsam und hartnäckig verteidigte Grenze zwischen Politik und Literatur. Diese Grenze wurde so grausam und anhaltend vom Staat verletzt, daß der bloße Begriff der gesellschaftlichen Relevanz der Kunst weitgehend kompromittiert war. Die Wortverbindung «Dichter und Bürger», sei es bei Nekrassow, Majakowski oder Demjan Bedny, rief schon auf der Schulbank nichts als Langeweile hervor. Aber die Lyrik Achmatowas aus der zweiten Hälfte der dreißiger Jahre läßt sich kaum bestimmen. Sie ist gesellschaftlich relevant in des Wortes höchster Bedeutung. Einem Sowjetbürger will diese Feststellung schwer über die Lippen – er liebte sie um ihrer subtilen und tiefempfundenen, weisen und zärtlichen Gedichte willen, die für sich sprechen. Und dennoch muß es ausgesprochen werden – Achmatowas neue, in der Mitte der dreißiger Jahre wiedergefundene Stimme ist von der gemeinsamen Not geweckt worden.

«Ich bemerkte, daß auch der Ruhm offensichtlich seine negativen Seiten habe.

‹O ja!› bestätigte Anna Andrejewna heiter. ‹Wenn man in einem weichen Landauer spazierenfährt, unter einem Sonnenschirmchen, den großen Hund neben sich, und alle sagen: Das ist die Achmatowa – das ist das eine. Aber wenn man im Hof steht, im nassen Schnee, in einer Schlange nach Heringen, und es stinkt so durchdringend nach Hering, daß die Schuhe und der Mantel noch zehn Tage später danach stinken, und wenn man dann hört, daß jemand hinten sagt: Frisch und scharf dufteten nach Meer die

Austern, im Eis auf einer Platte angerichtet...* – ist es etwas ganz, ganz anderes. Ich habe mich so geärgert, daß ich mich nicht einmal umsah.» *(Lydia Tschukowskaja).*

Die elegante und zarte Frau verschwand aus Achmatowas Gedichten bereits Anfang der zwanziger Jahre. Zehn Jahre später kehrte ihre Heldin zurück – als Frau in der Schlange, der längsten, schrecklichsten und hoffnungslosesten aller Schlangen, der Schlange vor dem Gefängnisschalter. Und auch Achmatowa selbst ist schwerlich in der altmodisch gekleideten Dame «mit der unförmigen Filzkappe von unbestimmter Farbe» zu erkennen, die sich unter den anderen eingereiht hat.

*In den furchtbaren Jahren der Jeschow-Zeit habe ich siebzehn Monate vor den Gefängnissen Leningrads Schlange gestanden. Eines Tages muß mich jemand erkannt haben. Da erwachte die hinter mir stehende Frau mit blauen Lippen, die natürlich noch nie in ihrem Leben meinen Namen gehört hatte, aus der Erstarrung, die uns eigen war, und fragte mich flüsternd (wir alle flüsterten dort): «Und Sie können das beschreiben?»*

*Ich sagte: «Das kann ich.»*

*Darauf huschte etwas wie ein Lächeln über das, was einst ihr Gesicht gewesen war.* (Aus: Requiem, Statt eines Vorworts)

Und Anna Achmatowa schrieb über jede einzelne dieser Frauen, da sie über sich selbst schrieb.

Siebzehn Monate lang saß ihr Sohn Lew Gumiljow im selben Gefängnis in der Schpalernaja, in dem 1921 sein Vater gesessen hatte. Es war seine dritte Verhaftung. Die erste war im Dezember 1933 erfolgt. Damals hatte er glücklicherweise nur neun Tage im Gefängnis verbracht. «Die zweite Verhaftung dann 1935. Zu jener Zeit wurde in Leningrad die studentische Jugend aus Akademikerfamilien verfolgt, das heißt Studenten, die in ihrem Fach

* Zeile aus Achmatowas Gedicht *Am Abend* aus dem Jahre 1913.

erfolgreich waren. Es war gerade die historische Fakultät eröffnet worden. Kaum war die Immatrikulation abgeschlossen, als schon die Säuberung begann. Ich gehörte zu den ersten Opfern. Selbstverständlich wurden alle Verhafteten sofort zu Mitgliedern irgendwelcher antisowjetischer Gruppen oder Organisationen erklärt, ich weiß nicht ganz genau, nach welchen Merkmalen man uns einstufte. Freilich, damals wurde niemand geschlagen, niemand gefoltert, man wurde einfach verhört. Aber da unter der studentischen Jugend viel diskutiert wurde, unter anderem auch über politische Themen, und da Studenten sich gern politische Witze erzählen, hatten die Staatsanwälte genügend Anknüpfungspunkte» *(Lew Gumiljow)*.

Am 27. Oktober 1935 wurden gleichzeitig der Sohn Anna Achmatowas und ihr Ehemann Punin verhaftet. Sie fuhr sofort nach Moskau. Ihr Brief an Stalin und die Bemühungen ihrer Freunde hatten Erfolg. Beide wurden am 3. November freigelassen. Ich denke, es steht nur einem Augenzeugen zu, über diese Tage zu berichten. Jelena Bulgakowa schreibt in ihrem Tagebuch:

«30. Oktober. Es klingelt. Ich mache auf – Achmatowa mit einem derart schrecklichen Gesicht, derartig verfallen, daß ich sie nicht sogleich erkannte, Mischa ging es ebenso. Es stellte sich heraus, daß in derselben Nacht ihr Mann (Punin) und ihr Sohn (Gumiljow) verhaftet worden waren. Sie ist gekommen, um Jossif Wissarionowitsch einen Brief zu übergeben. Sie ist völlig verwirrt, führt Selbstgespräche.»

Die Nacht verbrachte Achmatowa bei den Bulgakows. Am nächsten Tag begleitete sie Emma Gerstein: «Wir trafen uns vor der Haustür. Sie trug einen blauen Regenmantel und, wie üblich, ihre Filzkappe, unter der lange Haarsträhnen hervorkamen und im Winde wehten. Sie blickte um sich, ohne etwas zu sehen. Wir suchten ein Taxi. Herbstliche Nässe und Schmutz. Sie war außerstande, die Straße zu überqueren. Ich mußte sie hinter mir herziehen. Ein Auto tauchte in der Ferne auf. ‹Nein, nein, niemals.› – ‹Das Auto ist doch noch weit weg, gehen wir.› Sie setzte den Fuß auf die Fahrbahn und wich sofort zurück. Ich zog sie vorwärts. Sie konnte weder vor noch zurück. Das Auto kam immer näher. Neben dem Fahrer saß ein Mann in einer Lederjacke... Im Vorbeifahren betrachtete der Mann in der Lederjacke diese eigenartige Gestalt, die wie ein angeschossener Vogel wirkte, und... erkannte sie. Er erkannte sie, bedauernd, erschrocken und beinahe widerwillig. Diese alte, wahnsinnige Bettlerin soll die berühmte Achmatowa sein?» Emma Gerstein und Achmatowa suchten die Schriftstellerin Lydia Sejfullina auf. «Nun ging alles wie von selbst», erzählt Emma Gerstein. «Sejfullina hatte Beziehungen zum ZK. Anna Andrejewna schrieb einen Brief an Stalin. Ganz kurz. Sie verbürgte sich, daß ihr Sohn und ihr Mann keine Verschwörer und keine Staatsverbrecher seien. Der Brief schloß: ‹Helfen Sie, Jossif Wissarionowitsch!› Auch Pasternak schrieb an Stalin. Er schrieb, daß er Achmatowa seit langem kenne. Sie führe ein von großer Würde erfülltes Leben, sei bescheiden, klage niemals und habe noch nie um etwas für sich selbst gebeten. Der Brief endete mit den Worten: ‹Sie befindet sich in einem schrecklichen Zustand!›

Pilnjak brachte Achmatowa schließlich in seinem Auto zur Kreml-Kommandantur. Dort lag bereits die Anweisung vor, daß ihr Brief entgegengenommen und Stalin persönlich überreicht werden sollte.

Ich weiß nicht mehr, wie viele Tage vergingen. Anna Andrejewna war verschwunden. Aber dann abends ein Anruf: ‹Emma, sie sind zu Hause.›

Es war beinahe ein Wunder. Damals, nach Kirows Ermordung im Dezember 1934, waren die Vokabeln ‹Erschießung›, ‹erschießen› in unserem Alltag so alltäglich geworden, daß sie einfach sinnentleert waren.»

In jenen Jahren wurde ein Drittel der Bevölkerung von Leningrad, vorwiegend Adel und Akademiker, zu «Volksfeinden» gestempelt. Achmatowa erinnert sich an jenen Tag, an dem die Angehörigen des Adels aus Leningrad ausgewiesen wurden. Sie drängten sich auf dem Bahnsteig und grüßten sie alle, als sie an ihnen vorbeiging: *Ich habe niemals gedacht, daß ich so viele Bekannte unter dem Adel habe!*

«Alle diese Verhaftungen und Ausweisungen sind unerklärlich, wie eine Naturkatastrophe. Keiner ist dagegen gefeit. Jeden Abend vor dem Schlafengehen lege ich alles Notwendige zurecht, für den Fall einer Verhaftung.

Wir alle sind schuldlos Schuldige. Wenn man nicht erschossen, nicht verbannt (und nicht ausgewiesen) wird, hat man es nur dem Zufall zu verdanken...

In dem unglücklichen Leningrad ein einziges Aufstöhnen. Gäbe es die Glocken noch, so hätte man, glaube ich, ein Totengeläut gehört.

(Aus dem Tagebuch von *Jakowlewa-Schaporina*, 10. März 1935)

Bereits das erste Gedicht des *Requiems*, im Herbst 1935 entstanden, also während der Inhaftierung von Sohn und Ehemann, ist übertragbar auf die unzähligen übrigen Verhaftungen.

Man führte dich ab im Morgengrauen.
Ich ging hinter dir, wie hinter dem Sarg, der aus dem Haus
  getragen wird.
In der dunklen Stube weinten die Kinder.
Vor den Ikonen tropfte die Kerze.
Auf deinen Lippen die Kälte des Kreuzes,
Totenschweiß auf der Stirn... Nie zu vergessen!
Nun werde ich wie die Strelitzenfrauen
Unter den Kremltürmen heulen.

Weil allen genau das gleiche zustieß, was ihr zugestoßen war, bedeutete die Freilassung ihrer eigenen Angehörigen nur teilweise Erleichterung. Wenn dieser Alptraum um sie herum tobte, sollte auch sie nicht verschont bleiben, und dazu konnte man nichts ändern.

So ist eben mein Leben, meine Biographie.
Wer kann schon dem eigenen Leben abschwören?

Sie schien alles bis zur Neige auskosten und ihr eigenes Schicksal beschleunigen zu wollen. «In den schlimmsten Jahren war Anna Andrejewna immer die erste, die das Haus betrat, in dem nachts die ‹teuren Gäste› ihr Wesen getrieben, eine Haussuchung durchgeführt hatten... Vor kurzem fragte ich Tatotschka*, eine wahre Schönheit, die das Glück gehabt hatte, lediglich fünf Jahre abzusitzen...: ‹War sie da?› – ‹Natürlich›, antwortete Tatotschka, ‹kurz nachdem Sie weg waren... Als erste... Wir hatten nicht einmal Zeit gehabt aufzuräumen...›» Nadeschda Mandelstam erzählt in ihren Memoiren auch, daß Achmatowa trotz ihrer zurückgezogenen Lebensweise stets wußte, wer verhaftet, von welcher Ehefrau Geldeinzahlungen am Gefängnisschalter angenommen oder abgewiesen worden waren. ** «Ich konnte sie nicht einmal mit der Erzählung überraschen, wie das Wasser beschaffen sei, das in Kasachstan bei den Feldarbeiten getrunken wird – sogar darüber war sie informiert. Sie war immer und über alles informiert. Nicht einmal die heilige Unwissenheit schirmte sie vor der Wirklichkeit ab.»

Beide Frauen, Anna Achmatowa und Nadeschda Mandelstam, versuchten, ihr Schicksal gleichsam vorwegzunehmen: «...1938 haben wir gehört, daß man dort auf die ‹psychologischen Methoden› bei den Verhören verzichtet und zu den ‹vereinfachten Verhören› übergegangen sei, das heißt, daß nur noch geschlagen und gefoltert wird... Aus irgendeinem Grunde meinten wir: Wenn ohne Psychologie, dann haben wir nichts mehr zu befürchten – sollen sie uns doch die Rippen brechen... Aber bald darauf hatte sie es sich anders überlegt. ‹Was heißt, nichts zu befürchten? Wir haben einiges zu befürchten, weil wir uns nicht kennen: Sie könnten unseren Widerstand brechen, und dann könnten wir weiß der Teufel was zusammenreden. Genauso wie X und genauso wie Y,

* Jekaterina Konstantinowna Liwschiz (1902–1987), Ballerina, Frau des Dichters Benedikt Liwschiz, der 1938 erschossen wurde.
** Die Verweigerung der Geldannahme war gleichbedeutend mit Erschießung oder der Verurteilung zu 25 Jahren Arbeitslager.

und dann wird man anhand unserer Aussagen einen nach dem anderen verhaften. In der Tat, woher soll ein Mensch wissen, wie er sich unter unmenschlichen Bedingungen verhalten wird?› Ich habe damals viel von ihr gelernt. Auch dies – Herr, steh mir bei, denn ich kann ja nicht einmal für mich selbst garantieren!» *(Nadeschda Mandelstam)*

Solche Gedanken waren damals keine abstrakten Spekulationen. Sie hatten konkretes Handeln zur Folge, selbst in alltäglichen Details: ein Minimum an menschlichen Kontakten, ein Minimum an Dokumenten und Briefen, ein Minimum an potentiellen Zeugen und Indizien. Amanda Haight schreibt mit vollem Recht, daß Achmatowas zurückgezogene Lebensweise seit Beginn der zwanziger Jahre eine bewußte Vorbereitung auf eine Zukunft zu sein schien, in der sie nichts und niemand mehr zu verlieren hatte. Je mehr menschliche Bindungen man hatte, desto qualvoller die Trennung, desto größer die Gefahr, desto höher die Zahl potentieller Beteiligter. Auch der Alltag war, wenn auch in geringerem Maße, dazu angetan, das spätere Los vorwegzunehmen. Voll Stolz berichtete Achmatowa Lydia Tschukowskaja von den wissenschaftlichen Erfolgen ihres Sohnes: «‹Eines Tages fragte er seinen Professor, ob das und das richtig sei. Der Professor antwortete: Wenn Sie so denken, dann ist es richtig.› Und plötzlich, ohne jeden Übergang, sprach sie von etwas anderem: ‹Er kann sich viel zumuten, denn er ist gewohnt, unter ungünstigen Bedingungen zu leben, er ist nicht verwöhnt. Er weiß, wie es ist, auf dem Fußboden zu schlafen und wenig zu essen.› Damals, 1939, war Lew Gumiljow bereits zum dritten Mal verhaftet worden. Ossip Mandelstam sagte zu Achmatowa: ‹Es wird für Sie nicht leicht sein, ihn durchzubringen. Er ist ein Gezeichneter›» *(Lydia Tschukowskaja).*

«Am 10. März 1938 erfolgte die nächste Verhaftung. Ich wurde als politisch unzuverlässig verhaftet, aber diesmal verlief alles ganz anders. Diesmal wurde gefoltert, diesmal versuchte man, das Geständnis gewaltsam zu erpressen. Und da ich nicht bereit war, irgend etwas zu gestehen, schlugen sie mich acht Nächte lang. Ich saß als Untersuchungshäftling in Leningrad im inneren Gefängnis des NKWD in der Schpalernaja und im ‹Kresty›*, insgesamt achtzehn Monate lang. Von da wurde ich für zehn Jahre zum Belomor-Kanal gebracht. Jedoch verlegte man mich sehr bald zurück nach Leningrad, da der Paragraph für mich inzwischen gegen einen strengeren ausgetauscht worden war, Paragraph 58, Absatz 17: terroristische Tätigkeit. Also wurde ich zur Exekution zurückgebracht. Aber während ich hin und her verlegt wurde, wurde Jeschow aus dem Amt entfernt. Das Ermittlungsverfahren änderte sich stark, es wurde nicht mehr geschlagen. Doch meine Akte wurde nicht an das Exekutivkomitee weitergegeben, das mich, so glaube ich, auf freien Fuß gesetzt hätte (in Ermangelung jeglicher Straftat), sondern an die Sonderkommission. Bald darauf brachte man mir ein Papier zum Unterschreiben. Das war das Urteil: fünf Jahre, Artikel 58, Paragraph 10–11.** Daraufhin schickten sie mich nach Norilsk, wo ich meine fünf Jahre abgesessen habe» *(Lew Gumiljow)*.

Siebzehn Monate schreie ich,
Rufe dich nach Haus,
Warf dem Henker mich zu Füßen,
Du, mein Sohn und mein Entsetzen.
Alles verwirrte sich für alle Zeiten,
Und nicht mir steht es zu, heute
Zu unterscheiden, wer Bestie ist, wer Mensch
Und wie lange die Hinrichtung auf sich warten läßt.

* Aus vorrevolutionären Zeiten stammendes Gefängnis, vormals Frauengefängnis. Noch heute in Betrieb.
** Der Paragraph betraf die Gründung antisowjetischer Vereinigungen sowie Verbreitung antisowjetischen Materials. «Es waren ‹Allerweltsanschuldigungen›, die jedem untergeschoben werden konnten» *(Lew Gumiljow)*.

Aus dem *Requiem*:

Und nur der üppigen Blumen Pracht,
Des Weihrauchfäßchens leises Klirren und Spuren
Irgendwohin ins Nirgendwo.
Und mir direkt ins Auge blickt
Und baldigen Untergang verkündet drohend
Der riesige Stern.

Im *Requiem* ist Achmatowas Stimme ebenso deutlich zu hören wie während der siebzehn Monate in jener Schlange, wo sie «die dreihundertste mit einem Päckchen» war. «In der Schlange, die dorthin führt, wo man nichts bekommt…, in einer langen, gefügigen Schlange, ohne das streitsüchtige ‹Vorhin haben Sie aber hier nicht gestanden›, in jenen Stunden, da man sich am liebsten an eine Mauer lehnen oder vor Übelkeit zu Boden sinken möchte, aber immer noch gehorsam von einem Fuß auf den anderen treten und warten muß auf das Glück, das Mitgebrachte durch das vergitterte Schalterfenster reichen zu dürfen, jene erlaubten Rubel, da habe ich Anna Achmatowa zum ersten Mal gesehen.

In der Schpalernaja – ich stand dort wegen meines Bruders an – machte man nicht viel Worte: ‹Wer – wem.› Nun war sie an der Reihe. Sie trat vor die Luke, dahinter die Kragenspiegel, die unansprechbare Gliederpuppe: Leise, ohne den Mund zu öffnen, sprach sie das vorgeschriebene ‹Achmatowa – für Gumiljow›» *(Lydia Schukowa)*.

Die Datierung der einzelnen Gedichte des *Requiems* ermöglicht es, das Datum der Verhaftungen, der Urteilsverkündung und des Wiedersehens mit dem Sohn im Gefängnis zu rekonstruieren.

Bevor er in das Lager im Norden verschickt werden sollte, bekam Anna Achmatowa die Erlaubnis, ihn noch einmal zu sehen und ihm Wintersachen mitzubringen. «Ich glaube, es war der Vierzehnte, da klingelte das Telefon. Solange Anna Andrejewna nicht ihren Namen genannt hatte, wußte ich nicht, wer mit mir sprach – so sehr hatte sich ihre Stimme verändert. ‹Kommen Sie!› Ich machte mich sofort auf den Weg. Anna Andrejewna erzählte mir noch im Flur, was passiert war...

Ich überlegte, wen ich anrufen könnte. Anna Andrejewna wirkte unverändert, suchte aber unentwegt in ihrer Handtasche nach einer Adresse, und es war deutlich zu merken, daß sie diese Adresse nicht finden würde. Es gelang mir, ziemlich schnell alles telefonisch zu regeln und Mütze, Schal und Pullover zu beschaffen. Alle, die ich anrief, waren sofort im Bilde. ‹Mütze? Eine Mütze habe ich nicht, aber vielleicht Fäustlinge?›» Lydia Tschukowskaja erinnert sich, wie sie damals das Paket zusammenstellten und wie sie und ein Freund von Lew Anna Achmatowa auf ihrem Weg ins Gefängnis begleiteten. «Im Hof, wo Anna Andrejewna und ich beim letzten Mal allein gewesen waren, drängten sich nun die Menschen in einer Schlange. Die wichtigste Frage war: Was ist erlaubt? Die Sachen wurden von einem sommersprossigen, mißmutigen jungen Mädchen mit schlecht gefärbtem rotem Haar in Empfang genommen. Als wir an der Reihe waren, fragte ich: ‹Brauchen Sie den Namen und die Anschrift der Familienangehörigen? Oder nur Namen und Anschrift des Empfängers?› – ‹Wir brauchen die Anschrift von dem, der die Sachen einliefert: Die Anschrift des Empfängers kennen wir selber›, antwortete die Rothaarige schadenfroh...

Dieser verfluchte heiße Tag in dem staubigen Hof wollte kein Ende nehmen. Die Folter des stundenlangen Stehens. Manchmal gelang es einem von uns, Anna Andrejewna dazu zu bewegen, die Schlange zu verlassen und sich auf einem Stein auszuruhen; der andere stand währenddessen an ihrer Stelle. Aber sie verließ nur sehr ungern ihren Platz in der Schlange, fürchtete, daß plötzlich irgend etwas geschehen könne... Schweigend stand sie da.»

Das Datum des Wiedersehens finden wir unter dem achten Gedicht des *Requiems* – es war der 19. August 1939. Wieder einmal August – der schrecklichste Monat in Achmatowas Leben. Im Gedicht fehlt allerdings jedes konkrete Detail über die Begegnung mit dem Sohn. Sie mahnt ihren eigenen Tod zur Eile:

Du bleibst nicht aus – warum nicht jetzt?
Ich wart auf dich, mir fällt das Leben schwer.

«Wie lange das Sterben dauert» – dieser Satz, an Nadeschda Mandelstam gerichtet, klingt wie ein Echo jener Verse. Obwohl vielleicht die Gedichte aus einem anhaltenden Stöhnen geboren wurden: «Bereits einige Male… wenn Anna Andrejewna mich durch die Küche und den kurzen Flur begleitete, oder in den minutenlangen Pausen, die unsere Gespräche durchzogen – glaubte ich zu hören, daß sie Ljowas Namen aussprach, irgendwo aus der Tiefe, wie vom Meeresgrund aufsteigend… ‹Ljowa! Ljowa!… Ljowa! Ljowa!› wiederholte sie mit jedem Atemzug. Es war nicht einmal ein Laut, sondern der Schatten eines Lauts, eines Aufstöhnens oder Rufens…» *(Lydia Tschukowskaja)*

Ich sehe, ich höre, ich fühle euch:
Jene, die wir mit Mühe ans Fenster geführt,
Und jene, deren Füße nicht länger die Erde berühren,
Und jene, die, das schöne Haupt schüttelnd,
Sagte: «Ich komme hierher wie nach Hause!»

Und dennoch sind die Gedichte Achmatowas keineswegs nur für die Jahre 1935 bis 1940 eine dokumentarische Chronik. Hinter ihnen erheben sich Jahrhunderte blutiger russischer Geschichte. Die roten Ziegelsteinmauern des «Kresty»-Gefängnisses in Leningrad sind zugleich die roten Kreml-Mauern, unter denen Zar Peter die unbotmäßigen Strelitzen köpfte. Und darüber hinaus ist die Geschichte ihres eigenen Lebens, die die Geschichte ihres Landes und ihres Volkes widerspiegelt, eine Fortsetzung der Leidensgeschichte Christi.

Die Engelschöre priesen die hohe Stunde,
Die Himmel schmolzen zu einem Feuersee,
Zum Vater sagte Er: «Warum hast du mich verlassen?»
Und zur Mutter: «Beweine mich nicht!…»

Der Sohn und die Mutter der dreißiger Jahre des zwanzigsten Jahrhunderts in Rußland beschreiten den Leidensweg Christi und Marias, und als Motto ist einem der Gedichte ein Gebet aus der Karfreitagsmesse vorangestellt: «Klage nicht über mich, Mutter, die du mich im Grabe siehst.» Ewiges und Gegenwärtiges, Tragisches und Alltägliches kamen zusammen, bildeten eine Einheit, sowohl in den Gedichten als auch in der Erscheinung Achmatowas, wie sie nun von ihren Zeitgenossen gesehen wurde. «Die beiden kleinen Jungen kamen herein.* Sie begrüßte sie sehr zärtlich. Wowotschka nahm sie auf den Arm. Ich hatte es schon öfter bemerkt – mit einem Kind auf dem Arm erinnert sie sogleich an eine Madonna, nicht durch das Gesicht, sondern durch die ganze Haltung, eine bescheidene und leidvolle Größe» (Lydia Tschukowskaja).

Und dennoch betrachtete der Staat Achmatowas Requiem wie alles andere, was in den Jahren des Terrors, ob Poesie oder Prosa, geschrieben wurde, in erster Linie als «Dokument über das Jahr 1937». Und Dokumente dieser Art, selbst wesentlich unschuldigere, bedeuteten damals eine tödliche Gefährdung. Die Menschen versuchten, sie zu verstecken oder zu vergraben – das zuverlässigste Versteck jedoch war der Ofen, man verbrannte sie. Juri Tynjanow erzählt, daß Ende der dreißiger Jahre die Hofschächte der alten Petersburger Häuser stets voller Qualm waren – die Menschen verbrannten ihre Archive. Auch in der Wohnung von Punin ging es natürlich nicht anders zu.

Achmatowa erinnert sich, wie sie eines Tages, in Erwartung der nächsten Haussuchung, gemeinsam mit Punins erster Frau alles verbrannte, was irgendwie verdächtig erscheinen konnte, darunter auch Familienfotos. Und als sie glaubten, alles verbrannt zu haben, entdeckten sie plötzlich voll Entsetzen eine Fotografie von Anna Jewgenjewnas Vater – Admiral Arens, Seite an Seite mit dem letzten russischen Zaren Nikolai II. In jenen Tagen steckte auch Anna Achmatowa ihr gesamtes Archiv und ihre Manuskripte in den Ofen. Zweifellos war die Vernichtung der Familienarchive eine

* Es waren die Nachbarskinder Walja und Wowa Smirnow.

Tragödie – ein Auslöschen des Familiengedächtnisses, aus dem sich schließlich die Geschichte zusammensetzt. Die Vernichtung der Literaturarchive jedoch bedeutete einen Vernichtungsangriff auf die Kultur. Gedichte aber besitzen einen ganz eigenen Vorzug. Ein verbrannter Roman läßt sich nicht noch einmal wiederholen und neu schreiben. Die Rekonstruktion wäre ein neuer Roman, ein ganz anderer. Gedichte dagegen können im Gedächtnis der Menschen weiterleben. So wie die Gedichte des *Requiems* über zwanzig Jahre hinweg im Gedächtnis von Anna Achmatowa und ihren engsten Freunden weitergelebt haben. Sie hat sie nicht niedergeschrieben, lediglich notiert, um sie auswendig zu lernen oder auswendig lernen zu lassen und anschließend zu verbrennen. «Anna Andrejewna trug mir die Gedichte aus dem *Requiem*, wenn sie mich besuchte, flüsternd vor. In ihrem eigenen Zimmer aber traute sie sich nicht einmal zu flüstern; plötzlich, mitten im Gespräch, deutete sie mit dem Blick zur Decke und zu den Wänden, verstummte und griff nach einem Stück Papier und einem Bleistift, dann fragte sie leichthin: ‹Möchten Sie eine Tasse Tee?› oder ‹Sie sind schön braun!›, beschrieb eilig das Stück Papier und hielt es mir entgegen. Ich las das Gedicht, lernte es auswendig und reichte ihr den Zettel schweigend zurück. ‹Wir haben in diesem Jahr einen sehr frühen Herbst›, sagte Anna Andrejewna laut, zündete ein Streichholz an und verbrannte das Stück Papier über dem Aschenbecher.

Das war ein Ritus: Hände, Streichholz, Aschenbecher – ein schöner und schmerzlicher Ritus» *(Lydia Tschukowskaja).*

Es bedarf kaum eines Kommentars, daß nicht allein das Schreiben, sondern auch das Sprechen über die Ereignisse eine tödliche Gefahr bedeutete, da man niemals mit Sicherheit wußte, ob man observiert, belauscht oder denunziert wurde.

«In Schweigen gehüllt, wünschte die Folterkammer sowohl allmächtig als auch nicht existent zu sein; sie konnte es nicht zulassen, daß ein gesprochenes Wort sie aus ihrem allmächtigen Nichtsein heraufbeschwor; sie war in unmittelbarer Nähe, mit der Hand zu greifen und gleichzeitig nicht vorhanden. In den Schlangen standen die Frauen schweigend oder höchstens flüsternd und gebrauchten ausschließlich die unpersönliche Form: ‹Man kam›, ‹man führte ab›, ‹man holte›» *(Lydia Tschukowskaja).* Die Kunst, Observanten in einem Liebespaar zu erkennen, das sich mit dem Erscheinen Achmatowas vor ihrem Haus sofort trennte, wurde zur alltäglichen Übung. Es klingt wie eine banale Detektivgeschichte, aber Angst und ständiges Mißtrauen allem und jedem gegenüber gehörten zum Überlebenstraining. «Plötzlich holte Anna Andrejewna aus irgendeinem Winkel ein Heft mit handgeschriebenen Gedichten hervor. Es sah sehr ordentlich aus, die erste Seite fehlte jedoch. Sie war so hastig herausgerissen worden, daß man die Reste am inneren Rande sah.

‹Ich habe es herausgerissen›, sagte sie. ‹Vor kurzem erschien ein junger Mann bei mir, blond, schlank, gut aussehend, und wollte mir seine Gedichte vorlesen. Ich gab ihm den Rat, sich besser an den Schriftstellerverband zu wenden, und habe ihn sehr bald hinauskomplimentiert... Und nun komme ich aus Moskau zurück, und auf dem Tisch liegt dieses Heft. Auf der ersten Seite die Widmung: „Der großen russischen Dichterin". Ich stürzte mich auf das Heft wie eine Bestie und riß die Seite heraus.› Ich erkundigte mich, ob die Gedichte gut seien, aber Anna Andrejewna blieb mir die Antwort schuldig. Sie ist überzeugt, daß es ein ‹Mäzen› (Synonym für Spitzel) war.

Lydia Jakowlewna und ich versuchten vergeblich, sie eines anderen zu belehren: ‹Er ist noch jung. Vielleicht war er sich einfach nicht im klaren über Ihre Situation?›» *(Lydia Tschukowskaja)*

Jeder Unbekannte war für sie ein Denunziant, und das Mißtrauen wurde zur Manie. Anna Achmatowa wartete ständig auf neue Beweise – so legte sie beispielsweise Haare zwischen die Seiten ihrer Hefte. Und wenn sie auch nur eine Spur verrutscht waren, galt ihr dies als Beweis für eine Haussuchung während ihrer Abwesenheit.

*W. G. sagte über mich zu einer unserer gemeinsamen Bekannten: «Madame spinnt.» Sollte man nicht lieber annehmen, daß nicht ich*

*spinne, sondern alle diejenigen den Verstand verloren haben, die nicht
imstande sind, die einfachsten Tatsachen in Beziehung zu bringen*…

Ihre Logik, die Logik der Gejagten, erweist sich mächtiger als jedes
Argument: «Erregter, unruhiger, verlorener und jedem Argument
unzugänglicher habe ich sie nie zuvor gesehen» *(Lydia Tschukowskaja).*
Um dieselbe Zeit verfällt Waleria Sresnewskaja in geistige Verwirrung. Damit wird der Wahnsinn – zunächst nur Metapher – für
Achmatowa zu einem konkreten Krankheitssymptom.

«Anna Andrejewna schilderte mir ausführlich die Wahnvorstel-
lungen Walerija Sergejewnas und sämtliche Symptome ihrer
Krankheit.

‹Sie liegt auf dem Bett, nur mit einem zerrissenen Hemd bekleidet und mit wirrem, verklebtem Haar. Jetzt verstehe ich, warum
im Mittelalter die Besessenen mit wirrem Haar dargestellt wurden.
… Sie sagt zu mir: ‹Weißt du, Anja, Hitler ist Feuchtwanger und
Ribbentrop jener Herr, der mir damals in Zarskoje Selo, weißt du
noch? den Hof machte. Guck sie dir genau an, und du wirst es
selbst sehen!›» *(Lydia Tschukowskaja)*
«Meiner lieben Anja an der Schwelle des Hades. W. S.» Mit dieser Widmung schenkte Walerija Sresnewskaja in einem Augenblick klaren Bewußtseins ihrer Freundin einen kleinen Band mit
Dantes *Göttlicher Komödie.*

Des Wahnsinns Schwinge
Bedeckt schon der Seele Hälfte
Und schenkt mir Feuerwein ein
Und lockt hinunter ins schwarze Tal.

Und ich begriff, daß mir obliegt,
Ihm den Triumph zu überlassen
Und meinem eignen Wahn zu lauschen,
Als ob er ein fremder wäre.

Und er wird mir nicht gestatten,
Nur das geringste mitzunehmen
(Trotz allen Überredens
Und allen lästigen Flehens).

Weder meines Sohns furchtbare Augen
– Zu Stein gewordenes Leid –
Noch jenen Tag, als das Gewitter kam,
Noch jenes Wiedersehen im Kerker.

Noch die geliebte Kühle seiner Hände
Noch die erregten Schatten jener Linden,
Noch den entfernten flüchtigen Klang –
Des letzten Trostes Worte.

4. Mai 1940

Es gab kein Entkommen, nicht einmal im Schlaf. Der Schlaf spendete kein Vergessen. Im Gegenteil, die Träume wurden zur phantastisch gesteigerten Wirklichkeit. Einen solchen Traum hat Achmatowa eines Tages Nadeschda Mandelstam erzählt: «Die Diele in Punins Wohnung mit dem großen Eßtisch. Ganz hinten, hinter dem Vorhang schläft Ljowa, wenn er in dieses Haus hereingelassen wird... In der Diele ‹sie›, ‹sie› weisen den Haftbefehl vor und fragen nach Gumiljow. Sie weiß, daß Nikolai Stepanowitsch sich in ihrem Zimmer versteckt hält – die letzte Tür links. Sie holt hinter dem Vorhang den verschlafenen Lew hervor und schubst ihn zu den Tscheka-Männern: ‹Hier, Gumiljow.› Es bleibt unklar, wen sie suchen: Der Ältere ist bereits ermordet. Mich quält, daß ich ihnen Lew herausgegeben habe.»

In diesem Traum ist der Ort der Handlung nicht weniger bedeutsam als die Überlagerung der beiden Verhaftungen. Das ‹Fontanka-Palais›, die Wohnung Punins, war für Achmatowa ein Element, ein Teil einer «Symphonie des Schreckens». «Die Atmosphäre des Unheils, die der ganzen Epoche anhaftet... war

vielleicht nirgendwo so deutlich zu spüren wie im Fontanka-Palais.
Über seinem Gartenpavillon ballten sich drohende Wolken, das
Entsetzen bringend, das über die Häupter von Achmatowa und
Punin hereinbrach. Dies Leben führte die beiden schließlich zu einer schmerz-
lichen Trennung» *(W. Petrow).*

*Der letzte Trinkspruch*

Ich trinke auf das zerstörte Haus,
Ich trinke auf mein böses Leben,
Auf die Einsamkeit zu zweit,
Und auf dich trinke ich,
Auf die Lügen der Lippen, die mich verrieten,
Auf die Augen, kühl wie der Tod,
Und darauf, daß Gott mich nicht errettete.

Die Wohnung wurde nun endgültig zu einer Kommunalwohnung.
Achmatowa selbst erzählt, wie das zuging:

*Ich sagte zu Anna Jewgenjewna in seiner Gegenwart: «Lassen Sie
uns doch die Zimmer tauschen.» Das war durchaus in ihrem Sinne,
und wir machten uns auf der Stelle daran, kleinere Gegenstände hin-
überzutragen. Nikolai Nikolajewitsch schwieg. Später, als wir einen
Augenblick allein waren, sagte er: «Sie hätten ruhig noch ein Jährchen
mit mir zusammenleben können.»*

Menschen, die einst eng miteinander verbunden waren, entfrem-
deten sich. Lydia Tschukowskaja berichtet ihrem Tagebuch, wie
Achmatowa zu ihr sagte:
«‹Ich kann nichts essen und verschenke alles. Ich kann weder
schlafen noch essen. So verschenke ich alles, sonst wird es doch
schlecht.› Plötzlich atmete sie ganz schwer. Sie bat Vera Nikolajewna, zu Punin hinüberzugehen und um Kampfer zu bitten.
Punin betrat trällernd das Zimmer. Er stellte Anna Andre-

jewna einige Fragen, trällerte aber weiter, auch zwischen den Fragen.

‹Tiram-bum-bum! Was haben Sie, Anetschka? Tiram-bum-bum!›

‹Geben Sie mir bitte Kampfer.›

Er holte das Fläschchen und – tiram-bum-bum! – zählte die Tropfen in Wasser ab – tiram-bum-bum! –, und sie nahm die Tropfen ein.»

Die Gleichgültigkeit eines Intelligenzlers war mitunter verletzender als die Dreistigkeit eines Proletariers. Aber beides zusammen konnte das Leben zur Hölle machen. «Anna Andrejewna erzählte mir, sie habe vor, ihr eigenes Buch für einhundert Rubel Tanja abzukaufen.

‹Wie? Gibt sie Ihnen das Buch nicht einfach so zurück? Sie hat es doch von Ihnen geschenkt bekommen?!›

‹Was heißt geschenkt! Sie kam einfach ins Zimmer und hat es sich selbst genommen, als der Bücherstapel hier auf dem Stuhl lag. Jetzt sagt sie, sie würde es mir wiedergeben, vielleicht für einhundert Rubel.›» *(Lydia Tschukowskaja)* Es war dieselbe Tanja, die ehemalige Hausangestellte der Punins, die in einer für Achmatowa quälenden Weise ihren Kindern im Nebenzimmer «Manieren beibrachte». «Anna Andrejewna war düster und zerstreut. Das Gesicht fahl, die Augen erregt und glänzend. Sie klagte, daß Tanja häufig außer sich sei und bei hysterischen Anfällen Walja sehr schmerzhaft prügle.

‹Ich kann es nicht mehr hören. Ich habe keine Kraft mehr. Gestern habe ich mich vor ihre Tür gestellt und mit den Fäusten dagegengehämmert»* (Lydia Tschukowskaja)*.

Man könnte dies alles eine Alltagskulisse nennen, so lebten schließlich viele. Doch für Anna Achmatowa, die das Haus fast nie verließ und kaum mit jemandem sprach, waren derartige, sich ewig wiederholende Szenen ein einziger Alptraum, der sie beinahe um den Verstand brachte.

Aber etwas zu ändern und sich von den Nachbarn zu trennen war einfach unmöglich – jetzt lähmte sie die Angst vor neuen fremden Menschen: «Eine bekannte Kommunalwohnung ist immer noch besser als eine unbekannte.»

Nachdem Achmatowa sich von Punin getrennt hatte, zog sie sich in das kleinste Zimmer seiner Wohnung zurück. «Ich habe ein völlig ungebildetes Zimmer», sagte sie, «keine Bücher.» Die wenigen Bücher, die sie besaß *, verwahrte sie in einer Truhe, die, ebenso wie alles andere, was Achmatowa jetzt umgab, einst Olga Sudejkina gehört hatte. Alles war inzwischen alt und brüchig geworden – der dreibeinige Sessel am Ofen stützte sich auf ein Holzscheit. Das denkbar ungemütliche Zimmer, der schäbige Pelz, der Tee mit einem Stück trockenes Brot – oft das einzige, was sie im Laufe eines Tages zu sich nahm –, all das waren Elemente eines ganzen Lebenssystems. Selbst nahestehende Menschen verstanden Achmatowa kaum. Sie hatte niemanden, auf den sie sich stützen konnte. Aber es war damals tatsächlich nicht ganz einfach, an ihrer Seite zu leben. Wladimir Georgijewitsch Garschin, der Ende der dreißiger Jahre zu ihren nächsten Freunden zählte, versuchte sie zu stützen. Doch diese Aufgabe überstieg offenbar seine Kräfte. Bald stellte sich heraus, daß sein Unglück zu einer weiteren Bürde für Achmatowa werden sollte. Er war es, von dem Achmatowa später sagte: «Jener Mann, der meine Sorge war».

Lydia Tschukowskaja erinnert sich: «Er ist gestern von der Datscha gekommen. Er war bei Anna Andrejewna und meinte, sie stehe an der Grenze des Wahnsinns... Plötzlich brach er in Tränen aus...

Ich fragte: ‹Was ist für Sie am schwersten zu ertragen: ihr Zustand? Ihr Zorn?›

‹Nein›, antwortete er, ‹ich selbst. Ich bin mir im klaren darüber, daß ich gerade jetzt an ihrer Seite sein müßte, endgültig. Aber ich schwöre, daß ich dies nur durch ein Verbrechen tun könnte. (Garschin war verheiratet.) Glauben Sie mir, das sage ich nicht nur einfach so dahin. Gut, nehmen wir an, ich tue diesen Schritt und

---

* Die Bibel, Dantes *Göttliche Komödie* und Werke von Puschkin und Shakespeare waren Achmatowas ständige Begleiter unter den Büchern.

komme. Aber wenn ich diesen Schritt getan habe, braucht sie mich nicht mehr.›

Und wieder sprechen wir von ihr: von der Philosophie der Armut, von Unbehaustheit, von ihrer Abneigung, etwas zu unternehmen, und von ihrem Unwillen, gegen ihre Psychose anzukämpfen. ‹Und kann es nicht sein, daß es uns einfach an Einbildungskraft mangelt, um zu verstehen, daß sie recht hat? Vielleicht liegt es nicht an ihrer Psychose, sondern an unserer Dickhäutigkeit?›» *(Lydia Tschukowskaja)*

Achmatowa hatte das Leben gleichsam von sich weggeschoben. «Ich kann nicht schlafen und schreibe ganze Nächte lang. Alles in mir ist abgestorben. Ich kann weder gehen noch schlafen, noch essen. Aber das Schreiben funktioniert aus irgendeinem Grunde noch.» Die Muse konnte sie aber nicht trösten. «Wie kommt es, daß Gedichte, selbst geniale Gedichte, ihre Verfasser niemals glücklich machen können?» fragte sie.

Wenn ich sie nachts erwarte,
Scheint mein Leben an einem dünnen Haar zu hängen.
Was ist der Ruhm, was Jugend, was Freiheit
Vor diesem Gast voller Liebreiz, mit der Schalmei in der
    Hand.

Auf einmal ist sie da, sie streift den Schleier zurück
Und sieht mich prüfend an.
Ich frage sie: «Warst du es, die einst Dante
Die Seiten des Inferno diktierte?» Sie antwortet: «Ja.»

Die Stimme dieses nächtlichen Gastes klang unisono mit dem Rauschen des Laubes im Scheremetjew-Garten, der, ebenso wie das Haus, allmählich zu einem Kerker wurde. Man könnte mit Recht behaupten, daß die freiwillige Zurückgezogenheit Achmatowas sich allmählich in eine erzwungene Isolation verwandelte – und zwar auf eine Art und Weise, die gleichermaßen raffiniert und abstoßend war: «Wir betraten das Haus durch den ‹Unterhaltsamen

Eingang.›* ‹Sehen Sie sich diese Tür an›, sagte Anna Andrejewna, bevor wir eintraten, und zog sie zu. Es kam die Aufschrift ‹Männertoilette› zum Vorschein. ‹Abends, wenn diese Tür angelehnt ist und man das Schild lesen kann, bekommen wir keinen Besuch mehr›» *(Lydia Tschukowskaja).*

Der «Unterhaltsame Eingang» hat in den Tagebüchern Tschukowskajas einen Refrain, dessen Sinn sich von Mal zu Mal wandelt. «Wir betraten den kleinen Hof durch den ‹Unterhaltsamen Eingang›.

‹Wie schade, daß man Ihren Garten eingezäunt hat!› sagte ich.

‹Ja, sehr schade. Nikolai Nikolajewitsch hat einen Berechtigungsschein bekommen und ich nicht.›

‹Wieso denn das?›

‹Immer dasselbe. Er ist ein Mensch, ein Professor. Und wer bin ich? Ein Aas.›

‹Es sind trotzdem ihre Bäume, ihr Haus und ihr Garten›, dachte ich.»

Dieser Garten, aus dem Achmatowa ausgesperrt wurde, ist tatsächlich Teil ihrer selbst geblieben.

*Das Fenster geht nach dem Garten, der älter ist als Petersburg, das sieht man an den Jahresringen der gefällten Eichen. Zur Schwedenzeit stand hier ein Bauernhaus, Peter hat Scheremetjew dieses Land für seine Siege geschenkt.*

Dieses Haus war ein Teil ihres Petersburgs, geliebt seit den Tagen der Kindheit – doch nun hatte es sich verändert, war nicht mehr so schön und klar wie in den ersten Zeilen von Puschkins *Ehernem Reiter:*

* Im Scheremetjew-Palais war damals das Technische Museum («Haus der Unterhaltsamen Wissenschaft») untergebracht. In dem Adjektiv «unterhaltsam» klingt im Russ. aber auch die Bedeutung «wundersam» an. Achmatowa bezeichnet die «Schachzüge» des KGB als «Wunder», die Institution selbst als «Wunderland».

Ich liebe dich, Peters Schöpfung,
Ich liebe dein strenges, schlankes Bild.

Achmatowas Leningrad der dreißiger Jahre war düster und bedrückend:

*... Und die zwei Fenster im Michail-Palais, die genauso aussehen wie
1801 – man meint, hinter ihnen würde noch immer Paul I. ermordet –,
und die Kasernen und der Semjonowski-Platz, wo Dostojewski auf den
Tod wartete, und das Fontanka-Palais, eine ganze Symphonie des
Schreckens... Und das Militärgericht auf dem Newski... Und die
Möwen an der Litejny-Brücke, über die ich gegangen bin, um mich vor
dem Kresty (Gefängnis Nr. 1) anzustellen... Und der Torbogen des
Generalstabs, wo das Militärtribunal war, und der Sommergarten.
Einmal – betäubend duftend in der Reglosigkeit des Juli und dann unter
Wasser im Jahre 1924, und schließlich – der Sommergarten – zerschnit-
ten von den stinkenden Furchen der Schützengräben (1941), und das
Marsfeld – der Paradeplatz, wo 1915 nachts die Rekruten exerzierten
(Trommel), und wieder das Marsfeld, ein aufgewühlter Gemüsegarten,
halb verkommen (1921), «unter einer Wolke aus Krähenflügeln», und
das Hoftor, durch das die Narodowolzen zur Hinrichtung gefahren
wurden, und in unmittelbarer Nähe das Haus Murusi, wo ich Gumiljow zum letzten Mal sah... Das alles ist mein Leningrad.*

Wie der halb wahnsinnige, aber symbolische Traum Achmatowas,
der die Schicksale ihres 1921 erschossenen Mannes und des inhaftierten Sohnes als Einheit zeigte, so vereinigte sich für Anna Achmatowa das, was Geschichte geworden war, und das, was ihr eigenes Leben und das ihrer ganzen Generation ausmachte, in dem
Schicksal ihrer Stadt, von der sie sagte:

*Leningrad ist überhaupt für Katastrophen wie geschaffen. Dieser kalte
Fluß, über dem sich immer schwere Wolken ballen, diese unheilver-
kündenden Sonnenuntergänge, dieser unheimliche Opernvollmond...
Schwarzes Wasser mit gelbem Lichtschein darauf... Alles unheimlich.*

Nicht als europäische Metropole,
Preisgekrönt für Schönheit –
Als stickiges Lager-Gefängnis am Jenissej,
Als Umsteigebahnhof nach Tschita,
Nach Ischim, nach dem regenarmen Irgis,
Nach dem vielgerühmten Atbasar,
Als Etappengefängnis in das Lager «Freiheit»,
In dem Leichengestank morscher Pritschen
Sah ich diese Stadt
In dieser blauen Mitternacht,
Sie, vom Ersten Dichter besungen,
Von uns Sündern – und von dir.

1937

Dieses Gedicht über die Kerker-Stadt widmete Achmatowa Ossip
Mandelstam, dem Petersburger und Freund, dem Dichter, der
ebenfalls Petersburg besungen hatte.

Im Postskriptum zu ihren Erinnerungen an Mandelstam, die sie
*Tagebuchblätter* nannte, schreibt Achmatowa:

*Heute ist Ossip Mandelstam ein großer, von aller Welt anerkannter
Dichter. Über ihn werden Bücher geschrieben und Dissertationen verfaßt. Mit ihm befreundet gewesen zu sein ist eine Ehre, sein Feind gewesen zu sein – eine Schmach... Jeder wiedergefundene Brief von ihm ist
ein Ereignis.*

*Für mich ist er nicht nur ein großer Dichter, sondern ein Mensch,
der mir... als er hörte, wie schlecht es mir im Haus an der Fontanka
ging, beim Abschied sagte – das war am Moskauer Bahnhof in Leningrad: «Annuschka» (er hatte mich noch nie im Leben so angeredet),
«Sie müssen immer daran denken, daß mein Haus auch Ihr Haus ist.»
So etwas konnte er nur unmittelbar vor dem Ende sagen...*

Anna Achmatowas Memoiren, Anfang der sechziger Jahre (1963)
niedergeschrieben, erzählen von Mandelstam, dem Dichter und

Freund. Sie sind ebenso lakonisch wie ihre übrige Prosa. Aber sie geben den Ablauf der Ereignisse exakt wieder: die Verhaftung Mandelstams 1934 im Zusammenhang mit den Gedichten über Stalin, seine Verbannung nach Tscherdyn, die dank der Bemühungen von Anna Achmatowa und Pasternak durch eine Verschickung nach Woronesch abgemildert wurde, die erneute Verhaftung 1938 und der Tod des Dichters in einem Etappengefängnis.

Aber diese Blätter enthalten nicht nur die lakonische Aufzählung von Fakten, sondern die hinter Tatsachen verborgenen Symbole, wie das Gespräch über Dante, die Lektüre von James Joyce und die Worte von Nadeschda Mandelstam nach der zweiten Verhaftung ihres Mannes:

«Ich werde erst dann zur Ruhe kommen, wenn ich erfahre, daß er tot ist.» (Vielleicht sind diese Worte zur Verszeile im *Requiem* geworden: «Damals war es, als nur der Tote lächeln konnte, der Ruhe froh.») Die Fragmente aus den *Tagebuchblättern* sprechen für sich. So erinnert sie sich an den Ausspruch Mandelstams: «Ich bin zum Sterben bereit»:

*Obwohl die Zeit verhältnismäßig vegetarisch war, lag über diesem Haus ein Schatten von Unheil und Unentrinnbarkeit. Wir gingen über die Pretschistenka (Februar 1934), unterhielten uns – ich weiß nicht mehr, worüber, bogen in den Gogol-Boulevard ein, und Ossip sagte: «Ich bin zum Sterben bereit.» Seit zwanzig Jahren denke ich nun an diesen Augenblick, immer wenn ich an dieser Stelle vorüberfahre.*

*Ich hatte Ossip und Nadja lange nicht gesehen. 1933 folgten die Mandelstams einer Einladung nach Leningrad. Sie stiegen im Hotel Europa ab. Ossip hatte zwei Leseabende. Er hatte gerade erst Italienisch gelernt, war von Dante wie besessen und trug ihn seitenlang auswendig vor. Wir kamen auf das «Purgatorio» zu sprechen, und ich las einen Abschnitt aus dem XXX. Gesang vor (die Erscheinung Beatrices)... Ossip kamen die Tränen. Ich erschrak – «Was ist los?» – «Es ist nichts, nein. Nur diese Worte, und Ihre Stimme...» Ossip trug mir auswendig aus dem Gedicht «Die Kunstverächter» von Nikolai Kljujew vor – das dem unglücklichen Nikolai Alexejewitsch zum Verhäng-*

*nis geworden war. Sprach ich mißbilligend über Jessenin, entgegnete Ossip, er könnte Jessenin alles verzeihen für die Verszeile: «…Niemals Unglückliche in Kerkern erschossen…»*

*Eines unserer damaligen Gespräche über Dichtung ist mir deutlich in Erinnerung geblieben. Ossip Emiljewitsch, der sehr empfindlich auf das reagierte, was man heute Personenkult nennt, sagte zu mir: «Jetzt müssen die Gedichte gesellschaftsrelevant sein», und trug mir vor: «Wir leben jetzt, ohne das Land unter den Füßen zu spüren»…*

*Am 13. Mai 1934 wurde er verhaftet. Am selben Tag war ich nach einem Sturm von Telegrammen und Telefonaten aus Leningrad zu Mandelstams gefahren. Wir waren damals alle so arm, daß ich, um mir eine Rückfahrkarte kaufen zu können, den mir verliehenen Orden der «Affenkammer» mitnahm, den letzten, den Remisow in Rußland verliehen hatte (man überbrachte ihn mir, als Remisow schon geflohen war – 1921), und eine kleine Plastik (eine Arbeit von Danko aus dem Jahre 1924), um sie zu verkaufen. S. Tolstaja kaufte sie für das Museum des Schriftstellerverbandes.*

*Der Haftbefehl war von Jagoda persönlich unterschrieben. Die Haussuchung dauerte die ganze Nacht. Sie suchten Gedichte, trampelten über die aus der Truhe herausgerissenen Manuskripte. Wir saßen alle in einem Zimmer. Es war sehr still. Hinter der Wand bei Kirsanow spielte jemand Hawaiigitarre. Der Untersuchungsrichter fand vor meinen Augen den «Wolf» und zeigte ihn Ossip Emiljewitsch. Dieser nickte stumm. Als er sich verabschiedete, küßte er mich. Es war sieben Uhr morgens, als sie ihn mitnahmen. Es war ganz hell. Nadja ging zu ihrem Bruder, ich zu Tschulkows auf den Smolenski-Boulevard 8, wir verabredeten irgendwo einen Treffpunkt.*

*Gemeinsam kehrten wir zurück, räumten die Wohnung auf und wollten frühstücken. Wieder Klopfen an der Tür, wieder sie, wieder Haussuchung. Jewgeni Jakowlewitsch Chasin sagte: «Beim nächsten Mal werden sie sicherlich auch Sie mitnehmen.» Pasternak, den ich noch am gleichen Tage aufsuchte, ging zur «Iswestija», um sich bei Bucharin für Mandelstam zu verwenden, und ich – in den Kreml zu Jenukidse. Damals grenzte es an ein Wunder, wenn man sich Zugang zum Kreml verschaffen konnte. Der Schauspieler Russlanow hatte uns* über den Sekretär von Jenukidse den Weg geebnet. Jenukidse war durchaus höflich, fragte aber sofort: «Spielen vielleicht irgendwelche Gedichte eine Rolle?» Wir konnten die Entscheidung wohl beschleunigen und wahrscheinlich auch günstig beeinflussen. Das Urteil – drei Jahre Tscherdyn, wo Ossip sich im Krankenhaus aus dem Fenster stürzte, weil er glaubte, sie kämen, um ihn zu holen, und sich den Arm brach. Nadja schickte ein Telegramm ans ZK. Stalin befahl, das Urteil zu überprüfen, und gestattete einen anderen Ort zu wählen, danach rief er Pasternak an...

Bucharin hatte seinen Brief an Stalin mit dem Nachsatz geschlossen: «Pasternak ist ebenfalls beunruhigt.» Nun teilte Stalin Pasternak mit, daß die nötigen Anordnungen getroffen seien und daß mit Mandelstam alles in Ordnung komme. Er fragte Pasternak, warum er sich nicht selbst bei ihm für Mandelstam eingesetzt hätte. «Wenn meinem Freund ein Unglück zugestoßen wäre, dann wäre ich selbst eine Steilwand hinaufgestiegen.» Pasternak antwortete, daß die Angelegenheit, hätte er sich nicht eingesetzt, Stalin gar nicht zu Ohren gekommen wäre. «Warum haben Sie sich nicht gleich an mich gewandt oder an die Schriftstellerverbände?» – «Die Schriftstellerverbände sind bereits seit 1927 nicht mehr für derartige Dinge zuständig.» – «Aber er ist doch Ihr Freund?» Pasternak zögerte, und Stalin fuhr nach einer kurzen Pause fort: «Aber er ist doch ein Meister, ein Meister!» Pasternak antwortete: «Das hat nichts zu bedeuten.»

Pasternak hatte gedacht, Stalin wollte prüfen, ob er von dem Gedicht etwas wüßte, und begründete damit seine ausweichende Antwort.

«Warum immer und ewig Mandelstam? Ich habe mir schon lange gewünscht, mit Ihnen zu sprechen.» – «Worüber?» – «Über Leben und Tod.» Stalin hängte ein.

Von allen Männern war Perez Markisch praktisch der einzige, der Nadja besuchte. An diesem Tag kamen viele Frauen. Ich weiß noch, daß sie schön waren und sehr gut angezogen, in neuen Frühjahrskleidern: die noch vom Unglück verschonte Sima Narbut; Senkewitschs Frau, die bildschöne «gefangene Türkin», wie wir sie untereinander nannten; Nina Olschewskaja mit ihren klaren Augen, schlank und *ungewöhnlich gefaßt. Nadja und ich saßen da in unseren ausgeleierten Strickjacken, gelb und hölzern. Bei uns waren Emma Gerstein und Nadjas Bruder.*

*Fünfzehn Tage später, in aller Frühe, wurde Nadja durch einen Anruf davon in Kenntnis gesetzt, sie könne, falls sie ihren Mann begleiten wolle, sich abends auf dem Kasaner Bahnhof einfinden. Die Würfel waren gefallen. Nina Olschewskaja und ich gingen los, um Geld für die Reise zu sammeln. Es kam sehr viel zusammen. Jelena Sergejewna Bulgakowa brach in Tränen aus und steckte mir den gesamten Inhalt ihres Handtäschchens zu. Nadja und ich fuhren zum Bahnhof. Auf dem Weg holten wir in der Ljubjanka die Papiere ab. Der Tag war klar und hell. Aus jedem Fenster schauten uns die Fühler der Küchenschabe (der Schnurrbart des «Helden des Tages») an. Es dauerte sehr lange, bis sie Ossip brachten. Er war in einer derartigen Verfassung, daß es selbst ihnen nicht gelang, ihn in den Gefängniswagen zu setzen...*

*Im Februar 1936 war ich bei den Mandelstams in Woronesch und erfuhr alle Einzelheiten seines «Falls». Er erzählte, wie er in einem Anfall von Geistesverwirrung durch Tscherdyn gelaufen sei und meinen erschossenen Leichnam gesucht habe, was er jeden ersten besten laut wissen ließ. Und die Triumphbögen, die zu Ehren der Besatzung der «Tscheljuskin» errichtet worden waren, hätte er für einen ehrenden Willkommensgruß gehalten.*

*Pasternak und ich gingen mit einer Petition für Mandelstam zum zuständigen Generalstaatsanwalt, aber inzwischen hatte der Terror schon eingesetzt, und alles war vergeblich.*

*Es ist verblüffend, daß die Großzügigkeit und der tiefe Atem in Mandelstams Gedichten ausgerechnet in Woronesch zum Ausdruck kamen, wo er alles andere als frei war:*

In meiner Stimme erklingt nach durchstandener Atemnot
Die letzte Waffe – meine Erde.

*Als ich nach dem Besuch bei Mandelstams wieder zu Hause war, schrieb ich das Gedicht «Woronesch». Hier der Schluß:*

174

Und in der Kammer des verbannten Dichters
Halten die Angst und seine Muse Wache,
Sie dauert eine Nacht an, die keinen Morgen kennt...

*Dort, in Woronesch, wurde er mit recht unsauberen Absichten dazu
überredet, einen Vortrag über den Akmeismus zu halten. Vergessen
wir nie, was er 1937 gesagt hat: «Ich verleugne weder Tote noch Le-
bende.» Auf die Frage, was denn nun der Akmeismus sei, antwortete
Mandelstam: «Die Sehnsucht nach einer Weltkultur»...
Ein Sonderling? Natürlich war er ein Sonderling. So setzte er zum
Beispiel einen jungen Dichter vor die Tür, der zu ihm gekommen war,
um sich zu beschweren, daß man ihn nicht drucke. Während der verle-
gene Jüngling die Treppe hinunterstieg, stand Ossip oben und schrie
ihm nach: «Und André Chenier – wurde der etwa gedruckt? Und die
Sappho – wurde die gedruckt? Und Jesus Christus – wurde der gedruckt?»
Im Mai 1937 kehrten die Mandelstams nach Moskau zurück,
«nach Hause», in die Naschtschokinski-Gasse. In dieser Zeit war ich
bei Ardows zu Gast im selben Haus. Ossip war bereits krank und
mußte viel liegen. Er las mir alle seine neuen Gedichte vor, erlaubte
aber niemand, sie abzuschreiben...
Seit einem Jahr tobte der Terror, der immer stärker wurde. In dem
einen der zwei Zimmer Mandelstams wohnte ein Mann, der sie wiederholt ohne jeden Anlaß denunziert hatte, und es dauerte nicht lange, bis
sie sich nicht einmal mehr in ihrer eigenen Wohnung zeigen durften.
Eine Aufenthaltsgenehmigung für die Hauptstadt bekam Ossip nicht.
X. sagte zu ihm: «Sie sind viel zu nervös.» Er fand keine Arbeit. Gelegentlich kamen sie aus Kalinin nach Moskau und saßen auf einem
Boulevard. Damals wahrscheinlich war es, als Ossip zu Nadja sagte:
«Man sollte seinen Beruf wechseln können. Jetzt sind wir eben Bettler.»
Und: «Im Sommer haben's die Bettler leichter.»
Zu jener Zeit lasen wir beide gleichzeitig «Ulysses» von Joyce, er in
guter deutscher Übersetzung, ich im Original. Einige Male versuchten
wir, über «Ulysses» zu sprechen, aber der Sinn stand uns inzwischen
nicht mehr nach Büchern.*

*So lebten sie ein ganzes Jahr. Ossip war bereits schwer krank, aber er bestand mit unbegreiflicher Hartnäckigkeit darauf, der Schriftstellerverband solle für ihn einen Leseabend organisieren. Es wurde sogar ein Termin festgelegt, aber dann hatte man «vergessen», die Einladungen zu verschicken, und es kam niemand. Ossip rief bei Assejew an und lud ihn ein. Dieser antwortete: «Ich habe Karten für ‹Snegurotschka›.» Und als Mandelstam auf dem Boulevard Selwinski begegnete und ihn um Geld bat, reichte dieser ihm drei Rubel.*

*Das letzte Mal sah ich Mandelstam im Herbst 1937. Sie – er und Nadja – waren für etwa zwei Tage nach Leningrad gekommen. Es war eine apokalyptische Zeit. Das Unheil folgte jedem von uns auf den Fersen. Sie fanden buchstäblich keine Unterkunft. Ossip atmete sehr mühsam und rang nach Luft. Ich weiß nicht mehr, wohin ich kommen mußte, um sie zu sehen. Es war wie ein schrecklicher Traum. Jemand, der nach mir kam, sagte, daß der Vater von Ossip Emiljewitsch (der «Opa») keine warme Kleidung habe. Ossip zog den Pullover aus, den er unter dem Jackett trug, damit man ihn seinem Vater schickte.*

*Mein Sohn erzählt, daß man ihm während der Untersuchungshaft die Aussagen Mandelstams über ihn und über mich vorgelesen habe und daß sie keine belastenden Momente enthielen. Leider können nicht viele unserer Zeitgenossen dasselbe von sich sagen.*

*Das zweite Mal wurde er am 2. Mai 1938 im Nervensanatorium in der Nähe des Bahnhofs Tscherust verhaftet (der Terror hatte inzwischen seinen Höhepunkt erreicht). Mein Sohn saß um diese Zeit bereits seit zwei Monaten in der Schpalernaja (seit dem 10. März). Alle redeten, ohne die Stimme zu senken, von den Folterungen. Nadja kam nach Leningrad. Sie hatte schreckliche Augen. Sie sagte: «Ich werde erst dann zur Ruhe kommen, wenn ich weiß, daß er tot ist.»*

*Anfang 1939 bekam ich einen kurzen Brief von einer guten Moskauer Bekannten: «Freundin Lena bekam ein kleines Mädchen, und Freundin Nadjuscha ist verwitwet», schrieb sie.*

Diese Fragmente, die auf den ersten Blick zusammenhanglos scheinen, verbindet das gemeinsame Schicksal Mandelstams, Achmatowas und ihrer Zeitgenossen zu einer Einheit. Deshalb klingen

...urm aufs Winterpalais

...chlangestehen nach Brot, Petrograd Anfang der zwanziger Jahre

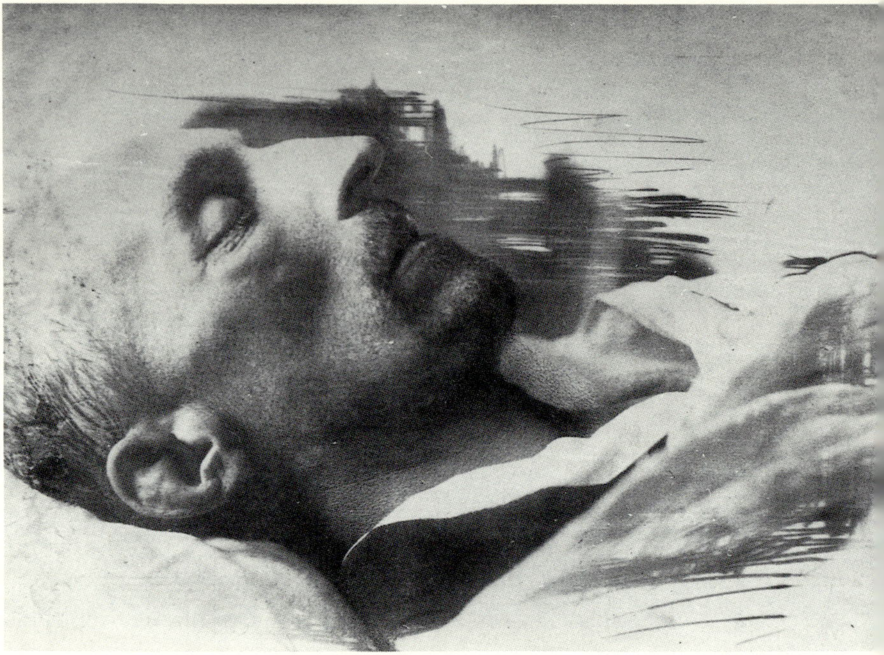

Alexander Blok auf dem Totenbett, 1921

Wladimir Schilejko, der zweite Ehemann Anna Achmatowas (Bleistiftzeichnung)

...as in den fünfziger Jahren des 18. Jh.s erbaute Palais des Grafen Scheremetjew in ...etersburg. Hier, im Haus an der Fontanka, wohnte Anna Achmatowa mit Unter-...rechungen von 1919 bis 1952. Heute befindet sich dort das Achmatowa-Museum.

...er Sommergarten in Leningrad nach der Überflutung 1924

Portal des Scheremetjew-Palais mit der Inschrift «Deus conservat omnia» im Wappen

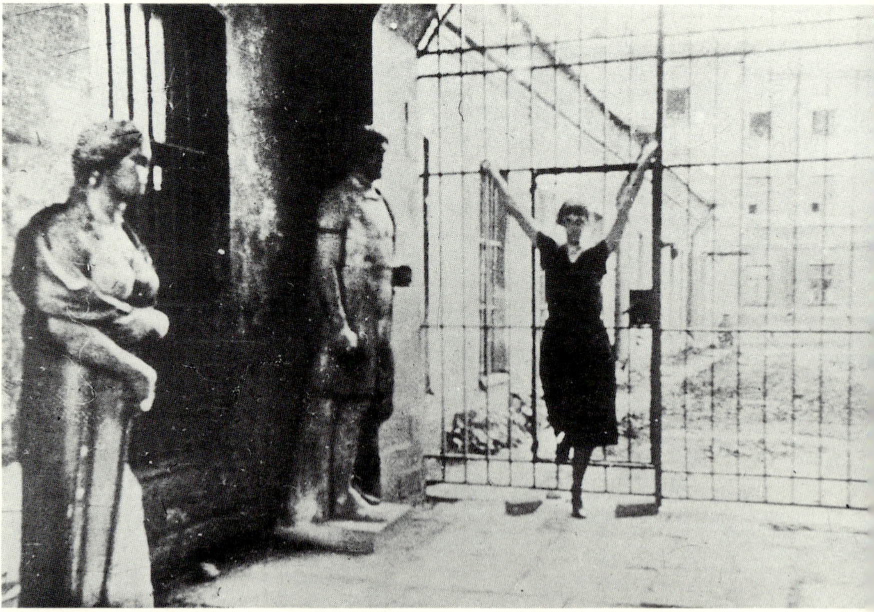

Anna Achmatowa am Tor zum Hof des Scheremetjew-Palais

Anna Achmatowa 1926

Mit Nikolai Punin im Garten am Scheremetjew-Palais, Ende der zwanziger Jahre

Porzellanstatuette Achmatowas
von Natalja Danko, 1926

achbildung der Hand Anna
chmatowas von Natalja Danko

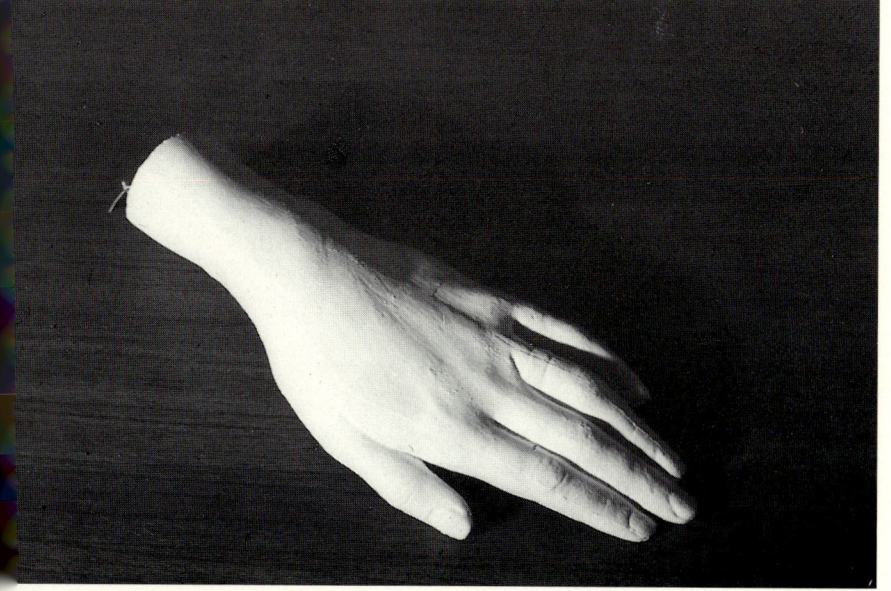

1926

houette Achmatowas, Tuschzeichnung von Nina Kogan, 1925

Aquarellzeichnung von Nikolai Tyrsa, 1928

Anna Achmatowa Ende der zwanziger Jahre

Mit dem Sohn Lew und Anna Gumiljowa, der Großmutter (rechts), Ende der 20er Jahre

In der Wohnung im Scheremetjew-Palais, Ende der zwanziger Jahre

Achmatowa (rechts außen) mit Ossip und Nadeschda Mandelstam (2. u. 3. v. rechts), 1933. In der zweiten Reihe Alexander Mandelstam (stehend) und der Vater, Emil Mandelstam

Marina Zwetajewa, von Anna Achmatowa als ihre «Doppelgängerin» bezeichnet, 1939

Das Kresty-Gefängnis in Leningrad, in dem nach der Revolution von 1917 zu verschiedenen Zeiten Nikolai Gumiljow, Anna Achmatowas erster Ehemann, der gemeinsame Sohn Lew Gumiljow und ihr letzter Ehemann, Nikolai Punin, inhaftiert waren

Mandelstams Worte ‹Ich bin zum Sterben bereit› so selbstverständlich aus dem Munde eines anderen, unbekannt gebliebenen Dichters, der schon viele Jahre zuvor als junger Mann gestorben und von Achmatowa zum Helden ihres *Poems ohne Held* gemacht wurde. Dieses Poem suchte Anna Achmatowa auf dem Höhepunkt jener Flut von Gedichten heim, von denen das *Requiem* nur ein Teil ist. Über der Widmung steht das Datum des zweiten Jahrestages von Mandelstams Tod – 27. Dezember 1940.

Wie von dem *Poem* soll Achmatowa bis ins hohe Alter, bis zu ihrem Tode, von den Klängen des Ende 1930 begonnenen Zyklus *Totenkranz* erfüllt bleiben.

De profundis… Nur wenig Honig
Bekamen wir zu kosten. Und jetzt
Nur des Windes Geheul in der Ferne,
Nur der Erinnerung Lied an das Früher.

Jakowlewa-Schaporina erinnert sich: «Anna Andrejewna erzählte mir, daß sie ins NKWD vorgeladen wurde. Sie legten ihr dort eine Liste vor… und sagten, man wende sich an sie als an eine hochgeachtete Schriftstellerin mit der Bitte, sich diese Liste der verleumdeten und ihres guten Rufes beraubten Schriftsteller anzusehen und sich dazu zu äußern.

Neunundsiebzig Namen. Darunter Fedin und Tichonow. (‹Nummer achtzig war offensichtlich ich selbst›, glaubte Achmatowa)…

Nach dieser Liste, die von gefolterten, geschlagenen, zermürbten Menschen diktiert worden war…, suchten die Tschekisten ihre Opfer nach Lust und Laune aus: So haben sie den Dichter Spasski verhaftet und verbannt, der nach der Befreiung aus dem Lager nur noch kurze Zeit zu leben hatte. Sein Herz war müde geworden.

Es waren sehr viele Opfer – ich kann mich an die Namen nicht mehr erinnern. Vermutlich war diese Liste nach dem Diktat von Liwschiz und Jurkun zusammengestellt worden, die inzwischen ebenfalls nicht mehr auf der Welt sind. Menschen, die unter der

Folter zu Verrätern wurden, hat man als unwillkommene Zeugen liquidiert» *(Jakowlewa-Schaporina)*.

In gewisser Weise spiegelt sich diese Episode aus den sechziger Jahren in den Zeilen des *Requiems*:

> Man möchte alle mit Namen nennen,
> Aber die Liste ist fort,
> Und wer gibt uns Auskunft?

Achmatowa hat diese Namen genannt. In ihrem *Totenkranz* sind Gedichte, die sie Boris Pilnjak gewidmet hat, der hinter den Mauern des NKWD 1937 spurlos verschwand, und Ossip Mandelstam, der 1938 in einem Etappengefängnis starb, und Michail Bulgakow, der, zu Tode gehetzt, 1940 starb, und Marina Zwetajewa, die sich 1941 erhängte. Dieser Zyklus ist ein Requiem für die Kultur.

Selbst als Anna Achmatowa ihre Gedichte versteckte und verbrannte, war ihr stets bewußt, daß sie den Menschen früher oder später zur Wahrheit verhelfen würden. Vielleicht ist das der Grund, warum sie ihre Gedichte aus den Jahren 1920 bis 1940 in einem Band unter dem Titel *Das Schilfrohr* zusammenfaßte. Ovid erzählt in den *Metamorphosen* von König Midas, der wegen eines ungerechten Urteils über die Dichter von Apollon mit Eselsohren geschlagen wurde, die er sorgfältig vor aller Augen verbarg. Den Barbier, der das Geheimnis des Herrschers kannte, quälte sein Wissen so sehr, daß er ein Loch in die Erde grub, hineinflüsterte: «König Midas hat Eselsohren» und die kleine Grube wieder zuschüttete. An dieser Stelle sproß ein Schilfrohr, das das Geheimnis des Königs der ganzen Welt verkündete: «Der König Midas hat Eselsohren!»

Die Flöte, auf der Achmatowas Muse blies, war vermutlich aus demselben Schilfrohr geschnitten. Aber ein Buch mit dem Titel *Das Schilfrohr* sollte nie erscheinen – erst fünfundzwanzig Jahre später, in dem Band *Gesammelte Gedichte*, trug ein Kapitel mit Gedichten aus der zweiten Hälfte der dreißiger Jahre diese Überschrift.

Es scheint völlig unwahrscheinlich, daß im Jahre 1940 überhaupt ein Buch von Achmatowa erscheinen konnte. Wie bei jedem Wunder rankten sich um das Erscheinen dieses Buches unzählige Legenden. So hieß es beispielsweise, Stalins Tochter Swetlana liebe Achmatowas Gedichte. Stalin soll eine der ersten Ausgaben bei ihr auf dem Tisch gesehen und daraufhin befohlen haben, einen weiteren Band zu veröffentlichen. Es ist ganz gleichgültig, ob es sich dabei um eine Phantasie handelte – in dieser absurden Zeit waren die unglaublichsten Geschichten, die grausamsten und die ungereimtesten, kaum von der Realität zu unterscheiden. Schostakowitsch erzählt in seinen Memoiren eine Episode aus dem Leben der Pianistin Maria Judina. Stalin soll im Radio das Klavierkonzert Nr. 23 von Mozart von ihr gespielt gehört und sich eine Plattenaufnahme davon gewünscht haben. Im Rundfunk wagte man nicht, ihm zu sagen, daß es sich um eine Direktübertragung gehandelt habe und das Konzert nicht mitgeschnitten worden sei. In einer einzigen Nacht wurde diese Platte in einem einzigen Exemplar hergestellt. Während der Einspielung mußten zwei Dirigenten abgelöst werden, nur der dritte hielt bis zum Finale durch. Die ersten beiden waren so eingeschüchtert, daß sie die Musiker völlig verwirrten. Und am nächsten Tag hatte Stalin die gewünschte Platte.

Dem Erscheinen des Achmatowa-Bandes im Jahre 1940 und der Herstellung dieser unikalen Aufnahme ist etwas gemeinsam: Der allerhöchste Wille setzte augenblicklich die gesamte literarische Beamtenmaschinerie in Gang – Achmatowa wurde in den Schriftstellerverband aufgenommen. Achmatowa bekam eine höhere Pension, bei Achmatowa antichambrierten Zeitschriften- und Verlagsredakteure. Sie erzählte Lydia Tschukowskaja: «Den ganzen Tag kommt Besuch aus allen möglichen Redaktionen. Gestern war Drusin da, in Begleitung seiner Sekretärin und eines Uniformierten. Ich hatte gerade Schakalik* auf dem Arm. Ich übergab ihn

---

* Schakalik («Schakalchen») – Spitzname des Nachbarjungen Wowa Smirnow.

Tanja und flüsterte zum Spaß: „Sie holen mich." Sie fiel sofort darauf rein. Aber es stimmte. Alles verlief ganz ähnlich. Ich möchte im übrigen niemanden verleumden. Drusin war die Großmut und das Wohlwollen in Person...› Der Besuch einer jungen Dame von der Zeitschrift *Leningrad* unterbrach ihren Bericht. Die Redakteurin troff förmlich von Honig und Sirup» *(Lydia Tschukowskaja).*

In dieser Zeit schloß Achmatowa Verträge mit zwei Verlagen gleichzeitig ab. Zuerst, im Mai 1940, erschien der Band *Aus sechs Büchern.* Er erschien

Fast aus dem Schatten des anderen Ufers der Lethe
In einer Zeit, da Welten zusammenstürzen,

wie Anna Andrejewna in der Widmung an den Dichter und Übersetzer Michail Losinski schrieb, ihren langjährigen Freund, der ihr bei den Korrekturen geholfen hatte.

Nach dem Erscheinen des Buches erhielt Achmatowa einen Brief von Boris Pasternak:

28. Juli 1940

Teure Anna Andrejewna, seit langem schon schreibe ich in Gedanken diesen Brief, seit langem gratuliere ich Ihnen zu Ihrem großen Triumph, der schon fast zwei Monate lang in aller Munde ist.

Ihr Buch besitze ich nicht. Ich hatte es mir bei Fedin geliehen und durfte es nicht mit Ausrufezeichen bedecken, aber ich habe mir alle meine Anmerkungen notiert und werde sie in mein Exemplar übertragen, sobald ich mir das Buch beschaffen kann.

Ich lag im Krankenhaus, als es herauskam... und die Sensation, die sein Erscheinen begleitete, ist mir entgangen. Aber auch im Krankenhaus kursierte das Gerücht von der Schlange, die über zwei Straßen ging, und von den märchenhaften Umständen seiner Verbreitung. In jenen Tagen hat mich Andrej Platonow besucht und berichtet, daß die Auflage bereits verkauft sei, daß die tätlichen Auseinandersetzungen andauerten und daß ein gebrauchtes Exemplar bis zu hundertfünfzig Rubel koste.

Es ist nicht sehr erstaunlich, daß Sie, sobald Sie auftraten, wieder einen Sieg errangen. Erstaunlich ist, daß bei der stumpfsinnigen Verneinung von allem und jedem in der letzten Zeit Ihr Triumph so vollkommen und unwiderlegbar ist.

Ihr Name hat denselben Klang wie damals, als er den besten Teil des von Ihnen gezeichneten Petersburg ausmachte. Er erinnert mich mit unveränderter Macht an jene Zeit, da ich nicht einmal zu glauben wagte, daß ich Sie irgendwann einmal kennenlernen und das Glück und die Ehre haben würde, an Sie zu schreiben. In diesem Sommer wird er von neuem all das bedeuten, was er damals bedeutete, und zugleich das neue und außerordentlich Große, das ich in der letzten Zeit für sich beobachten konnte, das ich aber mit dem ersten vereint zu sehen noch nie das Glück hatte.

Das Rivalisierende Ihrer neuen Meisterschaft in der *Weide* und in den einzelnen Gedichten der allerletzten Zeit, Ihre heutige Manier ist noch viel zu eigengesetzlich und mächtig, um als legitime Fortsetzung der früheren zu erscheinen. Man könnte vom Auftreten eines neuen Künstlers sprechen, der sich völlig unerwartet in Ihnen zur vollen Größe aufgerichtet und sich an die Seite des früheren gestellt hat, so verblüffend ist dieses Übergewicht eines absoluten Realismus gegenüber den impressionistischen Elementen, die ausschließlich vom Eindruck leben, und die vollkommene Unabhängigkeit der Gedanken von den Fesseln des Rhythmus.

Das Vermögen Ihrer ersten Bände, die Zeit ihres Erscheinens zum Leben zu bringen, hat weiter zugenommen. Man kann sich wieder überzeugen, daß niemand außer Blok über eine solche Beredsamkeit der Details verfügt, und bezüglich der Puschkinschen Prinzipien sind Sie überhaupt einzigartig. Vermutlich stehen ich, Sewerjanin und Majakowski tiefer in Ihrer Schuld, als man allgemein glaubt, und diese Schuld wiegt schwerer als jede Anerkennung, denn sie ist nicht bewußt. Wie stark hat sich das alles unserer Phantasie eingeprägt, wie oft wurde es wiederholt und nachgeahmt!

Überraschenderweise ärgerte sich Anna Achmatowa über Pasternaks begeisterten Brief: «Er liest meine Gedichte einfach zum ersten Mal.» Pasternak hatte frühe Gedichte aus den 1914 und 1921 veröffentlichten Bänden als seine Lieblingsgedichte bezeichnet. Aber vielleicht fühlte sich Achmatowa einfach getroffen durch die Gegenüberstellung ihres alten Stils, der von der Kritik als «weinerlich» und «damenhaft» abgekanzelt worden war, und des neuen Klanges, des «eigengesetzlichen und mächtigen». Sie betonte, daß ihr Weg immer derselbe geblieben sei. Und es ist sicher kein Zufall, wenn sie sich im Zusammenhang mit dem Erscheinen dieses Bandes an einen frühen Artikel von Nedobrowo erinnerte: «Nedobrowo hat meinen Weg verstanden, meine Zukunft, sie erraten und vorhergesagt», wiederholte Achmatowa jedesmal, wenn sie Freunden ihr neues Buch überreichte.

Der Sammelband *Aus sechs Büchern* erschien, brachte Geld und mit dem Geld die Lösung einiger alltäglicher Probleme, doch er brachte weder Freude noch Hoffnung. Was konnte es schon für eine Hoffnung geben in einer Stunde, ‹da Welten zusammenbrachen› und selbst der Ruhm die Fratze der Angst zeigte.

«Dann klingelte das Telefon. Anna Andrejewna nahm ab und kehrte schneeweiß im Gesicht zurück.

‹Stellen Sie sich vor, was das für ein Anruf war! Er kam von *dort!* Eine Frauenstimme sagte: ‹Ich spreche zu Ihnen im Namen Ihrer Verehrer. Wir danken Ihnen für die Gedichte, besonders für *das eine.*› Ich sagte ‹Vielen Dank› und legte auf. Ich habe nicht den geringsten Zweifel, daß...› [der Anruf eine Provokation war. J. K.]. Ich versuchte einzuwenden, daß Zweifel vielleicht doch möglich seien. Aber Anna Andrejewna schnitt mir das Wort ab: ‹Entschuldigen Sie!› schrie sie, völlig unbeherrscht. ‹Ich werde wohl wissen, wie Verehrer sprechen. Ich bitte Sie! Ich habe ein Recht auf ein Urteil. Das kann ich Ihnen versichern. Nein, es war ganz anders.›

Anna Andrejewna argwöhnte, daß die ‹Verehrerin› das Gedicht *Und nun ist das Wort aus Stein* aus dem *Requiem* gemeint haben könne. Es war in der Zeitschrift *Swesda* und im Sammelband *Aus sechs Büchern* veröffentlicht worden» *(Lydia Tschukowskaja).*

Obwohl sie die Gedichte aus dem *Requiem* geheimhielt und versteckte, hatte sie sich entschlossen, ein einziges davon zu veröffentlichen – jenes über die Verurteilung ihres Sohnes. Aber sie änderte das Datum der Niederschrift und verwandelte auf diese Weise «das Wort aus Stein» des Gerichtsurteils in ein Gedicht über das Ende einer Liebesbeziehung. Das Buch wurde für sie zur Quelle peinigender Angst – «sie werden dahinterkommen». Das Ganze war von jesuitisch raffinierter Grausamkeit: Eine Dichterin wurde gedruckt und gefeiert, deren Sohn Lagerinsasse und Zuchthäusler war.

Aber insgesamt haftete dem Gedichtband und seinem Erfolg etwas Gespenstisches an. Er entsprach ganz und gar nicht dem Geschmack der maßgeblichen Instanzen, die sein Erscheinen angeordnet hatten. Der zweite Sammelband (dieser Vertrag wurde kurz nach dem ersten abgeschlossen) durfte nicht mehr erscheinen, der erste wurde fast gänzlich an Schriftstellerkollegen verkauft. Lydia Tschukowskaja berichtet, daß Anna Achmatowa sagte:

«‹Wissen Sie, ich habe in diesen Tagen begriffen, daß ich selbst an allem schuld bin. An allem, was mit diesem Buch passiert ist. Das ZK ist im Recht, und ich bin schuld. Ja, ja. Sie wollten meine Gedichte drucken. Der Verlag wählte die Gedichte aus und fuhr damit nach Moskau. Dort wurde der Band genehmigt. Darauf habe ich eigenmächtig neue Gedichte dazugenommen und allem das traurigste Gedicht vorangeschickt und nach ihm auch noch ein ganzes Kapitel benannt. Dann hat auch der Redakteur noch ungefähr dreißig alte Gedichte dazugenommen. So entstand ein Buch, das mit dem genehmigten kaum etwas gemeinsam hatte. Dem genehmigten und dem erwünschten... Und hätte ich das nicht getan›, schloß Anna Andrejewna, ‹so wäre Ljowa zu Hause›» *(Lydia Tschukowskaja)*.

Boris Pasternak, der erst kurz zuvor einen so jubelnden Brief geschrieben hatte, schrieb nun, anderthalb Monate später (1.9.1940), in einer anderen Tonart: «Kann ich nicht irgend etwas tun, um Ihnen wenigstens eine kleine Freude zu bereiten und Ihnen das Leben in dieser wieder einmal heraufziehenden Finsternis lebenswert zu machen, in diesem Schatten, den auch ich täglich schaudernd empfinde! Wie kann ich Sie mit genügendem Nachdruck daran erinnern, daß zu leben und leben zu wollen (und zwar nicht nach irgend jemandes Façon, sondern nur nach Ihrer eigenen) Ihre Pflicht gegenüber den Lebenden ist, da die Vorstellungen vom Leben leicht zerstört und kaum von jemandem aufrechterhalten werden, Sie aber ihre wichtigste Quelle sind.»

# «Den Schmerz
in Kraft umschmelzen»

*Der Vaterländische Krieg 1941 überraschte mich in Leningrad. Ende September, schon während der Blockade, wurde ich nach Moskau ausgeflogen.*

*Bis Mai 1944 lebte ich in Taschkent und wartete gierig auf Nachrichten aus Leningrad und von der Front. Wie andere Dichter trat ich häufig in Lazaretten auf und las vor den Verwundeten Gedichte. In Taschkent erfuhr ich zum ersten Mal, was sengende Hitze bedeutet, Schatten unter Bäumen und Plätschern des Wassers. Außerdem erfuhr ich, was menschliche Güte ist: In Taschkent war ich oft und schwer krank.*

*Im Mai 1944 kam ich in das frühlingshafte Moskau zurück, das von frohen Hoffnungen auf einen baldigen Sieg erfüllt war.*

*Das schreckliche Gespenst, das meine Stadt zu sein vorgab, hat mich so erschüttert, daß ich unsere Begegnung sogleich in Prosa beschrieben habe. Damals entstanden auch die Skizzen «Drei Fliederbüsche», «Zu Gast beim Tod» – letztere über einen Lyrikabend an der Front in Terioki.*

Der 1. September 1939, der Beginn des Zweiten Weltkrieges, ist eines der tragischsten Daten in der Geschichte des zwanzigsten Jahrhunderts, der Beginn einer ganzen Kette – der Einnahme von Paris, der Bombardierung Londons, des Überfalls auf Rußland.

Das russische historische Bewußtsein unterscheidet zwischen 1939 und 1941. Es ist nicht leicht, sich über die Politik des damaligen Regimes ein genaues Bild zu machen – dies ist Aufgabe des Historikers. Es ist allerdings interessant, in diesem Zusammenhang die Meldungen der *Prawda* zu betrachten: «25. August 1940. Fliegerangriff auf London. Wie die Agentur Associated Press mitteilt, sind während des Luftangriffs am 24. August Brandbomben über London abgeworfen worden, die zu anhaltenden Bränden in Westend führten.» Und auf derselben Seite unter dem Titel «Leitartikel deutscher Zeitungen zum Jahrestag des deutsch-sowjetischen Freundschaftspaktes» lesen wir: «Deutschland und die Sowjetunion wollen vermeiden, daß ihre Völker für fremde Interessen kämpfen... Es wurde zunächst befürchtet, daß Polen zu einem Problem werden könnte. Aber dank der gemeinsamen Bemühungen beider Staaten entstand in Polen eine neue Ordnung.»

Die Atmosphäre, die Achmatowa nun umgab, kann durch ein einziges typisches Beispiel charakterisiert werden. Der Ehemann einer ihrer Bekannten, ein Ingenieur, wurde verhaftet, weil er sich im Kreise seiner Kollegen über den Nichtangriffspakt zwischen der Sowjetunion und dem faschistischen Deutschland empört hatte. Das geschah vor dem Überfall der Sowjetunion durch die Truppen Hitlers. Aber an dem Schicksal des Mannes, der wegen seines Antifaschismus verurteilt worden war, hatte der Überfall der Faschisten nichts geändert. Er starb 1945 in einem Lager.

Der russische Alltag der dreißiger Jahre war von den üblichen Ängsten gekennzeichnet. Man fürchtete sich auf dem Höhepunkt des Terrors vor den eigenen Gefängnissen und Lagern, ohne zu ahnen, wie sehr sie den faschistischen Lagern und Kerkern glichen. Den Gedanken an einen Krieg empfand man als ein Grauen, hatte böse Vorahnungen, hoffte, daß dieser Kelch an Rußland vorübergehe.

Wie dem auch sei, für die russische Geschichtsschreibung beginnt die nationale Tragödie, die weltweiten Kataklysmen ausgeklammert, am 22. Juni 1941.

Achmatowas Poesie öffnet diese Klammer. Ihre Generation

hatte bereits einen Weltkrieg hinter sich. Und er wurde von Achmatowa als Katastrophe der Weltkultur erlebt, die das an Katastrophen reiche Jahrhundert einleitete. Beide Kriege waren für sie Glieder derselben Kette. Sie waren es, die das Schicksal ihrer Generation prägten, ganz gleich, ob sie Rußland nach 1917 verlassen hatten oder geblieben waren: «Zwei Kriege leuchteten dir, meine Generation, auf deinem schrecklichen Weg.» Erst nach dem Krieg hatte Achmatowa vom Schicksal der Jelisaweta Kusmina-Karawajewa erfahren, einer jungen Frau, die einst zu ihrem Kreis gehört hatte, dann nach Frankreich emigrierte, ins Kloster ging und als legendäre «Mutter Maria» in der Gaskammer des Konzentrationslagers Ravensbrück ihr Leben beschloß, als sie sich freiwillig anstelle einer jungen Frau meldete.

Bereits 1939 – in einer Vorahnung neuen Leidens ihrer Zeitgenossen, bekräftigte Achmatowa ihre frühere Entscheidung, ihr Leben zu Hause, in Rußland, zu beschließen. Sie spricht darüber im ersten ihrer Kriegsgedichte, in einem knappen Vierzeiler:

*Am Tag der Kriegserklärung.* 1939

Wenn Leben – dann in Freiheit,
Wenn Sterben – dann zu Haus.
Das Wolfsfeld*.
Gelbes Stroh.

Aber nachdem sie ein für allemal unmißverständlich, sogar mit einer gewissen Härte ihren «geographischen Ort» auf Erden bestimmt hatte, empfand Achmatowa ihr eigenes Leben und das ihrer Epoche als ein Glied in der Geschichte vieler Generationen, ein Echo der Vergangenheit, das keine wie auch immer gearteten räumlichen Grenzen kennt.

---

* Wolfsfeld (Wolkowo polje) – alter Friedhof in Leningrad; dort wurden während der Blockadejahre Massengräber für die Verhungerten angelegt.

Deshalb schlägt sich der Bombenangriff auf London in einem tragischen Gedicht nieder. Die Handschrift dieser Gedichte trägt als Motto einen Vers aus der Apokalypse: «Und es erhob sich ein Streit im Himmel.» Für sie trat etwas Vorbestimmtes ein, was einst durch die schrecklichsten Verse Shakespeares geisterte und nun Realität wurde. «Auf beiden Ufern der Themse wüten heftige Brände. Rauchwolken steigen zum Himmel. Überall sieht man Bombenkrater. Der Wind breitet einen schwarzen Schleier über die Viertel des Londoner Westend» *(Prawda, 18. August 1940).*

*An die Londoner*

Shakespeares vierundzwanzigstes Drama
Schreibt der Zeit leidenschaftslose Hand.
Wir, zu dem furchtbaren Gastmahl geladen,
Läsen jetzt lieber Lear, Hamlet und Caesar
Über dem bleiernen Fluß,
Betteten lieber Julia, das Täubchen,
Bei Fackelschein und Gesang ins Grab,
Spähten lieber bei Macbeth durchs Fenster,
Zitterten mit dem gedungenen Mörder –
Nur nicht dieses, nicht dieses.
Dieses lesen zu müssen übersteigt unsere Kraft!

Achmatowa war versunken in die Gedanken an die Zerstörung der Welt, aber sie sollte nie erfahren, daß in den Trümmern des zerbombten London auch ein Teil ihres eigenen Lebens untergegangen war – der schwarze Ring, den sie als junge Frau dem Maler Boris Anrep geschenkt hatte, bevor er 1917 Rußland für immer verließ. «Wieder Krieg. Er überraschte mich in Paris, aber ich floh vor den Deutschen am selben Tag, an dem sie in Paris einmarschierten, und erreichte London auf Umwegen zwei Wochen später. Die deutschen Bomben fielen in unmittelbarer Nähe meines Ateliers und zerstörten es. Ich wurde ohnmächtig, kam aber wieder zu mir und befreite mich aus den Trümmern. Das war nachts.

Dann suchte ich nach dem kostbaren Kästchen. Mein Gott! Welch ein Glück! Da war es! Aber was war inzwischen geschehen? Es ist aufgebrochen und leer. Unbändiger Zorn auf die Diebe. Scham. Ich habe sie nicht geschützt – die heilige Reliquie! Tränen der Verzweiflung stiegen mir in die Augen» *(Boris Anrep)*. Vielleicht hatte Achmatowa daran gedacht, daß in London und in Paris viele Menschen lebten, die ihr einst nahegestanden hatten. Vielleicht «vernahm» sie den «Schmerz der ganzen Welt», wie Lydia Tschukowskaja schreibt. In den Kriegsgedichten von 1940 ist ein deutlich persönlicher Ton unüberhörbar. Er erklingt mitten im Thema des Weltuntergangs und der Endzeiterwartung.

Wenn eine Epoche zu Grabe getragen wird,
Erklingt kein Abschiedspsalm,
Brennesseln und Kletten
Werden die Stätte schmücken.
Nur die Totengräber sind
Emsig, die Arbeit reißt nicht ab!
Und still ist es, Herr, so still,
Daß man die Zeit verstreichen hört.
Und später steigt sie wieder auf,
Wie Leichen in Frühlingsgewässern.
Aber der Sohn will die Mutter nicht kennen,
Gelangweilt wendet der Enkel sich ab.
Und die Köpfe senken sich immer tiefer.
Und der Mond tickt wie ein Pendel.
So ist es – über Paris, dem verlorenen,
Liegt jetzt diese Stille.

*5. August 1940*

Die Verbindung von Individuellem und Allgemeinem wurde nach der Revolution von 1917 als ein Prinzip der «neuen sozialistischen Literatur» deklariert, jedoch blieb es bei der Deklaration, die sich in Wirklichkeit in das Kommando verkehrte, die Persönlichkeit des einzelnen der Gesellschaft unterzuordnen, und zweitens war die offizielle Interpretation des «Allgemeinen» fest mit dem Begriff des «Staatlichen» verknüpft. Auf diese Weise war eine wirkliche und nicht nur proklamierte Einheit des Individuellen und des «Allgemeinen» für die meisten Künstler unter den Zeitgenossen Achmatowas praktisch ausgeschlossen. Die immer neuen Verluste und Tragödien waren mit dem durchgehenden und obligatorischen staatlichen Optimismus kaum noch zu vereinbaren. Deshalb wurde eine Literatur, die nicht einmal gegen solche «Instruktionen» rebellierte, sondern einfach philosophisch gestimmt und offen für die ewigen Hoffnungen und Zweifel der Menschheit war, als individualistisch und bürgerlich disqualifiziert. Die Poesie als lebendige menschliche Rede sollte auf die «rauhe Plakatsprache» umgestellt werden.

Der Krieg mit Deutschland änderte diese Situation. Die Geschichte, der Krieg, das Unglück rechtfertigten nun die Schwarzweißmalerei, sie schien die einzig mögliche Ausdrucksform zu sein. Der Feind – das war der andere, der brandschatzend in das Land eingedrungen war – und nicht mehr der eigene Bruder oder Nachbar, der nur für die gemeinsame Vergangenheit und für das alte gemeinsame Haus kämpfte, das die eigenen Leute zerstören wollten (wie während des Bürgerkriegs).

*Was für ein Krieg! Wie nüchtern und exakt legt er fest, was zusammengehört ... Na ja. Glauben Sie mir, das ist der größte Krieg in der Geschichte der Menschheit. Ich versichere Ihnen, es gab noch nie einen Krieg wie diesen, dessen Sinn nach dem ersten Schuß, der abgegeben wurde, offen auf der Hand lag, ebenso wie sein einzig vorstellbarer Ausgang. Der einzig mögliche Ausgang, was er uns auch kosten mag.*

Soweit Achmatowa. Die Sprache der Literatur und des Alltags nahm plötzlich die vom Staat seit langem gewünschte Eindeutigkeit an. Lydia Ginsburg, die Literaturwissenschaftlerin, erzählt in ihren *Aufzeichnungen aus der Blockadezeit*, wie eine Großmutter im belagerten Leningrad ihrer weinenden Enkelin zuredete: «‹Erst wenn wir den Deutschen totschlagen, werden wir uns wieder frei bewegen können. Erst dann. Dein Großvater jagt ihn bei Tula... Als ich das von Orjol hörte, da hüpfte mein Herz. Die Unseren, die haben also noch Kräfte...› Eine Großmutter aus Fleisch und Blut spricht so, wie bis dahin die Großmütter nur in der Sowjetliteratur sprachen. So etwas war bis dahin im Leben nie vorgekommen. Nur in der Sprache des Krieges verbindet sich für Augenblicke das Leben mit dem Zeitungsrussisch.»

Achmatowa reagierte empfindlich auf die Veränderungen des Elementes Volkssprache. Analoge Entwicklungen in ihren Gedichten aus jener Zeit sind weder als politische Kompromisse noch als Abrücken von ihren Grundsätzen zu erklären.

Und jene, die heute Abschied nimmt vom Liebsten,
Soll ihren Schmerz in Kraft umschmelzen.
Wir schwörn den Kindern, schwörn den Gräbern,
Daß niemand uns zwingen wird, uns zu ergeben.

*Leningrad, Juli 1941*

Sie wurde nun wieder gedruckt. Obwohl ein Gedichtband 1940 erschienen war, obwohl einige Zeitschriften sich an ihren Namen erinnert hatten, klang die Poesie Anna Achmatowas erst in den Kriegsjahren über den engen Freundeskreis hinaus nicht als ein Echo ferner Vergangenheit, sondern stellvertretend für alle Zeitgenossen. Und dann geschah etwas Unerhörtes: Am 8. Mai 1942 erschien ihr Gedicht *Mut* in der *Prawda*.

Aber die offizielle Anerkennung ihrer Dichtung ist keineswegs ein literarisches Phänomen. Sie entspricht den Veränderungen in dem Wertekodex des Landes.

Einige wenige Beispiele mögen dies illustrieren.

Im Krieg wurde bei den sowjetischen Streitkräften die nach der Revolution außer Kraft gesetzte Rangordnung neu eingeführt. Die Schulterstücke, einst das Signum des Weißgardisten, also des Feindes, werden wieder zum Attribut des Militärs. Gleichzeitig führte der Staat neue Orden ein, die die russische Vergangenheit beschworen, so zum Beispiel den Suworow-Orden zur Erinnerung an den großen russischen Heerführer, der im ausgehenden achtzehnten Jahrhundert unzählige militärische Triumphe zum Ruhme seines Landes feierte. Zum ersten Mal seit 1917 ging es der kommunistischen Agitation nicht mehr um den «neuen Menschen», um die «neue Moral», «neue Kultur», «neue sozialistische Heimat», sondern um den Ruhm der Vorfahren. Die Idee des Vaterlandes und seiner Verteidiger, die von Generationen heiliggehalten wurde, erlangte ihre ursprüngliche Bedeutung wieder. Der bloße Begriff «Vaterland», seit der Revolution als Überbleibsel eines klassenfremden Ehrenkodexes abgewertet und aus der Sprache getilgt, kam wieder zu seinem Recht und wurde zum Symbol historischer Kontinuität und der Einheit von Volk und Staat.

Stalin begann am 3. Juli 1941 seine erste Ansprache nach Ausbruch des Krieges mit den Worten: «Brüder und Schwestern». Das schien wie ein Blitz aus heiterem Himmel. Da sprach nicht der harte, unerreichbare, ferne Führer zu seinem Volk. Stalin – das war der Staat, und zum ersten Mal appellierte der sowjetische Staat an die Gefühle des einfachen Menschen.

Der Kurswechsel der offiziellen Ideologie spiegelte sich deutlich in der Literatur. Von nun an schrieb man über den Krieg nicht nur wie über eine Schlacht für das sozialistische Vaterland, sondern in erster Linie wie über eine Verteidigung des eigenen Herdes und der Familie, der Frau und der Kinder. Für Schriftsteller und Dichter standen nicht länger abstrakte heroische Taten im Mittelpunkt, sondern Schmerz und Abschied, vielleicht ewiger Abschied vom Geliebten, und die Hoffnung auf seine Rückkehr. Aber dieser persönliche Ton beeinträchtigte keineswegs das Hauptthema, das jetzt allen wirklich gemeinsam war: den Krieg.

Nun erklangen die alten Liebesgedichte Achmatowas auf eine ganze neue Weise und wurden sogar aktuell. Denn Liebe empfand auch jetzt noch jeder, und sie hielt den Menschen an der Front am Leben. Einmal trug Anna Andrejewna ihre Gedichte im Lazarett einem Kriegsversehrten vor, der Arme und Beine verloren hatte.

«Wir trauten uns nicht, in seine Nähe zu kommen, um ihn durch unser Mitleid nicht zu beleidigen; er schwieg die ganze Zeit und reagierte auf keine Frage. Die Schwestern lasen an seinen Augen ab, was er wollte. Achmatowa jedoch ging sofort auf ihn zu und setzte sich schweigend neben sein Bett. Ich konnte ihre Augen nicht sehen, doch ihr Ausdruck war gewiß sehr schmerzlich. Und dann sprach sie mit leiser Stimme Liebesgedichte: *Den letzten Jahrestag begehe, Mit dir will ich den Wein nicht trinken, Wie einen weißen Stein in des Brunnens Tiefe.* Es war unbegreiflich, wie und wozu man solche Gedichte halbtoten Menschen vortragen konnte. Aber im Krankensaal wurde es still» *(S. Somowa).*

Ihr Wort, das auch in den Kriegsgedichten das Wort einer Frau und Mutter blieb, die sich schon seit langem nach ihrem Sohn sehnte, sprach jeden an, der jetzt dem Tod entgegenging.

Schlichte Burschen,
Wankas, Wasskas, Aljoschkas, Grischkas,
Enkel, Brüder, Söhne.

Das waren ihre eigenen «schlichten» Worte, die seit Jahrhunderten in den gedehnten Klageliedern lebten und nun in die Gedichte Achmatowas eingingen.

Über das Schicksal von Leningrad
Werde ich nicht die Achsel zucken,
Es nicht mit Tränen abwaschen,
Nicht in der Erde vergraben.
Einen Bogen will ich schlagen
Um das Unheil von Leningrad.
Nicht mit Worten, nicht mit Klage,
Mit einer Verbeugung bis zur Erde
Werde ich seiner
Im grünen Feld gedenken.

Achmatowa ist eine Leningraderin, die Blockade ihr persönliches Unglück. Petersburg war seit seiner Gründung das russische Fenster nach Europa. Aber die Stadt war auch äußerster Punkt des Landes, und für sie war die Redensart «Feind vor den Toren» bereits vier Wochen nach Ausbruch des Krieges Realität. Am 30. August war die Stadt eingeschlossen, und das bedeutete den sicheren Tod – nicht nur durch Bomben- und Granatenhagel, sondern auch den Hungertod.

Die Bilder der belagerten Stadt, die Zahlen der erlittenen Verluste, die Chronik der Rückzugsbewegungen und die Zeitungsnachrichten über die Opfer waren wie ein Alptraum, wie eine unheimliche Folge des legendären Fluches der Zarin Jewdokija, der auf Petersburg seit seiner Gründung lastete. In Achmatowas *Poem ohne Held*, dem der Fluch der Zarin, «Dieser Ort soll wüst und leer sein», als Motto vorangestellt ist, werden die Ruinen und Massengräber als sichtbare Folgen dieses unentrinnbaren Fluches gesehen:

*Eine Stadt in Trümmern. Vom Hafen bis zum Smolny ist alles überschaubar wie auf einer flachen Hand. Hier und da verglimmende Brandstätten. Im Scheremetjew-Garten blühende Linden, Nachtigallengesang. Ein Fenster im zweiten Stock (mit einem verstümmelten Ahorn davor) ist eingeschlagen, dahinter gähnt schwarze Leere.*

Das eingeschlagene Fenster war ihr Fenster.
«Sie hatte Angst. Am 31. August rief sie an: Boris Viktorowitsch holte sie ab und brachte sie zu uns, zum Gribojedow-Kanal... Die ersten Tage wohnte Anna Achmatowa in Mamas Zimmer, wie schon früher. Aber im September erlebten wir den ersten massiven Fliegerangriff – die Lagerhäuser brannten. Am 8. ging eine Bombe in unserer unmittelbaren Nähe nieder, in der Moschkow-Gasse und dann am Palais-Quai, das Herauf und Herunter, wir wohnten im vierten Stock, wurde langsam beschwerlich. Als Luftschutzkeller diente uns ein breiter Gang im Untergeschoß mit gemauerten Gewölben von gut 1,40 m Dicke. Dort befanden sich die Eingänge zu sämtlichen Hausmeisterwohnungen unseres Hauses. (Damals

gab es in solchen Häusern mehrere Hausmeister.) Der Hausmeister Moissej Jepischkin erlaubte uns, eine Couch in seinen Flur zu stellen. Moissej war ein rothaariger, außerordentlich schweigsamer, gutmütiger Mensch, der nie eine Bitte abschlug. Er saß immer in dem Wachhäuschen vor unserm Tor und, wenn er keinen Dienst hatte, auf dem Bänkchen und rauchte. Boris Viktorowitsch nannte ihn ‹den Philosophen›. Am 17. September geschah ein Unglück. Anna Andrejewna bat Moissej, ein Päckchen ‹Belomor› zu besorgen. Er machte sich auf den Weg und kam nicht wieder. Vor dem Zigarettenkiosk in der Scheljabow-Straße war ein Geschoß eingeschlagen. Ihr ganzes Leben lang dachte Anna Andrejewna an diesen Tag» *(Soja Tomaschewskaja)*.

An dem Tag, an dem Anna Achmatowa zu den Tomaschewskis umzog und mit Tomaschewski auf halbem Wege von einem Luftalarm überrascht wurde, erinnert sie sich ebenfalls:

*Wir sind auf dem Michailowski-Platz, steigen aus der Straßenbahn. Luftalarm. Alle werden irgendwohin dirigiert. Wir mit. Der erste Hof, der zweite, der dritte. Eine steile Treppe. Wir sind da. Und wir sagen wie aus einem Munde: «Der Hund.»*

Es war einer von jenen Zufällen, die für das Leben Achmatowas so charakteristisch sind: Das literarisch-künstlerische Kabarett «Der streunende Hund», in dem Achmatowa so häufig zu Gast war, hatte sich in den Kriegsjahren in einen Luftschutzkeller verwandelt und ihr diesmal das Leben gerettet. (An der Tür, die zu diesem Keller führte, war bis in das Jahr 1989 die Aufschrift «Luftschutzkeller» zu erkennen.)

Der Kreis schloß sich: 1913 der Vorabend der Katastrophe, mit der das zwanzigste Jahrhundert eigentlich angefangen hatte – der Erste Weltkrieg –, und jetzt – neues Entsetzen, neue Zerstörungen, der endgültige Untergang.

Und in dieser Zeit schreibt Achmatowa ihr größtes Poem – das *Poem ohne Held*. (Die erste Fassung war 1942 abgeschlossen.) Hier wandelt sich das Thema «Krieg» zu einem Element der philo-

sophischen Konzeption Achmatowas – der Konzeption der un-
heilvollen Epoche. In ihrem Poem führt sie selbst Anfang und
Ende des schrecklichen Schicksals ihrer Generation zusammen.

Eine Figur des Poems – jemand, der häufig im «Streunenden
Hund» zu sehen gewesen und der in jenem schicksalhaften Jahr
1913 freiwillig aus dem Leben geschieden war und damit ein Zeichen setzte – macht sich auf den Weg, um sich auf der Schwelle des
Hauses an der Ecke des Marsfelds zu erschießen.

*...das Haus, das die Brüder Adamini Anfang des 19. Jahrhunderts
gebaut hatten. 1942 während eines Luftangriffs ein Volltreffer. Flam-
men eines hohen Scheiterhaufens. Glockengeläut vom «Erlöser auf
dem Blut». Auf dem Marsfeld im Schneesturm ein gespenstischer Hof-
ball. In den Pausen zwischen diesen Tönen spricht die STILLE selbst.*
(Aus: Poem ohne Held)

Der Untergang einer Generation und die Zerstörung der Stadt –
einzelne Aufzüge der Kulturkatastrophe als Ganzes. Im Laufe der
Kriegshandlungen um Leningrad nahmen die Ahnungen und Alpträume konkrete Formen an – die Denkmäler wurden vergraben,
die Skulpturen des Sommergartens in Sicherheit gebracht.

### An die «Nacht» im Sommergarten

O Nacht!
Im sternenbesäten Schleier,
Im Schmuck trauernder Mohnblüten,
Mit schlafloser Eule...
Töchterchen!
Wir haben dich zugedeckt
Mit frischer Gartenerde.
Leer sind jetzt die Schalen Dionysos',
Verweint die Blicke der Liebe...
Das sind deine furchtbaren Schwestern,
Die über unserer Stadt dahinziehen.

Es war, als würde die Menschheit zu Grabe getragen: «Wenn die Epoche zu Grabe getragen wird, erklingt kein Psalm.» Ebenso metaphorisch wirken bei Achmatowa die Porträts, die im belagerten Leningrad die Bilderrahmen verlassen und das Wort ergriffen haben. Granin und Adamowitsch geben in ihrem *Blockade-Buch* die Beschreibung eines Mitarbeiters der Eremitage wieder, der berichtet, wie er als Zeichen der Dankbarkeit für die Soldaten, die ihm bei der Auslagerung der schweren Museumsmöbel geholfen hatten, eine Führung durch die Eremitage veranstaltete. Sie gingen durch die Säle, an deren Wänden leere Rahmen hingen – die Bilder waren herausgelöst und evakuiert worden:

«‹Im Laufe des Winters waren die Mauern der Eremitage vereist und bis zur Decke mit Reif bedeckt. Die Rechtecke der Rahmen – vergoldete, aus Eichenholz, kleine, große, glatte, reichgeschnitzte, die man früher einfach übersah, hatten sich nun verselbständigt. Einige mit dem Anspruch, die Leere zu füllen, andere, um die von ihnen eingeschlossene Leere zu unterstreichen.› Aber es waren Rahmen der Eremitage – sie wurden gehütet. In den Wohnungen, die im Winter 1941 / 1942 völlig vereisten, in denen seit mehreren Monaten Strom und Heizung ausgefallen waren, verfeuerten die Menschen alles, was in den selbstkonstruierten Öfen brennen wollte – Möbel, Bücher, alte Papiere. Ein alter Leningrader erzählt: ‹Gespräche über Essen galten als anstößig.* Die Menschen hatten gelernt, sich, wenn sie zu Besuch waren, so zu benehmen,

---

* Erinnerungen an die Blockade-Zeit konzentrieren sich zu fünfzig Prozent auf das Ernährungsproblem – 150 Gramm Brot wurden pro Tag ausgegeben, damit mußte man versuchen zu überleben. Neben dieser Zuteilung konnte man, wenn man das Glück hatte, Zugang zu den öffentlichen Küchen zu bekommen, ein Mittagessen erhalten. Eine Speisekarte aus dem Sommer des Jahres 1942 ist erhalten geblieben. Sie verzeichnet Wegerichsuppe, Brennesselpüree, Plätzchen aus Zuckerrübenkraut, Schwanklopse, Schnitzel aus Kohlblättern, Ölkuchentorte, Sauce aus Fischmehl, Fladen aus Kasein, Hefesuppe und Sojamilch auf Marken.

als hätten sie überhaupt keinen Hunger... Und die Frage, wie man das Essen zubereitet, wurde ebensowenig berührt. Meine Bücher verfeuerte ich eigenhändig, wobei ich sie anfangs sortierte und das Entbehrliche zuerst in den Ofen steckte. Zuerst irgendwelche Makulatur, die ich lange nicht mehr in die Hand genommen hatte. Dann das Zweitrangige. Verschiedene Zeitschriften. Dann, soweit ich mich erinnere, die deutsche Klassik. Erst dann Shakespeare. Und schließlich Puschkin. Ich weiß nicht mehr, welche Ausgabe es war. Ich glaube, es war die blau-goldene aus dem Marx-Verlag. Und die berühmte vielbändige Tolstoi-Ausgabe, graugrüner Einband und in der Ecke rechts oben ein Medaillon aus Metall.›

‹Und ich habe hauptsächlich mit Schiller und Goethe geheizt, mit der ganzen deutschen Klassik›, gestand leise und schuldbewußt die winzige Alexandra Borissowna, seine Mutter.»

Zu den Legenden, die sich um das Leben von Achmatowa rankten, gehört die Geschichte ihres eigenen, während der Blockade verbrannten Archivs: «Nachdem sie im September 1941 aus Leningrad ausgeflogen worden war, wies man einen Buchhalter aus dem Denkmalschutzamt in ihr Zimmer ein. Dieser Buchhalter litt unter Kälte und Hunger, wie alle Menschen in Leningrad. Er verfeuerte alles, was nicht niet- und nagelfest war. Er verfeuerte Achmatowas Möbel. Er verfeuerte ihre Bücher. Er verfeuerte ihr Archiv. Als man versuchte, ihn aufzuhalten, entgegnete er: ‹Es ist Krieg›» *(Sofia Ostrowskaja)*.

Spricht man über die Blockadezeit, so darf man sie natürlich nicht nach Kriterien der Friedenszeiten bewerten. Keiner, der nicht wenigstens einen winzigen Teil jener neunhundert Leningrader Tage am eigenen Leibe erfahren hat, darf sich ein Urteil erlauben, er muß sich mit der Feststellung begnügen: So war es.

Die Rettung der Bücher ist beinahe heroischer Mythos. Noch zu Beginn der Blockade, im Oktober 1941, weigerte sich Boris Tomaschewski, der damals Achmatowa bei sich aufgenommen hatte, Leningrad zu verlassen, weil er nur das Allernotwendigste hätte mitnehmen können: «Ohne Bücher bin ich ein toter Mann. Ich ziehe es vor, ein toter Mann mit Büchern zu sein.» (Später sollte er Leningrad dennoch verlassen, seine ganze Familie war vom Hungertode bedroht.) Die Familie Tomaschewski ließ sich erst nach dem schrecklichen Winter 1941/1942 evakuieren, und zweifellos erfuhr Anna Andrejewna, die sehnsüchtig auf jede Nachricht aus ihrer Heimatstadt wartete, als eine der ersten von ihrem Schicksal.

«Ende Januar traf er (Wladimir Georgijewitsch Garschin, in der zweiten Hälfte der dreißiger Jahre mit Achmatowa eng befreundet) uns in einem äußerst schlechten Zustand an. Es war völlig finster und sehr kalt. Wladimir Georgijewitsch saß wie immer eine Weile schweigend da. Plötzlich sagte er: ‹Die Pferde sind schon alle geschlachtet und aufgegessen. Aber ich habe noch Hafer. Sie können ihn haben. Es müßte nur jemand mitkommen.› Wladimir Georgijewitsch, Pathologe und Anatom, war damals Prosektor. Ihm unterstanden offenbar die Pferde für die Leichenwagen.

Wir hatten Angst. Er wohnte im Tolstoi-Haus auf der Fontanka. Es war bereits Sperrstunde. In der Stadt kursierten Gerüchte von aufkommendem Kannibalismus. Ich war die einzige, die mitgehen konnte. Meine Mutter befahl mir energisch mitzugehen. Später erzählte sie, sie hätte sich am meisten vor Garschin selbst gefürchtet. Ich hatte vor ihm keine Angst. Ich hatte nur die eine große Sorge, man könnte mir unterwegs den Hafer wegnehmen. Und außerdem gefiel es mir, daß er zu uns kam, um auf dem Sofa von Anna Andrejewna zu sitzen, und daß er wie ein romantischer Held wirkte. Über alles andere machte ich mir keine Gedanken. Wir zogen los. Er gab mir einen ganzen Sack Hafer, ein ‹Maß›, so heißt der Sack, der dem Pferd vorgebunden wird, ungefähr acht Kilo. Auf dem Heimweg beeilte ich mich und kniff die Augen fest zusammen – vor Angst, über eine Leiche zu stolpern. Ich sprach lautlos Gedichte vor mich hin. Damals kamen uns alle Entfernungen so weit und so unüberwindbar vor, daß der Gedanke tröstlich war: Ein Kapitel aus *Onegin*, und man ist am anderen Ufer der Newa, *Der Traum Popows* – am Schriftstellerverband. Und dann nur noch der Epilog aus dem *Poem ohne Held*... Hemingways ‹Mir

scheint, als würde uns das Schrecklichste zustoßen› kam ausgerechnet an der schlimmsten Stelle an die Reihe, auf dem Weg von der Fontanka zur Kreuzung der Tschaikowski- und der Gagarin-Straße. Sie ist mir heute noch unheimlich, und ich weiß immer noch nicht, wie sie heißt.
Das Maß Hafer rettete uns vor dem sicheren Tod...
Wladimir Georgijewitsch kam immer seltener. Er zog auf die Petrograder Seite um, zuerst in die Roentgenstraße zu Bekannten, später in sein Institut, wo er beinahe bis zum Kriegsende wohnte. Wir waren erschüttert, als er am 19. Februar 1942 zu uns kam und die Zahl der Hungertoten nannte. Bis zu diesem Tag waren 650000 Todesfälle gemeldet worden. Das waren nur die Gemeldeten! Und die Straßenbahnen, die, mit Toten vollgestopft wie Sarkophage, am 4. Dezember 1941 stehengeblieben waren?! Wie viele werden es also im ganzen gewesen sein?! Kein Surrealist hätte sich etwas ausdenken können, was dem damaligen Leningrad gleichgekommen wäre» *(Soja Tomaschewskaja)*.

Wenig später schreibt Anna Achmatowa in den Band *Taschkent* (erschienen 1943), den sie der Familie Tomaschewski schenkte:

Und ihr, meine Freunde letzten Aufgebots!
Mein Leben blieb verschont, euch zu beweinen.
Nicht um als Trauerweide über eurem Angedenken zu
    verharren,
Sondern um euer aller Namen in die ganze Welt
    hinauszuschreien!
Was heißt schon Namen!
Ich klapp das Namenbüchlein zu!
Und auf die Knie! Alle! Ein Übermaß an Purpurlicht!
In schöner Ordnung ziehen die Leningrader an mir vorüber,
Die Toten und die Lebenden – vor Gott gibt's keine Toten.

«Mein Leben blieb verschont, euch zu beweinen» – am 28. September 1941 war Achmatowa nach Moskau abgeflogen. Die Evakuierung empfand sie jedoch niemals als Rettung, sondern als schreckliches Unglück. Nicht einmal das Wort kam ihr über die Lippen, sie sprach nur von «Vertreibung», von «Flucht». «In der Vertreibung ist die Luft so bitter wie vergällter Wein.» Nach einem kurzen Aufenthalt in Moskau, Mitte Oktober, fuhr sie weiter nach Tschistopol, wohin die Familien von Schriftstellern evakuiert worden waren.

«Der Zug fuhr am 14. Oktober, und da, auf dem feuchten Bahnsteig des Kasaner Bahnhofs, in dem trüben herbstlichen Morgenlicht, sah ich inmitten der bedrückten Schar von Reisenden zum zweiten Mal in meinem Leben Anna Achmatowa... Der lange grüne Zug auf dem feuchten, diesigen Bahnsteig, ein Waggon 2. Klasse mit ungepolsterten Sitzen und wir, die wie in einem eigenartigen, bedrückenden Traum, der kein Ende nehmen will, aus irgendeinem Grund unser Haus, unsere Stadt verlassen müssen... Wohin? Wozu? Warum? Weil die Deutschen auf Moskau vorrücken... Die Deutschen bedrohen Moskau! Ist das wirklich wahr? Und wie im Traum tauchen plötzlich, erschreckend und unvermittelt, bekannte Gesichter auf: Alexander Fadejew... Pasternak, Marschak, Schklowski... Und Anna Achmatowa» *(Margarita Aliger)*. Am 15. Oktober schreibt Lydia Tschukowskaja, die aus einem Telegramm ihres Vaters von der Abreise Achmatowas erfahren hatte, in ihr Tagebuch: «Achmatowa in Tschistopol! Das kann man sich ebensowenig vorstellen, als wenn die Nadel der Admiralität oder der Bogen des Generalstabs in Tschistopol wäre.»

Tschistopol ist eine verschlafene Provinzstadt, ganz aus Holz, genau in der Mitte Rußlands, am Ufer der Kama, abseits von allen Verkehrsstraßen und völlig abgeschnitten, sobald der Fluß Eis führt.

«Abends, als wir bereits in den Betten lagen, klopfte es ans Tor unseres Hauses. Unsere Hauswirtin nahm eine Laterne und ging schimpfend, um zu öffnen. Ich folgte ihr.

Anna Andrejewna stand vor der Tür und noch jemand, den ich im Dunkel nicht erkennen konnte. Das Licht der Laterne fiel auf ihr Gesicht. Die reinste Verzweiflung stand darauf geschrieben.

Als befände sie sich auf dem Newski und traute sich nicht über die Straße. In einem fremden, offenen Pelz, ein weißes Wolltuch um den Kopf. Sie hielt ein Bündel in den Händen, das sie krampfhaft an die Brust drückte.

Es sah so aus, als würde sie im nächsten Augenblick zusammenbrechen oder anfangen zu schreien.

Ich nahm ihr das Bündel aus der Hand und führte sie am Arm über das Brett durch den Schlamm ins Haus.

Wir hatten keine Möglichkeit, Tee zu kochen. Sie aß, aber ich konnte ihr nichts zu trinken anbieten.

Dann überließ ich ihr mein Bett und legte mich auf eine Matratze auf dem Boden zum Schlafen» *(Lydia Tschukowskaja)*.

Es waren schwere Jahre, doch man trug den Schmerz und das Leid gemeinsam. Und das Gefühl der Einigkeit mit dem eigenen Volk machte stark. Aber furchtbarerweise war der heimliche, der schreckliche Schmerz geblieben, der die Menschen mißtrauisch machte, der sie zwang, sich zu isolieren, der ihnen den Verstand raubte – die Angst vor Verhaftung und Terror brannte noch immer in den Seelen der Menschen.

In unmittelbarer Nachbarschaft von Tschistopol, nur wenige Kilometer entfernt, in Jelabuga, ertrug Marina Iwanowna Zwetajewa, die 1939 aus der Emigration zurückgekehrt war, diese Qualen nicht länger. Ihr Kreuz war die sofort nach der Rückkehr erfolgte Verhaftung von Tochter und Ehemann (der sehr bald erschossen wurde). Zwetajewa selbst war eine Ausgestoßene. Nachdem es ihr nach langer Mühe gelungen war, den Posten einer Tellerwäscherin in der Kantine zu bekommen – dafür brauchte sie keinen Fragebogen auszufüllen, was sie am meisten fürchtete –, dauerte es nicht mehr lange, bis sie freiwillig aus dem Leben schied. Sie erhängte sich am 31. August 1941 in Jelabuga. Ihr Grab ist nicht mehr aufzufinden. «Wenn mir zehn Jahre vorher (sie war noch in Paris, und ich war gegen diese Rückkehr) jemand gesagt hätte, daß ihr ein solches Ende beschieden sein und daß ich mich so sehr bemühen würde, ihre Grabstätte zu suchen, und niemand sie mir zeigen könnte – dann hätte ich das für ein beleidigendes und absurdes Hirngespinst gehalten. So geht es immer im Leben», schrieb Pasternak im Jahre 1948.

«Murlyga.* Vergib mir, aber wenn es weiterginge, würde es immer schlimmer werden. Ich bin schwer krank. Ich bin nicht mehr ich selbst. Ich liebe Dich wahnsinnig. Du mußt verstehen, daß ich nicht länger leben konnte. Richte Papa und Alja aus – falls Du sie wiedersiehst –, daß ich sie bis zum letzten Augenblick geliebt habe, und erkläre ihnen, daß ich in eine Sackgasse geraten war.» Mit diesen Zeilen verabschiedete sich Zwetajewa von ihrem Sohn.

«21. Oktober 1941. Anna Andrejewna fragte mich über Zwetajewa aus. Ich las ihr alles vor, was ich aufgeschrieben hatte, unmittelbar nachdem ich von ihrem Selbstmord erfuhr.

Heute machten Anna Andrejewna und ich einen Spaziergang an der Kama. Ich führte sie über das Brett, das über einen wahren Ozean von Pfütze gelegt war, wie ich es vor etwas mehr als fünfzig Tagen mit Marina Iwanowna tat.

‹Sehr eigenartig›, sagte ich, ‹derselbe Fluß und dieselbe Pfütze und sogar dasselbe Brett. Aber vor zwei Monaten führte ich Marina Iwanowna über diese Pfütze, und jetzt ist sie nicht mehr auf der Welt, und ich spreche über sie mit Ihnen, an derselben Stelle.›

Anna Andrejewna antwortete nicht, blickte mich nur aufmerksam an. Ich habe ihr aber nicht erzählt, worüber wir damals sprachen» *(Lydia Tschukowskaja).*

Und Tschukowskaja fügt hinzu: «Ich sagte erleichtert zu Marina Iwanowna: ‹Anna Andrejewna ist nicht hier, nicht in Tschistopol, nicht in diesem im Morast versinkenden, von aller Welt vergessenen, fremden, halb tatarischen Dorf! Sie würde hier ja unweigerlich zugrunde gehen. Der Alltag würde sie töten... Sie kann ja gar nichts.›

‹Glauben Sie vielleicht, daß ich etwas kann?› unterbrach mich Marina Iwanowna scharf.»

Die Analogie, die Tschukowskaja hervorhebt, darf unter keinen

---

* Kosename Marina Zwetajewas für ihren Sohn Georgi Sergejewitsch Efron, der 1944 an der Front fiel.

Umständen mit Achselzucken abgetan werden. Die Schicksale dieser beiden Frauen, die Wege dieser beiden Dichterinnen, verlaufen zum Teil parallel. Achmatowa fühlte das und nannte Zwetajewa ihre «Doppelgängerin». Zwetajewa hätte ohne weiteres mit Achmatowa-Gedichten von sich sprechen können.

Der eine geht geradeaus,
Der andere läuft im Kreis,
Erwartet Rückkehr ins Zuhaus,
Erwartet die Freundin von einst.
Doch wenn ich gehe – geht Unglück mit,
Nicht geradeaus und nicht mit Umweg,
Ins Nirgends und ins Niemals,
Wie der Zug vom Bahndamm.

Dieses Gedicht aus dem Jahre 1940, das Achmatowa während des Krieges vor Offizieren vorgetragen hatte, wurde damals als «Prophetie der tragischen Zerbrechlichkeiten des menschlichen Lebens im Kriege» aufgenommen. Der Berichterstatter irrt nicht. Hier herrscht ein poetisches Grundgesetz: «Wirkliche Gedichte haben immer mit mir zu tun, mit meinem Leben.»

Achmatowa schrieb von sich und von ihrem Schmerz. Ihr einziger Sohn Lew Nikolajewitsch Gumiljow befand sich noch immer im Lager. Noch immer erlebte sie seine Verlegungen, Gefängnisse, Etappengefängnisse schmerzlich mit. Zum Glück wußte sie nicht, ebensowenig wie andere Betroffene, daß im Krieg das Lager noch furchtbarer war als zuvor. Erst 1943 konnte sie schreiben: «Ein Telegramm von Ljowa. Er ist gesund und nimmt an einer Expedition teil.» Im März 1943 waren die fünf Jahre Gefängnis überstanden. In Norilsk wurde Gumiljow als Volontär auf eine Forschungsexpedition mitgenommen. Von dort aus meldete er sich wiederholt zur Armee. Aber erst 1944 kam er an die Front. Einer der früheren Bekannten Achmatowas, dem er geschrieben hatte, traf ihn am Bahnhof, als der Militärzug Moskau passierte: «Der Wachposten rief: ‹Gumiljow!›, und aus den Waggons kam die Meldung:

‹Nicht dabei!› Schließlich sprang aus einem der hintersten Waggons ein Soldat, in dem wir mit Freude Gumiljow erkannten. Er begann sofort ein Gespräch über seine wissenschaftlichen Interessen. Man hätte denken können, er sei nicht an die Front unterwegs, sondern zu einem wissenschaftlichen Symposion. Als ich diesem von der Wissenschaft besessenen Mann zuhörte, wuchs in mir die sichere Empfindung, daß er aus dem Krieg lebendig und unversehrt zurückkommen würde» *(N. Chardschijew)*. Man sollte meinen, daß Achmatowa die Atempause ausgekostet hätte. Nun durfte sie Seite an Seite mit jenen Müttern stehen, die auf ihre siegreichen Söhne warteten. Aber ihr Ljowa wurde dort eingesetzt, woher fast niemand zurückkam. Die aus den Lagern an die Front Entlassenen kamen in Strafbataillone. Wieder war ihr Sohn ein «Aussätziger»: «...Sie schlug die Hände vors Gesicht und brach in Tränen aus. Es stellte sich heraus, daß Osmerkin ihr beiläufig erzählt hatte, Ljowa sei in einem Strafbataillon. Sie ließ sich in den Sessel fallen und klagte laut über ihr Schicksal. ‹Was wollen die bloß! Was wollen die von mir und von Ljowa... Sie werden nicht eher zur Ruhe kommen, bis sie ihn und mich umgebracht haben. Ein Strafbataillon ist so gut wie eine Hinrichtung. Nun ist er wieder zum Tod durch Erschießen verurteilt worden... Was hat er schon vom Leben gesehen. Mein armes Kind!›» *(Nikolai Punin)*

Es war wie ein Wunder. Er hat den Krieg überlebt und konnte 1945 schreiben: «Ich habe an drei Offensiven teilgenommen: a) am Befreiungsfeldzug in Westpolen, b) an der Besetzung von Posen, c) am Sturm auf Berlin, vielmehr auf seine Vororte... Besondere Tugenden, außer Mut vor dem Feind, hatte ich nicht vorzuweisen, dennoch ist der Antrag auf Revision der Vorstrafe gestellt. Nun erwarte ich den Bescheid.»

Aber bis dahin sollte noch viel Wasser die Kama hinunterfließen. Auch in der Tiefe des Landes, fern der Front, auch in der Evakuierung war es nicht möglich, dem Bannkreis der Gefängnisse zu entrinnen. 1941 waren sie überall. Auch in Tschistopol. Boris Pasternak schreibt aus Tschistopol an seine Cousine Olga Freudenberg: «Das eine meiner Fenster geht auf die Straße und den dahinterliegenden großen Garten, den sogenannten Kultur- und Erholungspark, und das zweite auf den von Margeriten besäten Hof des Volksgerichts, wohin man häufig Scharen von ausgemergelten Strafgefangenen bringt, die aus anderen Städten in das hiesige Gefängnis evakuiert wurden.»

Achmatowa beschließt, Tschistopol zu verlassen: erst die Kama entlang bis Kasan und dann mit dem Flüchtlingstransport nach Taschkent. «Das Umsteigen in Kasan war sehr schwierig. Fast vier Stunden lang saßen wir in absoluter Finsternis auf dem Bahnsteig auf unserm Gepäck und warteten auf den Zug, der jeden Augenblick einfahren konnte. Anna Andrejewna schwieg während der ganzen Zeit. Sie schwieg bedrückt, wie in der Gefängnisschlange» *(Lydia Tschukowskaja)*.

Und wieder Straßen, Eisenbahnwaggons, Eisenbahnwaggons, Straßen. «Ich freue mich, daß ich so viel von Rußland sehe», sagte Achmatowa. Ganz Rußland schien unterwegs zu sein. Aber wer wußte schon, auf welcher Straße die Rettung und auf welcher der Tod den Menschen erwartete – die Straßen, die nach Osten führten, in die Evakuierung, führten vom Tode weg, aber dieselben Straßen führten auch in die Lager, in den Tod. Und wieder andere, die nach Westen – an die Front, «zur Rettung Moskaus».

Und dann war man endlich in Asien.

«Die Wüste. Wir stehen sehr lange zwischen zwei Bahnhöfen. Kamele in der Ferne. Ich begreife zum ersten Mal, daß Kamele keine Mißgeburten sind, sondern Schönheiten: Schlank und majestätisch schaukelt eine Karawane vorbei.

Anna Andrejewna ist sehr lebhaft, neugierig, sieht viel mehr als ich. Jeden Augenblick zeigt sie mir etwas Neues. ‹Ein Adler!› sagt sie. ‹Er läßt sich dort auf dem Gipfel nieder! Ein Fluß! Sehen Sie doch nur, wie gelb!› Sie glaubt mir nicht, daß ich nichts sehe. Sie liest nicht mehr und unterhält sich nicht mehr, sie schaut und schaut» *(Lydia Tschukowskaja)*.

Es war keineswegs die Neugier der Reisenden und Touristin. Achmatowa war überhaupt keine Reisende. Möglicherweise lag das an den Umständen, aber sie war eine eher statische Gestalt, allerdings nur in Beziehung zum Raum, nicht in Beziehung zur Zeit. Ereignisse der verschiedensten Epochen scheinen ihr vertraut.

Es sind gut siebenhundert Jahre her, daß ich hier war,
Doch verändert hat sich nichts.
Immer noch strömt Gottes Gnade
Von den widerspruchslos herrschenden Höhen.

Der Wechsel des Wohnorts und die Reise nach Asien erwiesen sich als eine Reise in die Urheimat.

Auf dieser uralten trocknen Erde
Bin ich wieder daheim.
Chinesische Winde singen im Dunkel,
Und alles ist mir vertraut.

Die Genealogie ihres Geschlechts beginnt für Achmatowa mit dem mongolischen Fürsten Achmat. Dieser Achmat, dessen Ermordung das Ende des mongolischen Jochs im alten Rußland einläutete, «war bekanntlich ein Tschingiside», folglich scheint es ein gelungener Regieeinfall des Schicksals, daß sich die «Tschingisidin» und «Asiatin» Achmatowa plötzlich in Taschkent fand. Aber die von ihr so intensiv empfundenen Blutsbande mit dem «asiatischen Geschlecht» waren ebenso Kulturbande: In Rußland begegneten sich Europa und Asien. Mehrere Generationen sahen das Rätsel der russischen Geschichte in dieser Vermählung von Osten und Westen, und mehrere Generationen schwankten, welcher Richtung der Vorzug zu geben sei. Und zweifellos bildeten die persönlichen, biographischen Voraussetzungen Achmatowas eine Einheit mit ihrem historischen Verständnis des russischen Schicksals. Daher ihr gieriges und ungeduldiges Interesse bereits bei der ersten Begegnung mit Asien. Während des Krieges war Mittelasien der Zufluchtsort für Tausende von Flüchtlingen. Nach Taschkent wurden sehr viele Schriftsteller evakuiert, so daß Achmatowa bei ihrer Ankunft viele Bekannte vorfand.

«Es war im November 1941. Spätherbst oder Winter, der in Taschkent herbstlich ist, mit nackten Bäumen, nassem Laub im Straßenschlamm, grauem Licht und schneidendem Wind. Ein Haus in der Karl-Marx-Straße hinter Tulpenbäumen, die bereits seit Urzeiten hier standen, zweistöckig, in dem evakuierte Schriftsteller untergebracht waren... Auf dem Hof tiefer Schlamm, sogar bei geschlossenen Türen hörte man Schreibmaschinengeklapper. Rechts im Hof die Treppe zum zweiten Stock, freiliegend. Um das ganze Haus herum eine offene Galerie, von der die Türen abgingen» *(S. Somowa)*.

Die erste Wohnung Achmatowas in Taschkent entsprach der tristen, spätherbstlichen Stimmung. «Als ich sie zum erstenmal sah, saß sie auf einem Hocker unter dem trüben Licht einer elektrischen Deckenlampe und zog fröstelnd den alten, nicht mehr wärmenden Pelzmantel zusammen.

Ich war verblüfft – es waren Stolz, Verwaistheit und das abweisende ‹Bitte, kein Mitleid›, die sie umgaben. Ihre ungebrochene innere Kraft lag ebenso offen zutage wie ihre Gleichgültigkeit gegenüber der Armseligkeit und Unvollkommenheit der äußeren Existenzbedingungen. Sie war ganz bei den anderen, bei denen, die ‹dort› geblieben waren. Man hatte den Eindruck, daß sie die eisige Kälte der Leningrader Tage noch in sich trug, daß sie nie mehr auftauen würde. Erst später sah ich mich in der Kammer um, in der sie die erste Zeit hausen mußte. Hier hatten nur ein eisernes Bett mit einer groben Soldatendecke, ein einziger Hocker, auf dem Achmatowa gerade saß, und ein kleiner, nicht angeheizter Kanonenofen Platz, darauf eine verbeulte Teekanne und ein einsamer Becher auf dem kleinen Fenster mit der Aufschrift ‹Kasse›. Und eine Kiste, soweit ich mich erinnere, an der man essen konnte. Es war kalt. Das trübe Licht unterstrich noch die Öde dieses einsamen Winkels, seine Verkommenheit und Beliebigkeit. Mir fiel ein, daß die ‹Kasse›, die auf die Hintertreppe des großen, alten Hauses verbannt worden war, zu der bis zum Krieg in diesem Gebäude untergebrachten Verwaltung ‹Kunst› gehört hatte. Und Anna Andrejewna kam in den Genuß dieser ‹Kasse›» *(Galina Koslowskaja)*.

Achmatowas Gleichgültigkeit gegenüber den äußeren Lebensumständen fiel allen Menschen in ihrer Umgebung auf. In Taschkent war sie noch bemerkbarer, denn von der Zurückgezogenheit ihrer Leningrader Zeit konnte hier nicht die Rede sein. Die Leningrader Kommunalwohnung war hier durch eine Schriftsteller-Gemeinschaft ersetzt. Eine besonders charakteristische Episode aus dieser Phase erzählte eine Nachbarin: «In Taschkent boten die Usbeken eine ganz besondere Art von Sauermilch an. Wenn man sie mit dem Löffel berührte, spaltete sie sich wie ein steifer Pudding. Sie wurde aus Tongefäßen oder emaillierten Eimern verkauft: ‹Kiss mleko!› sangen die Verkäufer mit ihren hohen Stimmen. Eines Tages stieg ein solcher Verkäufer in den zweiten Stock des Hauses in der Karl-Marx-Straße, in dem Anna Achmatowa wohnte. Er war von rötlich-bräunlicher Hautfarbe, hatte einen Kranz von weißen Haaren und trug eine von einem schmutzigen Tuch umwundene Tjubetejka auf dem Kopf. Aus allen Türen kamen die Frauen herbeigelaufen, scherzten, lachten, und der Alte versuchte, sie – gegen einen Löffel Milch mehr – zu kneifen. Es herrschten große Heiterkeit und Gelächter. Plötzlich hielt er inne und sagte: ‹Dschim, Mullah›, (‹dschim› bedeutet leise). Es stellte sich heraus, daß Achmatowa an ihrer Tür erschienen war und daß der alte Mann sofort das Besondere an ihr wahrgenommen hatte – seinem Verständnis nach konnte sie nur ein ‹Mullah› sein» *(N. Puschkarskaja)*.

Aber die stolze Majestät Achmatowas war keineswegs aufgeblasene Wichtigtuerei. In ihr lebte eine Kraft, die für viele eine Hilfe war. Achmatowa unterhielt sehr gute Beziehungen zu Wladimir Lugowski, er war «ihr Ritter und Verehrer: Er küßte ihr die Hände, begleitete sie, stützte sie am Ellenbogen. Von Achmatowa ging aber eine solche Wirkung aus, daß sie, wenn beide nebeneinander gingen – eine zerbrechliche Frau mittleren Alters und ein breitschultriger, kräftiger Mann –, den Eindruck erweckten, Achmatowa stütze ihn und nicht umgekehrt» *(N. Puschkarskaja)*. Die Familie des Dichters Lugowski war eine von jenen, die Achmatowa viel Wärme entgegenbrachten und ihr halfen, den Alltag erträglich zu machen. Eine Zeitlang hatte sie sogar bei Lugowskis gelebt. Später dann, als sie in mehr oder minder geordneten Verhältnissen lebte, hat sie ihrerseits denen beigestanden, die es schwer hatten. Nadeschda Mandelstam, der Achmatowa behilflich gewesen war, nach Taschkent überzusiedeln, schrieb 1943 ihrem gemeinsamen Freund Nikolai Chardschijew: «Anna Andrejewna bezieht die Preisträger-Ration. Das bedeutet, daß sie alle durchfüttert, die nichts zu essen haben.» Achmatowa besaß die Gabe, Freundschaften zu schließen und Freunde zu gewinnen, ungeachtet der Unnahbarkeit, die sie nach außen zeigte. Die Freundschaft mit dem Komponisten Alexej Koslowski und dessen Frau, die 1937 aus Leningrad nach Taschkent ausgewiesen worden waren, öffnete ihr die Augen für diese Stadt: «Damals war Taschkent noch einstöckig, und jedes kleine Haus besaß einen Garten oder einen Hof mit Obstbäumen. Sobald es etwas wärmer wurde, verbrachten die Menschen dort mehr Zeit als im Haus – sie schliefen, aßen, ruhten und arbeiteten an der frischen Luft, im Schatten von Maulbeerbäumen, Pappeln und Feldulmen. Man wachte eines Morgens auf und wunderte sich über das besondere leuchtende Licht. Es war die beginnende Baumblüte, Mandel-, Aprikosen-, Pfirsich- und Kirschbäume. Es war nicht nur das duftige weißrosa Licht, das sie verbreiteten, sondern auch der unerhörte Duft, die Blütenzweige wogten im leichten Bergwind, als würden sie atmen, und spiegelten sich, wie der Himmel über ihnen, in den Bächen, und die murmelnden Bäche trugen ihr frisches Wasser mit dem Spiegelbild der blühenden Bäume durch die ganze Stadt» *(S. Somowa).*

Einschlafen – betrübt,
Aufwachen – verliebt.
Sehen, wie rot der Mohn blüht.
Welch eine Kraft
Drang heute ein
In dein Heiligtum, Dunkel!
Baumbestandener Hof,
Dein Rauch ist bitter,

Deine Pappeln so hoch...
Scheherezade
Kommt aus dem Garten...
So also bist du, Orient!

Scheherezade – so nannte Achmatowa Galina, die Frau von Koslowski: «Mein Mann führte sie oft durch die Altstadt. Sie gingen über den Marktplatz, wo die Kamele und die Esel schrien, während ihre Herren mit Filzmatten und Teppichen, mit Heu und Getreide handelten. Er zeigte ihr den Dudelsackpfeifer, der auf einem selten schönen Instrument mit reichen Intarsien spielte. Irgendwo saß ein alter Mann mit einem Filzkäppchen auf der Erde und spielte selbstvergessen mit Bohnen, die er auf einem Lappen ausgebreitet hatte. Eines Tages wollte er Achmatowa einen Wachtelkampf zeigen, aber an diesem Tag fiel die Vorstellung aus – der Besitzer des Siegers war eingezogen worden (er kam an die Front und kehrte nicht zurück). In den behaglichsten und scheinbar unbeschwertesten Minuten brachte sich der Krieg in Erinnerung. Alexej Fjodorowitsch erzählte mir von seinen Eindrücken, als er sie eines Abends nach Hause brachte – sie gingen nebeneinander, Achmatowa trug die Nelken, die ich ihr mitgegeben hatte, und fragte nach den Sternen. Mein Mann nannte die Namen der Sternbilder über ihnen, das Wasser plätscherte in seinen Rinnen (die ganz besondere Musik der damaligen Stadt), und aus allen Radios ertönte die Stimme Chalimas, die ein uraltes Lied sang. Anna Andrejewna klagte über das Heimweh, über den Krieg, über die Heimatlosigkeit fern von ihrer geliebten Stadt» *(Galina Koslowskaja)*.

Der Krieg ist stets eine Prüfung. Er ist eine Prüfung nicht nur des Mutes und der Ausdauer, sondern auch des Gewissens. Eine jener Frauen, die damals Achmatowa begegneten, erinnert sich, daß Achmatowa allen, die sagten: «Jetzt ist Krieg, jetzt ist alles erlaubt», beständig entgegnete: «Jetzt ist gar nichts erlaubt.» Was meinte sie damit? Sie meinte jene schlimmste der sowjetischen Versuchungen, die Versuchung durch Privilegien, mit denen das Regime die «nützlichen», die dem Staat genehmen Menschen belohnte. Die Privilegien der Kriegszeit bestanden in Sonderzuteilungen. Sogar im verhältnismäßig wohlhabenden Taschkent herrschte Kriegsrecht, mit anderen Worten – Lebensmittelknappheit. Die Versorgung über den Markt verschlang astronomische Beträge. Die Schriftsteller wurden, wie später in jedem sozialistischen Land, in wertvolle und wertlose, würdige und unwürdige eingeteilt. «Schriftsteller aus dem ganzen Land wurden nach Taschkent evakuiert. Dort trugen sie aus dem Schriftstellerverband als höchste Kostbarkeit Marmeladengläser mit Mehlschwitze nach Hause, und im Arbeitszimmer des Organisationssekretärs lag auf dem Schreibtisch die Zuteilungsliste für Kürbis» *(S. Somowa)*.

Achmatowa wurde während des Krieges gedruckt, 1943 erschien in Taschkent ein schmaler Gedichtband. Zum erstenmal seit 1917 galt sie als gesellschaftlich «nützliche Schriftstellerin». Doch in ihrer Nähe war immer jemand, dem sie helfen, mit dem sie die eigene «Preisträgerration» teilen konnte, die anzunehmen sonst peinlich gewesen wäre. Die Annehmlichkeiten des Alltags hatten in Achmatowas Leben nie eine besondere Rolle gespielt, und auch jetzt konnten die genossenen Privilegien keine Quelle des Wohlbefindens werden.

Nadeschda Mandelstam erzählt über diesen Aspekt des Lebens in Taschkent folgendes: «An den Stichtagen, damals mehrmals pro Monat, waren die Zuteilungen in den Geschäften, deren Warenangebot denen für Regierungsmitglieder beinahe glichen, die wichtigste Sensation in der Welt der Literatur. Schdanow (!) persönlich hatte über das Kreml-Telefon in Taschkent angerufen und gebeten, sich um Achmatowa besonders zu kümmern. Er hatte wohl auch erklärt, wer sie war (‹Unsere beste› oder ‹unsere führende Dichterin›), und daraufhin gelang es einem anständigen evakuierten Kollegen, ihr zwei Rationen in zwei Geschäften zu organisieren, während seine Frau diese Zuteilungen für Achmatowa abholte und sie auf diese Weise durchfütterte. Sobald das Ehepaar Taschkent jedoch verlassen hatte, war es mit der zweiten Ration natürlich vorbei, da man jedes Vierteljahr von neuem Anträge stellen und diverse Hürden nehmen mußte. Das taten alle, aber sie und ich brachten es nicht fertig, das zu tun, was alle taten, und waren einmal überglücklich, als wir dasselbe aus dem Mund einer sehr bescheidenen Dame aus akademischen Kreisen mit Namen Miklucho-Maklaj hörten. Sie war todunglücklich, weil sie es nicht fertigbrachte, das zu tun, was alle taten, das heißt, die eigene Zuteilung in Form von Brezeln in Empfang zu nehmen, sie mit Zuzahlung gegen Brot einzutauschen, einen Teil des Brotes wieder gegen etwas anderes einzutauschen und dabei eine Handvoll Reis zu gewinnen... Uns schwindelte angesichts dieser unendlichen Kette raffinierter Operationen, die allen geläufig waren, nur uns wollten sie nicht gelingen, weil ich gelegentlich die Ausgangsgüter solcher Tauschaktionen einfach verpaßte. Den letzten Winter über wohnten wir zusammen, und meine Aufgabe war es, die Zuteilungen abzuholen. So trug ich eines Tages einen ganzen Haufen Heringe nach Hause. Sie waren in Zeitungspapier eingepackt, das die Schwänze und Köpfe freiließ. Über das Trottoir liefen einige Jungen dicht an mir vorbei, einer hinter dem anderen, im Abstand von einigen Metern. Jeder von ihnen war etwas größer als ich, und jeder klatschte im Vorbeilaufen mit der Hand auf mein Heringspaket, so daß ein oder zwei Fische aus dem Papier glitten und auf das Trottoir fielen. Der nächste hob im Vorbeilaufen die Beute auf, und der übernächste versetzte dem Paket einen neuen Schlag. Zu guter Letzt behielt ich aus der ganzen Zuteilung höchstens ein halbes Dutzend Heringe übrig. Achmatowa geriet in völlige Verzweiflung und beklagte meine Schlafmützigkeit. Ihr fehlte einfach das Verständnis für die erfolgreiche Technik der Taschkenter Jugend, die sich mit derartiger Perfektion auf die Schriftsteller mit Fischschwänzen und Fischköpfen spezialisiert hatte. Sie waren unschlagbar, und in meinem Herzen sympathisierte ich mit ihnen und nicht mit den Empfängern der Ration.»

Nadeschda Mandelstams Sympathie läßt sich unschwer erklären – durch die Abneigung gegen das Rationieren und durch die Zuneigung zu den immer und unter allen Umständen im Krieg Leidenden – den Kindern. Kinder, die ihre Eltern und ihr Zuhause verloren hatten, die in Heimen aufwuchsen, die vom Betteln und gelegentlichen Diebstählen auf den Märkten lebten; Kinder, gezeichnet von der im Krieg potenzierten und unkalkulierbaren Kombination von Grausamkeit und Barmherzigkeit, von Brutalität und Großmut. Die Sowjetunion kannte solche Kinder bereits. Die zwanziger Jahre ließen sogar ein neues Wort in der russischen Sprache entstehen: ‹Besprisornik› (‹Unbeaufsichtigter›) und damit zusammenhängend das zweite: ‹Detprijomnik› (‹Aufnahmestelle für heimatlose Waisen›).

Das erste dieser beiden Worte war Ende der dreißiger Jahre durch ein Dekret außer Gebrauch gesetzt worden – der Staat erklärte sich zu dem «Land der glücklichen Kindheit». Das Zwillingswort dagegen blieb bestehen – es bezeichnete nun Heime, die die Kinder verhafteter, umgebrachter oder verurteilter Eltern aufnahmen.

Die Kriegsjahre stellten die ursprüngliche Verbindung der beiden Neologismen wieder her. Nach Taschkent wurden sehr viele Kinderheime evakuiert, aber auch einzelne obdachlose Jugendliche hatten sich auf eigene Faust in die legendäre «Stadt des Brotes» durchgeschlagen, die aus der Ferne eine satte Stadt zu sein schien. Ihr Markt, orientalisch üppig, war der Lieblingsaufenthalt der heimatlosen und ausgehungerten Jungen – und ernährte mehr als einen von ihnen. «Der Markt lebte sein besonderes Leben – die Kamele schnalzten mit der Zunge und ließen ihren Speichel auf die orangefarbenen Zuckermelonen tropfen. Unter den Schleiern schauten die dunklen Frauengesichter hervor, ein alter Mann im Turban zerschnitt einen Granatapfel, und der rote Saft tropfte von seinen Fingern. Ein abgerissener Junge mit einem Rasiermesser in der Hand lehnte sich an Achmatowa an und war im Begriff, ihre Manteltasche aufzuschlitzen. Ich packte ihn bei den Händen und flüsterte: ‹Was fällt dir ein! Sie kommt aus Leningrad! Sie ist hungrig!› Er brummte etwas und verschwand. Nach einer Weile kam er uns wieder entgegen. Er läßt sich nicht abschütteln, dachte ich, eigentlich gehört er auf die Miliz. Aber er streckte Achmatowa ein knusprig gebackenes Pastetchen, eingewickelt in einen schmutzigen Lappen, entgegen – ‹Iß!› – ‹Kann man das wirklich essen?›

fragte sie. ‹Natürlich, er hat es doch für Sie gestohlen» *(S. So-mowa)*. Die kostbare Gabe des kleinen Diebs beschwor die Erinnerung an andere Kinder herauf, an die Kinder im belagerten Leningrad. Sie wurden evakuiert, wann immer es möglich war. Viele von ihnen wurden damals nach Taschkent ausgeflogen. Mit Ruhr, mit Skorbut, geschwächte kleine Greise. Man erkannte diese Kinder auf den ersten Blick – sie waren matt, apathisch und mußten das Lächeln ganz von neuem lernen.

Eine Leningraderin, später Achmatowa-Forscherin, die die Blockade überlebte, erzählt von einem solchen Jungen: «... auf einmal sehe ich: Am Gartentor, angelehnt, hockt ein Junge. Ich frage ihn: ‹Was machst du hier? Und wo wohnst du?› – ‹Ich wohne an der Mojka. Wir haben einen sehr dunklen Hof und eine sehr dunkle Wohnung. Hier ist es so schön hell. (Es war auf dem Schloßplatz.) Ich bin hierhergekommen, um zu sterben.› Ich rief meine Mädchen, und wir haben ihn zu uns ins Archiv geholt. Wir gaben ihm warmes Wasser zu trinken und setzten ihm ein paar Brotrinden vor und Tischlerleim. Er sagte: ‹Wenn ich am Leben bleibe, will ich immer solchen Leim essen.› Ich schätzte ihn auf höchstens sechs, aber er war elf Jahre alt. Ich fragte ihn: ‹Warum bist du denn hierhergekommen?› Er antwortete: ‹Kannst du das denn nicht verstehen? Wenn ich noch jemand hätte, wäre ich nicht weggegangen. Papa ist an der Front, Mama ist gestorben, sie liegt zu Hause. Das Schwesterchen ist auch gestorben.›»

Ein in Taschkent entstandenes Gedicht von Achmatowa ist einem Opfer der Blockade gewidmet:

*Dem Andenken meines Nachbarn,*
*des Leningrader Jungen Walja Smirnow*

Klopf mit der kleinen Faust – ich öffne dir.
Dir habe ich immer geöffnet.
Ich bin jetzt hinter hohen Bergen,
Hinter Wüste, hinter Winden und Glut,
Aber dich werde ich niemals vergessen.

Ich konnte dein Wimmern nicht hören.
Mich hast du um Brot nicht gebeten.
So bring mir einen Zweig vom Ahorn
Oder auch nur grüne Grashalme,
Wie du sie mir im letzten Frühling brachtest.
Bring mir doch eine Handvoll Wasser
Aus unserer reinen, eiskalten Newa,
Dann will ich von deinem goldenen Köpfchen
Die blutigen Spuren waschen.

1943

Die Nachricht vom Tod des kleinen Nachbarjungen, der bei einem
Artilleriebeschuß umkam, hat Achmatowa wahrscheinlich erst erreicht, als die Familie ihres letzten Mannes, Nikolai Punin, nach
Mittelasien evakuiert wurde. Der Gedanke an den eigenen Tod
verknüpfte sich für sie paradoxerweise von Anfang an mit diesem
Kind und seiner Familie. «‹Als wir im Schutzgraben in unserm
Gärtchen saßen, ich und die Familie eines Arbeiters, meines Zim-
mernachbarn (ich hielt sein Kind in den Armen), hörte ich plötzlich ein Brüllen, Pfeifen und Knirschen, wie ich es noch nie in meinem Leben gehört hatte, es waren höllische Geräusche, und ich
glaubte, im nächsten Augenblick sterben zu müssen. Da dachte
ich, wie schlecht ich mein Leben gelebt habe und wie wenig ich auf
den Tod vorbereitet bin...› – ‹Aber kann man nicht in einem einzigen Augenblick bereuen und Vergebung erlangen?› fragte ich
Anna Andrejewna. ‹Nein, man muß sich beizeiten auf den Tod
vorbereiten›, entgegnete sie mir» *(N. Tschulkowa)*.
Im Winter 1941/1942 hatte sich auch Nikolai Punin im belagerten Leningrad auf den Tod vorbereitet. Achmatowa sah ihn aus-
gezehrt und sterbenskrank auf dem Bahnhof von Taschkent wieder, wo er mit anderen evakuierten Leningradern im Frühjahr
1942 eintraf. Wenig später erhielt sie einen Brief von ihm. Die
Worte dieses Briefes, eigentlich eher eine Beichte, blieben für sie
für immer ewige Worte, an denen der wahre Sinn der menschlichen Existenz gemessen wird.

Seien Sie gegrüßt, Anja!

Empfangen Sie meine unendliche Dankbarkeit für Ihre Aufmerk-samkeit, ich bin sehr gerührt und empfinde sie als unverdient. Ich befinde mich noch immer im Krankenhaus, weniger krankheitshal-ber als deshalb, weil es hier besser ist als draußen… Ein weiches Bett und ein Essen, das zwar nicht besonders schmeckt, dafür aber auch nichts kostet. Und ruhig ist es auch. Ich bin noch nicht ganz zu Kräften gekommen, fühle mich aber immerhin als Lebender. Und freue mich unendlich an den sonnigen Tagen. Und an dem sich langsam einstellenden Frühling. Ich schaue und denke: Ich lebe. Das Bewußtsein, daß ich am Leben geblieben bin, versetzt mich in einen ekstatischen Zustand, ich nenne ihn – Glücksgefühl. Übrigens, als ich im Sterben lag, das heißt, als ich wußte, daß ich unweigerlich sterben würde – das war auf der Petrowski-Insel, bei Golubjows, zu denen ich gezogen bin, weil dort, wie mir schien, das in Leningrad einzige warme Zimmer war, empfand ich eben-falls dieses Entzücken und diese Beglückung. Damals habe ich sehr viel an Sie gedacht. Ich dachte an Sie, weil in jener seelischen An-spannung, die ich damals empfand, etwas mitschwang… was mich an das Gefühl erinnerte, das mich in den zwanziger Jahren, als wir zusammenlebten, erfüllt hatte. Ich glaubte, daß ich Sie zum er-stenmal so allumfassend und uneingeschränkt verstanden habe, ge-rade deshalb, weil es völlig uneigennützig geschah, da ich über-haupt nicht damit rechnen konnte, Sie je im Leben wiederzusehen. Es war für mich tatsächlich ein Wiedersehen und ein Abschied am Rande des Todes. Ich hatte damals den Eindruck, daß ich keinen zweiten Menschen kannte, dessen Leben so monolithisch und des-halb so vollkommen war wie das Ihre: von den ersten kindlichen Versen *(Der Handschuh von der linken Hand)* bis zum propheti-schen Flüstern und Dröhnen des *Poems.* Ich verstand damals, daß dieses Leben nicht durch den Willen so monolithisch ist, sondern – und das kam mir besonders wertvoll vor – gleichsam organisch, das heißt dank einer Eigenständigkeit, die keineswegs in Ihrer Hand liegt. Jetzt kann ich all das, was ich damals dachte, nicht mehr zu Papier bringen. Vieles von dem, was ich an Ihnen nicht gutheißen konnte, stand plötzlich vor mir, nicht nur vollkommen gerechtfertigt, sondern, ich möchte sagen, als das Schönste... In Ihrem Leben ist eine Festigkeit, als wäre es in Stein gemeißelt, und zwar mit einem Zug, von einer sehr geübten Hand. Das alles erfüllte mich damals, ich weiß es noch genau, mit einer Freude und einer nicht alltäglichen, nicht sentimentalen Rührung, einer kontemplativen Ergriffenheit, als stünde ich vor den Toren zum Paradies. (Überhaupt hatte das Leben damals etwas von der *Göttlichen Komödie*!) Und ich freute mich weniger für Sie als für das Weltganze, weil das Erlebte mir die Empfindung vermittelte, daß es keine persönliche Unsterblichkeit, sondern nur das Unsterbliche an sich gibt. Dieses Gefühl war besonders stark. Das Sterben hatte nichts Furchtbares mehr, und ich fühlte keinen Anspruch auf ein individuelles Sein oder Weiterleben nach dem Tode. Aus irgendeinem Grunde war ich daran überhaupt nicht interessiert, aber es gibt das Unsterbliche, und ich sollte mich darin wiederfinden, und das war wunderbar und feierlich. Sie schienen mir damals – und so ist es bis heute geblieben – als der höchste Ausdruck des Unsterblichen, dem ich im Leben begegnet bin. Im Krankenhaus habe ich die *Dämonen* wiedergelesen. Dostojewski war für mich immer noch zu schwer und absolut nichts für mich. Aber am Ende des Romans, wie eine goldene Morgenröte im furchtbaren und unwahrscheinlichen Dunkel, Worte wie diese: «Es gibt etwas... das mich mit unendlicher Rührung und Freude erfüllt, wer ich auch sei und was ich auch getan haben mag! Mehr als das eigene Glück braucht der Mensch die Gewißheit und den immerwährenden Glauben daran, daß es irgendwo ein vollkommenes und ruhiges Glück bereits gibt...» Diese Worte spiegeln nahezu vollkommen wider, was ich damals empfunden habe. Eben – «Freude» und «ruhiges Glück». Und Sie waren für mich damals der Ausdruck des «ruhigen Glücks» und der «Freude». Sterbend nahte ich mich Ihnen, aber ich blieb am Leben. Ich habe sowohl jene Empfindung als auch das Bewußtsein davon bewahrt. Und ich fürchte mich so sehr, sie zu verlieren und zu vergessen, und gebe mir alle Mühe, es zu vermeiden, damit sich nicht das wiederholt, was mir schon so oft im Leben geschehen ist. Sie wissen, wie leichtfertig, wie unbedacht ich mein Schicksal herausforderte und mir das Beste entgleiten ließ, was es, mein Schicksal, für mich bereithielt. Die Sonne, die ich nach der eisigen Leningrader Hölle so liebe, unterstützt mich, und angesichts ihres Triumphes fällt es mir nicht schwer, die Empfindung des Unsterblichen zu wahren. Und ich bin glücklich...

Im Eisenbahnwaggon, als ich erkrankte, kam mir aus irgendeinem Grunde Chlebnikow in den Sinn, und er erschien mir als die reinste Stimme unserer Zeit, mit der verglichen die Majakowskis einen Einzelfall darstellt. Sie sind kein Einzelfall, aber aus irgendeinem Grunde gelang es mir nicht, Sie und Chlebnikow auf einen Nenner zu bringen. Ich verstehe heute noch nicht, warum. Als wir uns Taschkent näherten, durfte ich nicht hoffen, Sie zu sehen, und freute mich unsagbar, daß Sie gekommen waren, und noch mehr, als ich hörte, daß Sie am nächsten Tag wieder am Bahnhof waren.

In der Nähe des Todes schwindet das Zufällige und wird transparent für das Ewige. Achmatowas Worte vom «schlecht gelebten Leben» gehören noch nach Leningrad. Diese Stadt erweist sich als eine Schwelle; war sie einmal überschritten, blickte man dem Tod ins Auge. Doch auch Taschkent, für Bomben und Granaten unerreichbar, brachte keine Befreiung von den Todesahnungen. In den Briefen Achmatowas und ihrer Freundin Nadeschda Mandelstam ist das Thema «Krankheit» allgegenwärtig: «Ich war oft und schwer krank. Jetzt bin ich grau.» – «Im November bin ich beinahe gestorben, jetzt bin ich ins Leben zurückgekehrt.»

Dort, in der «Öde der Evakuierung», in den Fieberträumen des Typhus, gewann ihr Leben jene Ordnung und Geschlossenheit, die den Plan des Schöpfers gleichsam zutage treten ließ. Und die Deutlichkeit, mit der sie die Einheit von Leben, Epoche und Schicksal vor Augen hatte, veranlaßte sie, mit ihren Memoiren zu beginnen.

*In Taschkent, in der «Öde der Evakuierung», schrieb ich «Das Haus war hundert Jahre alt», und dort hörte ich in meinem Typhusdelirium die ganze Zeit, wie meine Absätze im Kaufhof von Zarskoje Selo klappern – ich war auf dem Weg ins Gymnasium. Der Schnee ringsumher hatte sich dunkel verfärbt, Krähengeschrei, Glockengeläut, eine Beerdigung.*

Diese kurze Notiz deutet nicht nur an, wie die Erinnerungen sich ihr näherten, sie ist bereits Ahnung und Prophetie. Bei der Erzählerin Achmatowa erweist sich schon die kürzeste Episode als ein Samenkorn, das das Vergangene aufbewahrt und das der Zukunft entgegenkeimt.

Das Bewußtsein vom Schicksal als einem Ganzen verwandelte sich damals in Taschkent in einen prophetischen Ausblick in die Zukunft. Die Alpträume waren nicht nur Ergebnisse eines Früher, sondern ebenso ein Vorspiel des Nachher. *Prolog* nannte Achmatowa ihr Theaterstück, in dem die Wirklichkeit ihres Alltags, die furchtbaren Träume, ihr Delirium und das ihrer Zeit sich verflechten. Aber das «Thema dieses Stücks», schreibt Nadeschda Mandelstam, «liegt klar und einfach wie der Tag auf der Hand: Die Heldin kommt vor ein Schriftstellergericht und wird darauf in Verwahrhaft genommen.»

«Der Taschkenter *Prolog* war ein scharfes, aggressives und festgefügtes Ganzes. Achmatowa brachte die Treppe unserer Veranda auf die Bühne... Über diese wacklige Treppe steigt die Heldin langsam hinunter – man hatte sie mitten in der Nacht geweckt, so geht sie zur Gerichtssitzung im Nachthemd...

Unten auf der Bühne ein großer Tisch mit dem für offizielle Sitzungen üblichen roten Tuch. Hinter dem Tisch sitzen die Richter, und von allen Seiten kommen Schriftsteller herbeigestürzt, um das ehrbare Gericht zu unterstützen...

Die Schriftsteller, mit ihren Lebenmittelrationen in der einen und ihren Manuskripten in der anderen Hand, laufen über die Bühne und erkundigen sich nach der Gerichtssitzung. Sie fuchteln mit ihren zusammengerollten Manuskripten (‹Ich liebe keine zusammengerollten Manuskripte. Manche sind schwer und von der Zeit ölig, wie die Trompete des Erzengels.›). Sie geben keine Ruhe mit ihren Fragen: ‹Wo findet die Sitzung statt?›, ‹Wer ist der Angeklagte und wer der öffentliche Ankläger?› Sie sprechen miteinander und mit einer ‹Sekretärin von übermenschlicher Schönheit›, die im Proszenium an einem kleinen Tisch mit einem Dutzend Telefonapparaten sitzt. Die Schriftsteller beteuern ihre Bereitschaft, vor dem Gericht zu erscheinen und die zweifellos gerechten Beschlüsse der Richter gutzuheißen. Die Verteilung aller Güter dieser Erde geschieht durch die Sekretärin, die folglich eine wichtige Person ist. Sie gebietet über Wohnungen, Lebensmittelrationen, Datschen, Heringsschwänze und Menschenköpfe...

Die Sitzung wird eröffnet. Alles, was nun passiert, leitet sich daraus ab, daß die Heldin nicht begreifen kann, worauf sich die Anklage bezieht. Richter und Schriftsteller sind empört über ihre unpassenden Antworten. Im Gerichtssaal prallen zwei Welten aufeinander, die nur scheinbar eine, in Wirklichkeit aber verschiedene Sprachen sprechen. Der *Prolog* war in Prosa geschrieben und jede Replik scharf wie ein Messer. Die Dialoge bestanden aus den bis zum Äußersten kompromittierten und verdichteten Formeln der offiziösen Literatur und Ideologie. Mit ihnen wird die Heldin eingeschüchtert, wenn sie Gedichte zu lallen beginnt, abgerissene Klagen darüber, daß es in der Welt Luft und Wasser, Erde und Himmel, Blätter und Gräser gibt, mit einem Wort das ‹selige Irgendwo› aus Achmatowas Gedichten.

Kaum öffnet sie den Mund, als sich laute Stimmen erheben, die ihr erklären, daß niemand ihr das Recht gegeben habe, Gedichte vor sich hin zu murmeln, und daß es an der Zeit sei, sich darüber Gedanken zu machen, auf wessen Mühlräder sich das Wasser ihrer Reime ergieße, und daß sie nicht vergessen dürfe, daß sie angeklagt sei und vom Volk – dort sei es, das Volk, mit den Fischköpfen und fettfleckigen Manuskripten – zur Rechenschaft gezogen werde für alles, was ihr durch den Kopf gehe...

Die Heldin empfindet keine Angst. Das, was sie empfindet, hat mit Angst nichts zu tun. Es ist die tiefe Überzeugung, daß der Mensch keinen Platz auf dieser Erde hat – in der Welt des schriftstellerischen und behördlichen Gelichters. Hier, vor Gericht, kann der Mensch nur staunen und den Kopf schütteln. Und das Gelichter ist außerstande, ihr das Leben zu nehmen, weil der Prozeß außerhalb des Lebens stattfindet. Sie kommt ins Gefängnis und fühlt sich dort zum erstenmal frei» *(Nadeschda Mandelstam)*.

Dieses Stück ähnelte der Wirklichkeit wie ein Tropfen Wasser dem anderen. Später zeigte sich, daß es tatsächlich ein Prolog zu dem war, was Achmatowa 1946 selbst zustoßen sollte. Wir hätten auf die Inhaltsangabe des Stückes verzichtet, würde man es lesen können, aber dem Manuskript waren nur wenige Lebensjahre beschieden. Sobald Achmatowa bemerkt hatte, daß die Prophezeiung eingetreten war, verbrannte sie das Manuskript, um das Schicksal nicht herauszufordern. Sie gestattete es niemandem, das Stück auswendig zu lernen, wie etwa das *Requiem*, und es war nicht möglich, den Text später zu rekonstruieren. (Achmatowa selbst versuchte in den sechziger Jahren, den *Prolog* zu rekonstruieren, aber dabei entstand offensichtlich etwas ganz anderes. Außerdem wurde der Versuch abgebrochen.) Es blieb nur die Nacherzählung von Nadeschda Mandelstam. Sie sagte: «Die ersten Zuhörer hätten das Stück mit Kafka vergleichen können. Aber damals kannte man ihn bei uns noch nicht.» Der Gedanke an Kafka ist durchaus begründet. Er basiert auf dem allgemeinen Gefühl, das Achmatowa ihrer Zeit entgegenbrachte. «So etwas hätte Kafka erdenken können.»

Das absurde, zerrissene, phantastische Bild, das das Leben bot, schien den Phantasien der westlichen Literatur entsprungen zu sein. Doch auch in der russischen Literatur spiegelte sich die absurde Wirklichkeit in einer einzigartigen Kombination von Phantastik und Realität.

Achmatowa «begegnete» Bulgakow in Taschkent. Sie las *Der Meister und Margarita* auf der gleichen Veranda, von der die Heldin des *Prologs* zu ihren Richtern hinunterschreitet. In Taschkent wohnte auch die Witwe Bulgakows, Jelena Sergejewna, die das von ihr abgeschriebene Romanmanuskript heimlich aufbewahrte. Dorthin, in das «weiße Haus in der Schukowstraße», zog Achmatowa zu Jelena Sergejewna Bulgakowa. Später, nachdem Bulgakowa Taschkent verlassen hatte, wurde ihr Zimmer Anna Andrejewna zugewiesen. In dem Haus wohnten viele evakuierte Schriftsteller.

*Ich habe ein neues Haus, geräumig, einsam, einsiedlerisch. Ich habe noch nie in einer solchen Einsiedelei gewohnt, obwohl Ruinen und Einöden meine Spezialität sind, wie Sie wissen.*

Diese Wohnung, ebenso wie das Geheimnis des von ihr gehüteten Romans, waren die Gabe der Witwe Bulgakows an Achmatowa.

In diesem Stübchen wohnte
Einst eine Zauberin:
Ihren Schatten sieht man noch
Am Abend vor Vollmond.
Dieser Schatten steht noch immer
An der hohen Eingangsschwelle
Und schaut mit strengem,
Ungewissem Blick mich an.
Ich gehöre nicht zu jenen,
Die erliegen fremdem Zauber,
Ich bin selbst... Doch mein Geheimnis
Gebe niemals umsonst ich preis.

1943

Ebenso wie der Schatten von Jelena Bulgakowa auf der Schwelle zu Achmatowas Zimmer wohnen blieb, so ließ auch Anna Andrejewna ihren Schatten in Taschkent zurück. «Wenn Anna Andrejewna uns besuchte, pflegte sie sich immer auf denselben Platz zu setzen, und ihr Profil zeichnete sich mit ungewöhnlicher Deutlichkeit als Schatten auf der weißen Wand ab. Alexej Fjodorowitsch hatte eines Tages den Schatten zuerst mit Bleistift und dann mit Kohle nachgezogen. Das machte uns viel Freude, und wir erzählten ihr, daß nachts das Profil sein eigenes Leben lebte.

Als der Kalk nach und nach das inzwischen undeutlich gewordene Profil auslöschte, hängte ich – es war bereits nach Achmatowas Abreise – über diese Stelle ein Stück alten Brokats. Als wir uns in Leningrad wiedersahen und ich ihr davon erzählte, rief sie aus: ‹Mein Gott, welch ein Luxus! Und das alles nur für einen armen Schatten!» *(Galina Koslowskaja)* «So geht es mir immer», war eine von Achmatowas bevorzugten Redensarten, die sie bei merkwürdigen und, man könnte sagen, absichtsvollen Zufällen in ihrem Leben gebrauchte. Auch hier würde sie passen. Die Seelen und die Schatten, die nach ihren eigenen irrealen Gesetzen leben, sind eines der bedeutsamsten und dauerhaftesten Bilder in Achmatowas Lyrik. Nachdem sie die Lethe überschritten hatten, kehrten ihre Zeitgenossen nur als Schatten zurück, auch sie selbst empfand sich als einen Schatten. Und hier in Taschkent verdichtet sich der Schatten, der den Gedichten zu entspringen scheint, an der weißen Mauer eines asiatischen Hauses, um sich wieder in ein Gedicht zu verwandeln:

... nur in zwei Häusern
Blieb in dieser Stadt (der Name ist undeutlich)
Ein Profil (von jemand nachgezogen
Auf dem schneeweißen Kalk der Mauer),
Nicht weiblich und nicht männlich, doch voll Geheimnis.
Und wenn der Strahl des Mondes,
Des grünen, tiefen Mondes Mittelasiens,
Um Mitternacht über die Mauer gleitet,
Am Neujahrsabend ganz besonders,
Dann hört man, wie sie sagen, einen leisen Laut,
Die einen halten ihn für Schluchzen,
Andere meinen, Worte zu erkennen,

Doch dieses Wunder ist inzwischen keines mehr,
Fremde kommen selten, den Einheimischen ist es vertraut,
Und schon hängt in einem dieser Häuser
Ein Teppich über dem Profil, dem verwünschten.

Indem Achmatowa ihr Dasein in Gedichten potenziert, verwandelt sie die rund drei Jahre, die sie in Asien verbrachte, in eine Legende. Im Mai 1944 flog sie aus Taschkent nach Moskau. Aber auch in Moskau hielt sie es nicht aus – sie eilte nach Leningrad.

Mit einem weißen Stein zeichne ich den Tag aus,
An dem ich den Sieg sang,
An dem ich dem Sieg,
Die Sonne überholend, entgegenflog.

*Mai 1944*

Sie flog ihrer Heimatstadt entgegen, aber dieser frohlockende Vierzeiler ist nur wenige Tage älter als ein anderer, sehr ähnlicher, beinahe ein Zwilling. Die Gesichtszüge des Doppelgängers sind nun, wie für Achmatowa typisch, vor Entsetzen verzerrt:

Lieber hätte ich bis an die Schultern
Den verfluchten Leib in die Erde gerammt,
Hätte ich gewußt, wem ich,
Die Sonne überholend, entgegenflog!

Leningrad bescherte ihr abermals ein «leeres Haus» und ein «böses Leben». Kurz nach ihrer Rückkehr endete plötzlich und unwiederbringlich ihre Beziehung zu Wladimir Georgijewitsch Garschin, dem sie von Taschkent aus ihr Jawort gegeben hatte, mit dem ihre Hoffnung auf ein Heim verknüpft gewesen war. (Garschin hatte während der Blockade Frau und Tochter verloren und nach einiger Zeit Achmatowa einen brieflichen Heiratsantrag gemacht.)

Alles ist zerschellt. Wieder wohnt sie in einem fremden Haus, das ihr eine Zuflucht bietet, bis ihre alte Wohnung in einen wohnlichen Zustand gebracht wird. Aber auch renoviert bleibt das Fontanka-Palais, was es war – eine trostlose Brandstätte wie das ganze damalige Leningrad, immer noch «Kriegsstadt des Ruhms und Unheils».

# «*Unter dem*
## *Fittich des Verderbens*»

Nicht mit der Leier des Verliebten
Bezaubre ich das Volk –
Die Rassel des Aussätzigen
Singt in meiner Hand.
Ihr werdet staunen lernen,
Bald heulend, bald fluchend.
Ich werde euch, ihr Mutigen,
Schon lehren, mir aus dem Weg zu gehen.
Mir ging's nicht um Gewinn,
Ich heischte nicht nach Ruhm,
Unter dem Fittich des Verderbens
Lebt' ich ganze dreißig Jahre.

Einmal, noch in Taschkent, sagte Achmatowa beim Anblick einer
Gruppe blutjunger Uniformierter: «Jetzt erinnern sie auf einmal
an die Dekabristen.» In diesen Jünglingen, denen es beschieden
war, entweder zu sterben oder Berlin zu erobern, sah sie die Offiziere, junge Adlige, die 1812 Napoleon besiegt hatten und 1815 in
Paris einmarschiert waren. Dieser Sieg brachte den russischen Offizieren das Bewußtsein ihrer inneren Freiheit, das Bewußtsein der
eigenen Möglichkeiten und der Möglichkeiten ihres Volkes, das so
kraftvoll und stark war, daß der napoleonische Krieg in dem Aufbe-

gehren des russischen Adels gegen den unerschütterlichen Absolutismus 1825 einen Nachhall fand – im Aufbegehren des Adels gegen den absolutistischen Machtanspruch der Monarchie, im Aufstand der Dekabristen.

Das war die Lektion der Geschichte, mit der die «uniformierten Jungen» in der Mitte des zwanzigsten Jahrhunderts lebten, starben und siegten. Dieser Sieg war ein Beweis ihrer Kraft und bot eine Chance zur Freiheit. Auch Alexander Solschenizyn gehörte zu ihnen, «ein junger Artillerist, nach dem die Literatur und das Zuchthaus Ausschau hielten» *(Nadeschda Mandelstam)*.

Seine Generation, die so viele der Ihren dem Krieg geopfert hatte, empfand am intensivsten jene freudige Entfesselung des Geistes, von der damals Boris Pasternak sagte: «Seit kurzem werden wir immer mehr vom Gang und der Logik unseres wunderbaren Sieges ergriffen. Mit jedem Tag treten seine allumfassende Schönheit und Kraft deutlicher zutage... Gesiegt hat das Volk, alle seine Schichten, alle Freuden, alle Schmerzen, alle Träume und Gedanken. Gesiegt hat die Vielfalt. Gesiegt haben alle, und in diesen Tagen, vor unseren Augen entdecken sie eine neue, erhabene Ära unserer historischen Existenz. Der Geist der Weite und der Allgemeinheit beginnt das Handeln aller zu durchdringen.»

Pasternaks begeisterte Ahnung «einer neuen erhabenen Ära» korrespondiert, so seltsam es auch scheinen mag, mit den Impressionen Konstantin Simonows, der nüchtern und vorsichtig notierte: «Am Ende des Krieges, unmittelbar danach und nach 1946, glaubte man in weiten Kreisen der Intelligenzija, jedenfalls der künstlerischen Intelligenzija, die ich besser kannte, daß etwas in der Luft lag, was uns auf den Weg einer Liberalisierung bringen würde. Ich weiß nicht recht, wie man es ausdrücken soll, wenn man sich nicht der heutigen, sondern der damaligen Begriffe bedient – auf den Weg einer Entspannung, einer Vereinfachung, einer Erleichterung der Kontakte mit der Intelligenzija wenigstens jener Länder, mit denen wir gegen den gemeinsamen Gegner Seite an Seite gekämpft hatten. Manch einer glaubte, daß die Kontakte mit den Auslandskorrespondenten, die während des Krieges recht eng waren, auch nach dem Ende des Krieges unverfänglich sein würden, daß es Austauschreisen, daß es viele ausländische Filme geben würde, und zwar nicht nur die aus Deutschland mitgebrachten Trophäen, sondern auch neue – kurz, man lebte in der Atmosphäre einer gewissen ideologischen Schwärmerei, die in mancher Hinsicht der schweren wirtschaftlichen Lage, in der sich das Land, besonders nach der großen Mißernte 1946, befand, widersprach. Eine gewisse Leichtfertigkeit war nicht zu verkennen, ebensowenig das Bestreben, eine betonte Pietät allem entgegenzubringen, was früher von offizieller Seite unterschätzt worden war» *(Konstantin Simonow)*.

Der letzte Satz Simonows über die «Leichtfertigkeit» und die «betonte Pietät» entsprach den Ansichten der Kulturbürokratie über das Verhältnis der Leser zu Achmatowa.

Ihr Name war inzwischen zum Symbol der neuen Hoffnungen geworden. Und die Anerkennung, die ihr in den Kriegsjahren zuteil wurde, bedeutete für die Menschen, denen es um innere Freiheit ging, einen Triumph ihres geistigen Konzepts.

Von nun an suchten fremde Menschen das Gespräch mit Achmatowa. Die einen kannten ihre Gedichte noch aus der Jugendzeit, und andere, junge, hatten sie erst kürzlich, während des Krieges, gelesen. «Ich hatte das Glück, Anna Achmatowa im Sommer 1945 kennenzulernen. Ich war damals siebzehn, und das bestimmte den Charakter unserer Bekanntschaft. Ich habe sie kurz entschlossen angerufen und gesagt, ich sei eine Moskauer Studentin, halte mich in den Ferien in Leningrad auf, schreibe Gedichte und träume davon, ihr diese Gedichte zu zeigen. ‹Bitte, kommen Sie. Morgen um vier Uhr nachmittags.› Sie legte auf, ohne zu fragen, ob ich ihre Adresse kenne» *(N. Roskina)*.

Einen ganz anderen Weg zu Achmatowa beschreibt Sofia Kasimirowna Ostrowskaja, die zur älteren Generation gehörte; aber der Impuls, der Sinn beider Begegnungen ist erstaunlich ähnlich: «Als sie von der Bühne herunterstieg, stand sie einen Augenblick allein, eine schwarze, hohe, königliche Gestalt, die in das unsichtbare Gewand von Ruhm, Trauer, großer Verluste und großer

Kränkungen gehüllt war. Ich trat an sie heran und sagte: ‹Sie kennen mich nicht, aber erlauben Sie mir, Ihnen zu danken, weil Sie zurückgekommen sind, weil es Sie gibt, weil Sie schreiben und weil Sie leben.›

Sie lächelte und reichte mir die Hand:

‹Jetzt kennen wir uns›, sagte sie.

Ich stellte mich vor und sprach mit ihr, selbstverständlich aufgeregt, selbstverständlich verworren. Ich sagte ihr, daß sie das Lied unserer Jugend gewesen sei, seit langem und unveränderlich mit mir gelebt habe, an meiner, an unserer Seite gewesen sei, während unsere Stadt belagert und gekreuzigt wurde, und daß jetzt, nach ihrer Rückkehr, die Landschaft der Stadt Petersburg endgültig auferstanden und wie früher sei.»

Möglicherweise erwachte in Achmatowa, die lange Jahre sehr zurückgezogen gelebt und nur mit sehr wenigen nahen Freunden Kontakt gehabt hatte, das Bedürfnis, neue Menschen kennenzulernen. Die Atmosphäre von Hoffnung auf das Ende der totalen politischen Überwachung machte es möglich, sich wenigstens zum Teil von dem Mißtrauen der dreißiger Jahre zu befreien und nicht mehr in jedem Fremden den Spitzel und Denunzianten zu sehen. Darüber hinaus zog es sie in ihrer persönlichen Einsamkeit, in ihrem unwirtlichen und spannungsgeladenen Leben zu anderen Menschen. Es war das Verlangen nach schlichtem menschlichem Mitgefühl und Anteilnahme. «Achmatowa litt unter der Einsamkeit. Das wurde mir klar, nachdem auch ich mich bei ihr über meine Einsamkeit beklagt hatte. Ich war früh verwaist und lebte seit meinem sechzehnten Lebensjahr ganz allein in dem Zimmer, in dem bis dahin mein Vater gewohnt hatte. ‹Es gibt Zurückgezogenheit und es gibt Einsamkeit›, sagte sie, ‹man sucht die Zurückgezogenheit, aber man flieht die Einsamkeit. Es ist entsetzlich, wenn sich mit deinem Zimmer sonst niemand verbindet, niemand darin atmet und niemand deine Rückkehr erwartet»› *(N. Roskina).*

Aber in Achmatowas Bedürfnis, neue Kontakte zu knüpfen, kam etwas wesentlich Bedeutsameres zum Ausdruck. Ihre Gedichte waren seit 1924 kaum noch gedruckt worden. In den dreißiger Jahren hatte sie oft nicht gewagt, ihre Gedichte auch nur dem Papier anzuvertrauen. Die beiden Sammelbände von 1940 und 1943 waren ein Tropfen auf den heißen Stein und vermochten kaum, den Leser von der Kontinuität ihres Schaffens zu überzeugen. Sie befürchtete, daß der Leser in seiner Vorstellung von ihrem Gedichtwerk nicht über ihre frühe Liebeslyrik, die um 1910 so beliebt war, hinausgekommen wäre. Es ging ihr darum, den neuen Leser, den neuen Verehrer davon zu überzeugen, daß ihre Lyrik mit ihr weitergelebt und sie sich inzwischen einer neuen, tiefen, wesentlichen Stimmung, einem neuen Thema zugewandt hatte.

Doch der wichtigste, ein echter Gesprächspartner fehlte. Achmatowa «begann von ihrer Einsamkeit zu sprechen, von der Isolation, in der sie lebte, sowohl persönlich als auch künstlerisch. In den Nachkriegsjahren war Leningrad für sie nichts als ein riesiger Friedhof, ein riesiges Grab ihrer Freunde. Es war wie eine Landschaft nach einem Waldbrand: Einige verkohlte Bäume machen die Verwüstung noch trostloser. Sie hatte treue Freunde, Losinski, Schirmunski, Chardschijew, das Ehepaar Ardow, Olga Berggolz, Lydia Tschukowskaja, Emma Gerstein – aber sie konnten sie nicht trösten, dazu waren nur die Literatur und die Bilder der Vergangenheit imstande: das St. Petersburg Puschkins, der Puschkinsche, Byronsche, Molièresche Don Juan; das prächtige Panorama der italienischen Renaissance», so schreibt in seinen Erinnerungen an Anna Achmatowa ein russischer Emigrant, der Engländer Sir Isaiah Berlin, der nach dem Krieg als Angehöriger der britischen Botschaft für kurze Zeit nach Rußland zurückkehrte. Er war in Leningrad, als man ihm beiläufig von Achmatowa erzählte. «Achmatowa war für mich eine Figur aus der fernen Vergangenheit. Maurice Bowra, der einige ihrer Gedichte übersetzt hatte, sagte mir, daß er seit dem Ersten Weltkrieg nichts mehr von ihr gehört habe. ‹Was? Achmatowa lebt noch?› fragte ich. ‹Anna Andrejewna Achmatowa?› wunderte sich der Literaturwissenschaftler W. N. Orlow, der gerade einen Gedichtband Achmatowas für die Veröffentlichung vorbereitete. ‹Aber freilich! Sie wohnt ja hier gleich in der

Nähe, im Haus an der Fontanka. Möchten Sie sie kennenlernen?›
Es war, als habe man mir eine Begegnung mit der Rossetti vorgeschlagen» *(Isaiah Berlin).*

Sein Besuch war Achmatowa willkommen. Berlins Reaktion
auf ihren Namen – ein Denkmal der Vergangenheit – bestätigte
ihre schlimmsten Befürchtungen. Ein Gespräch mit dem englischen Gast war für sie wichtig und nützlich, weil auf diese Weise der unter russischen Emigranten entstandene Eindruck, Achmatowa und ihre Poesie seien untergegangen, wenigstens teilweise
berichtigt werden konnte. Immerhin, um einen Ausländer in den
eigenen vier Wänden zu empfangen, mußte sie von der neuen Haltung des Staates ihr gegenüber ziemlich fest überzeugt sein. Das
Gespräch dauerte die ganze Nacht hindurch, von neun Uhr abends
bis zum späten Morgen des nächsten Tages. Achmatowa und Berlin unterhielten sich über die russischen Emigranten in England,
nach denen sie sich erkundigte, über ihre eigene Vergangenheit,
über das Schicksal der russischen Literatur in den letzten Jahren,
über persönliche Bindungen, über die Vorliebe in Literatur und
Kunst – Kafka, Dostojewski, Renaissance, über Musik, Moral und
Geschichte, über die Jahre 1937 und 1938, «als ihr Gatte und ihr
Sohn verhaftet und ins Lager geschickt wurden (was sich noch einmal wiederholen sollte), über schlangestehende Frauen, die Tage
und Nächte, Woche um Woche, Monat um Monat warteten... Sie
erzählte mit einer trockenen, sachlichen Stimme, wobei sie sich
von Zeit zu Zeit unterbrach: ‹Nein, ich kann nicht mehr. Das ist
nicht gut. Sie kommen hierher aus einer Gemeinschaft menschlicher Wesen. Wir aber sind nur zum Teil menschliche Wesen
und zum Teil...› Lange Pause. ‹Und auch heute noch...›» *(Isaiah
Berlin)*

Trotz einer gewissen scheinbaren Zusammenhanglosigkeit sind
die Themen dieses Gespräches keineswegs zufällig; beide Gesprächspartner gingen von übereinstimmenden Vorstellungen
über Schicksal und Lyrik aus, jede Wendung in der Unterhaltung
entwickelte sich aus einem Gedicht und führte zu dem nächsten.
«Und wieder begann sie vom vorrevolutionären Petersburg zu er-

zählen, von der Stadt, in der sie ihre Form fand, und von der langen
schwarzen Nacht, die sich über sie hinabgesenkt hatte. Sie sprach
ohne das leiseste Selbstmitleid, wie eine vertriebene Prinzessin,
stolz, unglücklich, unnahbar, sie sprach mit ruhiger, gleichmäßiger
Stimme und gelegentlich mit einer ergreifenden Beredsamkeit...
Ich fragte sie, ob sie beabsichtige, ihre literarischen Memoiren zu
schreiben. Sie antwortete, dies sei bereits in ihrer Poesie geschehen, besonders im *Poem ohne Held*, und las es mir anschließend
noch einmal vor. Und wieder beschwor ich sie, es abschreiben zu
dürfen, und wieder lehnte sie ab... Wir haben uns noch einmal
gesehen, bevor ich die Sowjetunion mit dem Zug in Richtung Hel-
sinki verließ. Ich machte am 5. Januar 1946 meinen Abschiedsbe-
such, und sie schenkte mir einen Sammelband mit einem neuen
Gedicht auf dem Vorsatz, das später in den Zyklus *Cinque* aufgenommen werden sollte. Ich habe begriffen, daß dieses Gedicht,
jedenfalls in seiner Erstfassung, von unserer ersten Begegnung inspiriert worden war» *(Isaiah Berlin)*.

Die Klänge verwesen im Äther,
Das Abendrot erlischt und wird Nacht.
In der Welt, die für immer verstummt ist,
Nur zwei Stimmen, deine und meine.
Und im Rauschen des Windes vom unsichtbaren Ladoga-See
Und im Geläut ferner Glocken
Verwandelt sich das nächtliche Gespräch
In den unwägbaren Glanz sich kreuzender Regenbogen.

*20. Dezember 1945*

Diese Begegnung mit Isaiah Berlin verwandelt sich in Achmatowas
Gedichten in die Begegnung von Aeneas und Dido. Aber ebenso
wie die Königin von Karthago mußte auch Achmatowa einen
hohen Preis dafür bezahlen.

233

Mein Aeneas warst du nicht lange,
Damals brauchte ich nur mit dem Scheiterhaufen zu
bezahlen.

Im *Poem ohne Held* tauchte Sir Isaiah als «Gast aus der Zukunft»
auf. Achmatowa schreibt:

Für dich zahlte ich
            mit barer Münze,
Ganze zehn Jahre ging ich
            mit dem Revolver im Nacken,
Nicht rechts, nicht links
            blickte ich
Und der böse Ruf
            folgte mir auf dem Fuß.

Diesen Zeilen aus *Poem ohne Held* kann man die entsprechenden
Abschnitte aus den Memoiren ihrer Zeitgenossen gegenüberstel-
len. Nadeschda Mandelstam schreibt: «Von Achmatowas auslän-
dischem Gast wurde klipp und klar gesagt, er sei der Hauptspion,
und gegen sie wurde der Vorwurf erhoben, sie habe nichts begriffen und das Herz auf der Zunge getragen.» Sir Isaiah kommentiert
die Situation folgendermaßen: «Sie erzählte mir, Stalin persönlich
habe sich empört, daß sie, eine apolitische, nur selten gedruckte
Schriftstellerin, die ihre relativ sichere Lage vor allem ihrer Anpas-
sungsfähigkeit verdanke, mit der sie ziemlich unbehelligt die ersten
Jahre nach der Revolution überstanden hätte, sich nun erdreistet
habe, ein schreckliches Verbrechen zu begehen. Sie habe eine pri-
vate, nicht vom Staat genehmigte Zusammenkunft mit einem Ausländer verabredet, wobei es sich nicht etwa nur um einen einfachen
Ausländer, sondern um den Söldner einer kapitalistischen Regierung gehandelt hätte. ‹Es stellt sich also heraus, daß unsere Nonne
ausländische Spione empfängt›, soll Stalin bemerkt und Achmatowa mit einer Reihe derart schmutziger Flüche bedacht haben,
daß sie es anfangs nicht wagte, sie in meiner Gegenwart auch nur

anzudeuten. Daß ich niemals für irgendeinen Nachrichtendienst gearbeitet hatte, war unwesentlich: Für Stalin waren die Angehörigen sämtlicher Botschaften Spione. Als sie mir davon später in Oxford erzählte, fügte sie hinzu, daß wir, das heißt sie und ich, ohne es zu ahnen, durch die bloße Tatsache unserer Begegnung ihrer Meinung nach den Auftakt zum Kalten Krieg gegeben und damit die Geschichte der Menschheit beeinflußt hätten. Sie meinte das im buchstäblichen Sinne.»

Aber damals lag das alles noch vor ihr. Einstweilen war Achmatowa vom Schicksal eine Atempause gegönnt, einstweilen fühlte sie sich nahezu frei in ihren Urteilen, in ihren menschlichen oder literarischen Vorlieben, einstweilen war sie noch von den Bewunderern ihrer Lyrik und von Kennern der Poesie umschwärmt.

Viele dieser Verehrer kamen auf Achmatowa zu, bei Lesungen, nach ihren Auftritten, die 1945 bis Anfang 1946 zahlreicher waren als in den ganzen vergangenen zwanzig Jahren.

«Zwei Blok-Gedächtnisabende – im Institut für Literatur und im Gorki-Theater. Achmatowa wird herumgeführt wie die Wundertätige Muttergottes aus dem Iwerski-Kloster – genau so. Sie sagt: ‹Warum machen sie das eigentlich mit mir? Es ist fast unheimlich...› Sie kränkelt, hat Herzanfälle und trinkt Wodka wie ein Husar...

Achmatowa wird mit derart stürmischen Ovationen empfangen, daß ich dem Podium den Rücken zukehre und in den hell erleuchteten Saal blicke. Vorwiegend männliche Jugend – sie erheben sich von ihren Plätzen, klatschen, toben und brüllen, wie zu Schaljapins Zeiten. Sie ist rosig, zufrieden und heuchelt Demut. Ein atemberaubender Ruhm – sonderbar... und unheimlich» *(Sofia Ostrowskaja)*. Vielleicht war der Ruhm in der Tat sonderbar nach den Jahren absoluten Schweigens, aber vielleicht war die Situation lautstarker öffentlicher Auftritte ihr überhaupt fremd. Wie dem auch sei, ihre Moskauer Freundin Emma Gerstein erinnert sich, daß Achmatowa den täglichen Umgang mit einer großen Anzahl Menschen den öffentlichen Auftritten vorzog. «Pasternak wünschte sich sehnlich ein großes Auditorium. Achmatowa dagegen freute sich mehr über hingebungsvolle Verehrung und entzückte Bewunderung von zahlreichen Bekannten. Das neue aus Taschkent mitgebrachte Wort von der ‹Königin› war in aller Munde. Tout le beau monde der Literatur machte seine Aufwartungen in der Ordynka bei den Ardows, wo sie abgestiegen war. Schauspieler, Maler und sogar Unterhaltungskünstler eilten herbei, um Achmatowa ihre Hochachtung zu bezeugen. Auch die alten Freunde aus früheren Zeiten blieben nicht aus. Pasternak gefiel dieses bunte Treiben. Er sagte, er habe den Eindruck einer Brandung, und nannte die Wohnung von Ardows den Eisenbahnknotenpunkt ‹Achmatowka›. Ardows griffen diesen Scherz auf und bezeichneten den Besucherstrom je nach der Zahl der Gäste als die ‹Große Achmatowka› oder die ‹Kleine Achmatowka›. Aber der für Pasternak so charakteristische Vergleich mit dem Eisenbahnknotenpunkt war bald vergessen...

Ich bin nur selten auf diesem Jahrmarkt der Eitelkeiten erschienen, von denen Anna Achmatowa später reumütig sagte: ‹...Ich war einfach übergeschnappt...› Übrigens hatte sie auch unter diesen Umständen ihren Humor und ihre Selbstironie nicht verloren. Aus der Bettlerin der Vorkriegstage hatte sie sich in eine vollschlanke, nicht mehr ganz junge, elegante Dame verwandelt. Aus irgendwelchen Spezialfonds durfte sie Kleider und Schuhe beziehen. Zum ersten Mal nach Jahrzehnten trug sie einen hübschen Hut. ‹Mir geht es wie der bewußten Botschaftergattin›, sagte sie zu mir, ‹der Mann lebt seit zwanzig Jahren von ihr getrennt, alle wissen das. Aber wenn sie ins Ausland kommt, kündigt die Presse die Ankunft der Gattin des Soundso an, und Ministerialbeamte begeben sich zu ihrem Empfang auf den Bahnhof» *(Emma Gerstein).*

Möglicherweise sollte diese Ironie die Peinlichkeit und Unbehaglichkeit verdecken, die sie unter der Unzahl der auf sie gerichteten Blicke empfand, aber es ist ebensogut möglich, daß sich auf diese Weise die Unruhe und die Ahnung dunkel bemerkbar machten, die unerwartete und stürmische Welle von Ruhm könnte nichts Gutes bringen und alles müßte in einem neuen Unglück enden. Achmatowa versuchte, die öffentlichen Auftritte soweit wie möglich einzuschränken, sah sich aber immer wieder gezwungen, Einladungen anzunehmen.

«Gegen sechs sollte Alexander Prokofjew sie in seinem Auto mitnehmen. Aus Leningrad fahren fünf Dichter nach Moskau: Achmatowa, Prokofjew, Sajanow, Dudin und Braun. Berggolz ist bereits dort. Anna Andrejewna wird mit ihr im selben Hotelzimmer wohnen. Morgen werden sie gemeinsam mit Moskauer Dichtern im Säulensaal auftreten. ‹Ich habe keine rechte Lust zu fahren. Ich bin aufgeregt. Ich trete nicht gern öffentlich auf.›

Als ich das letzte Mal bei ihr war, Ende Januar, stand hier am Fenster ein Blumenarrangement – überreicht nach der Lesung im ‹Haus des Gelehrten›. Damals sagte sie: ‹Ich werde nicht mehr öffentlich auftreten, nein, nein. Und ich werde dieses Kleid ändern lassen.› Als ich nun eindringlich zu argumentieren begann, etwa: ‹Sie müssen lesen, das ist Ihre Pflicht, freilich brauchen Sie dafür kein bodenlanges Kleid›, brach sie entschlossen das Gespräch ab: ‹Meine Pflicht ist es, zu schreiben, und nicht, öffentlich aufzutreten. Das nicht – ich bin keine Schauspielerin!»› *(A. Ljubimowa)*.

Diesen Abend jedoch, den Achmatowa bis an ihr Lebensende für verhängnisvoll hielt, konnte sie nicht absagen. Es war der Auftritt im Säulensaal des Kreml. «Achmatowa erzählte, daß sie, als die Ovationen begannen, in einer furchtbaren Vorahnung zu Eis erstarrt sei. Der Saal verstummte, sie suchte lange nach ihrer Brille, setzte sie auf die Nase und begann von einem Blatt abzulesen, dumpf und undeutlich, ohne einen Blick in den Saal zu werfen, um einen neuen Begeisterungsausbruch zu vermeiden. Sie wollte den Flirt mit einer Menge vermeiden, die offensichtlich vergessen hatte, in welcher Welt wir alle lebten. Mein Bruder saß im Saal. Achmatowa soll nach seinen Worten völlig ruhig gewirkt, den Begeisterungssturm überhört, die Gedichte sehr eilig gelesen haben und dann, ohne sich einmal umzublicken, gegangen sein» *(Nadeschda Mandelstam)*.

«Die schlimmsten Befürchtungen sollten sich bewahrheiten: Stalin persönlich soll nach der Lesung gefragt haben: ‹Wer hat das Aufstehen organisiert?› Wie sollte der oberste Herr und Gebieter sich vorstellen können, daß jemand Popularität erlangen könnte, auch ohne die Hilfe eines Apparats, der darauf spezialisiert war, der Masse neue Götzen nahezubringen?» *(Nadeschda Mandelstam)* Diesen Beifallsstürmen, die Stalin an jenem Abend so empörten, sollte man keine zu große Bedeutung zumessen. Sie waren nicht der einzige Grund für die Katastrophe, die über Achmatowa hereinbrach. Ihre eigene Meinung und auch die böse Ironie ihrer Freundin Nadeschda Mandelstam erhellen die Situation ebenso wie die nüchternen, etwas abstrakten Memoiren von Konstantin Simonow, einem Schriftsteller, der den Regierungskreisen nahestand. «Ich glaube übrigens, daß der Anlaß für den furchtbaren Schlag gegen Achmatowa und Soschtschenko weniger ihrer Person als jenem atemberaubenden, teilweise demonstrativen Triumph galt, der Achmatowas Auftritt in Moskau begleitete, den Abenden, an denen sie teilnahm, den geknüpften Kontakten und der Autorität, die Soschtschenko nach seiner Rückkehr nach Leningrad wie selbstverständlich genoß. In alledem war eine gewisse demonstrative Attitüde zu spüren, eine gewisse Herausforderung, zu der eine irrtümliche Beurteilung der Lage nach dem Krieg geführt hatte, eines stillschweigenden Vertrauens in die beginnende Liberalisierung und Reduzierung der Verbote. Offenbar hatte Stalin, der über ausreichende und sich vielfach überschneidende Informationen verfügte, etwas gewittert, was seiner Meinung nach eine umgehende Reaktion verlangte, neue Daumenschrauben und radikale Amputation vielversprechender Hoffnungen.

Das Verhältnis Stalins zu Leningrad war bereits seit langem nicht frei von einem gewissen Mißtrauen, das offensichtlich auf der Annahme beruhte, diese Stadt könnte eine geistige Autonomie anstreben. Seine Absicht war eindeutig, die Ausführung jedoch übereilt und erbarmungslos willkürlich in der Auswahl der Adressaten und im Charakter der Anschuldigungen» *(Konstantin Simonow)*.

Achmatowa pflegte zu sagen, daß der 14. August 1946, als in der Presse der Parteibeschluß «Über die Zeitschriften *Swesda* und *Leningrad*» erschien, der sie und Soschtschenko an den Pranger stellte, den Zeitgenossen genauso in Erinnerung bleiben würde wie der Ausbruch des Krieges mit Deutschland. Sie hatte wahrscheinlich recht. Ebenso wie der Ausbruch des Krieges überraschte der Beschluß die Menschen völlig unvorbereitet, obwohl schon mancher böse Vorahnungen mit sich herumgetragen hatte. Achmatowa bildete in dieser Beziehung keine Ausnahme. Sie erzählte später Lydia Tschukowskaja, wie dieser Tag für sie verlief: «‹Vormittags ging ich ahnungslos in den Schriftstellerverband, um meine Lebensmittelmarken abzuholen. Im Korridor begegnete ich Soja. Sie sah mich aus verweinten Augen an und ging mit einem flüchtigen Gruß weiter. Ich denke: Die Ärmste, schon wieder ein Unglück. Dabei ist ihr Sohn erst vor kurzem gefallen. Dann kam mir der Sohn von Prokofjew entgegen. Der rannte vor mir davon. Dieser Flegel! denke ich. Schließlich erreiche ich den Raum, in dem die Lebensmittelkarten ausgegeben werden, und finde mich mitten in einer Grippe-Epidemie: Sämtliche jungen Damen putzen sich die Nasen, und alle haben gerötete Augen. Anna Georgijewna fragt mich: Anna Andrejewna, kommen Sie heute abend in den Smolny? – Nein, sage ich, ich komme nicht. Der Tag ist so drückend.

Ich nehme meine Karten in Empfang und mache mich auf den Heimweg. Auf der anderen Seite der Schpalernaja sehe ich Mischa Soschtschenko. Wer kennt ihn nicht? Er und ich kannten uns selbstverständlich auch schon ein ganzes Leben, waren aber nicht besonders eng befreundet. Und jetzt sehe ich, daß er zu mir über die Straße läuft. Er küßt mir beide Hände und fragt: Was nun, Anna Andrejewna? Alles erdulden? Ich hatte mit halbem Ohr sagen hören, daß bei ihm zu Hause der Haussegen schief hänge, und ich antwortete: Alles erdulden, Mischenka, erdulden! Und schritt von dannen...

Später, in Moskau, besuchte ich Nikolai Iwanowitsch und sagte: Wie die mich beschimpfen! Mit den schlimmsten Ausdrücken! Er antwortete: Das ist doch der Ruhm! Haben Sie das nicht gewußt?›» *(Lydia Tschukowskaja)*

Natürlich wußte Anna Achmatowa, daß Ruhm niemals leicht und froh, daß er eine übermenschlich schwere Bürde ist. Und sie hätte auf ihren «zweideutigen Ruhm, der zwanzig Jahre in der Gosse gelegen hat», auf keinen Fall verzichtet, denn «verzichtet man etwa auf sein Schicksal?» Trotzdem kann die Ironie den bitteren Sinn ihrer Erzählung nicht mildern, sie unterstreicht ihn vielmehr:

Betet zur Nacht, daß ihr nicht
Plötzlich am Morgen als Berühmtheit aufwacht.

Am 21. August 1946 wachte Anna Achmatowa auf und war berühmt. Ihr Name stand in den ersten Spalten der sowjetischen Zeitungen, die alle den Beschluß des ZK abdruckten. «Die Themen Achmatowas sind durch und durch individualistisch. Die Palette ihrer Poesie ist bis zur Erbärmlichkeit begrenzt, es ist die Lyrik einer übergeschnappten feinen Dame, die zwischen Boudoir und Betstube hin- und herpendelt. Das wichtigste für sie sind erotische Liebesgedichte, durchsetzt von Trauer, Sehnsucht, Todesgewißheit, Mystik, Niedergang. Das Bewußtsein vom Niedergang ist ein Gefühl, das für das soziale Bewußtsein einer aussterbenden Menschengruppe charakteristisch ist. Die dunklen Töne endzeitlicher Hoffnungslosigkeit und mystischer Erfahrungen, eins zu eins mit Erotik gemischt – das ist die geistige Welt Anna Achmatowas, dieses Relikts der unwiederbringlich dahingegangenen Welt der alten Adelskultur, ‹der guten alten Zeit der Kaiserin Katharina›. Bald Nonne, bald Hure, am ehesten Nonne und Hure zugleich, deren Hurerei von Gebeten durchsetzt ist…

Das ist die Dichtung der oberen Zehntausend des alten adeligen Rußland, der zum Untergang Geweihten, denen nichts mehr übriggeblieben ist, als nach der ‹guten alten Zeit› zu seufzen. Die Adelsnester aus dem achtzehnten Jahrhundert, der Zeit Katharinas, mit ihren jahrhundertealten Linden, Springbrunnen, Skulpturen, Triumphbögen, Orangerien und vermoderten Wappen über den Toren; das adelige Petersburg; Zarskoje Selo; das Kurhaus in Pawlowsk und alle anderen Reliquien der Adelskultur… wurden im Oktober 1917 in die Abfallgrube der Geschichte gefegt, nebst den regierenden Klassen und deren Ideologen und Barden…

Unsere Literatur ist kein Privatunternehmen, das darauf angelegt ist, den verschiedenen Geschmacksrichtungen des literarischen Marktes Genüge zu tun. Wir sind keineswegs verpflichtet, innerhalb unserer Literatur einen Platz für einen Geschmack und einen Charakter zu reservieren, die mit der Moral und den Eigenschaften sowjetischer Menschen nichts gemein haben. Was können die Werke einer Achmatowa unserer Jugend an Belehrendem vermitteln? Gar nichts, sie können nur schaden. Diese Werke vermögen nur Schwermut, Depression, Pessimismus zu erwecken, den Wunsch, den brennenden Fragen des öffentlichen Lebens und der Arbeit in die enge kleine Welt subjektiver Erlebnisse zu entfliehen. Darf man denn die Erziehung unserer Jugend in ihre Hände legen?! Indes wurde eine Achmatowa entgegenkommenderweise bald in *Swesda*, bald in *Leningrad* publiziert und sogar in einzelnen Sammelbänden veröffentlicht. Das war ein grober politischer Fehler.» (Aus der Rede Schdanows «Über die Zeitschriften *Swesda* und *Leningrad*».)

Dieser Text erschien in sämtlichen Presseorganen des Landes und wurde zweimal in Leningrad verlesen – vor der Parteispitze und vor den bestürzten Schriftstellern. «Der Vortragende schwieg eine Sekunde, dann begann er zu sprechen. Wenige Minuten später trat unheimliche Stille ein. Der Saal erstarrte, vereiste und hatte sich nach drei Stunden in einen einzigen, weißen, harten Brocken verwandelt. Der Vortrag benahm allen den Atem. Der Schriftstellerin Nemirowskaja wurde schlecht. Sie wollte hinausgehen, erhob sich und wankte kreidebleich zwischen den Reihen hinaus. Man half ihr. Sie ging durch den Seiteneingang, erreichte die Tür, aber... sie durfte den Raum nicht verlassen. Die riesige weiße Saaltür war verschlossen und wurde von zwei Soldaten mit geschultertem Gewehr bewacht. Es war also verboten, den Saal zu verlassen. Nemirowskaja ließ sich irgendwo in einer der hinteren Reihen nieder. Als Maria Komissarowa in dem Beschluß erwähnt wurde, begann Nikolai Braun, der im Präsidium saß, unruhig mit den Augen nach ihr zu suchen, und erbleichte. Alexander Prokofjew, Sekretär der Leningrader Abteilung des Schriftstellerverbandes, der in Moskau bereits gewarnt worden war, saß krebsrot da und zog den Kopf ein... Nach der Versammlung ging man schweigend auseinander. Mitternacht war vorbei» *(I. Bassalajew)*.

Es war kein Zufall, daß Schdanow zum Vollstrecker des Parteiurteils ausersehen worden war. Aus völlig unbegreiflichen Gründen galt er als Schöngeist und Mäzen innerhalb der Parteispitze der späten dreißiger Jahre. Außerdem wurde er 1934, nach dem Attentat auf Kirow, als Stalins Statthalter nach Leningrad beordert. Man nahm offensichtlich an, daß die Stadt, die unter ihm damals die erste umfassende Terrorwelle erlebt hatte, ihn nun ohne Federlesens akzeptieren würde. Obwohl er mit schwierigen Aufgaben betraut wurde, gehörte Schdanow zu den «dünnhalsigen Führern», wie Mandelstam Stalins Umgebung charakterisierte.

Schdanow hatte im Grunde genommen nichts anderes zu tun, als den «Allerhöchsten Willen» zu verkünden. Der Text seiner Rede sollte künftig ebenso wie der Text des Parteibeschlusses als «Zitatenschatz» benutzt werden. «Dem Stil nach zu urteilen, muß der Autor dieses Beschlusses der Generalissimus höchstpersönlich (freilich mit Hilfe der Referenten) gewesen sein. Auf jeder Seite das dichte Gedränge immer derselben Worte... ‹Ideenlos›, ‹apolitisch›, ‹vergiftend›, ‹leer›, ‹fremd›, ‹desorientierend›, wieder ‹apolitisch›, wieder ‹vergiftend›, wieder ‹leer›, wieder ‹fremd›, eigentlich keine Worte mehr, sondern leere Schalen von längst leergenagten Worten.

Aus jedem Absatz guckt der Schnurrbart der gottgleichen Majestät hervor» *(Lydia Tschukowskaja)*.

Freilich hat Stalin 1946 keine neuen Ideen für die Bewertung der Literatur entwickelt. Sein «Beschluß» bestätigte lediglich die alte Idee der politischen Diktatur gegenüber Literatur und Kunst. Diese Idee wurde zum ersten Mal bereits zwölf Jahre vor der Oktoberrevolution in Lenins Artikel über *Parteiorganisation und Parteiliteratur* in aller Deutlichkeit ausgesprochen. Der Beitrag des Führers des Weltproletariats galt bis Mitte der achtziger Jahre als Katechismus der sowjetischen Literatur und Literaturwissenschaft: «Die Sache der Literatur muß ein Bestandteil der gesamtproletarischen Sache werden, Rädchen und Schräubchen des einen großen sozialdemokratischen Mechanismus, der von der bewußten Avantgarde der gesamten Arbeiterklasse in Gang gehalten wird.» Die Folgerung aus diesem Postulat war eindeutig und kategorisch: «Die Literaten müssen unbedingt den Parteiorganisationen beitreten. Verlage und Magazine, Buchhandlungen und Büchereien, Bibliotheken und sämtliche Buchvertriebsorganisationen – das alles muß im Sinne der Partei arbeiten und der Partei verantwortlich sein.»

Jewgeni Samjatin sprach bereits 1921, nachdem ihm klargeworden war, daß die Parteidogmen sämtliche Werturteile über Kultur prägen würden, von dem «neuen Katholizismus, der nicht weniger als der alte vor jedem häretischen Wort zurückschreckt». Seine Ahnungen sollten sich bewahrheiten. Seit 1932 war die Literatur quasi durch das Gesetz dazu verpflichtet, die «berechtigten Träume» und «das Pathos des Schöpferischen» widerzuspiegeln und die Zukunft mit «emotionalem Optimismus vorwegzunehmen» sowie die «Menschen unserer Klasse in ihrem heroischen Kampf für die glückliche Zukunft der Menschheit zu idealisieren».

Diese schwerfälligen offiziösen Schablonen scheinen sinnlos, aber sie lasteten mit ungeheurem Gewicht auf Achmatowa. 1946 führte das Fehlen sämtlicher vorgeschriebener Eigenschaften in ihren Gedichten zu der tödlichen Formulierung «feindliche Dichtung». Sie enthielt freilich kaum etwas Neues, weil der von Schdanow vorgetragene Beschluß die bereits 1920 gefällten Urteile über ihr Werk wiederholte und abermals bestätigte.

Schon 1925 hatte der Literaturkritiker Perzow geschrieben, daß «im Zuge der Revolution dieser soziale Typus zur Liquidierung vorgesehen ist» und daß Achmatowa «versäumt» habe, «rechtzeitig zu sterben», während sein Kollege G. Lelewitsch in ihrer Lyrik nicht nur ein «Bekenntnis organischer Bindung an die untergegangene alte Welt» gefunden zu haben glaubte, sondern ebenso «einen eindeutigen Beweis tiefster innerster antirevolutionärer Haltung».

1946 wurde, genau wie 1920, aus der «organischen Bindung» an die Kultur der «untergegangenen alten Welt» eine antirevolutionäre Haltung und ein Haß gegenüber der neuen Welt: «Wir alle

lieben Leningrad. Wir alle lieben unsere Leningrader Parteiorganisation als Vorhut unserer Partei. Leningrad darf kein Zufluchtsort für verschiedene Abenteurer und literarische Vagabunden werden, die Leningrad für ihre eigenen Zwecke mißbrauchen wollen. Soschtschenko, Achmatowa und Konsorten ist das sowjetische Leningrad nicht teuer. Sie möchten die Stadt als Symbol einer anderen öffentlich-politischen Ordnung und einer anderen Ideologie sehen. St. Petersburg, der Eherne Reiter als sein Wahrzeichen – das haben sie ständig vor Augen. Wir aber lieben Leningrad als eine sowjetische Stadt, als das progressive Zentrum sowjetischer Kultur.» So Schdanow auf dem Schriftstellerkongreß in Leningrad.

Auch die Kritik an Achmatowas lyrischer Thematik bediente sich Aussagen aus den zwanziger Jahren. Bereits 1921 hatte Achmatowa sehr empfindlich auf die Behauptung von Boris Eichenbaum und Kornej Tschukowski über das Einfließen christlicher Motive in ihre Liebeslyrik reagiert. «Sonderbarerweise ist es bis jetzt niemandem aufgefallen, wie oft sich ihre Gedichte in Gebete verwandeln», sagte Kornej Tschukowski.

Solche Aussagen, banalisiert und interpretiert durch die Parteiführung, gipfelten schließlich in Ächtung «einer liebestollen Dame, die zwischen Boudoir und Betstube hin- und herwandelt».

Die «erotischen Motive» wurden in den Anklagen der Partei als eine besonders «schwere Sünde» hervorgehoben.

*Der zweifellos intelligenteste unter den Akteuren des 14. August war jener, der sich folgenden Spaß ausgedacht hatte: den Angriff auf die Religiosität (in meinen Gedichten tatsächlich vorhanden) durch einen Angriff auf die Erotik (nach der man vergeblich suchen würde) zu ersetzen. Wenn sie bei der Religiosität geblieben wären, hätten sie mich zu einer Märtyrerin gemacht und sich selbst in eine ausweglose Lage manövriert, denn man kommt nicht weit, wenn man einen Menschen um seines Glaubens willen verfolgt.*

*(31. Mai 1962)*

Außerhalb der Grenzen der Sowjetunion kann man sich kaum vorstellen, wie verletzend das Wort Erotik im Zusammenhang mit ihrem Werk für Achmatowa geklungen haben mag. Das liegt daran, daß die argusäugigen Wächter, die bis vor kurzem frömmlerisch über die Sittlichkeit des sowjetischen Menschen wachten (möglicherweise heute immer noch), kaum in der Lage waren, zwischen Erotik und Pornographie zu unterscheiden. Für sie waren es Synonyme. Zwischen 1920 und 1950 kann die Liebeslyrik ohne weiteres dazugezählt werden. Gelegentlich nennt Achmatowa den Namen Schdanows in einem Atemzug mit jenen Kritikern – vorwiegend Emigranten –, die ihr Werk als Liebeslyrik betrachteten und mit denen sie bis in ihre letzten Lebensjahre heftig polemisierte.

Der Unterschied ist freilich unübersehbar: Ihre Leser unter den Emigranten liebten ihre Gedichte, auch die Liebeslyrik, während den kommunistischen Ideologen bereits das Wort «Liebe» überflüssig und suspekt erschien. Dieses Problem wurde in den zwanziger Jahren mit der dieser Zeit eigenen Direktheit und Bedingungslosigkeit in zahlreichen Diskussionen und Beiträgen vorwiegend am Beispiel Achmatowa ausgetragen. «...Wenn man nicht mit Blindheit oder mit Dummheit geschlagen ist, wird man auf den ersten Blick erkennen, daß die Liebe im Leben der nächsten Generationen der Arbeiterklasse nicht mehr eine derart unverhältnismäßige Rolle spielen kann und spielen wird, wie sie es einst im Leben der absterbenden, geistig übersättigten Bourgeoisie getan hat... Ein ausgefülltes Leben der Werktätigen, Verzicht auf erotische Romane und Zurschaustellungen, an denen sich frühere Generationen delektiert haben und an denen wir uns teilweise immer noch delektieren, Ausmerzung sämtlicher Faktoren des Alltags, die den Verstand und den Willen des Menschen verweichlichen und schwächen, Einführung eines gesunden Trainings und Sports, eine strenge Einteilung des Lebens – dies alles wird den Werktätigen gegen den dominierenden Eros-Kult immunisieren» (N. Tschuschak).

Die Liebe als die intimste Äußerung des persönlichen Lebens

entzog sich am hartnäckigsten der Kontrolle eines nach absoluter Macht strebenden Regimes und blieb ihr fast immer suspekt. Die extremen programmatischen Aussagen der zwanziger Jahre, die periodisch an die Oberfläche der Literaturkritik aufstiegen, wurden ebenso periodisch durch abgeschwächte und verschleierte ersetzt. Aber ihr Wesen blieb unverändert. Wie sonderbar und lächerlich es auch klingen mag, aber die glückliche Liebe fand nur dann Einlaß in die sowjetische Literatur, wenn sie einer gemeinsamen Aufgabe, gemeinsamen ideologischen Überzeugungen entsproß. Die unglückliche Liebe dagegen gehörte in der Regel zu dem übergreifenden Thema «Klassengegensätze», das heißt, die Liebenden stammten aus verschiedenen ideologischen Lagern. Die wenigen Ausnahmen in Poesie und Prosa konnten jeden Augenblick an den Pranger gestellt werden.

Das erklärt die tödliche Monotonie sowohl in Schdanows Rede als auch in dem «Beschluß» («ideenlos», «fremd», «feindlich»), aber gerade dank dieser häufigen Wiederholung bekamen die Worte eine zweite unmißverständliche Bedeutung: «Los, packt den Täter!» Stalin konnte es sich sehr gut vorstellen, daß der Beschluß vom 14. August eine stürmische Diskussion auslösen würde, bei der Menschen, die erst vor kurzem Achmatowas Autorität vorbehaltlos anerkannt hatten, sie in der Nachfolge Schdanows verleumden, ihre eigenen Lobhudeleien bereuen und das von ihm, dem Herrn, nicht Ausgesprochene überbieten würden. Sogar in den Gedichten aus den Kriegsjahren fanden die Kritiker nichts weiter als «Ergebenheit angesichts des Todes».

Aber etwas anderes war auch nicht zu erwarten, hatten doch die politischen Prozesse der dreißiger Jahre bereits ein Modell für den Ablauf der Ereignisse geschaffen. Erstaunlich war etwas anderes: Wie kam es, daß der «Beschluß» in einer einzigen Anklageschrift zwei in ihrem Schaffen derart verschiedene Autoren zusammenfaßte, wie den Satiriker Soschtschenko und die Lyrikerin Achmatowa? Sie hatten nie derselben literarischen Vereinigung angehört, sie waren kaum miteinander bekannt. Es wurde offenbar von den «Verantwortlichen des 14. August» als nicht lohnend empfunden, eine logische Kette ideologischer oder literarischer Verbindungen zu schmieden – das Schandmal «Fremder», «Feind» läßt sich auf jede beliebige Stirn drücken.

Außerdem genügte es, zwei Namen zu nennen, um das einwandfrei funktionierende System von Denunziationen sowohl von Einzelpersonen als auch von Gruppen in Gang zu setzen, von geheimen und öffentlichen Denunziationen, vom Rednerpult und von der Bühne herab, auf Zeitungs- und Zeitschriftenseiten, von Denunziationen, die sich in den Purpur des gerechten Zorns hüllten. Ihnen konnten die Drahtzieher nun das Feld überlassen.

Allerdings fiel beim Vergleich mit den Prozessen der dreißiger Jahre jetzt ein besonderer Umstand auf: «Nach der vielfach bestätigten Erfahrung jener Jahre hätte das, was Anna Achmatowa und Soschtschenko zugestoßen war, zwangsläufig zu ihrer Verhaftung geführt. Das breite Publikum, unsere zufälligen Gesprächspartner, etwa Taxifahrer, zweifelten nicht daran. Aber keine der im Beschluß namentlich erwähnten Personen wurde trotz der eröffneten Hetzkampagne, die sie buchstäblich um ihr Brot brachte und zu Parias machte, verhaftet. Später hörte ich, daß ein Befehl von Stalin vorgelegen habe – keinen einsperren! Wieso eigentlich nicht?» *(Ida Slonimskaja)*

Es ist durchaus möglich, daß dieser «Beschluß» für Stalin besonders wichtig war – als Signal für eine weit ausgedehntere Aktion, die nicht mehr nur die politischen Gegner treffen sollte. Jetzt ging es Stalin und dem Regime um die Macht über die Seelen, nicht nur über das Bewußtsein, sondern um die Empfindungen und Emotionen der Menschen. In diesem Zusammenhang erschienen seit 1946 eine Reihe weiterer vernichtender Beschlüsse: über das Theater («Über das Repertoire der Schauspielhäuser», August 1946), über den Film («Über den Film *Das große Leben*», September 1946), über die Musik («Über die Oper *Große Freundschaft* von W. Muradeli», Februar 1948).

«Die durchgehende Kette repressiver Beschlüsse ab 1946 sollte die künstlerische und wissenschaftliche Intelligenzija verwirren, spalten und die verschiedenen Gruppen ‹aufeinanderhetzen›, sie zu gegenseitigen denunziatorischen und repressiven Aktionen verleiten, mit einem Wort, all das mit Erfolg wiederholen, was bereits mit der Partei- und Armeeführung in den dreißiger Jahren gemacht worden war» (*K. Asadowski* und *B. Jegorow*).

Wohin, in welche Richtung diese anschwellende Lawine rollen würde, war nicht abzusehen. Nach und nach jedoch trat das Gemeinsame all dieser Beschlüsse deutlich zutage – der großrussische Chauvinismus.

«Schdanows Rede erstickte die letzten Keime eines geistigen Lebens. Europäische Kultur und Speichelleckerei galten von nun an als Synonyme. Wieder rollte die Welle öffentlicher Schmähungen bedeutender Gelehrter. Wenn man weiß, daß es sich um Greise handelte, mit zitterndem Haupt und Alterskrankheiten, um Halbtote, vor denen die Ehefrauen diese ‹Kritik› verstecken – dann ist der Eindruck noch deprimierender» *(Olga Freudenberg).*

Der Radius dieser Maßnahmen war abermals riesig: Zu «Kosmopoliten» und «Speichelleckern des Westens» wurden Geologen und Genetiker abgestempelt, ebenso die Autoren des «volksfremden» (weil nach einer französischen und nicht nach einer russischen Vorlage gedrehten) Märchenfilms *Aschenbrödel* sowie die gesamte Komparativistik. Am Ende saßen alle, die sich erst kurz zuvor wegen wohlwollender Meinung über Achmatowa rechtfertigen mußten, auf der Anklagebank. Boris Eichenbaum war gezwungen, seine glänzenden Arbeiten über Achmatowa als einen politischen Fehler zu bezeichnen, und mußte sich Jahre später den Vorwurf einer beinahe subversiven Tätigkeit gefallen lassen: Er habe «die wichtigsten Werke unseres nationalen Genius Tolstoi als Varianten westeuropäischer Literatur interpretiert».

Im Zusammenhang mit dem Angriff gegen die Philologen regnete es wieder Schmähartikel gegen Achmatowa: «Anna Achmatowa erhebt gegen den größten russischen Schriftsteller – Puschkin – den ungeheuren Vorwurf, daß er durch ‹umgangssprachliche Wendungen› die Lexik und sämtliche Figuren des westeuropäischen Urbilds des *Märchens vom goldenen Hahn* auf ein anderes, niedrigeres Niveau transponiert habe. Kann es ein deutlicheres

Beispiel knechtischer Bewunderung des Ausländertums geben? Die pseudowissenschaftliche, von Grund auf irrige ‹Theorie› Achmatowas wurde in allen Stimmlagen von dem Leningrader Volkskundler Asadowski nachgesungen. Er führte auch andere Puschkin-Märchen auf ausländische Quellen zurück, zum Beispiel auf deutsche» *(W. Sidelnikow)*.

Achmatowas Name wurde auf diese Weise ungewollt zum Symbol für die Opfer der gegen die Intelligenzija gerichteten Parteipolitik. Deshalb war Pasternaks Frage «Kann man noch leben, wenn sie Achmatowa ermorden?» keineswegs eine Metapher. Es gibt Zeugen dafür, daß Stalin persönlich den Befehl erteilt habe, Achmatowa und Soschtschenko nicht zu verhaften. Die Existenz der Lager war ein streng gehütetes Geheimnis, er aber beabsichtigte offensichtlich eine öffentliche Hinrichtung und hatte sich vorgenommen, sie für Jahre an den Pranger zu stellen. Um diese Zeit wurde in der UdSSR die Todesstrafe abgeschafft. Der Machthaber und die Vielzahl der kleinen Despoten verfügten inzwischen über derart viele ausgeklügelte und wirkungsvolle Methoden, einen Menschen zu Tode zu quälen, daß sie sich den Luxus einer großen demokratischen Geste erlauben konnten.

Die Strafmaschinerie funktionierte fehlerfrei: Am 4. September 1946 erhörte das Präsidium des Schriftstellerverbandes die wiederholten Bitten zahlreicher Literaturschaffender und schloß Soschtschenko und Achmatowa aus dem Schriftstellerverband aus.

Die erste Folge, die Achmatowa und Soschtschenko zu spüren bekamen, war primitiv und plump und ebenso schmerzlich und grausam, ihnen wurden die Lebensmittelkarten entzogen. In der Nachkriegszeit bekam man Lebensmittel entweder auf Karten oder in «freien» Läden zu enorm hohen Preisen. Achmatowa sollte wohl wieder zur Bettlerin gemacht werden. Sie bezog eine winzige Pension, die zum Leben nicht ausreichte. Freunde organisierten einen geheimen Achmatowa-Fonds, damals eine wahre Heldentat. Achmatowa erzählte davon viele Jahre später und fügte traurig hinzu: «Sie kauften für mich Apfelsinen und Schokolade, wie für eine Kranke, dabei hatte ich einfach Hunger.» Nadeschda Mandelstam erinnert sich, daß Pasternak, selbst ein Geächteter, eines Tages fragte, was er für Achmatowa tun könne. «Ich riet ihm, nach Leningrad zu fahren, um sie zu besuchen: ‹Ihnen wird wahrscheinlich nichts passieren. Und sie ist im Augenblick ganz allein. Es wäre gut, wenn Sie hingingen, aber ja nicht telefonieren.› Er sagte, er wolle hinfahren, kam aber nicht dazu. Als sie dann plötzlich in Moskau auftauchte, besuchte er sie und steckte ihr einen Tausender unter das Kissen (nach den heutigen Verhältnissen ein Hunderter). Psychologisch war jener Tausender mehr wert als der Hunderter – die Leute saßen im allgemeinen ohne eine Kopeke da.» Die Hilfe aus Moskau ging meist durch die Hände von Nina Olschewskaja, die für die Pakete nach Leningrad sammelte und sie abschickte. Kam Achmatowa nach Moskau, so wohnte sie in der Bolschaja Ordynka, und Olschewskaja kümmerte sich um sie und sorgte für sie. In Leningrad war es Olga Berggolz, die für Achmatowa mehr als alle anderen getan und ihr fast täglich das Mittagessen ins Haus an der Fontanka brachte. Wahrscheinlich ist es diesen Menschen zu verdanken, daß Achmatowa damals überlebte. Über diese schwere Zeit zwischen 1946 und 1950 wußte Anna Achmatowa die erstaunlichsten Geschichten zu erzählen: Menschen, die ihre Gedichte kannten und liebten und ihr früher Blumen ins Haus geschickt hatten, schickten jetzt mit der Post Lebensmittelkarten. Ihre eigenen! Lebten diese Menschen etwa im Überfluß? Achmatowa fühlte sich nicht berechtigt, diese Geschenke anzunehmen, konnte sie aber auch nicht zurückschicken – auf den Umschlägen fehlten die Absender –, und so lieferte sie die Lebensmittelkarten bei der Hausverwaltung ab. Um zu überleben, in des Wortes buchstäblicher Bedeutung, mußte man offensichtlich über ihre Erfahrungen aus den zwanziger, dreißiger und vierziger Jahren verfügen und seit langem und für immer wissen: Glück – das ist etwas, was nur für die anderen da ist.

Soschtschenko hatte es in dieser Beziehung viel schwerer. Er war stets gedruckt worden, war populär und sogar erfolgreich, und er hatte auch recht gut gelebt. Der Schlag, der ihn 1946 traf, erwies sich gerade für ihn als tödlich, obwohl er noch zwölf Jahre leben sollte. «Er hatte etwas Geld zurückgelegt und war in der ersten Zeit auf Geldverdienen nicht angewiesen. Dann begann er, seinen Hausrat zu veräußern. Später versuchte er sein Glück als Schuster, denn er hatte, als er auf der Suche nach einem Beruf war, das Schusterhandwerk erlernt. Aber er war weder ein tüchtiger noch ein gefragter Schuster, und die Aufträge für Maßsandaletten waren rar» *(J. Polonskaja)*. Bereits Anfang der fünfziger Jahre schrieb Lydia Tschukowskaja an Anna Achmatowa: «Michail Michailowitsch ist bis zur Unkenntlichkeit abgemagert. Alles schlottert um ihn. Das Verblüffende – er ist alterslos – er ist ein Schatten seiner selbst, und Schatten haben kein Alter… Ist er ein Greis? Er sieht nicht wie ein Greis aus: kein graues Haar, kein Buckel. Aber erloschen, erstarrt; Agonie im Zeitlupentempo… Die Stimme tonlos… ‹Besonders erniedrigend in meiner Lage ist die erzwungene Arbeitslosigkeit. Alles andere ist mir inzwischen ganz egal.›»

Der Umstand, daß einer der bedeutendsten russischen Schriftsteller des zwanzigsten Jahrhunderts sich als Schuster durchschlagen mußte, scheint unglaubwürdig. Aber sämtliche Verlage im ganzen Lande waren (und dies galt noch bis in jüngste Zeit) staatlich und der uneingeschränkten Kontrolle der Parteiinstanzen unterstellt. Es war also zwangsläufig, daß vor Soschtschenko und Achmatowa alle Türen zufielen. Für Soschtschenko war auch das eine neue Erfahrung, dagegen war Achmatowa diese Situation nur allzu vertraut. Bereits die Erfahrung der zweibändigen Ausgabe von 1925–1927, die über das Stadium der Korrektur nicht hinausgekommen war, hatte sie geprägt. Und nun wurden zwei Sammelbände, die bereits für den Druck fertiggestellt waren, sofort vernichtet.

«Du wirst ja den Gedichtband von Anna Andrejewna bekommen. Mach mich um Christi willen nicht verrückt! Er muß jeden Augenblick erscheinen. Aber da es sich um eine Prachtausgabe

handelt, muß der Einband lange trocknen – ich kann nichts dafür.
Anna Andrejewna legt übrigens in den nächsten Tagen im Verlag
*Sowjetski pissatel* ein sehr interessantes Buch vor – *Ungerade Zahl*,
Gedichte aus den Jahren 1940 bis 1946. Man will es schnell herausbringen – es muß viel Neues darin sein», schrieb Olga Berggolz
an A. K. Tarassenkow.

Dieser Tarassenkow, dem Olga Berggolz Achmatowas Gedichte ankündigte, besaß eine einzigartige Sammlung von Dichtern des zwanzigsten Jahrhunderts, was ihn keineswegs daran hinderte, wenige Wochen nach dem Beschluß Anna Achmatowa
sämtlicher Todsünden zu zeihen.

Nur wenige Tage vor dem 14. August 1946 erhielt Achmatowa ein Signalexemplar des neuen Bandes:

*Die Auflage wird morgen oder übermorgen ausgeliefert, aber es
kommen unzählige Menschen, um sich das Buch anzusehen und es zu
berühren.*

Einige Tage später landete die gesamte Auflage der «Prachtausgabe» im Reißwolf, ohne die Druckerei verlassen zu haben. Erhalten blieb nur das Signalexemplar und einige gestohlene – den
Dieben, den Liebhabern der Dichtung gebührt unser Dank! Das
Leben des Buches endete bereits in der Stunde seiner Geburt. Der
zweite Sammelband *Ausgewählte Gedichte von 1910 – 1946*, der
am 9. Juli 1946 im Verlag der *Prawda* freigegeben wurde, erreichte nicht einmal das Stadium des Signalexemplars. Der Satz
wurde vernichtet. Es blieben nur die Korrekturfahnen. In der Biographie eines Buches gibt es stets den allerersten Augenblick, den
wirklichen Anfang – das Manuskript. Das Manuskript des Sammelbandes *Ungerade Zahl*, den Olga Berggolz erwähnt, erhielt
Achmatowa vom Verlag 1952 «nach Ablauf der Aufbewahrungsfrist» zurück.

«Bei mir ist es immer so» – das Lieblingswort Achmatowas galt
auch in diesem Fall.

Unter der reichgestickten Decke
Ist der Tisch nicht zu sehen.

Ich war meinen Gedichten nicht Mutter –
Stiefmutter war ich.
Weiß das Papier,
Die Zeilen in Reih und Glied,
Wie oft sah ich zu,
Wie sie brennen.
Durch üble Nachrede zu Krüppeln gemacht,
Von der Schleuder getroffen,
Gebrandmarkt, gebrandmarkt
Als Zuchthäusler.

Und nun beginnt Achmatowa, vollständig von den Lesern isoliert, über Puschkin zu schreiben, so, wie schon Ende der zwanziger Jahre. «Es ist bemerkenswert, daß in den ersten Monaten nach dem Beschluß vom August, der sie zu völliger Tatenlosigkeit verdammt hatte, Achmatowa ihre beste literaturwissenschaftliche Arbeit, die über Puschkins *Steinernen Gast*, schrieb. Die von ihr selbst angefertigte Reinschrift trägt das Datum des 20. April 1947. In dieselbe Zeit gehört der bis heute verschollene, vielleicht unvollendet gebliebene Aufsatz über eine andere ‹kleine Tragödie› Puschkins – *Mozart und Salieri» (Emma Gerstein)*.

Die Welt Puschkins hat ihr offensichtlich Kraft gegeben und ihr geholfen weiterzuleben. Aber von einer Veröffentlichung konnte nicht die Rede sein, zumal ihre erste Puschkin-Arbeit aus dem Jahre 1933, der Aufsatz über den *Goldenen Hahn*, ihr den Vorwurf des Kosmopolitismus eingebracht hatte.

Wieder mußte sie ihren Lebensunterhalt mit Übersetzen verdienen. Natürlich bedeutete bereits der Umstand, daß ihr überhaupt Übersetzungsaufträge angeboten wurden, eine gewisse Lockerung der Isolation. Wenn Soschtschenko sich beklagte, daß er nicht arbeiten könne, bedeutete das, daß er nicht einmal übersetzen durfte.

Von dem ersten Übersetzungsauftrag, den Anna Achmatowa nach dem Beschluß erhielt, berichtet der Ehemann von Olga Berggolz, der Literarhistoriker Georgi Makogonenko. Zum 200. Geburtstag von Alexander Radischtschew stellte er eine einbändige Werkausgabe zusammen, in die er Radischtschews französisch geschriebene Briefe aus Sibirien aufnehmen wollte. Mit der Übersetzung dieser Briefe beauftragte er Achmatowa. Im März 1949 war die Übersetzung fertig: «Es war mir also beschieden, daß ich, durch den Lauf der Ereignisse… an den Rand des Abgrunds geführt, …dem Abgrund entrann und mich fähig zeigte, mich dem Abgott des menschlichen Geschlechts – dem Glück – zu nähern… Bin ich denn des Glückes fähig? Jawohl, mein Herr, ich bin seiner fähig» *(Alexander Radischtschew).*

‹‹Interessant, nicht wahr?› fragte Anna Andrejewna, als ich die Lektüre beendet hatte. ‹Ein Mann, der zum langsamen Untergang in einem der entlegensten Zuchthäuser Sibiriens verurteilt ist, behauptet, daß er noch glücklich sein kann. Ein bewundernswürdiger Charakter! Ich danke Ihnen für Ihren Auftrag. Es war eine interessante Arbeit.›

Die Übersetzung wurde gelobt und in den Band aufgenommen; Achmatowa erhielt ein Honorar. Das war sehr wichtig, aber das Wichtigste war noch ungeklärt: Es ging nicht nur um die Veröffentlichung der Übersetzung, sondern auch um den Namen der Übersetzerin. Also erschienen die Briefe in ihrer Übersetzung, die Übersetzerin jedoch blieb ungenannt…» *(Georgi Makogonenko)* Die Übersetzung interessierte Achmatowa wegen der Parallelen zu ihrer eigenen Biographie. Und darüber hinaus hatte ihr diese Arbeit einen Hoffnungsschimmer und menschliches Entgegenkommen gebracht. Aber dieser Auftrag war jene Ausnahme, die die Regel bestätigt. Übersetzungen waren für Achmatowa immer eine Last.

‹‹Wissen Sie noch›, fragte ich, ‹wie Sie – es ist nun schon lange her – in Leningrad sagten, Sie wollten nie wieder übersetzen?› ‹Ja, ich weiß es noch.› Und zögernd: ‹Jetzt kommt es bei mir nicht mehr so darauf an, aber in produktiven Zeiten darf ein Dichter natürlich nicht übersetzen. Das wäre genau so, als wenn er sein eigenes Hirn aufessen wollte» *(Lydia Tschukowskaja).*

Aber Anna Andrejewna war nicht in der Lage, diese ermüdende

Arbeit abzulehnen. Sie war in großer Geldnot. Das Geld brauchte sie nicht für sich, sondern für ihren Sohn. 1949 wurde Lew Gumiljow abermals verhaftet. Wieder mußte sie sammeln und Pakete ins Lager schicken. Es war ein Paket pro Monat gestattet – jene acht Kilo, ohne die ein Überleben unmöglich war (Zwiebeln, Speck, Tabak und für die Kälte nördlich des Polarkreises warme Kleidung).

Um Achmatowa die Gefängnisordnung spüren zu lassen, brauchte man nicht sie selbst zu verhaften, es genügte, ihren Sohn einzusperren und sie zu observieren. Dadurch wurde die Angst, die sich in den dreißiger Jahren tief in die Seele eingegraben hatte und von der sie sich seitdem niemals befreien konnte, zu dem sie beherrschenden, wenn nicht sogar einzigen Gefühl.

Wieder, wie 1937, folgte ihr jemand auf dem Fuß, wenn sie aus dem Haus ging, wieder das Blitzlicht im Dunkeln, um ihre Begleitung zu fotografieren, wieder das Rätselraten um die Abhöranlage – befand sie sich an der Decke? In der Mauer? Und wieder verbrennt Achmatowa aus Angst vor den wiederholten heimlichen oder offenen Haussuchungen ihr gesamtes Archiv. Ihren eigenen Zustand in jener Zeit fand Achmatowa in Kafkas *Prozeß* wieder. Sie sagte: «Alles ist so, als hätte mich jemand bei der Hand genommen und mich in meine schlimmsten Träume gebracht...» Mit diesen «schlimmen Träumen» lebte sie Auge in Auge und mied jeden Kontakt. Sie fürchtete nicht für ihre eigene Person, sondern für jeden, der sie sehen und ihr irgendwie beistehen wollte.

«Das Leben war für sie stehengeblieben. Als ich zehn Tage später nach Leningrad kam und sie anrief, sagte sie mir, sie fühle sich gut, sei aber außerstande, mich zu sehen. Ihre Stimme klang völlig tot. Während der darauffolgenden zwei Monate wußte ich von Anna Andrejewna nur, daß sie nicht im Gefängnis war. Bei meinem nächsten Leningrad-Besuch war ich hartnäckiger und sagte ihr, daß mir an einem Treffen sehr viel läge. Achmatowa bestellte mich vor das Russische Museum. Ich war schrecklich aufgeregt, als ich auf der kalten Bank auf sie wartete: Es war das übliche unangenehme Leningrader Novemberwetter. Achmatowa fing sofort davon an, daß ich mich nicht mit ihr treffen sollte, daß alle ihre Kontakte kontrolliert würden, daß man sie observiere und in ihrem Zimmer per Abhöranlage belausche, daß das Treffen mit ihr für mich die schrecklichsten Folgen nach sich ziehen könne. Wir fröstelten beide. Statt in mein Gesicht sah Anna Andrejewna zur Seite» *(N. Roskina)*.

Noch Ende der dreißiger Jahre hatten Lydia Tschukowskaja und Garschin gezweifelt, ob dies alles nicht Verfolgungswahn, Halluzinationen und Zwangsvorstellungen eines angegriffenen Kopfes seien. Doch es war Wirklichkeit. «Eines Tages, kurz nach der Schdanow-Rede, erschienen bei Michail Soschtschenko drei Offiziersanwärter aus der Suworow-Militärakademie und ein etwa sechzehnjähriges Mädchen, um ihm ‹ihre Hochachtung zum Ausdruck zu bringen› (wie sie sich ausdrückten) – und er konnte sie nicht schnell und höflich genug aus der Wohnung hinauskomplimentieren. ‹Nette Jungen›, sagte er mit einem weichen Lächeln, ‹sie hielten ihre Mützen vorschriftsmäßig über dem linken Ellenbogen. Ich habe ihretwegen Angst bekommen.›

Seine Angst um die netten Jungen war begründet. Kurz darauf erschien auf Befehl des Hauptstabes in Leningrad eine Sonderkommission, um die Angelegenheit zu untersuchen. Die drei Offiziersanwärter mußten die Militärakademie verlassen, ungeachtet dessen, daß einer von ihnen nach dem Urteil der Dozenten ein hervorragender Stratege zu werden versprach» *(Wenjamin Kawerin)*.

Es wäre eine Lüge, wollte man behaupten, daß Achmatowa und Soschtschenko «in Freiheit» leben konnten, obzwar sie weder verhaftet noch verbannt wurden. Das Haus an der Fontanka, das zehn Jahre zuvor zum Kerker für Anna Andrejewna geworden war, blieb unverändert. Dort blieb alles beim alten. Nur das Schild wurde ausgewechselt. Das Technische Museum war verschwunden und hatte der «Hauptverwaltung der nördlichen Seewege» Platz gemacht. Jetzt war man beim Observieren nicht mehr auf listenreiche Einfälle angewiesen. Eine solide staatliche Institution verfügt immer über eine besondere feste Stelle im Etat – die eines Pförtners. Bequemer hätte man es nicht haben können. «Jeder Be-

Achmatowa mit den Kindern
der Familie Smirnow, ihren
Nachbarn in der Kommunal-
wohnung im Scheremetjew-
Palais, 1940

Lew Gumiljow, der einzige
Sohn Anna Achmatowas,
Anfang der dreißiger Jahre

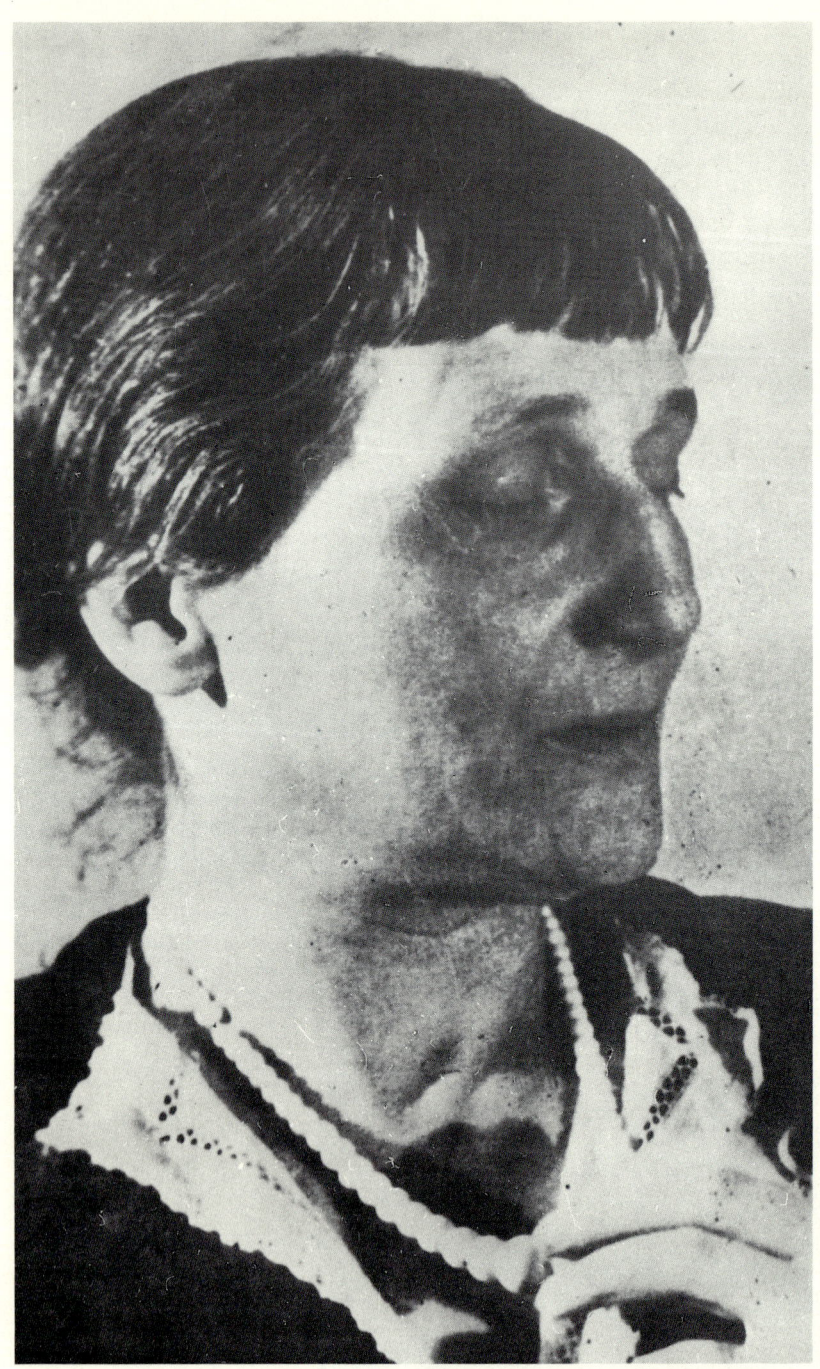

Im Jahr vor der Evakuierung nach Taschkent

Bazar in Taschkent zu Beginn der vierziger Jahre

Massengräber auf dem Leningrader Friedhof Wolkowo polje («Wolfsfeld»)
während der Blockade

In Taschkent, 1942

Porträt aus dem Jahr 1943 von
Alexander Tyschler

Anna Achmatowa bei ihrer Lesung im Säulensaal des Kreml, 1946. Die stürmischen Ovationen des Publikums erregten den Argwohn Stalins.

Der britische Philosoph Sir
Isaiah Berlin. Sein Besuch bei
Anna Achmatowa 1946 war
wahrscheinlich der Anlaß für
ihren Ausschluß aus dem sowjetischen Schriftstellerverband.

Passierschein für Anna Achmatow[a]
zum Betreten des Hauses an de[r]
Fontanka, 194[6]

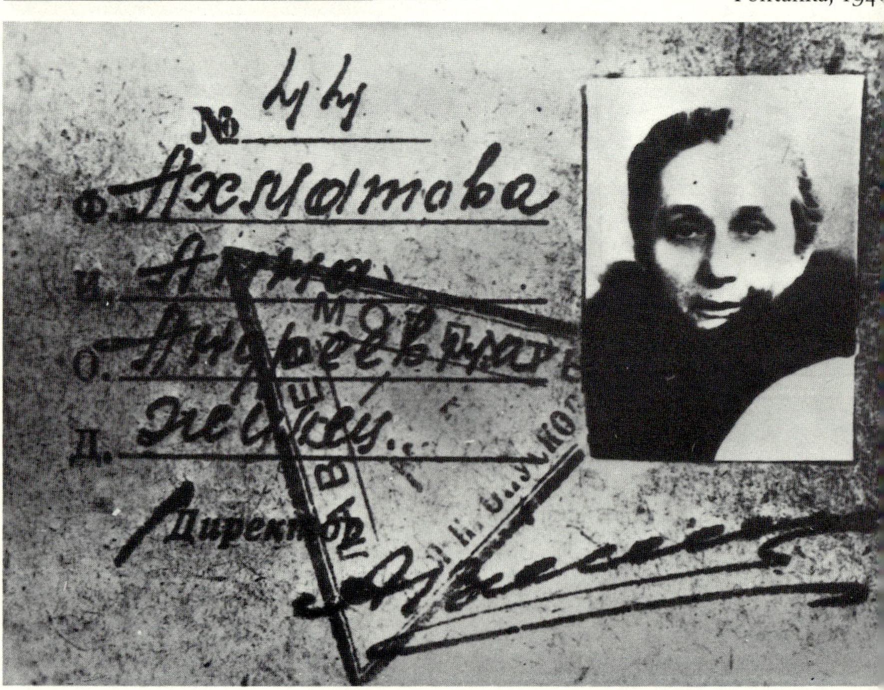

Anna Achmatowa, Ölbild von Antonina Ljubimowa, 1946

Mit Boris Pasternak, 1946

Mit der Lyrikerin Olga Berggolz, 1946

Anna Achmatowa 1946

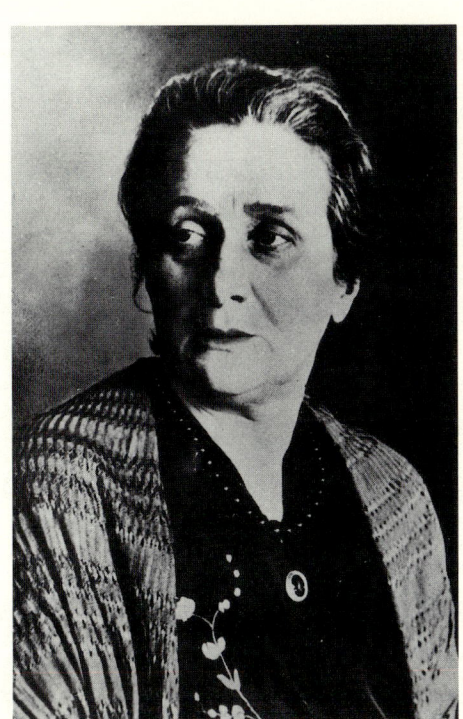

Foto des inhaftierten Lew Gumiljow,
Achmatowas Sohn, 1953

Achmatowa und Pasternak, der das Glückwunschtelegramm zu seiner Auszeichnung mit dem Nobelpreis liest. Rechts neben ihm seine Frau Sinaida

.chmatowa in den sechziger Jahren

Mit dem Lyriker Anatoli
Naiman, ihrem Schüler und
Vertrauten, vor ihrer Datscha
in Komarowo

Joseph Brodsky 1964

.chmatowa Anfang der sechziger Jahre

In Catania/Sizilien bei der Entgegennahme des Literaturpreises Ätna-Taormina, 1964

1965 in Oxford nach der Verleihung der Ehrendoktorwürde

eisetzung in Komarowo, 1966. Lew Gumiljow (erster v. links), Joseph Brodsky und
.natoli Naiman (vierter u. fünfter v. links)

sucher dieser Frau, die im Seitenflügel des Palais wohnte, mußte erst an dem Kontrolleur vorbei, der über die Interessen und Geheimnisse der ‹Hauptverwaltung der nördlichen Seewege› wachte. Achmatowa persönlich mußte ihm ‹zuarbeiten›. Sie war verpflichtet, einen Passierschein für ihre Gäste zu unterschreiben und die Zeit ihres Weggangs einzutragen. Ihren Gästen wurde also ein Passierschein für einen Besuch ausgestellt, aber auch sie selbst wurde angewiesen, einen Ausweis mit Foto vorzulegen, in dem unter ‹Beruf› eingetragen war: Bewohnerin. Kurz vor ihrem Tod holte sie eines Tages diesen Ausweis aus der Handtasche und hielt ihn mir lachend hin: ‹Wissen Sie noch?› Ich konnte jedoch nicht lachen. Mich starrte ein unheimliches Bild aus jenen Jahren an, erschrokkene, weitaufgerissene Augen» *(Lydia Tschukowskaja)*.

Mit der Clique in der Gosse
Vor der Kneipe,
Mit Gefangenen
Auf der Bank eines Lastwagens,
Im dichten Nebel
Am Moskwafluß,
Mit dem Vater Ataman
Fest in der Schlinge.
Einst war ich mit allen,
Diesen und den anderen,
Und bin nun geblieben
Nur mit mir allein.

*August 1946*

«Die Unbehaglichkeit ihres kalten Zimmers hatte inzwischen Gefängnischarakter angenommen. Anna Andrejewna sprach zu Hause fast kein einziges Wort und deutete immer wieder nach oben. Eines Tages hatte sie nach der Rückkehr auf den Kissen und auf dem Fußboden abgebröckelten Putz gefunden und betrachtete das als Beweis, daß ein Mikrophon in der Zimmerdecke installiert worden war. Gewöhnlich wanderten wir ziellos durch möglichst menschenleere Gegenden und wechselten dabei nur kurze Bemerkungen. Der anhaltende Alptraum endete mit einem Unheil. Im Herbst 1949 wurde Lew verhaftet» *(N. Roskina).*

Die Zeit schien rückwärts gelaufen zu sein – bis zum 10. März 1938, dem Tag der letzten Verhaftung ihres Sohnes. «Im Sommer 1946 wurde der Beschluß des ZK ‹Über die Zeitschriften *Swesda* und *Leningrad*› bekanntgegeben. Und wieder traf es mich am härtesten. Diesmal sollte meine Aspirantur dran glauben, ungeachtet dessen, daß meine Dissertation bereits geschrieben und sämtliche Prüfungen abgelegt waren. Statt eines Termins für die Verteidigung der Thesen wurde mir eine Beurteilung ausgehändigt, in der zu lesen war, ich sei ‹hochmütig und verschlossen, ohne Interesse für gesellschaftliche Arbeit›, die ich ‹für Zeitverschwendung hielte›... Mit einer derartigen Beurteilung war an ein Rigorosum nicht zu denken. Darauf begab ich mich auf die Wassilewski-Insel und nahm die Stelle eines Bibliothekars im Irrenhaus an. Nachdem ich dort eine Zeitlang gearbeitet hatte, erhielt ich eine normale Beurteilung und durfte meine Dissertation einreichen. Nach etlichen Verzögerungen fand schießlich die Verteidigung der Thesen statt... aber es blieb mir nicht einmal Zeit, die Urkunde in Empfang zu nehmen. Ich wurde sehr bald darauf verhaftet und abermals eingesperrt. Diesmal im Lefortowo-Gefängnis in Moskau. Bei den Verhören wurde mir eingehämmert ‹du bist schuld. Welche Schuld willst du selbst gestehen?› Ich wurde selten, aber desto eindrucksvoller geschlagen. Ich bekam abermals zehn Jahre und wurde in das Lager in Karaganda verfrachtet, aus Karaganda nach Meschduretschensk, wo seinerzeit Dostojewski Zwangsarbeit leisten mußte. Von dort verlegten sie mich nach Omsk, und in Omsk kam schließlich die Freiheit. Das war bereits nach dem XX. Parteitag, im Mai 1956» *(Lew Gumiljow).* Hatten diese beiden Menschen – Mutter und Sohn – den Kelch nicht schon bis zur Neige geleert? War nicht schon alles, bis zum letzten, hingehauchten Todeswort im *Requiem* ausgesprochen? Nun zeigte sich, daß es noch immer nicht alles gewesen war. Aber Achmatowa blieb immer ungebrochen. Die meisten ihrer Porträts zeigen sie in betont aufrechter Haltung und mit leicht zurückgeworfenem Kopf. Ihr Stolz machte sie zu einer königlichen Erscheinung. Und gerade darum sollte sie, die Unnachgiebige, in die Knie gezwungen werden.

In der August-September-Nummer 1950 der Zeitschrift *Ogonjok*, deren Auflage astronomische Höhen erreichte, erschien der Zyklus *Es lebe der Frieden* von Anna Achmatowa, in dem das Glück in der glücklichen sowjetischen Heimat besungen wurde. Neben allen anderen Bittschriften und Eingaben, neben den Gesuchen um eine Revision des Urteils, war dieser Zyklus ihr Trumpf, das Opfer, das sie ihrem Sohn zuliebe tropfenweise ihrer eigenen Seele abpreßte.

«Sie ging mit ihnen (diesen Gedichten, J. K.) zu Tomaschewskis, mit denen sie sehr befreundet war, und fragte, ob sie sie abschicken könne. Boris Viktorowitsch antwortete nicht, setzte sich vielmehr schweigend an die Schreibmaschine, um die Gedichte abzuschreiben. Und er korrigierte eigenmächtig, ohne Anna Andrejewna zu fragen, die gröbsten Verstöße gegen Sprache und Versmaß.

Wenn Dichter etwas sagen, was sie nicht denken, sprechen sie eine fremde Sprache» *(Lydia Ginsburg)*.

Georgi Makogonenko erzählt, wie er Achmatowa nach der Veröffentlichung dieser Gedichte besuchte: «An dem verabredeten Tag betrat ich wieder das Haus an der Fontanka. Zuletzt hatten wir uns vor einem Jahr gesehen. Neues Unglück war in dieser Zeit über sie hereingebrochen. Ihr Gesicht war strenger, die Fältchen unter den Augen schärfer geworden. Ich begrüßte sie. Sie nickte mit dem Kopf, fuhr aber fort, mich gespannt zu fixieren, als warte sie auf etwas.

‹Wie gefallen Ihnen eigentlich meine Derschawin-Imitationen?› fragte sie endlich mit strenger Miene.

‹Entschuldigung, ich habe Sie nicht verstanden...›

‹Haben Sie etwa die *Ogonjok*-Ausgabe mit meinen Gedichten nicht gesehen?› Jetzt verstand ich, wovon die Rede war. Aber ich wußte nicht, was ich antworten sollte. Ob ich nun meine Ansicht äußerte oder mein Mitgefühl – beides wäre gleich taktlos gewesen. Nach einer viel zu langen Pause murmelte ich: ‹Ich habe sie gelesen.›

‹Gut. Sie erinnern sich natürlich – als gegen Derschawin ein Verfahren angestrengt wurde, schrieb er die Ode *Feliza**. Und so habe auch ich…›»

Heute, da die russischen Menschen sich endlich aufrichten möchten, meint man gelegentlich, daß diese Seite aus der Biographie von Anna Achmatowa gestrichen und vergessen werden müßte. Aber möglicherweise enthält gerade sie die schrecklichste, die zynischste, aber vielleicht auch die wesentlichste Wahrheit über unser ehemaliges «sozialistisches» Glück.

Achmatowa glaubte, nicht nur sich selbst prostituiert zu haben, sondern auch «das heilige russische Wort», das in aller Reinheit zu erhalten sie in ihren Kriegsgedichten geschworen hatte. Und dieser Schmerz blieb bis an ihr Lebensende.

Besudelt haben sie das reine Wort.
Mit Füßen traten sie den heiligen Logos.
Mit den Krankenpflegerinnen des Siebenunddreißigers
Scheuerte ich das Blut von den Dielen.
Sie nahmen mir den einzigen Sohn,
Folterten die Freunde in Kasematten,
Kreisten mich ein mit dem unsichtbaren Zaun
Verläßlicher Ausspäher.
Mit Taubheit zeichneten sie mich aus
Und besudelten mich vor der ganzen Welt,
Überfütterten mich mit Verleumdung,
Übertränkten mich mit Gift,
Brachten mich an den Rand
Und ließen mich dort einfach stehen.
Wohl tut es mir, der Irren unserer Stadt,
Die Plätze der Agonie zu durchstreifen.

* In der Ode *Feliza* verherrlicht Derschawin die Zarin Katharina II.

Auch Soschtschenko kam damals vielen wie ein «Irrer unserer Stadt» vor. «Soschtschenko wurde gestattet, eine kleine Erzählung zu veröffentlichen. Natürlich war das damals bereits ein Zeichen politischer Liberalisierung. Aber die Erzählung war schwach, was von allen mit Enttäuschung konstatiert wurde. Auch ich sagte: ‹Keine gute Erzählung!› Anna Andrejewna wurde zornig: ‹Natürlich, von allen Seiten höre ich immer dasselbe – Soschtschenko hat eine schwache Erzählung geschrieben. Aber sagen Sie bitte, warum denken alle, er müsse für sie eine gute Erzählung schreiben? Sind sie denn gut? Und was haben sie eigentlich geschrieben?› Ich schwieg und war im stillen für die erhaltene Lektion dankbar. Außerdem war Anna Andrejewna in diesem Punkt ganz besonders empfindlich. Sie war doch selbst gezwungen, Stalin-Gedichte an *Ogonjok* zu schicken. Ihr Sohn war eine Geisel, aber ihre Gedichte richteten natürlich nichts aus» *(N. Roskina)*.

Für Achmatowa war dieser kurze Satz über eine schwache Erzählung von Soschtschenko so gut wie eine persönliche Kränkung, denn sie hätte genau dasselbe über ihre eigenen, ihre «fremden» Gedichte hören können, obwohl die Nachlässigkeit, die Mißachtung von Wort, Vers, Rhythmus und Sinn als der einzige in ihrer Lage mögliche Protest gewertet werden konnte. Doch Soschtschenkos Erzählung war und blieb «eine schwache Erzählung». Nun versuchte er, auf andere Weise sein Schicksal zu beeinflussen. Lydia Tschukowskaja hält ihn für etwas naiv – er kämpfte tatsächlich den Kampf Don Quichottes mit den Windmühlen. Er entschloß sich, an Stalin zu schreiben:

«…Ich bitte, mir zu glauben, daß ich nichts brauche und auch nicht um Erleichterung meines Schicksals bitte. Und wenn ich an Sie schreibe, dann mit dem einzigen Ziel, meine Leiden zu lindern.

Ich bin nie ein literarischer Spekulant gewesen, ein niederer Charakter oder ein Mensch, der für das Wohl von Gutsbesitzern und Bankiers arbeitet. Das ist ein Irrtum. Ich versichere es Ihnen.»

Soschtschenko richtet seine Worte nicht an einen Herrscher, sondern an den Menschen. Hätte er mit einer Antwort gerechnet, so wäre er tatsächlich ein Wahnsinniger gewesen. Längst schon war

Stalin nur noch Monarch, nur noch Machthaber und nicht mehr Jossif Dschugaschwili. Irgendwann früher, Anfang der dreißiger Jahre, war er noch bereit gewesen, auch als Monarch mit «seinen» Schriftstellern zu telefonieren, 1930 mit Michail Bulgakow, 1934 mit Boris Pasternak, als Antwort auf ihre Briefe. Aber diese Zeiten waren längst vorbei. Jetzt war eine Antwort ausgeschlossen. Aber vermutlich gibt es Situationen, in denen Briefe ohne Hoffnung auf eine Antwort geschrieben werden und eine menschliche Intonation sich gar nicht am Adressaten orientiert, sondern sich dem Schreiber unbewußt entringt.

Man schrieb das Jahr 1954. Anna Achmatowa berichtete Lydia Tschukowskaja von einem Anruf:

«‹Eine englische Studentendelegation wünscht Sie zu sehen. Das Gebietskomitee des Kommunistischen Jugendverbandes bittet Sie einzuwilligen.› Ich sage: ‹Ich bin krank und am ganzen Körper geschwollen.› (Ich war tatsächlich krank.) Eine Stunde später ein Anruf von Katerli: ‹Sie müssen unbedingt kommen, sonst werden die sagen, man hätte Sie umgebracht› (und dies am Telefon!). Ich schlage einen Ausweg vor: ein altes Weib suchen und vorführen. Statt meiner. Aber sie war damit nicht einverstanden.

Sie schickten mir einen Wagen. Ich fuhr. Der rote Saal, den Sie kennen. Eine Menge Engländer, ganz wenige Russen... Ich sitze da, sehe sie mir an, studiere die Gesichter: Wer? Wer wird es sein? Ich weiß, daß eine Katastrophe unvermeidlich ist, aber ich kann nicht erraten, wer mich fragen wird. Zuerst fragten sie nach den Publikationsmöglichkeiten: Welche Instanz entscheidet? Wie lange dauert das? Was verlangt die Zensur? Können Sie Ihr Buch erscheinen lassen, wenn der Verlag es nicht will? Sajanow antwortete. Und dann fragten sie: Hat sich *jetzt* die Literaturpolitik im Vergleich zu 1946 geändert?* Hat man Abstand genommen von der Rede, von dem Beschluß? Dymschiz antwortete. Es war für mich sehr aufschlußreich, zu hören, man habe in keinem Punkt

---

* Diese Frage bezieht sich auf die Tatsache, daß Stalin (der 1953 starb) bereits ein Jahr tot war.

262

Abstand genommen, nein. Darauf gingen die kühnen Seefahrer zum Angriff über und forderten Soschtschenko auf, zu sagen, was er von dem Beschluß von 1946 halte...

‹Ich bin damit nicht in allen Punkten einverstanden und habe Stalin einen Brief geschrieben. Eine Antwort habe ich jedoch bis heute nicht erhalten.›

Ich wartete. Es fragte jemand mit einer schwarzen Brille. Vielleicht trug er auch keine Brille, aber auf mich wirkte er so. Er fragte nach Achmatowas Meinung zu dem Beschluß. Man forderte mich auf zu antworten. Ich erhob mich und sagte: ‹Beide Dokumente – die Rede vom Genossen Schdanow und der Beschluß des Zentralkomitees der Partei – halte ich für absolut richtig.›

Schweigen. Ein dumpfes Grollen ging durch die Reihen – wissen Sie, wie wenn ein See seine Wellen aufwirft. Als hätte ich sie gegen den Strich gestreichelt. Anhaltendes Schweigen. Darauf fragte einer von ihnen: ‹Ist Ihnen bekannt, daß gerade die Werke von Anna Achmatowa, die hier verboten sind, sich bei uns besonderer Beliebtheit erfreuen?› Schweigen. Dann sagte einer der Russen zu der Übersetzerin: ‹Fragen Sie doch, warum man Soschtschenko applaudiert hat und Achmatowa nicht?› – ‹Ihre Antwort hat uns nicht gefallen, sie ist uns vielmehr unangenehm.›

So ihr Bericht, der mich in völlige Verwirrung stürzte. Was ist eigentlich mit diesen Engländern los? Sind sie Ignoranten, Idioten, Blinde oder gemeine Schufte? Warum wollen sie einen fremden Schmerz mit plumpen Händen betasten? Die Menschen wurden erniedrigt und mißhandelt, und sie erkundigen sich noch: ‹Was halten Sie davon, daß man Sie mißhandelt? Zeigen Sie uns Ihre gebrochenen Knochen!› Und die Unseren? Warum haben sie diese Begegnung zugelassen? Aus Sadismus» *(Lydia Tschukowskaja)*.

«Vergegenwärtigen wir uns die damalige Lage. Am 5. Mai 1954 fand im Schriftstellerverband die Diskussion mit den Engländern statt. Und am 5. Februar, auf den Tag drei Monate zuvor, hatte Achmatowa eine Petition an den Vorsitzenden des Obersten Sowjets der UdSSR, Woroschilow, gerichtet, um eine Revision des über ihren Sohn verhängten Urteils zu erwirken. Von einem Adjutanten Woroschilows, der eigenhändig diesen Brief übermittelt hatte, wußten wir, daß er sein Versprechen gehalten hatte. Seit jenem Tag erwartete Anna Andrejewna voll Spannung eine Reaktion. Ihrer nächsten Umgebung war es völlig klar, daß sie vergeblich auf eine Antwort hoffte, daß ihre Bitte abgelehnt werden würde, eine formelle Ablehnung hat sie jedoch nie erhalten» *(Emma Gerstein)*.

«Ob die Studenten aus Oxford Achmatowas Verhalten verstanden haben? Sie erzählte, daß sie wie ein Götze dagesessen habe, ohne die Augen zu erheben, und völlig gleichgültig und entrückt die auswendig gelernten, abgegriffenen Formeln aufgesagt habe. Die reizenden englischen Jungen, die von Kindesbeinen an gelernt haben, die Wahrheit zu sagen und die eigenen Überzeugungen zu vertreten, gerieten wahrscheinlich völlig durcheinander, als sie Achmatowa sagen hörten, der Beschluß habe ihr großen Nutzen gebracht. Und nachdem sie diese Aussage mit den Gedichten im *Ogonjok* verglichen hatten, konnten sie gar nicht anders, als die Russen zu einem korrupten Volk zu erklären, das man um ein Butterbrot kaufen könne. Vielleicht aber glaubten sie auch, eine russische Seele vor sich zu haben, geheimnisvoll, östlich, mit ihrer Liebe zu Beschlüssen, Armut, Lagern und Erschießungen... Sie haben von uns genausoviel Ahnung wie wir von den Chinesen... Achmatowa kann ihnen als frommes Lamm und Soschtschenko als unbändiger Rebell erscheinen. In gewisser Weise sind wir alle Lämmer»... *(Nadeschda Mandelstam)*

Die größte Errungenschaft der staatlichen Inquisition bestand in der Kunst, den Menschen sich selbst erniedrigen zu lassen.

*Aufschrift auf einem Buch*

*Was du hergibst, das ist dein*
Schota Rustaweli

Ich spreche unter einem Berg von Trümmern,
Ich rufe unter einem Bergsturz,

Und ungelöschter Kalk verbrennt mich
Unter dem übelriechenden Gewölbe.

Der stumme Winter will ich sein,
Die ew'ge Tür will ich für ewig schließen.
Doch – meine Stimme wird erkannt.
Doch – man wird ihr wieder Glauben schenken.

1959

# «Die Ewigkeit ruft»

*Am Meer. Sonett*

Hier wird mich alles überleben,
Sogar die altersschwachen Starkästen
Und diese Luft, die Luft des Frühlings
Nach einem langen Meeresflug.

Die Ewigkeit ruft mit einer Stimme
Voll überirdischem Verlangen,
Und über dem erblühten Kirschbaum
Verströmt der leichte Mond sein Licht.

Und er ist nun nicht mehr beschwerlich,
Der im smaragdnen Dickicht weiße
Weg, ich sage nicht, wohin...

Es ist noch heller dort zwischen den Stämmen,
Und alles gleicht der Allee
Am Teich von Zarskoje Selo.

*Komarowo 1958*

Die Gattung Biographie fordert, daß im Leben eines Menschen
wichtige Ereignisse hervorgehoben werden, die es in einzelne Ab-

schnitte teilen und den Bericht zu einer dramatischen Handlung steigern. Und man ist versucht, dann und wann den Vorhang fallen zu lassen und einen Dekorationswechsel vorzunehmen. Und doch sind die Übergänge fließend, und es ist nahezu unmöglich, die Grenze zu ziehen, an der der nächste Akt beginnt. Dieses letzte Kapitel ist Achmatowas Alter gewidmet. Die fünfziger und sechziger Jahre brachten Ereignisse mit sich, von denen jedes den Höhepunkt des zu berichtenden Zeitraums oder aber den Beginn einer neuen Phase bedeuten könnte: Stalins Tod 1953 und die Rückkehr ihres Sohnes aus dem Lager, das Erscheinen von drei neuen Büchern und der internationale Literaturpreis in Italien, die Verleihung der Ehrendoktorwürde der Universität Oxford, der Tod Pasternaks und die Freundschaft mit dem jungen, von ihr als Dichter stets akzeptierten Jossif Brodsky. Das alles waren Ereignisse, die der «Handlung» neue Impulse gaben. Jedoch ist das Alter, selbst ein aktives Alter, weniger ein Prozeß als vielmehr ein Zustand, und wenn es naht, ist es gleich stark von der Vergangenheit wie von der Gegenwart bedingt.

So wie im Vergangenen das Künftige reift,
Verwest im Künftigen das Vergangene.

Wenn man Achmatowas Fotografien vom Anfang der fünfziger Jahre betrachtet, sieht man auf den ersten Blick, wie sehr sie sich verändert hat. Nun ist sie eine alte Frau.

«So ist es also: Kummer, Jahre, Krankheit. Sie hat sich sehr verändert, ist massig geworden, in die Breite gegangen. Ein volles Gesicht, der Mund zwischen den vollen Wangen erscheint kleiner als zuvor. Das ganze Gesicht hat die scharfen Konturen eingebüßt. Sogar der Höcker auf der Nase ist verschwunden, als wäre selbst die Nase kleiner und unscheinbarer geworden, als sie es einst war. Selbst ihre Hände haben sich verändert. Sie sind plump und aufgedunsen. Dabei sind sie eigentlich leicht und kindlich. Zehn Jahre! Nur der Blick ist geblieben. Und die Stimme» *(Lydia Tschukowskaja).*

So blieb Achmatowa bis in ihre letzten Lebenstage. «Anna Andrejewna sieht schlecht aus und bewegt sich sehr schwerfällig: Sie ist zu dick. Solange sie sitzt – Schultern, Profil, Silberhaar und die Hand an der Wange – ist sie wunderschön und auf Jugend nicht angewiesen. Aber wenn sie sich erhebt, wirkt sie greisenhaft und kann sich nur mühsam zwischen Tisch und Sofa hindurchzwängen, so groß, so breit ist sie geworden» *(Lydia Tschukowskaja)*.

Aber auch die neue Erscheinung bewahrte das Wesentliche, was zum Bild Achmatowas «außerhalb von Zeit, Krankheiten und Kummer» gehörte. «Sonderbar, während ich ihr zuhörte, erkannte ich sie wieder. Ich sah ihre frühere Gestalt. Nicht bloß die Intonation oder die empörte Schulterbewegung oder ein charakteristisches Wort. Ich habe gar nicht gemerkt, in welchem Augenblick mir ihr vertrautes früheres Aussehen wiedergeschenkt wurde. Die zehn Jahre waren wie verflogen, und es stellte sich heraus, daß sie sich überhaupt nicht verändert hatte. Sie war die gleiche geblieben, vielmehr dieselbe» *(Lydia Tschukowskaja)*.

Die gelassene und natürliche Majestät, das schon früher an Achmatowa beobachtete Königliche, war von der Zeit nur noch unterstrichen worden. Und obwohl die alternde Anna Andrejewna sich immer einfacher gab, stellte sich nun diese Einfachheit als das wahrhaft Königliche dar. «Ohne von Geburt zur Aristokratie zu gehören, war sie aristokratisch einfach und natürlich im Umgang mit Menschen, ein wenig zeremoniell, aber keineswegs steif oder hochmütig. Es war das Aristokratische der menschlichen Würde, Klugheit und Begabung» *(Wladimir Maximow)*. Wahrscheinlich trifft das Wort «aristokratisch» Achmatowas Wesen am besten. Dennoch taucht in sämtlichen Memoiren das Wort «königlich» auf, selbst wenn sie schwach und krank war. «Durch Komarowo*\* wandelt Anna Andrejewna imperatrix, gekrönt von ihrem Silber-

---

\* Komarowo – ein Datschenvorort von Leningrad. Hier hatte Achmatowa Ende der fünfziger Jahre vom Leningrader Schriftstellerverband ein Häuschen zugewiesen bekommen.

haar, und verwandelt, sobald sie auf einem der Wege erscheint, Komarowo in Zarskoje Selo» *(N. Berkowski).*

Lydia Tschukowskaja meinte nichts anderes, als sie schrieb: «Es gibt eine einzige Stimme auf der Welt, deren Klang und selbst flehentliches Bitten herrisch klingen.» Diese Worte gelten ebenso für Achmatowa im Alter wie auch für ihre Lyrik.

*Allzu heftige Gefühle eines Dichters gehen dem heutigen Leser auf die Nerven. Der Leser möchte selbst ... fühlen, und außerdem denkt er ununterbrochen an alles, was er im Leben ausgestanden hat, deshalb empfindet er das Bestreben des Dichters, dem Leser seine persönlichen Leiden vorzusetzen, als ausgesprochen enervierend.*

Auch im Leben klagte sie nie. Sie war häufig krank – der erste Herzinfarkt 1951 – und mußte Monate in Mehrbettzimmern keineswegs komfortabler Krankenhäuser verbringen. Trotzdem sagte sie ganz schlicht: «Das Krankenhaus hat einen gewissen klösterlichen Reiz.»

«Eines Tages sagte ich zu Anna Achmatowa: ‹Sie sind – König Lear.› Erstaunt, aber beherrscht kam die Antwort: ‹Woher wissen Sie das?›

Das war keine Frage, sondern der Ausruf: So ist es. Wie kommen Sie darauf?» *(L. Oserow)*

Wie König Lear wurde sie aus ihrem Palast vertrieben. Und von diesem Moment an (1952) begann ihre Pilgerschaft, die erst mit ihrem Tode endete. Ein anderes Heim hat sie eigentlich nicht gefunden. Aber dem Auszug Achmatowas aus dem Scheremetjew-Haus fehlte jede romantische Aureole. Er ist nichts anderes als eine hoffnungslose, öde, bürokratische Angelegenheit. Das «Arktische Institut», vom Willen der Verwaltung im Scheremetjew-Palais untergebracht, verlangte die Räumung des Seitentraktes, in dem sich die Wohnung der Punins und Achmatowas befand.

Ich stellte keine Ansprüche
An dieses erlauchte Haus,

Aber es hat sich ergeben, daß fast mein ganzes Leben
Unter dem illustren Dach
Dieses Palais verlief... Als Bettlerin
Kam ich, als Bettlerin ziehe ich von dannen.

1952

Sie verließ dieses Haus, dessen Legenden, dessen Geschichten ihre Erinnerung, ihre Welt, ihren Reichtum und ihre Gedichte ausmachten. Die Nachricht, daß Nikolai Punin, zu dem sie einst in dieses Haus gezogen war, in einem Lager umgekommen war, erreichte sie bereits in der neuen Wohnung. Diese Nachricht war gleichsam das Finale ihres im Scheremetjew-Palais verbrachten Lebensabschnitts.

Ihre neue Behausung – in einer Gemeinschaftswohnung, die sie mit einer weiteren Mieterin teilen mußten – in der Krasnaja-Konniza-Straße Nr. 4 bezog Achmatowa mit der Tochter und der Enkelin von Punin. Sie konnte nicht allein leben, denn sie war in den Dingen des Alltags vollkommen hilflos. Sie kränkelte viel und hatte keine Angehörigen außer Ira und Anetschka, wie die Beziehungen zwischen ihnen auch immer beschaffen waren. Es ist bemerkenswert, daß sich in Achmatowas Erzählungen um ihre neue Behausung sehr bald alte Geschichten rankten: Einst, in alten Zeiten, habe sich dort, ihren Worten nach, ein großer Gasthof befunden, und das ganze zweite Stockwerk war ein einziger Schankraum, in dem sich die Kutscher, aus der Kälte kommend, wärmten. Vielleicht entsprach es der Wahrheit, vielleicht war es aber auch nur die Fortsetzung der Geschichten aus Achmatowas Kindheit, ein Echo der Kutscherschenke des Hauses in Zarskoje Selo. Aber auch diese neue Wohnung sollte weder ihr eigenes Heim noch ihre letzte Zuflucht werden. Bald wurde das Haus saniert, und Achmatowa zog mit den Punins abermals um, in das Haus der Schriftsteller, Leninstr. 34, endlich in eine eigene Wohnung. Diese zahlreichen Umzüge haben die Lebensgewohnheiten Anna Andrejewnas nicht im geringsten tangiert. «Sonderbar – drei absolut verschiedene Wohnungen – aber Achmatowas Zimmer blieb sich immer gleich: ein Fenster ohne Sonnenlicht, spartanisch streng oder eigentlich unwohnlich...» *(I. Metter)* Dieselben Möbelstücke – das Erbe von Olga Sudejkina – umgaben sie. Schon 1929 alt und gebrechlich, wurden sie mit der Zeit Symbole der stets präsenten Vergangenheit. Und überall war die Zeichnung von Modigliani dabei, lebendige Erinnerung an die Jugend, einziger Schmuck ihres Zimmers.

«Der Hintergrund, vor dem die Gestalt Achmatowas sich abhebt – ein Minimum an Requisiten. Es war nicht einfach Nachlässigkeit, sondern großartige, in die Tat umgesetzte, dabei keineswegs betonte oder zur Schau gestellte Verachtung von Alltäglichkeit. Das sparsame, gleichsam angedeutete – wenn dieser Ausdruck erlaubt ist – Interieur ihrer Behausung hatte nichts gemein mit den Palazzi neureicher Schriftsteller, Herren über zweistöckige Datschen, Autos und Möbelgarnituren aus Mahagoni. Bei meinen Besuchen in all ihren Wohnungen der letzten dreißig Jahre in Leningrad erlebte ich stets eine seltene ‹studentische› Bescheidenheit oder sogar, die Sache beim Namen genannt, Armut. Ein kleiner Schreibtisch, der sich kaum noch auf den Beinen hielt, ein Bett, ein Schrank (?), ein kleines Bücherregal (?), eine Truhe oder ein Koffer für die Manuskripte, ein Sessel, ein Stuhl... Das war mit geringen Abweichungen alles, was man in sämtlichen Behausungen von Anna Andrejewna vorfand. All das trug zu dem Eindruck mangelnder Fürsorge und schlecht organisierten Alltags bei, der die halb reale, halb rhetorische Frage weckte: Hat sie heute zu Mittag gegessen oder sich mit Tee und Spiegelei begnügt? So stand es um Achmatowa, selbst noch in ihren allerletzten Lebensjahren, als sie anständige Honorare bezog...» *(Wladimir Maximow)*

Anatoli Naiman, der ihr in den sechziger Jahren seine Arbeit als Sekretär angetragen hatte, findet in seinen Erinnerungen eine komprimierte Formel, die ihre Existenz beleuchtet: «Unbehaustheit als Lebensform».

Aber Achmatowa strebte gar nicht nach Behaustheit. Sie liebte zwar elegante und schöne Dinge, verschenkte sie aber sofort an ihre Freunde. Von ihrem ersten größeren Honorar (nach 1946), das sie Anfang der fünfziger Jahre für die so mühevolle Victor-Hugo-Übersetzung erhielt (und das sie vor der blanken Armut rettete), kaufte sie ein Auto für den Sohn ihrer Moskauer Freundin. Auf die Frage einer ihrer jungen Bekannten, wie lange sie ihren Reichtum, wenn sie denn reich geworden wäre, genossen hätte, antwortete Anna Andrejewna: «Nicht lange, höchstens zehn Tage.» Aber als diese Frau eines Tages zu Geld kam und Achmatowa abermals fragte, was sie damit machen solle, antwortete Achmatowa lapidar: «Ein Haus bauen. Das ist das wichtigste.» Achmatowa wußte zu genau, wie bitter es ist, wenn man kein eigenes Zuhause hat.

Das Leben der Punins verlief nach Rhythmen, die offenbar nicht immer mit ihren eigenen übereinstimmten. Und überhaupt wurde es in dem Leningrad Achmatowas immer dunkler. Viele alte Freunde waren inzwischen gestorben, neue waren rar. «Leningrad verhielt sich ihr gegenüber wie die tiefste Provinz. Nicht nur wegen seiner literarischen Hierarchien und Querelen, sondern auch wegen der Willkür der Stadtoberen. Das machte sich in der Behandlung Anna Andrejewnas und der ihr nahestehenden jungen Dichter bemerkbar, etwa Jossif Brodskys, das machte sich in verlegerischen Fragen bemerkbar, auch bei der Veröffentlichung ihrer Gedichte in der Presse, vor allem aber in der Wohnungsfrage. Eigentlich hat sie bis zuletzt keine passende Wohnung bekommen... Ich hatte den Eindruck, daß ihre häufigen Besuche in Moskau etwas mit der drükkenden Luft in Leningrad zu tun hatten» *(W. Iwanow)*.

Tatsächlich fand in jedem Winter der fünfziger und sechziger Jahre ein Wanderzug Achmatowas durch die Wohnungen ihrer Moskauer Freunde statt. Damals wurde Moskau, neben Leningrad, zu «ihrer» Stadt.

Für den Maiglöckchenmai
In meinem hundertkupligen Moskau
Gäb ich der Sterne Scharen
Glorie und Glanz.

Meist und offenbar besonders gern wohnte Anna Andrejewna in der Wohnung des Satirikers Viktor Ardow, im winzigen Zimmer des ältesten Sohnes von Ardows Frau Nina Olschewskaja, der bereits ausgezogen war. (Als Zeichen ihrer Dankbarkeit kaufte sie ihm ein Auto.) Nina Olschewskaja übernahm die Fürsorge für Achmatowa – pflegte sie, wenn sie krank war, achtete auf ihre Diät, erneuerte manchmal gewaltsam ihre Garderobe.

Wenn der Aufenthalt bei Ardows aus irgendeinem Grunde nicht möglich war, schlüpfte Achmatowa bei anderen Moskauer Freunden unter. «In praktischen Dingen war sie völlig hilflos. Alle wußten, daß Anna Andrejewna sich vor der Technik fürchtete und nicht in der Lage war, einen Plattenspieler anzustellen, eine Platte aufzulegen oder in der Küche das Gas anzumachen» *(S. Gitowitsch)*.

Dabei ist sie, nach den Erinnerungen aller, niemandem je zur Last gefallen. Anspruchslos, wie sie war, galt sie überall nicht als Gast, sondern als Familienmitglied. «Abhängig von ihrer Umgebung, ständig darauf angewiesen, diese in Anspruch zu nehmen... wußte sie ganz genau, wen sie bitten konnte und wen nicht. Sie hatte die Gabe, weder sich selbst noch andere in eine peinliche Lage zu bringen» *(Natalia Iljina)*.

Wahrscheinlich ist dies ihrem Taktgefühl zuzuschreiben, vielleicht aber auch der unverbrauchten mütterlichen Wärme, die sie gern verschenkte. «Mir gegenüber gab sich Anna Andrejewna immer ganz einfach, sie war ausgeglichen und freundschaftlich. Ich habe sie sogar als liebevolle ‹gütige Großmutter› in Erinnerung, wenn es auch nicht auf alle Tage zutrifft. Eine kleine Episode mag dies illustrieren: das morgendliche Kaffee- und Teetrinken an unserm großen Eßtisch. Ich verrühre den Zucker und führe die Tasse zum Mund, ohne den Löffel vorher herauszunehmen. Mit einer schnellen und sicheren Geste nimmt Anna Andrejewna den Löffel heraus, legt ihn auf meine Untertasse und schaut mich aus lachenden Augen an: ‹Wußten Sie das noch nicht? Jetzt wissen Sie es.› Sie hat mir auch einige andere Regeln des guten Tons beigebracht – zum Beispiel auf einem Briefumschlag Vor- und Vatersnamen nicht nur mit Anfangsbuchstaben anzudeuten, sondern sie voll auszuschreiben (selbstverständlich vor dem Familiennamen), den Schnittkäse nicht aufzuschneiden, bevor er auf den Tisch kommt, ein frisch gebügeltes Taschentuch auseinanderzufalten, bevor man es in die Handtasche steckt...» *(Nika Glen)*

Mit der gleichen Selbstverständlichkeit und en passant, manchmal scherzend, manchmal nachdrücklich, unterwies sie die Jungen der Familie Ardow. Sie brachte ihnen vieles bei: beim Essen nicht die Ellbogen auf den Tisch zu stützen, den richtigen Gebrauch des Russischen, Anstandsregeln, den Blick für «ihr» Petersburg. Diese Familie schien ihre Familie zu sein. Aber wieviel Sehnsucht schwingt in ihren Worten mit: «Ira und Anja sind die einzigen Menschen auf Erden, die mich duzen. Ich freue mich darüber wie ein Kind.» Eine eigene Familie, ein eigenes Heim besaß sie nicht.

> Niemand auf der Welt kann verwahrloster
> Und wohl heimatloser sein.

Es ging ihr dabei weniger um ihren desorganisierten Alltag als darum, daß es keinen Platz auf Erden gab, wo jener einzige Mensch auf sie gewartet hätte, von dem sie das «Du» zu hören wünschte – ihr Sohn.

Vielleicht sollte dieses letzte Kapitel mit jenem Tag beginnen, den Achmatowa bis zu ihrem Tod für einen Festtag hielt – mit dem 5. März 1953. An diesem Tag starb Stalin. Nein, dieser Tag hat ihr den Sohn nicht wiedergeschenkt, aber damit setzte im ganzen Land und in ihrem eigenen Leben ein zwar langsamer, aber unaufhaltsamer Dekorationswechsel ein. Mit diesem Tag begann die Hoffnung. Sie wuchs sehr langsam, bald stockend, bald wieder aufflackernd.

«Anna Andrejewna ist jetzt besorgt wegen der Reise von Emma Grigorjewna nach Leningrad: Emma ist dort, um Artamonow ein Schreiben über Lew abzuringen. Das Material, Briefe und Anträge wegen Ljowa würden einen ganzen Band füllen. Einen künftigen sechsten Band von Achmatowas *Gesammelten Werken*: den Supplementband. Vielleicht wird er auch Ljowas Akten enthalten, obwohl ich meine Zweifel habe, ob solche Akten überhaupt existieren – er ist der Sohn von Nikolai Stepanowitsch, das ist die ganze Akte» *(Lydia Tschukowskaja,* 18. Dezember 1955).

Die ständige Sorge Achmatowas gilt von jetzt an nicht nur den Paketen ins Lager, sondern ebensosehr den Eingaben an die verschiedensten offiziellen Stellen und einflußreichen Personen, die eine Revision von Ljowas Urteil erreichen könnten.

Nach und nach tauchten in Moskau, in Leningrad überall Menschen auf, die der Tod des «Vaters aller Völker» aus Lagern und Verbannung befreit hatte. Ende September 1955 notiert Tschukowskaja: «Ich war bei Anna Andrejewna. Sie erzählte, daß sie jetzt Tscharenz übersetze. Sie war sehr nervös. Konferierte in meiner Gegenwart mit Emma Grigorjewna wegen Ljowa. Direkt von ihr begab sich Emma Grigorjewna wegen einer Bescheinigung zur Staatsanwaltschaft. Die Hoffnung wächst. Anna Andrejewnas Augen haben einen neuen Ausdruck – den einer bis zum physischen Schmerz gesteigerten Unruhe. Alles erinnert an den August 1939, obwohl es damals der Vorabend der Trennung war und heute möglicherweise der Vorabend des Wiedersehens.» Aber auch das Jahr 1955 brachte Lew Gumiljow nicht die Freiheit. Die qualvolle Erwartung erlebte Achmatowa nicht nur als persönliches Los, nicht nur als Schicksal ihres eigenen Sohnes. Lydia Tschukowskaja erzählte ihr 1955, daß sie auf ihre Anfrage nach dem Schicksal ihres im Lager verschollenen Mannes die Zusage erhalten habe, in circa sechs Wochen seine Aktennummer mitgeteilt zu bekommen. «‹Nach sechs Wochen die Nummer mitzuteilen!› wiederholte Anna Andrejewna. ‹Begreifen Sie denn überhaupt, was das bedeutet? Wie viele Nummern gibt es also dort? Wie viele Karteikarten? Akten? Millionen! Dutzende von Millionen! Wollte man sie aufeinanderschichten, dann würden sie von der Erde bis zum Mond reichen!›» *(Lydia Tschukowskaja)*

Bis März 1956 glaubte sie, daß das qualvolle Warten niemals enden würde.

«Wieder kommt Ljowas Sache nicht vom Fleck. Außerdem beschäftigt sie leidenschaftlich das, was uns alle beschäftigt: der Parteitag, die Gerüchte über Stalin. Sollte man Stalin entlarven, dann würde das bedeuten, daß Millionen von Menschen nach Hause zurückkehren könnten und daß man die Wahrheit über die ‹Gemarterten und Getöteten› aussprechen würde» *(Lydia Tschukowskaja).*

Das entscheidende Wort in dieser Tagebucheintragung ist das Wort «Parteitag». Der XX. Parteitag fand im März 1956 statt. In Chruschtschows Rede vernahmen die Menschen «jene langerwarteten Worte, die das Blutbild verändern» *(Lydia Tschukowskaja).* Endlich war die Zeit angebrochen, in der man über das Erlebte im Imperfekt sprach.

«‹Das, was wir erlebt haben›, sagte Anna Andrejewna, gegen das Kissen gelehnt, ‹ja, ja, wir alle, weil jedem von uns die Folter drohte, ist noch nie in der Literatur ausgedrückt worden. Die Dramen von Shakespeare, all diese expressiven Schurkereien, Leidenschaften, Duelle sind Bagatellen, Kinderspiele im Vergleich zu dem Leben eines jeden von uns. Und darüber, was die Hingerichteten, die Lagerinsassen erlebt haben, wage ich überhaupt nicht zu sprechen. Das läßt sich mit Worten nicht ausdrücken. Aber auch unser verschontes Leben ist ein ins Tausendfache gesteigertes Shakespeare-Drama. Stumme Trennungen, stumme, schwarze, bluttriefende Nachrichten in jeder Familie, Mütter und Ehefrauen in unsichtbaren Trauergewändern. Und nun kehren die Geschundenen zurück, und zwei verschiedene Lager werden sich gegenüberstehen: das Rußland, das die Menschen einsperrte, und das Rußland, das eingesperrt wurde. Jetzt beginnt eine neue Epoche, und wir dürfen sie erleben›» *(Lydia Tschukowskaja).*

Anderthalb Monate später, am 15. April 1956, kehrte Ljowa zurück.

«Anna Andrejewna kam hier am 14. an. Am 15., ohne den Aufenthaltsort seiner Mutter zu kennen, stand der entlassene Ljowa, der auf dem Weg nach Leningrad war, bei den Ardows vor der Tür.

Wie freuten wir uns, sie so zu sehen, das verjüngte, entspannte Gesicht, und die verjüngte Stimme zu hören. Wir traten in das kleine Zimmer. Die Luft war blau von Zigarrettenrauch. ‹Wie Ljowa gequalmt hat!› sagte Anna Andrejewna und trieb mit der Hand die Rauchschwaden zur Seite. Sie sagte das in einem so vertraulichen, reizend nörgelnden mütterlichen Ton, daß ich ganz glücklich war» *(Lydia Tschukowskaja)*.

Drei Monate später traf das offizielle Schreiben der Generalstaatsanwaltschaft ein:

12/Nr. 500 43–49
Moskau–Zentrum, Kirowstraße 41                    30. Juli 1956

Hiermit wird mitgeteilt, daß die Sache, in der Gumiljow, Lew Nikolajewitsch, 1950 verurteilt wurde, überprüft worden ist. Es wurde festgestellt, daß für eine Verurteilung von Gumiljow, L. N., keinerlei rechtskräftige Voraussetzungen vorliegen. Entsprechend dem Revisionsantrag des Generalstaatsanwalts der UdSSR setzte das Militärkollegium des Obersten Gerichts der UdSSR am 2. Juni 1956 den Beschluß der Sonderkommission beim MGB der UdSSR vom 13. September 1950, betreffend Gumiljow, Lew Nikolajewitsch, außer Kraft und schloß in Ermangelung eines im Sinne des Gesetzes strafbaren Tatbestands das Verfahren ab.

Der Staatsanwalt beim Militärkollegium
Abteilung GWG
Oberstleutnant Kuraskua

Das hätte das Happy-End einer zwanzigjährigen Leidensperiode sein können. Doch Achmatowas Generation war es beschieden, jene letzten Fragen zu stellen, die die Grenze zwischen der Realität und den Romanen von Dostojewski und Tolstoi verwischen: «Kann Blut vergossenes Blut abwaschen? Man muß der Herrgott persönlich sein, um diese Frage zu beantworten.» Achmatowas Bemerkung, daß sich zwei verschiedene Lager gegenüberstehen würden (Rußland, das einsperrte, und Rußland, das eingesperrt wurde), erwies sich als prophetisch. Am 15. Mai 1956 trägt Tschukowskaja in ihr Tagebuch ein: «Ljowa ist zurückgekommen. Fadejew hat sich erschossen. Anfang und Ende. Kulmination einer Epoche. Für den einen – Anfang eines neuen Lebens, für den anderen – selbstgesetztes Ende als Sühne für das vergangene.» Der Erste Sekretär des Schriftstellerverbandes, Alexander Fadejew, hatte am 2. März einen letzten Brief zugunsten Lew Gumiljows geschrieben. Vielleicht wollte er mit diesem Brief seine Mitschuld an dem Schicksal verbannter und erschossener Schriftsteller sühnen.* Er wußte, daß er dem Blick der Zurückkehrenden, von dem Achmatowa sprach, nicht würde standhalten können.

Obwohl Achmatowa mit größter Intensität die Tragödie der Sühne nachempfand, erkannte sie nicht weniger scharfsinnig, daß diese auch zur Farce werden konnte. Sie war weder bereit, früheres Versagen noch billigen Opportunismus zu verzeihen. «Ein wahrhaft eiserner Charakter. In längst verflossenen Zeiten hatte ein gewisser Kritiker, nennen wir ihn Iwan Iwanowitsch, einen Artikel verfaßt, in dem er Achmatowa antisowjetischer Haltung bezichtigte. Später, lange nach der Veröffentlichung des Artikels, hatte der Kritiker ‹alles eingesehen› und ließ Anna Andrejewna ausrichten, daß er, falls sie ihm nicht verzeihe, sich das Leben nehmen würde. Darauf Achmatowa: ‹Richten Sie Iwan Iwanowitsch aus, das sei seine Angelegenheit.› Die Geschichte ging glimpflich aus. Der Kritiker blieb am Leben» *(I. Iwanowski)*.

Doch ungeachtet dessen, daß viele Menschen bereit waren, das Geschehene ruhen zu lassen, konnte es aus dem Alltag nicht ausgeklammert werden.

«Ich versuchte, Anna Andrejewna die mich quälende Frage zu stellen: ‹Wie kommt es, daß alle Freuden für mich mit Gift durchtränkt sind? Ehrenwort – der Grund ist nicht, daß andere zurück-

---

* Für die Verhaftungen war das Einverständnis des Vorsitzenden des Schriftstellerverbandes erforderlich. Fadejew unterzeichnete in dieser Funktion zahlreiche Haftbefehle.

kehren, Mitja aber nicht.›* ‹Wie es kommt?› Anna Andrejewna sah mich ernst an: Wird sie es wohl begreifen? ‹Das kommt daher, daß Sie unbewußt, ohne es selbst auch nur zu ahnen, diese Jahre gleichsam verschwinden lassen wollen. Aber diese Jahre waren eine Realität. Sie lassen sich nicht wegwischen. Die Zeit bleibt nicht stehen. Sie ist in ewiger Bewegung. Man kann die Häftlinge zu ihren Familien zurückkehren lassen, aber man kann weder Sie noch diese Männer an jenen Tag zurückversetzen, an dem Sie getrennt worden sind: Dieser Tag war für Sie und für die Männer entsetzlich, aber es war ein Tag Ihres Lebens, und Sie wünschen sich, daß nicht nur die Menschen, sondern auch jener Tag wiederkommt und daß das gewaltsam unterbrochene Leben genau dort weitergeht, wo es einmal jäh unterbrochen wurde. Daß es dort wieder zusammenwächst, wo ein Axthieb es spaltete. Aber das ist unmöglich. Es fehlt der entsprechende Klebstoff. Die Kategorie der Zeit ist überhaupt wesentlich komplizierter als die des Raums. Eine Gerechtigkeit, die mit einer Verspätung von siebzehn Jahren triumphiert, ist nicht mehr jene Gerechtigkeit, nach der Ihr Herz damals dürstete. Und auch das Herz ist nicht mehr dasselbe...» *(Lydia Tschukowskaja)*

Auch in Achmatowas Leben hat sich der Klebstoff nicht gefunden, der sie und ihren Sohn wieder verbinden konnte. «Auf meine Fragen nach Ljowa, nach seinen neuen Lebensumständen, antwortete sie irgendwie einsilbig und flüchtig – die beiden wachsen offensichtlich nicht zusammen» *(Lydia Tschukowskaja).*

Das Entsetzen der Stalin-Zeit lastete auf allen gleichermaßen, aber die aus den Gefängnissen und Lagern Entlassenen kehrten mit einer besonderen Bürde an Schmerz und Unglück zurück. «Ljowa glaubt tatsächlich, er habe so lange im Lager bleiben müssen, weil Anna Andrejewna gleichgültig und tatenlos gewesen sei. Ich bin Zeugin ihres langjährigen Kampfes um den Sohn. Mehr Aufwand, das heißt Briefe, Anträge, Fürsprache von einflußreichen Persön-

---

* Matwej Bronstein (ein Verwandter Trotzkis), der Ehemann von Lydia Tschukowskaja, war im Jahre 1937 erschossen worden.

lichkeiten kann man sich nicht vorstellen. Ihr ganzes persönliches Leben war durch Ljowas Haft bestimmt; sie scheute keine Mittel, keine Selbsterniedrigung, wie etwa die Gedichte zu Ehren Stalins oder ihre Antwort an die englischen Studenten. Sie verzichtete auf eine für sie unendlich wertvolle Begegnung aus Angst, es könnte ihm schaden, und sie übersetzte Hunderte von Versen, die ihre eigenen Gedichte aufzehrten, nur, um die Pakete an ihn bezahlen zu können.

Ljowa aber kehrt zurück und macht ihr Vorwürfe!... Doch dann fiel mir ein, daß nicht nur das Lager seine verheerenden Wirkungen auf ihn ausgeübt hatte, sondern auch seine Kindheit und seine Jugend... Und vielleicht kompensierte er nun dieses alte Gefühl der eigenen Zweitrangigkeit» *(Lydia Tschukowskaja)*.

Achmatowa und ihr Sohn waren nicht nur außerstande zusammenzuleben (ein Familienleben kam wieder nicht zustande) – sie haben sich in ihren letzten Lebensjahren nicht einmal mehr gesehen. Das Lager wirkte auch dann noch in seiner Grausamkeit nach, als es faktisch bereits der Vergangenheit angehörte. Bewußt oder unbewußt ist es heute noch ein großes Unglück für Lew Nikolajewitsch Gumiljow. 1989 äußerte er sich darüber folgendermaßen: «In Wirklichkeit hat sie nie ein Gesuch um meine Freilassung eingereicht, folglich konnte von irgendwelchen realen Bemühungen nicht die Rede sein. Nachdem ich aus Omsk zurückgekommen war, fragte ich sie, warum sie denn kein Gesuch eingereicht habe? Die Antwort auf meine Frage blieb sie mir schuldig, obwohl sie doch 1910 an der Universität in Kiew Jura studiert hatte. Mama hatte nicht gelernt, daß jedes Verfahren mit dem Einreichen eines Antrags, früher hieß es einer Bittschrift eingeleitet werden muß. Sie glaubte vielmehr, daß alle ihr entgegenkommen müßten, wenn sie leidet. Aber das ist unmöglich, schon aufgrund des üblichen bürokratischen Systems, das bei uns und auf der ganzen Welt existiert und das durchaus seine Berechtigung hat. Auf diese Frage (‹In welcher Form äußerten sich deine Bemühungen?›) reagierte meine Mutter völlig verständnislos.

Wie auch immer, die Häftlinge kehrten aus den Lagern und Gefängnissen ins Leben zurück. Und das war die Hauptsache. Viele erinnern sich, daß Achmatowa, «wenn die Rede auf die Ereignisse nach der Rückkehr der Rehabilitierten und nach dem XX. Parteitag kam, zu bemerken pflegte: ‹Ich bin in der Chruschtschow-Partei›» (W. Iwanow).

Die fünfziger Jahre sind für Achmatowa durch eine weitere Rückkehr gekennzeichnet – ihre eigenen Gedichte, die sie in den dreißiger und vierziger Jahren verbrannt oder aufzuschreiben sich gefürchtet hatte, kehrten ins Leben zurück. Sie klaubte sie Zeile um Zeile aus dem Gedächtnis zusammen oder buchstäblich Wort für Wort aus der Erinnerung jener Menschen, deren Gedächtnis sie ihre Gedichte in jenen schrecklichen Jahren anvertraut hatte.

«Unter Wehklagen, daß sie die ersten vier Zeilen hoffnungslos vergessen habe, verlangte sie von mir, daß ich mich auf sie besinnen soll. Ich mache ihr klar: ‹Dieses Gedicht haben Sie mir soeben zum ersten Mal vorgesprochen.› Aber sie wiederholt beharrlich: ‹Aber versuchen Sie es doch... Ich bitte Sie, bitte, erinnern Sie sich doch... Ich bitte Sie sehr! Hier fehlen nur vier Zeilen... Das ist für Sie doch eine Kleinigkeit! Sie sind meine letzte Hoffnung!›»

So eine der zahlreichen gleichlautenden Eintragungen im Tagebuch von Lydia Tschukowskaja. Ebenso wie in der zweiten Hälfte der dreißiger Jahre hält sie in den fünfziger Jahren jede Begegnung mit Achmatowa fest und besucht sie beinahe täglich. Die Geschichte der Wiedergewinnung des Gedichts *Der Keller der Erinnerung* von 1940 zieht sich anderthalb Jahre lang wie ein roter Faden durch das Tagebuch – von Juni 1953 bis Januar 1955:

«...plötzlich begriff ich, daß sie ihre eigene Zeile für eine Bitte von mir hielt.

‹Aber ich weiß, ich gehe dorthin, zum Feind› – zitierte ich eine weitere Zeile.

Da erkannte sie plötzlich den Zusammenhang, und ihr Gesicht leuchtete auf. ‹Aber ich weiß, ich gehe dorthin, zum Feind›, sprach sie skandierend und lauschte. Ich rezitierte:

Ich bitte wie um Gnade. Aber dort
Ist Dunkel und Stille. Mein Fest ist aus.
Vor dreißig Jahren schon hat man die Damen nach Hause
    geleitet.
An Altersschwäche ist längst der Spaßmacher verschieden.
Ich komm zu spät. Was für ein Pech!
Ich kann mich nirgendwo mehr zeigen.

Es stellte sich heraus, daß sie auch das *Fest* vergessen hatte. Sie
freute sich sehr, daß es aus dem Nichtsein zu ihr zurückkehrte, und
war mir rührend dankbar. Aber nun begannen die Kümmernisse:
Das war nur die Mitte, es fehlte der Anfang, und es fehlte das Ende.
Anna Andrejewna beschwor mich, auch die übrigen Strophen dem
Gedächtnis zu entreißen – ich aber hoffte auf sie. Ich fragte: Ist es
überhaupt möglich, daß das Gedicht nicht aufgeschrieben worden
ist? ‹Doch, es ist wohl aufgeschrieben worden›, antwortete sie unbestimmt.

Aus Anlaß der Auferweckung des *Kellers der Erinnerung* lebte
an jenem Abend manche Episode aus gemeinsam verlebten Leningrader Zeiten wieder auf. Und sie stellte mir jene Frage, die sich
heute alle stellen: Ob ich gehofft hätte, Stalins Tod zu überleben?
‹Nein›, antwortete ich. ‹Daran dachte ich irgendwie überhaupt
nicht. Ich lebte in dem Bewußtsein, daß er uns für ewig auferlegt
sei. Und Sie? Haben Sie gehofft, seinen Tod zu überleben?›
Sie schüttelte den Kopf.
Ich fragte sie: ‹Ob er wohl selbst an seinen Tod gedacht hat?›
‹Nein›, antwortete sie. ‹Sicherlich nicht. Der Tod – das war
etwas für die anderen, er selbst war der Herr über den Tod.›

30. Oktober 1953
Nach einigem Schweigen bat sie mich, das Fragment aus dem *Keller der Erinnerung* noch einmal vorzusprechen. Es stellte sich zu
meinem Kummer heraus, daß ihr nichts dazu eingefallen war, weder zu dem Anfang noch zu dem Ende. Dieses Mal rezitierte ich
nicht nur die Zeilen, die mir eingefallen waren, sondern schrieb sie
auch auf: Vielleicht würde das Papier ihr einen Anstoß geben –

aber während ich den Mittelteil aufschrieb, fiel mir plötzlich die letzte Zeile des Gedichts wieder ein:
    Aber wo ist mein Haus? Und wo ist mein Verstand?
Anna Andrejewna nahm den Zettel zur Hand, sah zuerst ihn, dann mich an und sprach:

    Der Kater miaute. Laß uns nach Hause gehen!
    Aber wo ist mein Haus? Und wo ist mein Verstand?

So stellten sich zwei weitere Zeilen ein, aber danach kamen wir nicht einen Schritt voran.

4. November 1953

Anna Andrejewna verzog vor Schmerz das Gesicht, setzte sich hin, befahl mir, Feder und Papier zu nehmen, und wir begannen von neuem, den *Keller der Erinnerung* zu rekonstruieren. Inzwischen hatte sie beinahe alles wieder im Kopf (ich weiß nicht mehr, ob erst in meiner Gegenwart oder schon früher) – ich aber kein einziges Wort. Jetzt fehlten nur noch die beiden ersten Reime.
    ...
    ...
Nun treiben sie mit mir oft Schabernack.
Steig ich mit der Laterne in meinen Keller hinab,
Hör ich das dumpfe Grollen von Mauern,
Die hinter mir über die schmale Treppe stürzen.
Meine Laterne blakt. Der Rückweg ist versperrt,
Aber ich weiß, ich gehe dorthin, zum Feind.
Ich bitte wie um Gnade. Aber dort
Ist Dunkel und Stille, mein Fest ist aus.
Vor dreißig Jahren schon hat man die Damen nach Haus
    geleitet.
An Altersschwäche ist längst der Spaßmacher verschieden...
Ich komm zu spät. Was für ein Pech!
Ich kann mich nirgendwo mehr zeigen.
Doch ich berühre die Bilder an der Wand
Und wärme mich am Kamin. Was für ein Wunder!

Inmitten von all dem Schimmel, Ruß und Moder
Das grüne Funkeln von Smaragden.
Der Kater miaute. Laß uns nach Hause gehen!
Aber wo ist mein Haus? Und wo ist mein Verstand?

Ich erinnerte Anna Andrejewna, wie wir einmal in Taschkent zusammen das Ehepaar Tolstoi besuchten; nach dem Abendbrot bat Alexej Nikolajewitsch Achmatowa, etwas vorzutragen; sie weigerte sich, wußte nicht recht, was sie auswählen sollte, und fragte mich schließlich mißmutig: ‹Was meinen Sie, Lydia Kornejewna, was soll ich sprechen?› Ich riet zum *Keller der Erinnerung*. Sie trug es vor. Plötzlich fiel Tolstoi über mich her: ‹Warum bringen Sie sie auf solche Gedanken? Es hat doch gar keinen Zweck, immer wieder darauf zurückzukommen!›...

‹Sehen Sie, Sie erinnern sich an jeden Unsinn, aber die ersten beiden Zeilen – die haben Sie vergessen›, sagte Anna Andrejewna mit kläglicher Stimme.

20. Januar 1954
Wieder bei Anna Andrejewna. Sie rekonstruiert und schreibt alte Gedichte auf. Wunderbar! *Der Keller der Erinnerung* steht bereits auf dem Papier. Sie nahm das Manuskript aus dem Köfferchen und zeigte es mir. Aber die ersten beiden Reime fehlten immer noch.

‹Wie verhext!› klagte Anna Andrejewna. ‹Es wäre überhaupt keine Affäre, neue zu erfinden, aber das will ich nicht.›

21. Januar 1955
Plötzlich, mitten im Gespräch, öffnete sie mit einer raschen Bewegung das Köfferchen, entnahm ihm ein Blatt Papier und legte es vor mich auf den Tisch. Ich las:

Aber es ist der bare Unsinn, daß ich in Trauer lebe
Und daß Erinnerungen an mir nagen...

‹Erkennen Sie es?› fragte Anna Andrejewna und sah mich durchdringend an. Ich erkannte die ersten Zeilen aus dem *Keller der Erinnerung*.

Jetzt war *Der Keller* vollständig wiederhergestellt…» *(Lydia Tschukowskaja)*

Die Manuskripte Achmatowas aus den fünfziger Jahren sind voller Leerzeilen, Pünktchen und Fragezeichen. Das sind nicht die üblichen Entwürfe, an denen man den Entstehungsprozeß der Gedichte ablesen kann, sondern Stationen ihrer qualvollen Wiedergeburt. Ungeachtet dessen, daß die «Muse taub wurde, blind und ein Samenkorn, das in der Erde sein Leben ließ», erwies sich das Wort stärker als das Vergessen.

Es rostet Gold, und es verwest der Stahl,
Der Marmor bröckelt, alles ist bereit zu sterben.
Die Trauer ist Das dauerhafteste auf Erden,
Am längsten währt das königliche Wort.

Aber auch nachdem Achmatowa sich entschlossen hatte, ihre Gedichte endlich aufzuschreiben, konnte sie sich bis zu ihrem Tode nicht von der Angst befreien, observiert zu werden, von einer Angst, die sie einst gezwungen hatte, ihre Gedichte im *Keller der Erinnerung* zu verstecken.

«Ich fragte sie, ob ihre Gedichte endlich zusammengetragen seien und zu Hause wären. Sind alle aufgeschrieben?

Was nun folgte, war kein Monolog, sondern eine Explosion.

‹Ob ich meine Gedichte aufschreibe? Und das fragen Sie? Sie?!› Sie trat an den Schemel, auf dem ihr Köfferchen stand, und warf wütend Manuskripte, Bücher, Hefte, Mappen und Notizblöcke auf die Couch. ‹Wie soll ich sie aufschreiben? Wie kann ich meine Gedichte sammeln? Mit einem Rasiermesser haben sie die Einbände von den Heften und den Büchern aufgeschlitzt! Hier, sehen Sie doch! Sie reißen an den Mappen die Bänder ab! Inzwischen bin ich in der Lage, eine ganze Sammlung abgerissener Bänder und aufgeschlitzter Buchrücken zu bieten. Das ist hier nicht anders als in Leningrad!!›» *(Lydia Tschukowskaja)*

Manche Leute glaubten, Achmatowas Angst sei grundlos. Selbst wenn dies tatsächlich so gewesen wäre – man muß bedenken, daß diese Angst ganzen Generationen im Blute lag und kaum überwindbar war. Bis auf den heutigen Tag ist es nicht gelungen, Achmatowas Mißtrauen stichhaltig zu widerlegen. Auf eine diesbezügliche Nachfrage des zum 100. Geburtstag der Dichterin gegründeten Anna-Achmatowa-Museums erfolgte die Auskunft des Leningrader KGB, daß eine Achmatowa-Akte nicht vorgelegen habe. Aber General Kalugin, ehedem leitend in dieser Institution, sagte in einem Zeitungsinterview, daß er die Akte selbst gesehen habe und daß sie erst mit dem Tod Achmatowas archiviert worden sei.

«Ab Mitte der fünfziger Jahre bis zu Achmatowas Tod sind viele Hoffnungen, die Chruschtschows Rede geweckt hatte, bloße Hoffnungen geblieben. Anna Andrejewna sagte dazu: ‹Offensichtlich ist die Grenze des Erlaubten auf der neuen ideologischen Karte mit außerordentlicher Deutlichkeit gezogen. Und sie wird streng bewacht, obwohl niemand weiß, wo sie verläuft. Wenn jeder von uns seine Schlüsse aus der Chruschtschow-Rede zieht und sie durch die eigenen Überlegungen und die eigene Erfahrung ergänzt – dann ist das Unglück da›» *(Lydia Tschukowskaja).*

Der Auftritt von Olga Berggolz bei einem Schriftstellertreffen war das beste Beispiel dafür. Sie kritisierte die Rede Schdanows und die Beschlüsse über Achmatowa und Soschtschenko. «Stürmischer Beifall im Saal, aber kurz darauf wurde Olga Fjodorowna auf allen Parteiversammlungen in Leningrad und in Moskau selbst kritisch durchleuchtet. Der Beschluß von 1946 blieb, wie sich herausstellte, in Kraft» *(Lydia Tschukowskaja).*

Dennoch rückte die «Grenze des Erlaubten», wenn auch langsam, so doch unaufhaltsam vor. Zunächst hinsichtlich Übersetzungen. Bereits Anfang der fünfziger Jahre kamen die ersten Verlagsangebote. Achmatowa verdiente ihr Brot mit Übersetzungen. Die Übersetzungen waren für sie absolute Notwendigkeit, eine «schreckliche Arbeit, die auszehrt, austrocknet und die eigenen Gedichte verscheucht», wie sie einmal sagte. Aber auch diese lästige «Arbeit» war für sie eine dichterische Herausforderung. Nika Glen erinnert sich an die Worte Achmatowas anläßlich ihrer Hugo-Übersetzung:

«Man hört überall: Achmatowa und Hugo – das ist unvereinbar. Dabei muß man gerade unähnliche Dichter übersetzen, dann
kommt etwas Rechtes dabei heraus. Die Hagerup zum Beispiel ist
mir ähnlich, und wenn ich die Hagerup übersetze, so ist das eine
Art Selbstverdauung, widerlich!»

Der Traum, den Anna Achmatowa eines Tages Michail Ardow
erzählte, verdeutlicht, daß das Übersetzen für sie zum Alpdruck
geworden war, aber gleichzeitig kann er auch als Symbol für die
künstlerischen Aspekte des Übersetzens verstanden werden. «Ich
träumte, ich müßte ein langes Hugo-Gedicht übersetzen. Es war
sehr schwierig. Dieses Gedicht hatte er aber gar nicht geschrieben,
so mußte ich es zuerst französisch verfassen.»

Kein Forscher könnte mit Sicherheit behaupten, inwieweit das
Übersetzen für Achmatowa ein schöpferischer Prozeß oder bloßes
Handwerk war. Ihr eigenes Urteil klingt eindeutig: «...Ich bitte
darum, die Übersetzungen niemals, auch nicht nach meinem
Tode, zu vervielfältigen und sie unter keinen Umständen in meine
Bücher aufzunehmen.»

Der erste Band der drei in den fünfziger und sechziger Jahren
erschienenen Ausgaben bestand dennoch zur Hälfte aus Übersetzungen. Die Geschichte des Zustandekommens des Bandes *Ausgewählte Gedichte*, der 1958 erschien, umfaßt fünf Jahre. Erste Hoff-
nungen, die ihn ankündigten, leuchteten gleich nach Stalins Tod
1953 ganz kurz am Horizont auf. Am 17. Dezember schreibt Lydia
Tschukowskaja in ihr Tagebuch: «Großartige Neuigkeiten: Die
einbändige Ausgabe in Sicht! Und zwar sehr bald! Und die Lyrik ist
nicht nur von 1946 ab, sondern auch von früher zugelassen! In
ihrer eigenen Zusammenstellung! Und der Verlag trägt sie auf
Händen – sie schickten einen Wagen, um sie abzuholen! Und Surkow hat den geplanten Band offiziell angekündigt, vor einer großen
Versammlung; es sieht ganz so aus, als sei es ernst gemeint.»

Die Frage nach der Entstehungszeit der in den Band aufgenom-
menen Gedichte hatte tatsächlich prinzipielle Bedeutung. Die
Herausgeber versuchten zu beweisen, daß Achmatowa den Parteibeschluß ernst genommen und sich dem «sozialen Auftrag» gestellt

288

habe, was durch ihr Gedicht *Preislied auf den Frieden* bestätigt wird. Doch es dauerte fünf Jahre, bis der Leser diese Gedichte in dem neuen Sammelband lesen konnte. Wie unangenehm dies für Achmatowa war, erkennt man an dem Zorn, der sie bei der Vorbereitung des nächsten Sammelbandes 1960 übermannte.

«Eines Tages erschien Maria Sergejewna Petrowych mit einer Liste von Gedichten, die Kosmin für den Band ausgewählt hatte. Anna Andrejewna warf einen flüchtigen Blick darauf, faltete das Blatt dann zusammen, zog mit dem Nagel den Knick nach, riß es entzwei und begann, in einer Art kalter Wut das Papier in Stücke zu reißen. ‹Nein, das wird es nicht geben. Das lasse ich nicht zu.› Und riß dabei das Papier in immer kleinere Fetzen» *(Lydia Tschukowskaja)*.

1953 ging es nur um die genehmigten Gedichte nach 1946 und eine Auswahl früher Liebeslyrik, aber auch so war das Buch damals nicht zu retten.

1954. Achmatowa bemerkte gegenüber Tschukowskaja:

«Das einzig Positive, das mir in diesem Jahr widerfahren ist, besteht darin, daß mein Buch nicht erschienen ist. Sie und etwa zehn Leser, die alles, was ich geschrieben habe, kennen, hätten auch dieses Buch geliebt und alle leeren Stellen aus dem Gedächtnis ergänzt. Aber die anderen, die zum ersten Mal... grenzenlose Enttäuschung, grenzenlos... Und sie hätten recht gehabt: ‹Es gibt so viel Unglück, so viel ist geschehen, und die sitzt immer noch in ihrem Sumpf und sinniert über ihr Liebesleben und ihre langen Zöpfe.›

Ende 1955 lebten die Gerüchte über die Ausgabe wieder auf. ‹Und Sie glauben daran!› fragte sie mich. ‹Es ist alles möglich›, antwortete ich. ‹Nein, es ist nicht alles möglich, jedenfalls nicht mit mir›» *(Lydia Tschukowskaja)*.

Indessen tauchte Achmatowas Name im Sommer 1956 immer wieder in der *Literaturnaja gaseta* auf, in einem wohlwollenden oder doch neutralen Ton, obwohl der «Beschluß» nicht außer Kraft gesetzt worden war. Der Gedichteband war offiziell in den Plan des Verlags *Sowjetski pissatel* aufgenommen worden. Auf die

Auswahl für diesen Band hatte Achmatowa keinen Einfluß. Alexej Surkow, ein Dichter, der zum einflußreichen Literaturfunktionär avanciert war, aber Achmatowas Lyrik liebte und kannte, versuchte um den Preis von Kompromiß und Entgegenkommen gegenüber der Zensur, einen Achmatowa-Band zu veröffentlichen und ihren Namen in die Welt der Literatur zurückzuführen. Er war es, der den Sammelband zusammengestellt hatte. Achmatowa selbst durfte sich darüber «Gedanken machen» und den Band lektorieren. Aber auch das nur mit äußerster Vorsicht. Auch sie mußte bei dem Buch und den gelegentlich in verschiedenen Zeitschriften publizierten Gedichten stets den Gesichtspunkt der Unverfänglichkeit im Auge behalten – ob die Zensur dazu wohl etwas zu sagen hätte oder nicht. «Das Unvorstellbare entzieht sich unserer Einbildungskraft wie auch unserer Vernunft – und sogar der Vernunft und der Einbildungskraft einer Anna Achmatowa. Die Auswahl stand unter dem Motto: ‹Die Grenze wird streng bewacht, obwohl niemand weiß, wo sie verläuft›» *(Lydia Tschukowskaja)*.

Das Warten auf ein Gespräch mit Surkow wurde für Achmatowa mehr und mehr zu einem «Alptraum, einem Spuk, obwohl allgemein bekannt ist, daß in der Verlagsvorschau das Buch Achmatowas einen festen Platz hat. Vielleicht wollen sie das Buch ohne Mitwirkung der Autorin erscheinen lassen? Auch das ist möglich. Es ist alles möglich. Anna Andrejewna glaubt, daß es eine trügerische Hoffnung war und daß jetzt alles wieder zu Ende ist. ‹Und das ist gut, sehr gut›, sagt sie» *(Lydia Tschukowskaja)*.

Das Buch, das 1958 endlich erschienen war, brachte keine Entspannung. Bevor Achmatowa es an ihre Freunde verschenkte, überklebte sie die ihr verhaßten Gedichte und klebte statt dessen andere ein. Solche Klebekorrekturen sind charakteristisch für alle Bücher, die durch ihre Hände gegangen waren, nicht nur für die Exemplare dieser, sondern auch die aller anderen Ausgaben. Aber natürlich änderten sie nichts an der Sache, denn der normale Leser hatte nur das vor Augen, was der Band enthielt. Anna Andrejewna gab Surkow keine Schuld und sagte: «Offensichtlich geht es nicht anders.» Aber sie hielt diesen lang ersehnten Band, den ersten nach einer fünfzehnjährigen Pause, für «eine der schlimmsten Grausamkeiten». «Das Buch gibt nichts von mir wieder, gar nichts.»

Aber auch nach dem nächsten, 1961 erschienenen Sammelband *Gedichte 1909–1960* sollte Achmatowa sagen: «Das ist das dritte Buch, das eine falsche Vorstellung von seiner Autorin vermittelt: mein drittes schlechtes Buch. Das Taschkent-Buch ist schlecht, das ‹Rote› schlecht, und jetzt erscheint am Horizont das dritte schlechte.» Aber auch bei diesem Buch gab es die üblichen Aufregungen, würde es erscheinen oder nicht? Die üblichen Versuche zu erraten, vorauszusehen, was der Zensur standhielte und was nicht, und der übliche Widerstand der Redaktion: «Die Auswahl der Gedichte in Achmatowas Buch ist unbefriedigend», obwohl sie in diesem Sammelband sich fast ausschließlich auf bereits in der Presse veröffentlichte Gedichte beschränkte. «Das Schicksal der Bücher von Anna Achmatowa ist in höchstem Maße monoton: Eigentlich ist es immer ein und dieselbe üble Geschichte» *(Lydia Tschukowskaja)*.

Die Auswahl war im Vergleich zu dem vorhergehenden Band wesentlich erweitert worden. «Ich sagte, daß das Buch durch die neuen Gedichte, die früher in verschiedenen Zeitschriften verstreut waren und die jetzt zum ersten Mal zusammenstehen, sehr gewonnen habe. Mit den früheren zusammen üben sie eine sehr starke Wirkung aus. *Cinque, Berufsgeheimnisse, Nördliche Elegien*» *(Lydia Tschukowskaja)*.

Das stimmt. Aber das verbrannte Heft, selbst wenn die darin enthaltenen Gedichte rekonstruiert wurden, selbst wenn neue dazukamen, das verbrannte Heft war und blieb *Das verbrannte Heft* – Symbol des poetischen Schicksals Achmatowas.

*Das verbrannte Heft*

Schon ziert das Bücherbord
Die wohlgeratene Schwester,
Und über dir der Sternenwelten Splitter

Und unter dir die Glut der Feuerstelle.
Wie flehtest du, wie liebtest du das Leben,
Wie groß war deine Angst vor dem verzehrenden Feuer!
Doch plötzlich bebtest du am ganzen Leib,
Und deine Stimme fluchte mir, entschwindend.
Und plötzlich rauschten alle Kiefern
Und spiegelten sich
Im Schoß der Mondenwasser.
Und um den Scheiterhaufen tanzten schon
Die hochgeweihten Frühlingsopfer ihren Totenreigen.

*1961*

Die «wohlgeratene Schwester» war allerdings für Achmatowa durchaus nicht wohlgeraten. Sie vermißte nicht nur die ausgelassenen Gedichte, sondern ihr mißfiel das von dem unvermeidlichen Surkow verfaßte Nachwort, das demselben Ziel diente: Das Buch sollte um jeden Preis erscheinen. «Gestern hat jemand Anna Andrejewna für kurze Zeit das inzwischen von Surkow verfaßte Nachwort gebracht. Anna Andrejewna war bis dahin überzeugt, daß Surkow ‹etwas matt Wohlwollendes› schreiben würde. Und nun hat er, wie sie behauptet, eine Nacherzählung der Ausführungen des hochwohllöblichen Andrej Alexandrowitsch* geliefert» *(Lydia Tschukowskaja).*

Damit beschwor er die erniedrigende Vergangenheit, deren Tragik ohnehin in der Lyrik Achmatowas nicht zu überhören ist.

*…Soeben las ich meine Gedichte (eine ziemlich gesiebte Auswahl). Sie kamen mir unwahrscheinlich hart, nackt und wie Bettler vor, aber in ihnen ist keine Spur von Klage, Selbstmitleid und anderen unerträglichen Dingen. Doch keiner braucht sie… Sie können dem Leser nichts geben. Sie sind wie die Gedichte eines Mannes, der zwanzig Jahre hin-*

---

* A. A. Schdanow.

*ter Schloß und Riegel verbrachte. Man hat Ehrfurcht vor einem solchen*
*Schicksal, aber in ihnen lebt nichts, was einen weiterbringt. Sie trösten*
*nicht, sind aber nicht so vollkommen, daß man sich in sie verliebte, und*
*man darf ihnen, meiner Meinung nach, nicht nachfolgen. Und dann*
*diese strenge, kohlpechrabenschwarze Stimme, kein einziger Licht-*
*blick, kein Sonnenstrahl, nichts...*
(Aus: Kohle auf Teer)

Auf den ersten Blick stimmen diese Reflexionen paradoxerweise
mit dem Urteil überein, das die Partei über ihre Gedichte fällte:
«Sie können dem Leser nichts geben», «man lernt nichts daraus».
Das waren die Vorwürfe, derentwegen sie verfolgt wurde. Aber
ausgerechnet wegen dieser «Kerkerjahre», dieser «Kerkergedichte»
wurde jetzt Achmatowas Schicksal heroisch stilisiert. Heute wird
darüber oft gesprochen und die Poesie und die Politik zu einem
einzigen, undefinierbaren Ganzen vermengt. Aber das Leidvolle in
ihren Reflexionen lag gerade darin, daß sie zwischen Poesie und
Politik einen deutlichen Trennungsstrich zog. Sie wehrte sich gegen ein politisch determiniertes Schicksal. Sie wünschte sich die
Biographie ihres Werks, die Biographie eines Dichters. Sie reagierte sehr abweisend auf Komplimente wegen der Kühnheit und
des Muts des wiedererweckten *Requiems* – «es sind trotz allem Gedichte und keine Zeitdokumente». Sie suchte einen Leser für ihre
Gedichte und nicht einen Freund politischer Anspielungen. An
Anatoli Naiman schreibt sie:

*Ich bin davon überzeugt, daß das Gedicht heute überhaupt keine Le-*
*ser mehr hat. Es gibt Menschen, die sie abschreiben, und es gibt Men-*
*schen, die sie auswendig lernen. Zettel mit Gedichten trägt man unter*
*dem Hemd, Gedichte werden ins Ohr geflüstert, nicht ohne vorher*
*das Ehrenwort abzunehmen, sie im nächsten Moment für immer zu*
*vergessen. Usw. Gedruckte Gedichte verursachen schon durch ihr*
*bloßes Aussehen Gähnen und Übelkeit. Die Menschen sind mit*
*schlechten Gedichten überfüttert. Die Lyrik hat sich nach und nach*
*in ihr eigenes Gegenteil verwandelt. «Statt mit dem Wort die Herzen*

*der Menschen zu versengen»\**, *verbreiten gereimte Zeilen die elendste Langeweile.*

Zu ihrer größten Überraschung entdeckt Achmatowa, die so lange auf die Möglichkeit einer Veröffentlichung gewartet hatte, in den sechziger Jahren, daß die bloße Tatsache der Publikation in den Augen des Lesers das Gedicht mit einemmal versieht. Der Staat, der dreißig Jahre lang die Menschen gelehrt hatte, daß nur die Lüge gedruckt werden darf, zwang sie dazu, einen Ausweg zu suchen und sich auf der Suche nach der Wahrheit auf Schreibmaschine und Kohlepapier zurückzuziehen. Dies meint Achmatowa, wenn sie von «Abschreiben» und «Auswendiglernen» spricht. Nadeschda Mandelstam zum Beispiel betrachtete den Samisdat als einen Segen für das poetische Werk Mandelstams – «nun wird er wenigstens nicht sterben» – und freute sich, daß sie in der «Epoche vor Gutenberg» lebte. Die Haltung Achmatowas gegenüber dem Samisdat war nicht ganz so positiv. Obwohl sie einsah, daß jeder – selbst dieser – Weg zum Leser besser ist als das dumpfe Schweigen, fühlte sie gleichzeitig seine potentiellen Gefahren. «Verbotene Früchte sind süß», sagt ein Sprichwort. Der Reiz des Verbotenen würde ihrer Meinung nach die hohen Forderungen an das poetische Wort außer Kraft setzen und den Geschmack des Lesers verderben müssen.

Dennoch fanden auch ihre Gedichte über den Samisdat in die Welt. Siebenundzwanzig Jahre lang wurde das *Requiem* in Rußland ausschließlich in – häufig schlecht lesbaren – Abschriften verbreitet.

Doch zunächst soll von seiner zweiten Geburt die Rede sein, davon, wie Achmatowa 1962 den Mut fand, die Gedichte fast ein Vierteljahrhundert nach ihrer Entstehung auf dem Papier festzuhalten. Nika Glen, eine junge Bekannte Anna Achmatowas, in deren Gemeinschaftswohnung in der Sadowo-Karetny-Gasse sie im Winter 1962 wohnte, schreibt: «Das wichtigste Ereignis jener Mo-

---

\* Zeile aus dem Gedicht *Der Prophet* von Alexander Puschkin.

294

nate, die Anna Andrejewna bei uns verbrachte, wird für die ‹Achmatologen› wohl die Befreiung des *Requiems* aus seinem ‹Verlies› sein. Leider habe ich mir damals nichts aufgeschrieben und erinnere mich nur in ganz groben Zügen: daß Anna Andrejewna sehr erregt war und daß ich, während ich diese bedeutenden Verse mit der Maschine abschrieb, mir der Tragweite des Augenblicks bewußt war – der gesamte Text des *Requiems* wurde zum ersten Mal aus dem menschlichen Gedächtnis entlassen (nur Achmatowa und einige wenige ihrer nächsten Freunde kannten ihn auswendig) und dem Papier anvertraut.»

Dieser große Entschluß konnte erst gefaßt werden, nachdem die Angst vor der geheimen Observation überwunden war, die Achmatowa veranlaßt hatte, das Köfferchen mit den Manuskripten überallhin mitzunehmen. Sie wußte, ihre Gedichte haben ein selbständiges, von ihr unabhängiges Leben. Indem sie sie aufschrieb, entließ sie sie bewußt in die Freiheit. Über die näheren Umstände dieses Ereignisses berichtet Michail Ardow: «Ich hatte mich vor Anna Achmatowa schuldig gemacht, aber sie vergab mir noch zu ihren Lebzeiten. Diese Schuld besteht darin, daß ich zur Verbreitung des *Requiems* durch Kopien den Anstoß gegeben habe.

Anfang der sechziger Jahre hatte sich Anna Andrejewna endlich entschlossen, die Gedichte aufzuschreiben, die, nach ihren eigenen Worten ‹auf dem Grund ihrer Erinnerung lagen›. Ich hatte schon früher einige Gedichte dieses Zyklus von ihr selbst vorgetragen gehört, aber es war mir nie gelungen, auch nur ein einziges im Wortlaut zu behalten.

Nachdem Anna Andrejewna das *Requiem* niedergeschrieben hatte, verbot sie kategorisch, es abzuschreiben, erlaubte aber gelegentlich, in ihrem eigenen Exemplar in einem Nebenzimmer zu lesen. Einmal, als sie unerwarteten Besuch bekam, bat ich sie um die Gedichte und schrieb sie ab, während sie sich mit ihrem Gast unterhielt.

Mein Lehrer, Professor Sapadow, ein großer Verehrer Achmatowas, schrieb das *Requiem* von meiner Kopie ab. Wenige Tage später erschien bei Anna Andrejewna der Chefredakteur des Verlages *Sowjetski pissatel*, W. Fogelson. Als Achmatowa ihm die Gedichte zeigte, sagte er, daß er sie bereits kenne und sie bei Sapadow gesehen habe. Anna Andrejewna war sofort im Bilde, auf welche Weise das *Requiem* zu Professor Sapadow gelangt sein mußte.

Nachdem Fogelson sich verabschiedet hatte, fand zwischen uns eine Aussprache statt, eine verhältnismäßig kurze und unkomplizierte, da Anna Andrejewna inzwischen selbst dazu neigte, diese Gedichte irgendeiner Zeitschrift vorzulegen. Und so wurde das *Requiem* unmittelbar darauf an *Nowy mir* geschickt. Dort wagte man nicht, den Zyklus zu veröffentlichen, aber alle Mitarbeiter schrieben ihn für den eigenen Gebrauch ab.

Wie zu erwarten war, erschien das *Requiem* bald darauf in mehreren Städten Westeuropas. Anna Andrejewna bekam ein Exemplar der Münchener Ausgabe zugesandt, und jedesmal, wenn sie in meiner Gegenwart diesen Band in die Hand nahm, zitierte sie Soschtschenko: ‹Minkas Werk›. In das Exemplar des *Requiems*, das sie mir schenkte, schrieb Anna Andrejewna folgende Widmung: ‹Für Michail Ardow – Gedichte, die fast ein Vierteljahrhundert auf dem Grund meiner Erinnerung lagen, damit er jenes Tages gedenke, an dem sie Allgemeingut wurden. 19. August 1964, Komarowo.›»

Michail Ardows Bericht über die Veröffentlichung des *Requiems* klingt wie eine optimistische Geschichte mit Happy-End. Das liegt wohl an seiner Jugend, die noch dazu in die damalige Periode großer politischer Hoffnungen fiel. Ganz anders klingt dieselbe Geschichte aus dem Mund eines Mannes, der etwas jünger als Achmatowa und ehemaliger Insasse eines Lagers war – des Literaturwissenschaftlers Julian Oksman. Audiatur et altera pars: 1962.

«Sonderbar war Anna Andrejewnas Wunsch, das *Requiem* ungekürzt in ihrem neuen Gedichtband zu veröffentlichen. Mit äußerster Mühe gelang es mir, sie davon zu überzeugen, daß diese Gedichte vorläufig unter keinen Umständen erscheinen dürften... Ihr Pathos läßt den Kampf gegen den Personenkult weit hinter sich, der Protest erreicht einen Gipfel, auf dem sie niemand gerne sehen würde. Ich überzeugte sie davon, die Gedichte nicht einmal den Lektoren vorzulegen. Wenn sie ihren Vorgesetzten über das *Requiem* berichteten, würden sie möglicherweise die Herausgabe des ganzen Buches gefährden. Sie widersprach mir und behauptete, daß die Novelle von Solschenizyn und die Stalin-Gedichte von Boris Sluzki das stalinistische Rußland empfindlicher träfen als ihr *Requiem*.

Wir schreiben das Jahr 1963.

In *Nowy mir* und *Snamja* wurden ihre Gedichte veröffentlicht. Obwohl sie die Auszüge aus dem *Poem* ablehnten, nahmen beide Zeitschriften ihre tragischen Gedichte aus den letzten Jahren sehr gern an. Nun wartete Anna Andrejewna auf eine Antwort aus der Redaktion der Zeitschrift *Moskwa*, wo man ihr *Poem* gerade prüfte. Ungeachtet aller meiner Argumente schickte Anna Andrejewna das *Requiem* an *Nowy mir*... Sie versicherte, daß sie es nur deshalb getan hätte, weil das *Requiem* bereits von Hand zu Hand ginge, auf diese Weise ins Ausland geriete usw. Und deshalb sei sie gezwungen zu demonstrieren, daß sie diesen Zyklus keinesfalls für illegal halte.»

Die Argumente von Oksman waren von der Angst diktiert, aber es war dieselbe Angst, die Achmatowa zum Handeln gezwungen hatte – die Umstände der Veröffentlichung von Pasternaks *Doktor Schiwago* in Italien, die zu einer bis zu seinem Tod dauernden Hetzkampagne gegen den Dichter geführt hatten, waren unvergessen. Und wer konnte schon wissen, wo die Grenze zwischen Angst, Hoffnung und dem Wunsch, diese Gedichte veröffentlicht zu sehen, verlief. Das *Requiem* war inzwischen tatsächlich im Westen erschienen, in München, 1963, «ohne Wissen und Genehmigung der Autorin». Glücklicherweise blieben Achmatowa tragische Folgen erspart. In der Sowjetunion mußte das *Requiem* weitere siebenundzwanzig Jahre auf seine Veröffentlichung warten – weder eine Zeitschrift noch der Verlag nahm es in den nächsten, letzten Sammelband auf. Diesem Zyklus widerfuhr das gleiche Schicksal wie allen Werken von Achmatowa. Die unzähligen Wiederholungen verwandelten das Drama in eine Farce.

«Bei einer Begegnung mit Prokofjew* sprach ihn Sanja (Alexander Gitowitsch, ein Dichter, Achmatowas Freund und Nachbar – J. K.) wieder einmal wegen einer neuen Achmatowa-Ausgabe an. Prokofjew hörte ihm mit gerunzelter Stirn zu und murmelte desinteressiert in den Bart: ‹Ja, ja, ja. Wie alt wird sie eigentlich? Wenn sie doch ein rundes Datum hätte, dann wäre es etwas anderes. Dann hätten wir einen Grund. Aber einfach so, ohne besonderen Anlaß, wird es nicht gehen, das Buch kommt nicht durch.›

Als Achmatowa von diesem Gespräch mit dem Chef hörte, sagte sie mit einem traurigen Lächeln: ‹Ach ja, diese Achmatowa! Dieses kokette Frauenzimmer! In Wirklichkeit ist sie hundert, aber sie will es nicht zugeben, und deshalb werden ihre Bücher nicht verlegt›» *(S. Gitowitsch).*

Aber bis zu einem «runden Datum» sollte es nicht mehr lange dauern. 1964 wurde Achmatowa fünfundsiebzig Jahre alt. Anläßlich des Geburtstages sollte in Leningrad jener Band erscheinen, den Achmatowa bereits 1962 zusammengestellt hatte. Es sollte ein wirklich neues Buch werden und nicht nur eine traditionelle Zusammenstellung aus alten Sammelbänden. Der Titel: *Der Lauf der Zeit,* mit dem Untertitel «Anna Achmatowas Siebter Gedichtband». Der neue Band sollte auch das *Requiem* enthalten. Aber dieser Plan fiel ins Wasser. Die Auswahl wurde nach denselben Prinzipien getroffen wie früher. Das *Requiem* kam nicht durch. Alles blieb beim alten. Von dem ursprünglichen Plan blieb nur der Titel.

«*Der Lauf der Zeit* war kaum ausgeliefert, als sie schon mehrere Exemplare täglich signieren mußte. In dem Band fehlte eine große Anzahl wichtiger Gedichte, die gedruckt zu sehen sie bis zuletzt gehofft hatte, und ein bitterer Beigeschmack war deutlich in ihren Dankesworten zu spüren, mit denen sie die Komplimente entgegennahm. Obwohl sie überzeugt war, daß sie eines Tages erscheinen würden, sehnte sie diesen Tag herbei, solange sie noch lebte und auch solange die Gedichte selbst noch lebten, noch ‹un-

---

* Hier ist Alexander Andrejewitsch Prokofjew, der Sekretär der Leningrader Sektion des Schriftstellerverbandes, gemeint.

gezähmt, mit Hörnern, Hufen und einem Schwanz», und nicht als eine heilige, aber vor allem eßbare Kuh, geformt aus einer Art Hackfleisch, das der Herausgeber durch den Fleischwolf seiner eigenen Zeit gedreht hat» *(Anatoli Naiman)*.

Die Bitterkeit angesichts dieses Buches war die Bitterkeit angesichts der entschwindenden Zeit.

Was Krieg, was Pest? – ihr Ende ist bereits beschlossen.
Das Urteil über sie ist fast gefällt.
Aber wer will uns vor dem Entsetzen schützen, dem einst
Der Name ‹Lauf der Zeit› gegeben ward?

*1961*

Ihre Zeit war noch nicht abgelaufen, aber der letzte Dichter ihrer Generation war gegangen. Am 3. Juli 1960 wurde Boris Leonidowitsch Pasternak zu Grabe getragen.

«Niemand sprach über seinem Grab das Wort, nach dem die Kiefern, die Menschen und die Felder dürsteten. Aber bis zum Einbruch der Dunkelheit rezitierten Studenten seine Gedichte. Das war wahrscheinlich das einzig richtige Wort. Die Menge war von Spitzeln durchsetzt.

Aber der Sarg wurde vom Haus bis zum Grabe getragen, über die Chaussee den Berg hinauf zu den drei Kiefern. Entlang der Straße, von Anfang bis zum Ende, standen an den Zäunen schweigende Menschen, Männer, die Mütze in der Hand, Frauen mit übergeworfenen Kopftüchern. Die entgegenkommenden Autos mußten anhalten, rückwärts ausweichen, dem Sarg Platz machen, aber sie wagten nicht, uns durch Hupen zur Eile anzutreiben.

Die Menge bewegte sich schweigend, feierlich, im Bewußtsein ihres Rechts» *(Lydia Tschukowskaja)*.

Wie die Tochter des geblendeten Ödipus
Führte die Muse den Seher zum Tod,
Und nur eine einzige närrische Linde

Stand in Blüte in diesem Trauer-Mai,
Genau gegenüber dem Fenster, vor dem er
Einst mir gestand, daß ein Weg
Sich schlängelt vor ihm, geflügelt und golden,
Auf dem er beschirmt ist vom Willen des Allerhöchsten.

### 11. Juni 1960, Moskau, Botkin-Krankenhaus

«Als Pasternak beerdigt werden sollte, befand sich Achmatowa im Krankenhaus. Ich besuchte sie am Tag nach der Beerdigung. Sie kam aus dem Krankensaal zu mir in den Korridor, und wir fanden einen Platz, wo wir uns unterhalten konnten. Achmatowa hörte sich meinen Bericht über die Beerdigung an und sagte: ‹Ich habe das Gefühl, als sei es eine Feier gewesen, ein hoher, religiöser Festtag. So war es auch, als Blok starb›» *(W. Iwanow)*.

Ebenso wie 1921 weckte der Hingang Pasternaks in Achmatowa die deutliche Empfindung einer Endzeit. Aber jetzt war es nicht nur die Empfindung vom Ende einer Epoche, sondern auch vom Ende ihrer eigenen Lebenszeit. Das Gedicht *Wir sind zu viert...*, in dem sie Mandelstam, Pasternak, Zwetajewa und sich selbst als Einheit sieht, wurde später in den Zyklus *Ein Kranz für die Toten* aufgenommen.

Wir sind alle beim Leben ein wenig zu Gast,
Leben – das ist nichts als Gewohnheit.

Über Pasternak pflegte Achmatowa zu sagen, er werde wahrscheinlich beim Jüngsten Gericht neben ihr stehen.

Es ist kaum möglich, die Frage nach den Beziehungen, der inneren Verwandtschaft, der künstlerischen und menschlichen Nähe dieser beiden Dichter eindeutig zu beantworten. Aber im Wechsel von Anziehen und Abstoßen garantierte das ständige Wissen von der Existenz des anderen eine verläßliche Kontinuität. Sie blieb bestehen – trotz des Vorwurfs Achmatowas, Pasternak kenne ihre Gedichte nicht, trotz ihrer Ablehnung des Romans *Doktor Schi-*

*wago*, in dem sie nur die Naturbeschreibungen gelten ließ, und trotz eines gewissen Neids auf sein Schicksal, das Achmatowa für glücklich hielt.

«Als ich sie zum ersten Mal nach der Beerdigung besuchte, war sie noch von Trauer erfüllt. Für andere Gefühle gab es einfach keinen Platz. Inzwischen ist die erste Erschütterung vorüber, und sie spricht über Boris Leonidowitsch zwar liebevoll, aber ebenso gereizt wie in all den letzten Jahren. Sie ist wieder nicht nur voll Mitgefühl, sondern ebenso voll Widerspruch, streitsüchtig und zornig.

‹Dieser Tage habe ich mich wegen Pasternak mit einem meiner Freunde überworfen. Stellen Sie sich vor, er kam auf die Idee zu behaupten, Boris Leonidowitsch sei ein Märtyrer gewesen, verfolgt, gehetzt und so weiter. Was für ein Unsinn! Boris Leonidowitsch war ein außerordentlich glücklicher Mensch!›» *(Lydia Tschukowskaja)*

Aber auch wenn Achmatowa sich ereiferte, spürte man jederzeit, daß die beiden Zeitgenossen, von äußeren biographischen Unterschieden abgesehen, auch Schicksalsgenossen waren.

Alles hier ist dein, du hast das Anrecht,
Gleich Wänden strömt der dichte Regen,
Gönn anderen den Tand der Welt – den Ruhm,
Geh in dein Haus und höre auf zu warten.

Das ist der Entwurf eines Gedichts, das Achmatowa Pasternak 1947 gewidmet hat.

«Plötzlich machte Anna Andrejewna mich stumm vor Staunen. ‹Ein Freund war da und brachte mir dies.› Und sie streckte mir ein Blatt entgegen. ‹Sehen Sie.› Es war das komplette Gedicht an Pasternak:

Und wieder dringt der Herbst wie Tamerlan hier ein.
In den Gassen am Arbat herrscht Stille.
Hinter der Bahnstation oder im Nebel

Liegt schwarz der Weg, der unbefahrbar ist.
Da ist er, er, der letzte! Die Wut
Hat sich gelegt. Nun ist es so, als sei die Welt ertaubt...
Das Alter kraftvoll, evangelisch,
Und jenes bittre Aufseufzen von Gethsemane.

Aber, dachte ich, das Aufseufzen im Garten Gethsemane ist das Seufzen vor Golgotha. Was bestreitet sie eigentlich? Sie hat doch selbst eingesehen, daß er ein Märtyrer war. Sie hat es mehr als eingesehen – sie hat es vorausgeahnt» *(Lydia Tschukowskaja)*.

Vielleicht hatte das Schicksal es in der Tat mit Pasternak in jenen Jahren gut gemeint, während es Achmatowa ein gerüttelt Maß Unglück und Leid bescherte. Seine Tragödie fiel in eine Zeit, in der die Biographie Achmatowas relativ glücklich genannt werden kann.

1921, nach dem Tod Bloks und der Hinrichtung Gumiljows, verbreitete sich sogleich das Gerücht, sie sei ebenfalls gestorben – 1958 war die Angst um Achmatowa eine direkte Folge der Kampagne gegen Pasternak.

«Am 25. Oktober 1958 bestellte mich Anna Andrejewna in die Krasnaja Konniza. ‹Soja, es muß etwas passiert sein. Ich bin schon einige Male aus Moskau angerufen und gefragt worden, wie ich mich fühle.› In diesem Moment klingelte das Telefon. Ich nahm ab. Eine erregte Stimme fragte: ‹Wie geht es Anna Andrejewna?› Ich antwortete, daß Anna Andrejewna sehr beunruhigt sei, weil alle sich nach ihr erkundigten. Was ist geschehen? Es wurde aufgelegt. Wir saßen eine ganze Weile schweigend da. Ich überlegte, wen ich anrufen könnte, und Anna Andrejewna dachte angestrengt nach. Plötzlich: ‹Es geht um Borja. Können Sie hinuntergehen und eine Zeitung kaufen?›... Es war der erste Tag, an dem Pasternak von der Presse aufs Korn genommen wurde» *(Soja Tomaschewskaja)*.

Ende 1957 wurde in Italien Pasternaks Roman *Doktor Schiwago* veröffentlicht, und am 23. Oktober 1958 erhielt er den Nobelpreis. Darauf wurde er in seinem Heimatland umgehend zum Staatsverräter erklärt – sämtliche nun folgenden Ereignisse faßte Lydia

Tschukowskaja unter dem Begriff seiner «Karwoche» zusammen. Die «besten» Traditionen der sowjetischen Literatur, die sich bereits 1929 und 1946 bewährt hatten, schienen wieder aufzuleben. «Am 31. Oktober 1958 wurde auf einer Versammlung der Moskauer Schriftsteller nicht nur der Beschluß des Präsidiums (Ausschluß Pasternaks aus dem Schriftstellerverband) begrüßt, sondern auch ein weiterer Beschluß gefaßt: Die Sowjetregierung wird gebeten, Pasternak die Staatsbürgerschaft abzuerkennen und ihn des Landes zu verweisen» *(Lydia Tschukowskaja)*.

Alles wiederholte sich: die entlarvenden Reden bei den Schriftstellerversammlungen, in denen Pasternak fast als Spion erschien, und die Forderung einer harten Bestrafung seitens der Arbeiter und der Kolchosbauern in den Zeitungsspalten: ‹Ich habe ihn nicht gelesen, aber ich weiß, daß...› Und wieder Spitzel und Observanten vor den Toren der Datscha, in der Pasternak wohnte.

«Auf der anderen Straßenseite, zwischen unserem Grundstück und der Toreinfahrt von Selwinskis, parkte ein Auto... Jetzt konnte ich darin vier gleichgekleidete Männer erkennen, die in die Lektüre von in gleicher Manier aufgeschlagenen Zeitungen versunken waren: Sie würdigten mich keines Blickes. Aber als ich zur Chaussee weiterging, fühlte ich die ganze Zeit die mich verfolgenden acht Augen in meinem Nacken» *(Lydia Tschukowskaja)*.

Es ist verständlich, warum Achmatowa und ihre Freunde Furcht hatten vor der Veröffentlichung des *Poems ohne Held* 1960 in New York, ausgerechnet in einem Almanach, der zu Pasternaks siebzigstem Geburtstag erschien. Und es ist verständlich, warum Achmatowa sich seinerzeit davor gescheut hatte, ihr *Requiem* russischen Lesern zugänglich zu machen, ehe es ins Ausland «abwanderte». Der Staat war allerdings unberechenbar: Achmatowa kam glimpflich davon.

Pasternak jedoch wurde durch Androhung der Ausweisung gezwungen, den ihm zugesprochenen Nobelpreis zurückzuweisen und Reuebriefe zu schreiben. Dennoch war seine Lage hoffnungslos, denn er wußte, daß das ihm Zugestoßene dem Tode gleichkam.

Gönn anderen den Tand der Welt – den Ruhm,
Geh in dein Haus und höre auf zu warten.

Dasselbe, was Achmatowa an Pasternak schrieb, sagte sie auch einem anderen künftigen Nobelpreisträger und künftigen Ausgewiesenen – Alexander Solschenizyn. Achmatowa erzählt von der Begegnung mit ihm (1962):

*Ich sagte zu ihm: «Wissen Sie, daß Sie in einem Monat der berühmteste Mann auf dem ganzen Erdball sein werden?» – «Ich weiß es, aber das wird nicht lange dauern.» – «Werden Sie dem Ruhm standhalten?» – «Ich habe sehr starke Nerven. Ich habe Stalins Lagern standgehalten.»*

Die beiden standen einander niemals nahe, stimmten nicht in allem überein und ließen aneinander nicht alles gelten. Solschenizyn war bereits Mensch einer anderen Zeit und gehörte einer anderen Generation an. Als er Achmatowa besuchte und von ihr das *Requiem* hörte, fiel sein Urteil, das Urteil eines Lagerinsassen, sehr hart aus: «Es war die Tragödie eines Volkes. Bei Ihnen aber ist es die Tragödie von Mutter und Sohn.» Wahrscheinlich hätte Achmatowa aus jedem anderen Munde diese Worte als Beleidigung empfunden. Diesmal aber blieb sie wenn nicht gleichgültig, so doch gelassen, weil sie ihm vermutlich das Recht auf solche Härte zubilligte. Aber sie war in ihrem Urteil auch sehr streng, so streng, wie nur ein Richter sein kann, für den persönliche Erfahrung keinen Preisnachlaß bedeutet und der zwischen Literatur und Biographie kompromißlos einen Trennungsstrich zieht. «Sie sollten lieber Prosa schreiben», sagte sie, nachdem sie sich Solschenizyns Poem angehört hatte, das im Lager entstanden und dort vielleicht für seinen Willen und seine Seele die Rettung gewesen war.

Solschenizyns Erzählung *Ein Tag im Leben des Iwan Denissowitsch* jedoch gehörte für Achmatowa zu denjenigen Phänomenen, die außerhalb der üblichen Wertskala liegen. Mehr als einmal wiederholte sie: «Es ist Pflicht eines jeden der zweihundert Millionen Bürger der UdSSR, diese Erzählung zu lesen und auswendig zu lernen.» Die Schilderung eines Tages aus dem Leben eines inhaftierten einfachen Bauern war für sie die langersehnte Wahrheit über das Schicksal ihres Volkes. Und die Veröffentlichung – eine Erfüllung und Verwirklichung der großen Hoffnungen, ein Symbol für den Beginn einer neuen Epoche. Nach dem Bericht Lydia Tschukowskajas sagte sie: «Ich werde nicht nach Leningrad reisen, solange ich nicht die Nummer 11 der *Nowy mir* in meinen eigenen Händen halte. Ich will mich überzeugen, daß die neue Zeit tatsächlich angebrochen ist. Und sobald ich Solschenizyn in der Zeitschrift gelesen habe, werde ich abreisen...»

Aber auch ihr eigenes Schicksal hing in gewisser Weise mit der Veröffentlichung von *Ein Tag im Leben des Iwan Denissowitsch* zusammen: «...Als Twardowski mit Solschenizyns Manuskript bei Chruschtschow war, fragte er Nikita Sergejewitsch auch nach Achmatowa und Soschtschenko. Und Chruschtschow soll geantwortet haben: ‹Der Beschluß von 1946 kann ignoriert werden...› Das ist der Grund, denke ich, weshalb sich jetzt alle Zeitschriften auf sie stürzen und Gedichte verlangen. Und aus diesem Grunde träumt Surkow von einem umfangreichen, echten Sammelband» *(Lydia Tschukowskaja)*.

Die Veröffentlichung der Erzählung von Solschenizyn war eines der signifikanten Ereignisse des sogenannten «Tauwetters», einer bedauerlicherweise kurzen Periode der sowjetischen Geschichte, die zwar keine einschneidenden wirtschaftlichen oder politischen Entwicklungen für die Menschen, jedoch die Aufhebung der geistigen Leibeigenschaft bedeutete. Diese Periode brachte eine behutsame, aber spürbare Öffnung der UdSSR gegenüber dem Westen. Die westliche Welt fand schrittweise Einlaß in das sowjetische Bewußtsein, und gleichzeitig hörte Rußland auf, für Ausländer hermetisch abgeschlossen zu sein.

Viele Erinnerungen an Achmatowa aus den sechziger Jahren enthalten Episoden, die alle folgendermaßen beginnen: Eines Tages sucht sie ein amerikanischer (schwedischer, englischer) Professor auf... Wenn die Begegnung mit Isaiah Berlin um die Mitte der vierziger Jahre ein Ereignis von hohem tragischem Pathos gewesen war, so neigte Achmatowa jetzt dazu, diese neuen Bekanntschaften ironisch abzuwerten – aus dem Ereignis wird eine Episode. «Unaufhörlich, scharenweise meldeten sich Ausländer an… Anna Andrejewna saß, ohne sich zu erheben, in ihrem Sessel und unterhielt sich mit einem amerikanischen Gast, als sich plötzlich vom Ofen ein großer Brocken Verputz löste und krachend dicht neben den beiden auf den Boden fiel, wobei der Anzug ihres Gastes dick mit Kalk bepudert wurde.

‹Es war geradezu unheimlich›, sagte Anna Andrejewna, ‹ich glaubte, die Decke kommt auf mich herunter. Ich höre ja auch schlecht, aber bestimmt gab es ein entsetzliches Poltern.›

‹Sehen Sie›, sagte sie lachend, ‹der patriotisch gesinnte Ofen hielt es nicht länger aus und fiel über dem Amerikaner zusammen›» *(S. Gitowitsch)*.

Aber Achmatowa ironisierte nicht nur «die anderen», sondern mit bitterem Lächeln auch das eigene Leben – «die können es sich nicht vorstellen, daß wir so leben».

«Eines Tages erschien bei ihr ein Student aus Oxford, der über das Thema ‹Volkstümliche Quellen im Werk Anna Achmatowas› arbeitete, und deklamierte mit leichtem Akzent: ‹Lieber sollte ich kesse Gassenhauer singen, lieber solltest du auf der heiseren Harmonika spielen›*, um damit kurz und bündig seine Vorstellung von den volkstümlichen Quellen zu charakterisieren. Nach einiger Zeit kam das Gespräch auf Modigliani. Sie bat mich, ihm die Zeichnung zu zeigen, und ich trat mit einer einladenden Geste an ihr Bett, aber der Jüngling rührte sich nicht von der Stelle. In der Annahme, daß er mich nicht verstanden habe, erklärte ich, hier sei sie, die Zeichnung, und zog den Gast am Ärmel, um ihn zum Aufstehen aufzufordern. Er warf einen erschrockenen Blick auf das Porträt und kehrte eilig zu seinem Stuhl zurück. Als er gegangen war, sagte Achmatowa: ‹Sie sind dort den Anblick von Betten alter Damen nicht gewöhnt. Er sah ganz verstört aus, als Sie ihn an den Rand des Abgrunds zogen.› Und dann: ‹Die können sich nicht vor-

* Anfangszeilen aus einem Gedicht Anna Achmatowas von 1914.

306

stellen, daß wir so leben, und die können sich nicht vorstellen, daß wir unter solchen Bedingungen auch noch etwas schreiben.› Und nach einer weiteren Pause: ‹Er hätte sich über die volkstümlichen Quellen bei Achmatowa ruhig etwas Originelleres einfallen lassen können als Gassenhauer und Ziehharmonika.›» In dieser Episode aus den Erinnerungen von Anatoli Naiman geht es nicht nur um eine komische Situation, sondern auch um das Thema der englischen Dissertation und die gereizte Reaktion Achmatowas auf das primitive und einseitige Verständnis des Begriffes «volkstümlich». Für sie, deren Werk so lange als «volksfremd» abgestempelt worden war, erschöpfte sich die Bedeutung dieses Wortes keineswegs in pseudonationalem, rustikalem Kolorit, sondern schloß die Vorstellung einer schicksalhaften Einheit in sich: «Ich war damals mit meinem Volk...» lautet die erste Zeile, das Motto des *Requiems*. Deshalb empfand Achmatowa die naiven Vorstellungen des Oxforder Studenten als beleidigend, obwohl dieses Thema auf ein instinktives Wissen von der Verbundenheit ihres persönlichen Lebens mit der Geschichte Rußlands schließen ließ.

Die westlichen Slawisten, die in die Sowjetunion kamen, versprachen sich von Achmatowa die Lösung des Rätsels der «russischen Seele». Eine solche Begegnung mit einem amerikanischen Professor beschreibt ebenfalls Anatoli Naiman: «Er erklärte mit der Direktheit eines Businessman: ‹Ich habe in Amerika gehört, daß Sie sehr berühmt sind, habe einige Ihrer Werke gelesen und verstanden, daß Sie der einzige Mensch sind, der mit Sicherheit weiß, was die russische Seele ist.› Höflich, aber ziemlich deutlich wechselte Achmatowa das Thema. Der amerikanische Professor gab nicht auf. Sie ging nicht darauf ein, sprach weiter von etwas anderem und antwortete jedesmal trockener und kürzer. Der Gast insistierte und fragte, inzwischen gereizt, sogar mich, ob ich denn vielleicht wisse, was die russische Seele sei. ‹Wir wissen nicht, was die russische Seele ist›, sagte Achmatowa ärgerlich. ‹Aber Fjodor Dostojewski wußte es!› – der Amerikaner war offensichtlich zum Äußersten entschlossen. Er hatte den Satz noch nicht beendet, als sie ihn auch schon attackierte: ‹Dostojewski wußte viel, aber nicht alles. Er dachte zum Beispiel, daß man ein Raskolnikow werden muß, um einen Menschen zu töten. Heute aber wissen wir, daß man fünfzig, daß man hundert Menschen töten kann – und abends ins Theater geht.»

Achmatowa war gereizt über die Eindeutigkeit der Frage und über die beharrliche Erwartung einer eindeutigen Antwort. Dasselbe Thema wurde auch in einem Gespräch mit einem anderen Amerikaner, dem Slawisten Martin Edward Malia, berührt. «Ich verstehe, daß Malia die ganze Zeit von mir eine Empfindung für Rußland geschenkt bekommen möchte. Ich mußte ihm gestehen, daß ich selbst nur selten eine solche Empfindung habe», berichtete sie Lydia Tschukowskaja.

Mehrere Generationen der russischen Intelligenzija haben immer wieder nach einer Antwort auf diese Frage gesucht. «Mit dem Verstand ist Rußland nicht zu erfassen, mit allgemeinem Maß nicht auszumessen», hatte Tjutschew, einer von Achmatowas Lieblingsdichtern, schon im Jahre 1866 geschrieben. Und Lydia Tschukowskaja, die Achmatowas Gespräch mit Malia aufgezeichnet hat, fügt ihre eigenen Überlegungen an: «Und ich selbst, kann ich es erfassen? Meinem Alter, meinen Erfahrungen nach hätte ich es schon längst erfaßt haben müssen. Aber unser Leben ist so zerstückelt, daß jeder von uns an Kurzsichtigkeit leidet: Er erkennt nur die Menschen in seiner Nähe und nur das, was um ihn ist, mit einiger Deutlichkeit. In einem Land, dem das gemeinsame, die Menschen verbindende Gedächtnis genommen wurde, in einem Land, dem man die Literatur und die Geschichte geraubt hat, hat jeder Mensch seine eigene, begrenzte, separate Erfahrung. Das Land aber ist riesig, und die Erfahrungen dieses Landes bleiben unvereint, unvereinbar, unausgewertet; schlimmer noch – verfälscht!!!»

Der Umgang mit den Ausländern ließ die eigene Vergangenheit gleichsam mit fremden Augen sehen. Aber selbst wenn die anderen sich bemühten, sie zu verstehen, blieb das Wesentliche unerklärt – die Summe der Erfahrungen hier und die Summe der Erfahrungen dort waren zu unterschiedlich.

*Kurz vor meiner Erkrankung erhielt ich den Brief eines schwedischen Professors, der ein Buch über mich schreibt. In einer kleinen schwedischen Universitätsstadt. Er teilte mir mit, daß er kommen möchte, um sich mit mir zu unterhalten. Er kam, aber ich lag im Krankenhaus. Er besuchte mich dort. Ein netter, kenntnisreicher Mann, aber das Verblüffendste an ihm war das blendendweiße Hemd, weiß wie die Fittiche eines Engels. Während wir zwei blutige Kriege geführt und auch sonst viel Blut vergossen haben, hatten die Schweden nichts anderes zu tun gehabt, als dieses Hemd zu waschen und zu bügeln.*

Achmatowa glaubte vermutlich, daß nur ihre Dichtung die unterschiedlichen Erfahrungen überbrücken und ihr Schicksal erklären könnte. Deshalb debattierte sie so gereizt und hartnäckig mit der westlichen Kritik, indem sie bald gegen die Irrtümer in Memoiren, bald gegen die Theorien der Literarhistoriker zu Felde zog. Inzwischen stand ihr seit 1964 die englische Slawistin Amanda Haight zur Seite, die später eine Dissertation und ein Buch über Achmatowa schrieb. Achmatowa hat ihr viel diktiert oder ihr einfach von ihrem Leben und ihren Gedichten erzählt. Sie hatte offenbar das Gefühl, daß diese Literaturwissenschaftlerin ihre Stimme getreu wiedergeben würde. An die Möglichkeit, im Westen selbst etwas zu ihrem Werk zu sagen, glaubte Achmatowa nicht.

> Nicht einmal geladen, in Italien, schicken sie
> Von unterwegs einen kurzen Abschiedsgruß.
> Ich blieb in meinem Spiegelland
> Ohne Rom und ohne Padua.

Aber es sollte anders kommen. 1965 nimmt in Paris der amerikanische Philologe und Verleger russischer Abstammung Nikita Struve ein Interview mit ihr auf Tonband auf.

«Wie kommen Sie dazu, überall zu schreiben, ich hätte achtzehn Jahre lang geschwiegen? Wo haben Sie rechnen gelernt? Ich habe gerade festgestellt, daß ich neun Gedichte aus dem Jahr 1936 habe, vom *Requiem* ganz zu schweigen, das 1935 begonnen wurde; es gibt auch Gedichte aus dem Jahr 1924, ebenso aus dem Jahr 1929. Aber das ich nicht gedruckt wurde, das stimmt. 1925 soll irgendwo an der Spitze – ich fand mich in der damaligen Hierarchie noch nicht zurecht, ich wußte nicht einmal genau, was das Zentralkomitee ist, mein Sinn stand nicht danach – die Meinung aufgekommen sein, Achmatowa nicht zu drucken, und dann lief es immer so weiter. Hier sagt man dazu ‹comme sur les roulettes›, aber daraus folgt keineswegs, daß ich geschwiegen hätte. Ich hoffe›, fügte sie hinzu, ‹daß ich Sie überzeugen konnte» *(Nikita Struwe)*.

Achmatowa traf sich mit Struwe in Paris. Es wurde ihr gestattet, in Paris Station zu machen, nachdem sie in Oxford den Ehrendoktorhut empfangen hatte. Ein Jahr zuvor, 1964, war sie in Italien gewesen. In Catania auf Sizilien, in dem altehrwürdigen Castello d'Orsini, wo einst das erste Sizilianische Parlament getagt hatte, wurde ihr in einem Festakt der italienische Aetna-Taormina-Literaturpreis überreicht.

«Es dauerte Monate, bis die Papiere für diese beiden Reisen ausgestellt waren. Die Eisenbahnfahrkarte ab London erhielt sie am Tag ihrer Abreise. Sie sagte: ‹Fürchten die etwa, daß ich nicht wiederkomme? Daß ich hiergeblieben bin, während alle auswanderten, daß ich in diesem Land mein ganzes – und was für ein – Leben gelebt habe, nur um jetzt alles aufzugeben?› Sie knurrte: ‹Früher brauchte man nur den Hausmeister zu rufen, ihm ein Geldstück in die Hand zu drücken, und gegen Abend brachte er aus dem Polizeirevier den Auslandspaß...»

Die Reisen 1964 und 1965 waren das genaue Gegenteil zu den Reisen ihrer Jugend: Damals ging sie überallhin, wohin sie Lust hatte – jetzt wurde sie herumkutschiert; damals betrachtete sie die Welt mit großen Augen – jetzt wurde sie betrachtet. Sie wurde gefeiert, sie hatte bewiesen, daß ihr Weg der richtige war, sie hatte gesiegt. Aber das Castello d'Orsini hatte etwas von einer Gruft, der Oxforder Talar ähnelte einem Totengewand und der Festakt einem Begräbnis. All das lag nicht an ihrem Alter oder ihrer Gebrechlichkeit, die das Bild nur abrundeten, sondern daran, daß alles, was einst lebendig gewesen, inzwischen versteinert war und seine Seele verloren hatte. Punina, die sie bei ihrer ersten Reise begleitete, fuhr mit ihr in ein Lederwarengeschäft, um einen Koffer für die Mitbringsel zu kaufen. Der Verkäufer beeilte sich, seine schönste Ware aus den Regalen auf den Ladentisch zu holen. Punina deutete auf einen der Koffer und fragte, ob er stabil sei. Statt einer Antwort warf der Verkäufer den Koffer auf den Fußboden, nahm Anlauf und sprang mit beiden Füßen darauf – der Koffer zerbrach. Er griff nach dem zweiten, aber sie winkten ab, bezahlten den ersten besten Koffer und waren froh, als sie den Laden verlassen konnten. Achmatowa erzählte davon wie von einer komischen Episode, aber ihre Stimme klang keineswegs heiter: Es war für sie einer der wenigen lebendigen Eindrücke von Rom, und er war ganz anders als ‹der Traum, an den man sich das ganze Leben lang erinnert›, wie sie 1912 über ihre italienischen Reiseeindrücke schrieb» *(Anatoli Naiman)*.

Die Episode mit dem Koffer war eine der vielen schriftlich festgehaltenen Reiseanekdoten von 1964 und 1965. Anna Andrejewna, die einen ausgesprochenen Sinn für das Pathos einer Situation hatte, neigte diesmal zur Untertreibung. «Hier versammelten sich die bedeutendsten Schriftsteller Italiens und mehrerer anderer Länder – sie hatten an dem soeben beendeten europäischen Schriftsteller-Kongreß teilgenommen. Als Achmatowa zum Ort des Geschehens gebracht wurde, war sie entsetzt: Ihr, der Kranken und Schwerfälliggewordenen, stand es bevor, die steile, vielstufige Treppe des alten Castellos zu überwinden.

‹Das Feierliche und Erhabene dieses Augenblicks›, erzählte sie, ‹war derart zu spüren, daß sie, wenn ich auch nur einen Augenblick gezögert hätte, mich sofort in einen Sessel gesetzt und nach oben getragen hätten. Eine solche Schmach konnte ich nicht dulden. Also machte ich mich mutig auf den Weg. So habe ich den Gipfel des Ruhms erklommen›, schloß sie und fügte hinzu, um das Anspruchsvolle ihres letzten Satzes zu mindern: ‹Atemlos und ächzend›» *(Anatoli Naiman)*.

Genauso ironisch klang ihr Bericht nach dem Festakt in Oxford.

Eines Tages zeigte Anna Andrejewna Michail Ardow ein Schreiben der Universität Oxford, in dem sie gebeten wurde, die Konfektionsnummer ihrer Oberbekleidung und den Umfang ihres Kopfes mitzuteilen, damit der Talar und das Barett maßgerecht angefertigt werden könnten. Der Brief war schon vor längerer Zeit eingetroffen, und Ardow erkundigte sich, ob Anna Andrejewna ihn beantwortet hätte. Sie verneinte und erklärte lachend: «Ich möchte vorher abnehmen...»

Die große Welt war ihr bereits ferngerückt. Um so lebendiger waren die Jugenderinnerungen. Vor ihrem Hintergrund kam ihr die Realität wie eine zweidimensionale Postkartenaufnahme vor: «Sie erzählte, wie sie morgens im Zug aufgewacht und vor das Abteilfenster getreten sei: ‹Und da entdecke ich eine Ansichtskarte von dem Format des Fensters, die außen an der Scheibe klebte, mit einem Bild des Vesuvs. Aber es stellte sich heraus, daß es der Vesuv persönlich war›» *(Anatoli Naiman).*

Doch Achmatowas humorvolle Berichte von ihrer Reise sollten etwas verbergen: Eigenartigerweise mahnten sie diese späten und feierlichen Reisen an die Vergänglichkeit und ihre Schrecken. «Vor kurzem die Reise nach Italien – der Zug überquert die Alpen sehr schnell. Der Waggon schwankt. Nachts Schlaflosigkeit. Wie unheimlich sind die Alpen im Winter, wenn man sie nicht sieht. Die Nacht und die menschenleere Stadt, durch die der Zug rast; Versuch, darüber ein Gedicht zu schreiben.

Antikes Theater auf Sizilien. Die unheimliche Gruft Raffaels – der Sarg in einer Nische, als hätte man ihn vorübergehend dort abgestellt. Angst vor dem Tode» *(N. Budyko).*

Europa, das stets mit ihr und in ihr gelebt hatte, war bis dahin das Europa ihrer Jugend gewesen und erinnerte sie nun an den Tod. Nach dem Festakt in Oxford sagte sie: «Das ist meine Beerdigung. Solche Festakte sind nichts für Dichter.» All das kam zu spät, das Leben neigte sich dem Ende zu, und dieser späte Ruhm unterstrich nur: «...Man nahm uns den Raum, die Zeit, man nahm uns alles, und nichts ist uns geblieben» *(Achmatowa an Struwe).*

Mich, wie einen Fluß,
Hat die rauhe Epoche umgeleitet.
Mein Leben ward vertauscht. In einem anderen Bett,
Entlang anderen Ufern, strömt es dahin,
Und meine eigenen Ufer kenn ich nicht.
Oh, wie viele Schauspiele entgingen mir,
Der Vorhang hob sich ohne mich
Und fiel auch so hernieder. Wie vielen Freunden
Bin ich nie begegnet,
Wie vieler Städte Silhouetten
Versäumten es, mir Tränen zu entlocken,
Ich kenn nur eine Stadt auf dieser Welt
Und kann auch im Schlaf sie ertasten.
Wie viele Verse hab ich nicht geschrieben,
Sie ziehen ihre Kreise geheimnisvoll um mich
Und werden mich dereinst vielleicht ersticken...
Ich weiß vom Anfang und vom Ende,
Vom Leben nach dem Ende, und von noch etwas,
Woran ich jetzt mich nicht erinnern darf.
Und irgendeine Frau hat meinen,
Den einzigen Platz besetzt, der mir zusteht,
Trägt meinen wahren, legitimen Namen
Und ließ für mich ein Sogenannt,
Aus dem ich alles machte, was nur möglich war.
Ich werde nicht im eigenen Grab zur Ruhe liegen.
Doch ab und zu ein toller Frühlingswind,
Vielleicht auch ein Zusammenklang von Worten
In einem gerade aufgeschlagnen Buch
Oder das Lächeln eines Menschen wird mich plötzlich
In jenes Leben locken, das nicht zustande kam.
In dem Jahr wäre das und dies geschehn,
In jenem dies und das – reisen, schauen, denken,
Erinnern, in eine neue Liebe eingehn
Wie in einen Spiegel, mit dem dumpfen Wissen
Von Untreue, Verrat und einem Fältchen,

Das gestern noch nicht dagewesen war...
Aber hätte ich von dort den Blick geworfen
Auf dieses Leben, das ich heute führe,
Dann endlich kennte ich den Neid...

Diese fünfte der *Nordischen Elegien*, die Anna Achmatowa in Paris
Nikita Struwe rezitierte, erklang dort, wo Anna Achmatowa nach
fast einem halben Jahrhundert den Freunden und Bekannten ihrer
Jugend wieder begegnete, doppelt eindringlich. Doch keine einzige dieser Begegnungen brachte ihr Freude. Und die wichtigste,
die mit dem einst geliebten Maler Boris Anrep, war die allerschlimmste. «Während ich mir überlegte, was ich ihr noch sagen
oder wonach ich fragen sollte, etwa nach zeitgenössischen Dichtern, rief sie aus: ‹Boris Wassiljewitsch, stellen Sie mir doch nicht
so dumme Fragen wie alle anderen!› Ihre glühende Seele wollte nur
das Menschsein, Freundsein, Frausein. Sich einen Weg bahnen
durch den Wald, der zwischen uns gewachsen war. Aber auf mir
lastete ein schwerer Grabstein. Auf mir und auf der ganzen Vergangenheit, und für eine Auferstehung fehlte mir die Kraft» *(Boris
Anrep)*.

Achmatowa hat diese Begegnung nur lakonisch erwähnt: «Wir
haben beide den Blick nicht gehoben und uns nicht angeschaut.
Wir kamen uns vor wie Mörder.»

Ähnliches – über lange zurückliegende Abschiede und neue Begegnungen – die keine wurden – schrieb auch Arthur Lourié, der
Musiker und Komponist, der Rußland 1922 verlassen hatte und
über Paris nach New York emigriert war. Sein Brief blieb unbeant-
wortet:

25. März 1963
Meine teure Annuschka, kürzlich habe ich irgendwo gelesen, daß,
als die Duse und d'Annunzio sich nach zwanzigjähriger Trennung
wieder begegneten, beide niederknieten und weinten. Wovon kann
ich Dir erzählen? Mein ‹Ruhm› liegt ebenfalls seit zwanzig Jahren in
der Gosse. Das heißt seit der Zeit, da ich in dieses Land gekom-

men bin. Am Anfang gab es Augenblicke eines glänzenden, großen Erfolgs. Aber die hiesigen Musiker haben alles getan, um mir eine feste Position unmöglich zu machen. Ich schrieb eine große Oper, *Der Mohr Peters des Großen*, die ich dem Andenken unserer Altäre und Herdfeuer widmete. Es ist ein Denkmal der russischen Kultur, des russischen Volkes und der russischen Geschichte. Seit ganzen zwei Jahren versuche ich vergebens, sie auf eine Bühne zu bringen. Hier hat niemand irgendein Interesse, und dem Ausländer sind alle Türen verschlossen. Du hast es bereits vor vierzig Jahren gewußt: ‹Nach Wermut riecht das fremde Brot›... Überhaupt bewege ich mich in einer absoluten Leere, wie ein Schatten. Alle Deine Fotografien sehen den ganzen Tag auf mich herab. Ich umarme und küsse Dich zärtlich. Paß auf Dich auf! Ich erwarte eine Nachricht von Dir.

A. S. Lourié

Achmatowa sagte einmal, die Kategorie des Raumes sei weniger kompliziert als die der Zeit. Ihre späten Reisen konnten ihre Behauptung nur bestätigen – unüberwindlich war allein die Zeit. Von ihrer Reise nach England pflegte sie scherzend zu sagen: «Eine Reise von Moskau nach Komarowo über London.» Der überwundene Raum führte auf die kleine Siedlung Komarowo (Kelomakki) zu, in der sie auf der nordischen, finnischen Erde heimisch wurde.

> Der Westen verleumdete und glaubte selbst daran,
> Der Osten übte üppigen Verrat,
> Der Süden billigte mir nur sparsam Luft zu
> Und grinste über flinke Verse.
> Aber der Klee stand da, als ob er knien wollte,
> Und der feuchte Wind sang ins Muschelhorn,
> So tröstete mit aller Kraft mich
> Mein alter Freund, mein treuer Norden.
> Die Luft ward stickig. Meine Kräfte schwanden,
> Und ich verschmachtete inmitten von Gestank und Blut.
> In jenem Haus konnt ich nicht länger bleiben...

Da sprach die eiserne Suomi:
Alles wird dein sein außer Freude.
Was soll's, lebe!

*1964, Komarowo*

Der Schriftstellerverband hatte Achmatowa 1955 eine kleine Datscha in der Siedlung Komarowo zur Verfügung gestellt, wo viele
Schriftsteller die Sommermonate verbrachten. Seitdem wohnte
auch sie fast jeden Sommer dort, asketisch und aus vollen Zügen,
wie es sich für sie gehörte.

Erde, auch wenn nicht die heimatliche,
Doch für immer erinnerlich.
Und des Meeres zart eisiges,
Nichtsalziges Wasser.

Weißer als Kreide der Sand auf dem Grund,
Die Luft berauschend wie Wein
Und der Kiefer entblößter Leib
Rosig im Abendsonnenschein.

Und diese Abendsonne in Ätherwolken
Ist so, daß ich nicht weiß,
Ob jetzt der Tag, ob jetzt die Welt zu Ende geht,
Ob der Geheimnisse Geheimnis
Wieder in mir war.

«Im Haus und auf dem Grundstück lagen unzählige Baumstumpen
und Wurzeln herum. Die bizarren Wurzeln standen auf einer
wackligen Etagere oder waren an den Wänden angenagelt. Die großen Stumpen lagen überall auf dem Grundstück verteilt. Vor den
Verandafenstern ruhte der große Hauptknorren, ‹mein Baumgott›,
sagte Anna Andrejewna.
Solange Anna Andrejewna in der ‹Budka› (wie sie ihre Datscha

nannte) lebte, blieb dieser Holzgott am selben Platz liegen. Abends wurde vor ihm häufig ein Feuer entzündet. Dann wurde der große Sessel mit der hohen Rückenlehne aus dem Haus geholt, und Anna Andrejewna saß darin lange im Wind» *(S. Gitowitsch)*.

Dieser strenge nördliche Landstrich war für sie sicherlich nach und nach zu einem Symbol ihres Schicksals geworden. Abweisend und kühl auf den ersten Blick, verströmte er dennoch Schönheit und Harmonie. Achmatowas «Budka» fügte sich organisch in die karge finnische Landschaft ein, die nur wenige Farben kennt. Aber alle Menschen, selbst wenn sie Achmatowa dort auch nur einen einzigen Besuch abgestattet hatten, empfanden ihr winziges Häuschen als warm und leuchtend. «Sie war eine erstaunlich gastfreundliche und großzügige Hausfrau. Im Herbst 1964 wohnten in der winzigen Datscha, die Achmatowa selbst die ‹Budka› nannte, ungefähr zehn Gäste, darunter auch der Autor dieser Zeilen. Es war für jeden Platz, man aß, trank und feierte... Ich sagte Anna Achmatowa bei dieser Gelegenheit, daß die ‹Budka› offenbar Gummiwände habe. ‹Das habe ich schon immer gewußt›, erwiderte sie nicht ohne Stolz» *(Michail Ardow)*.

Die Gesellschaft, die sich bei Achmatowa in Komarowo einfand, bestand fast immer aus sehr jungen Menschen. Man kam hierher, um seine Gedichte zu rezitieren, literarische Neuigkeiten zu besprechen oder auch nur, um sie zu sehen. «Obwohl Anna Andrejewna immer sie selbst blieb, gelang es ihr nichtsdestotrotz, erstaunlich schnell und taktvoll die Sympathien der verschiedensten Menschen zu gewinnen, weil sie sich nicht nur ernsthaft für ihr Schicksal interessierte und ihre Probleme nachvollziehen konnte, sondern weil sie selbst als guter und ohne Einschränkung moderner Mensch bereit war, sich mit ihrem Lebenskreis zu verbinden. Das ist die einzige Erklärung für jene erstaunliche Ungezwungenheit und Ungebundenheit, für jenes Vergnügen, das meine Altersgenossen – Menschen einer anderen Zeit, einer anderen sozialen Schicht und Erziehung – empfanden, wenn sie vor ihr Gedichte rezitierten, mit ihr Bilder betrachteten, über Kunst diskutierten oder ihr einfach lustige Geschichten erzählten.

Die in Ehren ergrauten, seriösen Gäste, die Achmatowa in der «Budka» besuchen wollten, waren ernsthaft verwirrt, wenn sie hinter dem altersschwachen Zaun statt eines stillen Refugiums ein Haus mit sperrangelweit offenen Türen entdeckten. Auf dem Hof – herumliegende Fahrräder, parkende Motorräder und leger gekleidete junge Leute. Die einen machten gerade Feuer, andere schleppten Wasser herbei, wieder andere würfelten auf den Verandastufen. Je nach der Miene und dem Ansehen des Besuchers mäßigte sich diese junge Gesellschaft mit einem Schlag und bemühte sich um das nötige Minimum an Anstand, aber das um das Haus herum brodelnde Leben ging weiter, man ließ sich nicht beirren. Anna Andrejewna zog sich mit dem Besucher in ihr Zimmer zurück, sprach mit ihm über seine Angelegenheiten, trank mit ihm Tee oder ‹coffee› und lud dann, falls sie es für notwendig hielt, ihren Gast zu dem gemeinsamen Essen auf der Veranda ein» *(Alexej Batalow).*

Inmitten dieses Durcheinanders verwandelte sich Achmatowa manchmal selbst in eine «Studentin». Häufig lag das Geheimnis der zwanglosen Heiterkeit weniger in der Jugend ihrer Freunde und Gäste als in ihrem eigenen Charakter – sie war durchaus fähig, mit ihren fünfundsiebzig Jahren Zwanzigjährige die Kunst der Heiterkeit zu lehren. Darüber berichtet Anatoli Naiman: «Ich erhielt ein unerwartetes Honorar und wollte die ganze Gesellschaft bei Ardows in ein Restaurant einladen. Sie aber riet mir, statt dessen einen Eimer Bier und einen Eimer Krebse zu kaufen und so, mit den Eimern in den Händen, bei Ardows zu erscheinen; nachdem ich ihren Rat befolgt, die beiden Eimer im Haushaltswarengeschäft, die Krebse in der Sretenka und das Bier in den Kardaschewski-Bädern gekauft hatte, als alle, die letzten Krebsscheren knabbernd und das letzte Bier schlürfend (nach wiederholten Märschen in die genannten Bäder), lautstark sowohl den Plan als auch dessen Ausführung lobten, sagte Achmatowa, deren Gesicht ebenso gerötet war wie das der anderen, aber nicht ganz so erhitzt und redselig: ‹Geb's Gott zu Ostern, wie der Soldat unserer Kinderfrau zu sagen pflegte!› *(Anatoli Naiman)*

Nie hatte Achmatowa ihren Ruhm wie ein Prachtgewand zur Schau getragen. Prediger-Pathos war ihr fremd. Sie erinnerte sich, wie Nikolai Gumiljow, noch am Beginn ihres gemeinsamen Weges, von der Tradition «Weide meine Völker» gesprochen hatte: «Anna, du mußt mich mit eigener Hand vergiften, wenn ich anfangen sollte, ‹die Völker zu weiden›.» Die Gabe der Selbstironie rettete sie davor, zu Lebzeiten zum Denkmal zu werden. Sie forderte die Ironie heraus, auch ihren eigenen Gedichten gegenüber, um sie lebendig zu erhalten. Dazu eine charakteristische Episode:

«...Und Ranewskaja begann zu singen. Sie sang ein Lied mit einer orientalischen, von ihr selbst erfundenen Melodie, rollte dabei die Augen und rang die Hände: ‹Du liebst nicht, du willst mich nicht sehen? Oh, wie bist du schön, du Verfluchte! Ich kann nicht davonfliegen und war doch mit Flügeln geboren!› Barmherziger Gott, das ist doch ein Gedicht von Achmatowa aus dem Band *Rosenkranz*! In Anwesenheit der Autorin wurden die Strophen parodiert! ‹Und nur der rote Tulipan, der Tulipan in deinem Knopfloch›, hauchte zum Schluß die ‹orientalische Sängerin›, scheinbar völlig erschöpft... Die Autorin und ich waren ebenfalls erschöpft, aber vor Lachen... Achmatowa wischte sich die Tränen aus den Augen und flehte: ‹Faina! Und jetzt – die Näherin!›

Die ‹orientalische Dame›, die in hoffnungsloser Liebe verschmachtete, verschwand. Einen Augenblick lang hatten wir nun die Ranewskaja vor uns, ergraut, spottlustig, im grauen Kostüm, aber sie verschwand ebensoschnell. Vor uns erschien ein sanftmütiges, eingeschüchtertes, bemitleidenswertes Geschöpf – eine arme Näherin. Sie schob ihre Tasse zur Seite, setzte ihre Handnähmaschine in Gang und begann zu singen, mit jener monotonen, trostlosen Stimme, mit der vermutlich die Näherinnen in ihren Mansarden oder Souterrains einst gesungen hatten. Aber es war gar nicht der Text einer naiven Schnulze, es waren die Strophen eines ausgesprochen tragischen Achmatowa-Gedichts: ‹Die Nachbarn aus Mitleid – zwei Straßenzüge weit, die alten Weiber, wie sich's schickt, bis zum Tor, aber der, dessen Hand ich in meiner hielt, der wird mir bis zum Rand der Grube folgen.›

Achmatowa rollten dabei vor Lachen die Tränen über die Wangen. Mir waren auch die Tränen gekommen, aber nicht nur vor Lachen – vor Staunen und vor Entzücken» *(Natalia Iljina)*.

Man druckte Achmatowa nun, die Zeitungen schrieben über sie, sie war international anerkannt, und es gab sogar Gerüchte, sie sei für den Nobelpreis vorgeschlagen. Aber ihre Skepsis gegenüber sämtlichen Attributen des Ruhms, die sich meist scherzhaft äußerte, wandelte sich manchmal zur spannungsgeladenen und leidenschaftlichen Verneinung. Einmal sagte Tschukowskaja im Laufe eines Gesprächs mit Achmatowa: «‹Am Anfang hat der Ruhm wahrscheinlich sehr viel Ähnlichkeit mit der Liebe: Das Gefühl, daß man geliebt wird, ist doch etwas Angenehmes.› – ‹Da gibt es überhaupt keine Ähnlichkeit›, unterbrach Anna Andrejewna, ‹Ruhm – das bedeutet, daß alle einen Anspruch auf Sie haben und daß Sie sich in einen Lappen verwandeln, wobei es jedem freisteht, mit Ihnen Staub zu wischen. Am Ende seines Lebens hatte Tolstoi die Nichtigkeit des Ruhms durchschaut und in *Vater Sergej* gezeigt, daß man ihn abwaschen muß. Darum schätze ich ihn ganz besonders.›» Ein anderes Gespräch über dasselbe Thema, aber mit einer anderen, schmerzlichen, ja leidvollen Intonation, gibt Anatoli Naiman wieder: «Kurz bevor sie starb, kam es zwischen uns zu einem Gespräch über ihre damalige Lage: über den neuen Ruhm, der über sie gekommen war, und die Banalität, die diesem neuen Ruhm auf dem Fuß folgte; über die große Autorität, die sie auf einmal genoß, und ihre Abhängigkeit von einem Zeitungsartikel oder von irgendwelchen Memoiren, von dem Nobelpreis-Komitee, von der Auslandskommission des Schriftstellerverbandes; über die Heimatlosigkeit und die Abhängigkeit von fremden Menschen; über das Alter, über Krankheiten und die Dutzende von Anrufen und Briefen täglich. Zunächst bewahrte sie ihre stolze Haltung und wiederholte: ‹Ein Dichter ist jemand, dem man nichts schenken und dem man nichts nehmen kann› – aber plötzlich fiel sie in sich zusammen, beugte sich vor und sprach mit einem leidenden Blick und gesenkter Stimme, fast flüsternd: ‹Glauben Sie mir, ich wäre am liebsten ins Kloster gegangen. Das ist das einzige, was ich jetzt brauche. Wenn es nur möglich wäre.»

Das waren Worte, die wohl kaum aus einem vorübergehenden Verzweiflungsausbruch geboren wurden. Achmatowa war ein wirklich gläubiger Mensch. Wahrscheinlich konnte ihr nur der Glaube die Kraft geben, jenes Leben durchzustehen, das sie durchgestanden hat. Sie sprach selten und sehr wenig darüber, aber die, die sie kannten, wußten, daß der Glaube das Fundament ihrer Persönlichkeit war.

«Ich weiß noch, daß ich zuerst von Anna Andrejewna von dem Fund in Qumran hörte – von den zerschnittenen Schafhäuten, die ein Hirt in Höhlen gefunden hatte; die alten Schriftzeichen auf diesen Häuten bestätigten angeblich die Existenz Jesu. Sie erzählte mir das alles in knappen Worten, aber ihre Augen leuchteten. Ich glaube, daß für sie die Person Christi in ihrem menschlichen Sein und Schicksal ganz besonders bedeutsam war» *(I. Metter)*.

Als ihre Schutzheilige verehrte sie die Prophetin Hanna, die im Tempel von Jerusalem dem kleinen Jesus begegnet war. «Ich bin Hanna Lichtmeß», pflegte Achmatowa zu sagen.

Ihre Orthodoxie hatte jedoch nichts mit der kopflastigen Religiosität der neuen sowjetischen Intelligenzija gemein. Als Viktor Ardow eines Tages weitschweifige Überlegungen darüber anstellte, daß der griechisch-orthodoxe Kultus sich vorteilhaft von dem katholischen unterscheide, sagte Achmatowa: «Ich als Gläubige kann dazu nichts sagen.»

Ihren Glauben hatte sie von ihren Eltern übernommen, deshalb unterlag er weder Zweifeln noch Reflexionen, sondern bestimmte auf die schlichteste und natürlichste Weise ihre Worte und ihre Taten. «Am Versöhnungstag 1963, dem Tag vor den Großen Fasten, sagte sie: ‹An diesem Tag kam Mama in die Küche, verneigte sich tief vor den Dienstboten und sagte mit großem Ernst: ‹Vergebt mir Sünderin.› Die Dienstboten verneigten sich ebenso und antworteten mit dem gleichen Ernst: ‹Der Herr wird vergeben. Vergebt auch Ihr mir.› Und nun bitte ich euch: ‹Vergebt mir Sünderin›» *(Anatoli Naiman)*.

Man kann sicher sein, daß Achmatowa niemals, in keinem einzigen Fall, jemand von der Notwendigkeit des Glaubens überzeugen wollte. Aber ihre Erscheinung, die feinsten Nuancen ihres Verhaltens, die scheinbar im Alltag untergingen, wirkten überzeugender als alle Worte.

«Es ist eine frühe Kindheitserinnerung, daß Anna Andrejewna, wenn wir für längere Zeit Abschied nehmen mußten, über mir das Kreuzzeichen schlug und sagte: ‹Der Herr sei mit dir.›

Ungefähr ein Jahr vor ihrem Tod empfing ich die Taufe. Als ich ihr davon erzählte, sagte sie leise und innig: ‹Wie gut, daß du mir das sagst›» *(Michail Ardow)*.

Wenn Michail Ardow später die Weihen empfing und Geistlicher wurde, geschah das gewiß nicht ohne den Einfluß Anna Achmatowas. Ohne je erzieherisch auf die jüngere Generation einwirken zu wollen, gab ihre bloße Gegenwart dem Leben ihrer jungen Freunde bereits manchen Anstoß. Und diese ihrerseits schenkten ihr die Freude eines lebendigen Kontakts und das Gefühl des fortschreitenden Lebens.

Um die alte Achmatowa scharten sich in den sechziger Jahren viele junge Menschen, vor allem Dichter. Aufmerksam verfolgte sie die Wege der neuen Poesie. Und mit den Jahren wurden ihre Urteile keineswegs nachsichtiger.

«Es gibt keine begabten Dichter! Man ist Dichter, oder man ist keiner. Das ist eine ganz andere Sache, als wenn man morgens früh aufsteht, sich wäscht und sich an den Schreibtisch begibt: Nun möchte ich arbeiten. Gedichte – das sind Katastrophen. Nur dann geraten sie.» Achmatowas Kompromißlosigkeit sollte niemals als Härte empfunden werden. In den sechziger Jahren war die Poesie für die Jugend das Symbol der Freiheit. Und obwohl Achmatowa dies gelten ließ, versuchte sie deutlich zu machen, daß Poesie und Freiheit niemals gegen die kleine Münze lauter, aber hohler Worte eingewechselt werden dürfen.

«Die Welle dieser eruptiven Liebe zur Poesie spülte die damaligen Jugendidole in die Höhe: Wosnessenski, Roschdestwenski, Jewtuschenko, Achmadulina. Ihr mißfiel ihr lautes Wesen, das

Sensationelle an ihnen, die Gier nach dem Publikum – ihr und ihrer Vorstellung vom Dichter war das alles sehr fremd» *(M. Roskina)*.

Aber natürlich fand sich unter der Jugend auch eine Anzahl ihr geistig verwandter Menschen, denen Achmatowa die größte Hilfsbereitschaft entgegenbrachte – sie gab Ratschläge, sei es praktischer, sei es literarischer Art, Empfehlungen bei Veröffentlichungen oder Übersetzungsverträgen oder realisierte sogar gemeinsame Übersetzungsprojekte wie im Fall von Anatoli Naiman. Vier junge Leningrader Dichter, Bobyschew, Rejn, Naiman und Brodsky sind ihr Freunde in des Wortes höchster Bedeutung geworden, ohne altersbedingte Abstriche, ohne Generationskonflikt. In erster Linie gilt das Gesagte für die Gedichte und für die Persönlichkeit von Jossif Brodsky. Damals, Anfang der sechziger Jahre, war er gerade zwanzig Jahre alt. Und er war fünfundzwanzig, als er an Anna Achmatowas Grab stand. Als Dichter jedoch war er ein echter Zeitgenosse.

«Unter den Jüngsten, die sie aufmerksam beobachtete, galt Brodsky in den letzten Jahren ihre besondere Aufmerksamkeit und ihr Interesse. Sie hielt ihn für beispielhaft auch in anderer Beziehung: wegen des Hintergrundes seiner Gedichte – englische metaphysische Dichtung und alte Kammermusik. Nach dem Sommer in Komarowo, wo Brodsky mit seinen Freunden beinahe täglich bei ihr gewesen war, erzählte Achmatowa, daß Brodsky auf einmal verschwunden und mehrere Tage nicht gekommen sei. Als er endlich wieder auftauchte und sie ihn nach der Ursache seiner Abwesenheit fragte, antwortete er, daß er nicht mit leeren Händen habe kommen wollen. Und ihr sei sofort klargeworden, daß er bis dahin stets mit einem neuen Gedicht oder einer neuen Schallplatte im Gepäck gekommen war» *(W. Iwanow)*. Freilich läßt sich diese Episode auch durch Brodskys Schüchternheit und seine Verehrung für Achmatowa erklären. Aber es hat doch den Anschein, daß in diesem Fall Achtung und Selbstachtung gleich schwer wogen. Die nun folgenden Briefe Achmatowas an Brodsky sind Ausschnitte eines Dialogs, und zwar eines Dialogs von Gleichstehenden.

*Jossif,*

*aus den unendlichen Gesprächen, die ich mit Ihnen tags und nachts führe, müßten Sie hinreichend darüber unterrichtet sein, was geschehen und was nicht geschehen ist.*

*Geschehen:*

> *Hier ist sie, des Ruhmes*
> *hohe Schwelle,*
> *aber die listige Stimme*
> *warnte davor... usw.\**

*Nicht geschehen:*

> *Es tagt – das Letzte Gericht usw.\*\**

*Versprechen Sie mir das eine – absolute Gesundheit, denn es gibt nichts Schlimmeres auf der Welt als Wärmflaschen, Spritzen und hohen Blutdruck, aber das allerschlimmste – das alles ist irreversibel. Wenn Sie gesund sind, können vor Ihnen goldene Wege liegen, Freude und jene göttliche Vereinigung mit der Natur, die alle Leser Ihrer Gedichte in ihren Bann zieht.*

*Anna*

*Jossif,*

*Kerzen aus Syrakus. Ich schicke Ihnen die älteste Flamme, die wiederum beinahe Prometheus entwendet wurde.*

*Ich bin in Komarowo, im Haus der Künstler. In meinem Haus wohnt Anja samt Begleitpersonen: Heute bin ich dort gewesen und gedachte unseres letzten gemeinsamen Herbstes mit Musik, Brunnen und Ihrem Gedichtzyklus. Und dann tauchten wieder die rettenden Worte auf: «Das Wichtigste ist die Größe einer Idee.»*

*Schon wird der Himmel gegen Abend rosa, obwohl die Hauptstrecke des Winters noch vor uns liegt. Ich möchte meinen neuen Schicksalsschlag mit Ihnen teilen. Ich vergehe vor schwarzem Neid. Lesen Sie in «Inostrannaja literatura», Nr. 12 «Die Ermittlung» von Leon*

---

\* Aus Achmatowas Poem «Der Weg aller Welt».
\*\* Erste Zeile aus Achmatowas Gedicht «Aus dem Reisetagebuch».

*Filipe... Da bin ich neidisch auf jedes Wort, jede Intonation. Was für ein Alter! Und was für ein Übersetzer! Ich habe noch nie einen solchen Übersetzer gesehen. Sie sollten mir Ihr Beileid ausdrücken. Die Verse auf Eliots Tod\* sind vielleicht nicht einmal schlechter, aber da bin ich aus irgendeinem Grund nicht neidisch. Im Gegenteil – bei dem Gedanken, daß es sie gibt, wird mir heller zumute. Soeben erhielt ich Ihr Telegramm. Haben Sie Dank. Es kommt mir so vor, als hätte ich an diesem Brief sehr lange geschrieben.*

*Anna*

*15. Februar 1965*
*Komarowo*

*Jossif, Lieber!*
*Da die Zahl meiner nicht abgesandten Briefe an Sie unmerklich dreistellige Dimensionen annimmt, entschloß ich mich, Ihnen einen echten, d. h. einen real existierenden Brief zu schreiben (im Umschlag mit Briefmarke und Adresse), und wurde dabei ein wenig verlegen. Heute haben wir Peter und Paul – genau das Herz des Sommers. Alles strahlt und leuchtet von innen. Ich denke an viele verschiedene Peter-und-Paul-Tage.*

*Ich bin in der «Budka». Der Brunnen knarrt, die Krähen schreien. Ich höre Purcell («Dido und Aeneas»), den ich auf Ihren Rat hin mitgenommen habe. Das ist etwas so Mächtiges, daß man darüber nicht sprechen sollte.*

*Es stellt sich heraus, daß einen Tag bevor wir England verließen, dort ein Sturm tobte, der sich zu einer wahren Katastrophe entwickelte. Über das Unwetter schrieben alle Zeitungen. Erst dann habe ich verstanden, warum ich aus den Abteilfenstern ein so schreckliches Nordfrankreich sah. Ich dachte damals: «Solcher Himmel paßt zu einer Entscheidungsschlacht.» (Natürlich war es der Jahrestag von Waterloo, das habe ich später in Paris erfahren.) Schwarze, wüste Wolken fielen übereinander her, die ganze Erde lag unter trübem braunem Wasser; Flüsse, Bäche, Seen waren über die Ufer getreten. Aus dem*

---

\* Gedicht von Jossif Brodsky.

*Wasser ragten Steinkreuze – nach dem letzten Krieg sind dort viele
Friedhöfe und Massengräber. Dann Paris, glutheiß und fremd. Dann
– der Rückweg mit dem einzigen Wunsch: so schnell wie möglich nach
Komarowo; dann Moskau, und auf dem Bahnsteig alle mit Blumen,
wie im schönsten Traum.*

*Haben sich die Mücken bei Ihnen beruhigt? Wir haben inzwischen
keine mehr. Tolja und ich sind mit der Übersetzung von Leopardi dem-
nächst fertig\*, und währenddessen schweifen die Gedichte irgendwo in
der Ferne, rufen einander manches zu, aber niemand fährt mit mir
dorthin, wo das Wunder von Rastrelli leuchtet und strahlt – die
Smolny-Kathedrale. Ihre Worte vom letzten Jahr bleiben bestehen:
«Das Wichtigste ist die Größe einer Idee.»*

*Danke für das Telegramm. – Der klassische Stil gelingt Ihnen aus-
gezeichnet, sowohl im epistolarischen Genre als auch in den Zeichnungen. Wenn ich sie betrachte, fallen mir immer die Illustrationen von
Picasso zu den «Metamorphosen» ein. Ich lese Kafkas «Tagebücher».*

*Schreiben Sie mir.*

*Achmatowa, Juli 1965*

Diese Briefe schickte Achmatowa an Joseph Brodsky in die Verbannung, in das Dorf Norinskaja. Brodskys Lyrik, seine Position
war dem Regime inzwischen recht verdächtig vorgekommen. Er
schrieb keine politischen Gedichte. Und schon das konsequent
Apolitische seines Schaffens erweckte Mißtrauen und Ablehnung.
Seine Gedichte wurden selbstverständlich nicht gedruckt. Später,
vor Gericht, sollte er Nachweise und Bestätigungen dafür erbrin-
gen, daß er ein Dichter sei. «Ich denke, das kommt von Gott» – das
war eigentlich der höchste Beweis seiner Unschuld, den er in der
Hand hatte. Formal wurde er des «Parasitentums» beschuldigt; jeder sowjetische Mensch mußte ja in einem Arbeitsverhältnis stehen. Brodsky, der keiner regelmäßigen Beschäftigung nachging,
wurde zur «Umerziehung» im Dorf Norinskaja bei Archangelsk

---

\* Gemeinsam mit Anatoli Naiman übersetzte sie einen Gedichtband
von Giaccomo Leopardi.

verurteilt. «Was für eine Biographie sie unserem Rotschopf bereiten», sagte damals Achmatowa, die sein Schicksal in eine Reihe mit dem Mandelstams, Pasternaks und ihrem eigenen stellte. «Ende 1963, d. h. zu einer Zeit, die unvergleichlich leichter war als die Epoche unter Stalin, begann die Kampagne gegen Brodsky. Im November erschien in einer Leningrader Zeitung das Feuilleton ‹Eine literarische Drohne›, in der besten Tradition von Verleumdung und Aggressivität geschrieben. Damals wohnte ich in Moskau. Ich bekam die Zeitung am nächsten Morgen und traf mich sofort mit Brodsky, der kurz zuvor ebenfalls nach Moskau gekommen war, in einem Café. Unsere Stimmung war ernst, aber nicht gedrückt. Mitte Dezember lud Achmatowa Schostakowitsch zu sich ein, er war Deputierter beim Obersten Sowjet ebenjenes Bezirks von Leningrad, in dem auch Brodsky wohnte. Sie bat mich, ebenfalls anwesend zu sein, falls etwas richtiggestellt werden müßte, denn Brodsky war bereits aus Moskau abgereist. Schostakowitsch mit seinem nervösen Tic und der zungenbrecherisch undeutlichen Sprache, in die man sich angestrengt einhören mußte, versicherte Achmatowa immer wieder seine tiefempfundene und aufrichtige Verehrung, äußerte sich zu dem eigentlichen Anlaß aber eher uninteressiert und pessimistisch und stellte mir nur eine einzige Frage: ‹Hat er sich mit irgendwelchen Ausländern getroffen?› Ich antwortete, daß er sich bestimmt mit Ausländern getroffen habe, aber… Er ließ mich nicht einmal ausreden: ‹Dann ist nichts mehr zu machen!› und kam auf dieses Thema nicht mehr zurück. Als er sich verabschiedete, sagte er en passant, er würde der Sache nachgehen und alles tun, was in seiner Macht läge. Im Februar wurde Brodsky von der Straße weg in ein Auto gezerrt und auf dem nächsten Milizrevier in Verwahrung genommen. Einige Tage später kam er vor den Richter und wurde zur Begutachtung in ein Irrenhaus eingewiesen. Im März, bei der nächsten Verhandlung, wurde er wegen Parasitentums verurteilt und in ein Dorf im Gebiet Archangelsk verschickt. Währenddessen unternahmen Wigdorowa, Tschukowskaja und weitere zwei bis drei Dutzend Menschen, darunter Anna Achmatowa, verschiedene Versuche, ihn zu retten. War es Achmatowa, war es Tschukowskaja, eine von ihnen sagte, als sie die aus Leningrad eingetroffene Nachricht über die Verhaftung von Brodsky hörte: Schon wieder das: ‹Es ist erlaubt, für den Häftling eine Zahnbürste abzugeben, wieder das Rennen nach Wollsocken, warmer Unterwäsche, wieder Besuche im Gefängnis und wieder Pakete. Alles wie gehabt» *(Anatoli Naiman)*.

Des Eigenen wegen werd ich nicht mehr weinen,
Doch bliebe mir auf dieser Erde nur erspart,
Das goldene Mal des Mißgeschicks zu sehen
Auf der noch unberührten Stirn.

1962

Die Freundschaft zwischen Achmatowa und Brodsky ist eine exzeptionelle Erscheinung, die sich nicht durch Tradition oder das Band zwischen den Generationen erklären läßt. Aber Achmatowa, mit ihrer feinen Empfindung für die Zeit, hat zweifellos in ihm und in seinem Kreis die neuen Zeitgenossen gesehen. Die Vergangenheit brachte sich immer wieder in Erinnerung. Aber die Jungen schenkten ihr die Hoffnung, daß sie doch überstanden war.

Lydia Tschukowskaja erinnert sich an ein Gespräch mit Anna Achmatowa: «Wir fragten uns, ob das Jahr 1937 sich wiederholen könnte.

‹Nein›, sagte Anna Andrejewna mit Nachdruck, ‹das kann es nicht. Und wissen Sie, warum? Weil der Hintergrund fehlt, vor dem Stalin dieses ganze Entsetzen hochpeitschte. Ein indirekter Beweis: Die heutige Jugend versteht uns beide, nicht wahr? Sie ist uns gegenüber ganz zahm. Sie gehört zu uns; aber damals, 1929, 1930, da war eine Generation, die nichts von mir wissen wollte: ‹Wie? Die schreibt auch Gedichte?› Das war die Generation, für die ich nicht mehr war als ein Schatten. Es gab mal alte Schrullen, die irgendwann früher ihre Gedichtchen gern lasen!

Und alle warteten auf einen neuen Dichter, der endlich das neue Wort sagt.»

Achmatowas Worte klingen nicht unbescheiden. In ihnen äußert sich das Bewußtsein der Kontinuität von Geschichte und Kultur, die für die Zukunft unerläßlich ist. Und sie verstand, daß ihre Zeitgenossen, ihr eigenes Schicksal und ihre Dichtung Glieder dieser Kette sind.

«Sie gedachte der Toten, insbesondere ihrer Jugendfreunde, in dem gleichen Ton und mit derselben Lebhaftigkeit wie eines Gastes von gestern, und häufig gerade im Zusammenhang mit dem Gast von gestern. Und obwohl sie oft sagte: ‹Ich bin jetzt Madame Larousse und werde über alles befragt›, bestanden ihre Antworten niemals aus enzyklopädischen Informationen im Fach Literar- und Kunstgeschichte, sondern aus Anekdoten; es waren niemals Urteile, sondern farbige Details» *(Anatoli Naiman).* Dies gilt für ihre Erzählungen und auch für ihre Autobiographie.

*Man traut seinen Augen nicht, wenn man liest, in den Petersburger Treppenhäusern habe es immer nach Kaffee gerochen. Dort gab es hohe Spiegel, manchmal Teppiche. In keinem Petersburger Haus roch es jedoch im Treppenhaus nach etwas anderem als nach dem Parfum der Damen und nach den Zigarren der hinauf- und hinuntergehenden Herren. Der Genosse meinte wahrscheinlich die Hintertreppe, das sogenannte schwarze Treppenhaus (das jetzt meist nur genutzt wird). Dort konnte es in der Tat nach allem möglichen riechen, weil dort sämtliche Küchentüren waren. Zum Beispiel nach Pfannkuchen in der Butterwoche, nach Pilzen und Sonnenblumenöl zur großen Fastenzeit und nach dem Stint aus der Newa im Mai. Wenn etwas stark Riechendes gekocht wurde, öffneten die Köchinnen die Türen zur Hintertreppe – «damit der Dunst abzieht» (sagten sie). Aber meistens rochen alle «schwarzen» Treppenhäuser nach Katzen.*

*Geräusche in den Petersburger Höfen. Erstens das Geräusch von Brennholz, das in den Keller hinabgeworfen wird. Die Leierkastenspieler («Sing, Schwalbe, sing! Gib Ruhe meinem Herzen…»), der Scherenschleifer («Schleife Messer, schleife Scheren…»), die Trödler*

*(«Chalat! Chalat!»), die alle Tataren waren. Verzinner. «Frische Wyborger Brezeln!» Es hallte in diesen Höfen, in diesen Brunnenschächten.*

*Rauchsäulen über den Dächern. Die Petersburger holländischen Öfen. Die Petersburger Kamine, ein Wagnis mit untauglichen Mitteln. Die Petersburger Brände bei starkem Frost. Das Glockengeläut, übertönt von den Geräuschen der Stadt. Der Trommelwirbel, der immer an Hinrichtung erinnerte. Die Schlitten – mit Schwung gegen den Pfosten an den buckligen Brücken, die jetzt ihre Buckligkeit beinahe gänzlich eingebüßt haben. ...Der Pferdekopf, bereift, mit Eiszapfen behängt, die beinahe bis auf die Schulter des Spaziergängers reichen. Aber welch ein Geruch nach Leder in der Droschke bei hochgeklapptem Dach im Regen! Ich habe fast den ganzen «Rosenkranz» in dieser Umgebung gedichtet und zu Hause die fertigen Gedichte nur niedergeschrieben.*

Achmatowa wiederholte oft: «Nichts außer Religion ist imstande, Kunst entstehen zu lassen.» Sie hätte hinzufügen können, daß auch das Gedächtnis mit der Kunst unlösbar verbunden ist.

Die Erinnerung hat drei Epochen.
Die erste – als sei gestern es gewesen.
Die Seele weilt unter ihrem gesegneten Gewölbe,
Der Körper fühlt selig sich in ihrem Schatten.
Noch ist das Lachen nicht verhallt, noch strömen Tränen,
Der Tintenfleck ist noch nicht vom Tisch gewischt –
Und wie ein Siegel auf dem Herzen ist der Kuß,
Der einzige, des Abschieds, unvergeßlich...
Doch sie währt nicht lange...
Schon ist kein Gewölbe mehr über dem Kopf, nur irgendwo,
In abgelegener Vorstadt, ein stilles Haus,
Wo es im Winter kalt und heiß im Sommer ist,
Dort gibt es Spinnen, und überall liegt Staub,
Dort modern glühendheiße Briefe,
Und heimlich werden Bilder ausgewechselt,

Man geht dorthin, als ginge man zu einem Grab,
Und kommt man heim, so wäscht man sich mit Seife seine
    Hände
Und wischt die flüchtige Träne
Von den müden Lidern – und seufzt aus voller Brust...
Aber die Uhr tickt weiter. Ein Frühling löst
Den andern ab, der Himmel wird blaßrosa,
Die Städte ändern ihre Namen.
Die Zeugen der Ereignisse gehen dahin,
Niemand, mit dem man weinen, mit dem man sich erinnern
    kann.
Und langsam entfernen sich die Schatten,
Die wir nicht mehr beschwören,
Weil ihre Rückkehr für uns schrecklich wäre.
Und dann, erwachend, sehen wir, daß wir vergessen haben
Sogar den Weg zu diesem stillen Haus,
Und laufen, atemlos vor Scham und Zorn,
Dorthin, doch dort (wie es im Schlaf geschieht)
Ist alles anders: Menschen, Dinge, Mauern.
Niemand kennt uns. Wir sind Fremde.
Wir haben uns verlaufen... Oh, mein Gott!
Und jetzt tritt ein das Bitterste von allem:
Wir werden uns bewußt, daß wir nicht unterbringen können,
Das, was gewesen ist, in den Grenzen unseres Lebens,
Daß es fast ebenso fremd uns ist,
Wie unsern Nachbarn in der Wohnung,
Daß wir nicht mehr erkennen könnten jene, die schon
    gestorben sind,
Daß andere dagegen, von denen wir uns nach Gottes Willen
    trennten,
Vortrefflich ausgekommen sind, auch ohne uns – und daß
    sogar
Alles zum Besten war...

Diese sechste der *Nördlichen Elegien*, geschrieben 1945, nimmt die letzten Jahre Achmatowas vorweg, als sie nicht mehr wußte, «mit wem sie weinen und mit wem sie sich erinnern» sollte. – «Wie schrecklich ist es, wenn alle Freunde sich in Gedenktafeln verwandeln!» sagte sie oft. Sie sprach von diesen Freunden, als wären sie noch am Leben, wußte aber gleichzeitig, daß die Erinnerung eine schwere Bürde ist: «Ich erinnere mich an alles – das ist mein Unglück.» Das Unglück lag in dem Wissen, daß alles Gewesene noch lebt, aber nur in ihrem Innern.

*Den Menschen meiner Generation droht keine traurige Rückkehr – wir wissen nicht, wohin... Manchmal glaube ich, man könnte ein Auto nehmen und an einem Tag, an dem das Vauxhall in Pawlowsk geöffnet ist (wenn es in den Parks so menschenleer ist und so stark duftet), zu Stellen fahren, wo ein untröstlicher Schatten nach mir ruft, aber dann begreife ich langsam, daß es unmöglich ist, daß man in die Gemächer der Erinnerung nicht eindringen darf (und noch dazu in einer Benzin-Blechbüchse), daß ich dort nichts wiederfinden und nur das auslöschen würde, was ich heute so deutlich vor Augen habe.*

Diese bitteren Zeilen entsprechen ganz genau den Erinnerungen von Alexej Batalow über die einzige Reise, die Achmatowa im Alter an die Stätte ihrer Kindheit unternahm – nach Zarskoje Selo. «Wir wandelten langsam über die Parkwege. Anna Andrejewnas Sätze und Bemerkungen ließen sich kaum zu einer zusammenhängenden Erzählung vereinen, obwohl sie offensichtlich, einfach aus Taktgefühl, mir bei diesem Spaziergang einiges erklären wollte. Aber genauso wie in anderen ähnlich schwierigen Situationen war sie ganz besonders sparsam mit Worten und eher trocken und sachlich in der Äußerung ihrer Gefühle. Sie blieb nicht in melancholischer Haltung stehen, sie versuchte sich auch nicht mit gefurchter Stirn zu erinnern, was hier oder dort gewesen war. Sie ging dahin wie ein Mensch, der plötzlich an der Stelle seines restlos niedergebrannten Hauses steht, wo unter den vom Feuer verunstalteten

Trümmern mit großer Mühe die Überreste der seit seiner Kindheit vertrauten Gegenstände zu erahnen sind.»

Die seit langem bekannten Orte erinnerten nun weniger an Kindheit und Jugend als vielmehr an alte und frische Gräber.

Im Herbst 1964 erfuhr Achmatowa vom Tod ihrer Lyzeumsfreundin Walja Tjulpanowa-Sresnewskaja.

Das kann kaum sein, denn du warst immer da:
Im Schatten seliger Linden, bei der Blockade und im
   Krankenhaus,
In der Gefängniszelle und dort, wo es die bösen Vögel,
Die üpp'gen Gräser und das unheimliche Wasser gibt.
Oh, alles ändert sich, doch du warst immer da.
Mir scheint, daß meiner Seele Hälfte mir genommen wurde,
Jene, die bei dir war – und in ihr wußte ich den Grund
Für Wesentliches. Und plötzlich vergaß ich alles...
Doch deine helle Stirn ruft von drüben mich,
Sie bittet, nicht zu trauern und auf den Tod zu warten wie auf
   ein Wunder.
So sei es! Versuchen wir's.

*Komarowo,*
*9. September 1964*

*Wer hätte geglaubt, daß ich für so lange vorgesehen war, und warum habe ich das nicht gewußt? Das Erinnerungsvermögen ist unwahrscheinlich geschärft. Die Vergangenheit kreist mich ein und fordert etwas von mir. Was eigentlich? Die geliebten Schatten der fernen Vergangenheit sprechen kaum noch zu mir. Vielleicht ist es für sie das letzte Mal, daß die Seligkeit, die die Menschen Vergessen nennen, ihnen vorenthalten wird. Worte steigen auf, die vor einem halben Jahrhundert gefallen sind und an die ich mich in den ganzen fünfzig Jahren kein einziges Mal erinnert habe. Es wäre komisch, wollte man das nur mit meiner sommerlichen Einsamkeit und mit der Nähe der Natur erklären, die mich schon lange nur an den Tod gemahnt.*

Anna Andrejewna Achmatowa starb am 5. März 1966 in Domode-
dowo bei Moskau, in einem Sanatorium. Einige Tage zuvor war sie
nach dem dritten Herzinfarkt aus dem Krankenhaus entlassen worden. Als sie im Sanatorium abermals einen Herzanfall erlitt, konnten die Ärzte nichts mehr tun. «Als ich Anna Andrejewna fünf
Tage vor ihrem Ableben besuchte, unterbrach sie mich einmal ge-
quält: ‹Draußen vor dem Fenster steht jemand und ruft mich. So
etwas kommt nur im März vor. Haben Sie das nicht auch schon
bemerkt?›» *(Emma Gerstein)*

Der Leichnam wurde in den Aufbahrungssaal eines Moskauer
Krankenhauses überführt, das im neunzehnten Jahrhundert von
Fürst Scheremetjew erbaut worden war. Über dem Tor ist dasselbe
Wappen angebracht, das das Fontanka-Palais schmückt und als
Motto über dem *Poem ohne Held* steht: «Deus conservat omnia.»
Ein Kreis hatte sich geschlossen.

«Nach allem, was wir hörten, kam Mütterchen Moskau (freilich
das offizielle) nicht auf den Gedanken, Anna Achmatowa durch
einen feierlichen Abschied vor ihrem letzten Weg zu ehren. Wozu
soviel Aufregungen und Umstände: Sie hat das Wohnrecht in Leningrad, soll doch Leningrad ihr das Geleit geben. Dennoch gelang
es einigen Dutzend ihrer Verehrer, in der Aufbahrungshalle von
ihr Abschied zu nehmen. Am 9. März, gegen fünf Uhr nachmittags,
landete das Flugzeug mit ihrem Sarg in Leningrad. Darauf wurde
sie in der Nikolski-Kathedrale aufgebahrt.

Von diesem Augenblick an war ich unmittelbarer Zeuge allen
Geschehens und möchte nun meine Eindrücke mit Ihnen teilen,
solange sie in meinem Gedächtnis noch frisch sind.

Am 9. März betrat ich gegen sechs Uhr nachmittags die Kathedrale. Es wurde der in der Großen Fastenwoche übliche Gottesdienst abgehalten, und die vielen Betenden nahmen von der ver-
storbenen Dichterin nicht die geringste Notiz. Ihr Sarg, geöffnet
und von Blumen ganz bedeckt, stand inzwischen im rechten halb
beleuchteten Seitenschiff, umgeben von einigen Dutzend ergriffen
schweigenden Menschen. Diese ersten Minuten hinterließen einen

ganz besonders starken Eindruck. Ich stand zwei Schritte vom Sarg entfernt und betrachtete lange das schöne, vom Tod nicht entstellte, leidvolle Antlitz mit dem charakteristischen Profil... Ich hatte keine Gelegenheit gehabt, Achmatowa zu ihren Lebzeiten zu begegnen, und das war also meine erste Begegnung mit ihr...

Es wurde eine Seelenmesse gelesen, eine Stunde später die zweite.

Nach der ersten Seelenmesse bahnte sich Lew Nikolajewitsch Gumiljow den Weg durch die umstehenden Menschen – mittelgroß, von mittlerem Alter mit deutlich ergrauendem Haar und mit Gesichtszügen, die sehr an seine Mutter erinnerten. Er trat an den Sarg und blieb dort stehen. Bei der zweiten Seelenmesse hatten sich viele Menschen versammelt, obwohl in der Kirche nichts angekündigt worden war.

Am nächsten Tag war ich gegen 11 Uhr vormittags wieder in der Kathedrale. Es wurde der übliche Gottesdienst abgehalten. Jetzt stand der Sarg im Zentrum der Kathedrale vor dem Altar. Inzwischen hatten sich so viele Menschen eingefunden, daß es kaum möglich war, an den Sarg heranzukommen. Am Sarg stand wieder Gumiljow. Von den Schriftstellerkollegen war keiner gekommen, und wer von den weniger bekannten auch dagewesen sein mochte, er blieb abseits stehen. Eine halbe Stunde später war die Kathedrale überfüllt, man konnte sich kaum umdrehen. Auch draußen vor dem Eingang drängte sich das Volk. Und was für ein Volk. Fast ausschließlich junge Menschen, Studenten. Um 12 Uhr begann die Aussegnung. Für den Erzpriester und den Diakon, beide in weißen Gewändern, war es eine gewohnte, aber diesmal mühevolle Aufgabe. Sie hatten wohl kaum je Gelegenheit gehabt, eine Aussegnung vor einer so zahlreichen (im wesentlichen atheistischen Menge) zu zelebrieren...

Nach der Seelenmesse schritten alle Anwesenden langsam an dem offenen Sarg vorbei, um Abschied zu nehmen.

Gegen 14 Uhr wurde der Sarg in den Schriftstellerverband überführt, dort sollte eine weltliche Totenfeier stattfinden. Ich bin auch dort gewesen. Es waren so viele Menschen anwesend, wie dieses verhältnismäßig kleine Gebäude nur aufnehmen konnte. Die anderen harrten auf der Straße aus...

Die Beisetzung fand, vermutlich nach ihrem letzten Willen, am selben Tag in Komarowo statt. Ich kam dort mit der Eisenbahn eine Stunde vor der festgesetzten Zeit an. Die Straße vom Bahnhof zum Friedhof war bereits voller Menschen und Autos. Ein kleiner verschneiter Friedhof, mitten im Wald. Auf der rechten Seite am Ende eines Weges an der Friedhofsmauer das ausgehobene Grab. Gegen sechs brachte man den Sarg. Inzwischen hatten sich ziemlich viele Menschen (vielleicht 150 bis 200) versammelt; Studenten waren nicht mehr dabei. Vor allem ein gebildetes Publikum mittleren Alters und einige Schriftsteller. Am offenen Grab sprach als erster, im Namen der Moskauer Schriftsteller, Sergej Michalkow, dann G. Makogonenko für die Leningrader Schriftsteller und als dritter Arseni Tarkowski.

Alle Redner sprachen sehr gut: Von der großen Dichterin, deren Name in der ganzen Welt bekannt ist, von der tiefen Aufrichtigkeit ihres Schaffens, von ihrem schönen, stolzen, aber schweren und bitteren Schicksal und schließlich von der Verfolgung ihres Talents. Und das alles ohne eine Spur von Förmlichkeit, tiefempfunden, aufrichtig, menschlich.

Der Sarg wurde in das Grab hinuntergelassen. Die gefrorene Erde schlug hart auf dem Sargdeckel auf, alle standen in tiefem Schweigen, bis der kleine Hügel mit einem weißen Holzkreuz fertig war, mit Kränzen und Sträußen aus frischen Blumen geschmückt...

(*Anatoli Alexejew* an Gleb Struwe, 15. März 1966)

Joseph Brodsky

*Auf das Jahrhundert Anna Achmatowas*

Die Seite eines Buchs – und Feuer, das Samenkorn – und
    Mühlstein,
Die Schneide eines Beils – und durchgehacktes Haar –
Behütet alles Gott, doch ganz besonders Worte
Der Liebe und Vergebung, Seiner Stimme gleich.
In ihnen pocht der aussetzende Puls, in ihnen ist der Knochen
    Kreischen hörbar,
In ihnen klopft des Totengräbers Spaten; gleichmäßig und ein
    wenig dumpf,
Weil man das eine Leben hat, erklingen sie aus einem Mund,
    der sterblich ist,
Viel deutlicher als aus der Wolkenwatte.
Du große Seele, Dank über die Meere hinweg,
Dafür, daß du sie fandest – dir und dem vergänglichen Teil,
Der in der heimatlichen Erde schläft, die
Durch dich gewürdigt ward der Rede Gabe
Im taubstummen All.

1989

# Anmerkungen
## zur deutschen Ausgabe

Bei den von der Verfasserin zitierten Quellen handelt es sich in vielen Fällen um noch unveröffentlichte, in einigen Fällen nur russisch publizierte Tagebuchaufzeichnungen, Briefe und Erinnerungen, die im neugegründeten Achmatowa-Museum in St. Petersburg zusammengetragen werden. Alle zitierten Texte sind von Swetlana Geier erstmalig oder aber neu ins Deutsche übertragen worden, die Gedichte Anna Achmatowas ebenso wie die anderer Autoren zugunsten inhaltlicher Vollständigkeit in Interlinearversionen.

Auch die in diesem Band abgedruckten Fotos sind zum größten Teil bisher noch nicht veröffentlicht und stammen aus dem Fundus des Petersburger Achmatowa-Museums.

7 *Vous êtes en moi comme une hantise* – Sie sind für mich wie eine Sturzflut.

15 *bei den Bestuschew-Kursen* – im Jahre 1878 gegründete Höhere Mädchenschule, die als fortschrittlich galt.

18 *Marfa Possadniza* – stand an der Spitze der antimoskauer Partei der Nowgoroder Bojaren, wurde nach der Einverleibung Nowgorods in den Moskauer Staat 1478 gefangengenommen.

21 *mit Ghil oder Bourget* – Ghil – eigentlich René Guilbert (1862–1925), französischer Lyriker, Bourget – Paul Bourget (1825–1935), französischer Essayist und Romancier.

25 *Pique Dame* – Erzählung von Alexander Sergejewitsch Puschkin.

28 *Parny* – Evariste Désiré de Forges, Chevalier, Vicomte de Parny (1753–1814), französischer Lyriker.

338

39 *Gostinny dwor* – Kaufhof.

40 *Il est intimidant* – Er ist einschüchternd.

45 *Das Leben eines Menschen* – Stück von Leonid Nikolajewitsch Andrejew.

48 *On communique* – Wir verstehen einander.

*Il n'y a que vous pour réaliser cela* – Nur Sie können das.

50 *Les bijoux doivent être sauvages* – Die Perlen müssen wild sein.

51 *Henri de Régnier* – Henri François Joseph de Régnier (1864–1936), französischer Lyriker, Romancier, Erzähler und Essayist, seit 1911 Mitglied der Académie Française, Hauptvertreter des Neosymbolismus in Frankreich.

52 *Feuervogel* – Der Feuervogel (1910) und *Petruschka* (1911) Ballette von Igor Strawinski.

53 *J'ai oublié…* – Ich habe vergessen, Ihnen zu sagen, daß ich Jude bin.

71 *Slepnjowo* – In Slepnjowo (Gouvernement Twer) befand sich das Anwesen der Familie Gumiljow.

102 *ein halbes Pud* – 1 Pud = 16,38 kg.

127 *neuntausend Werst* – Larissa Reisner lebte von 1922–1923 mit ihrem Mann in Afghanistan (wo er sowjetischer Botschafter war) – hierauf bezieht sich die Entfernungsangabe ‹neuntausend Werst› im Text (1 Werst = 1,016 km).

144 *Pilnjaks «Mahagoni»* – Die Veröffentlichung dieses Buches in einem Berliner Exilverlag 1929 bildete den Auftakt für eine Diffamierungskampagne gegen Pilnjak, die schließlich in seiner Verhaftung 1937 mündete. 1938 wurde er zum Tode verurteilt und sofort erschossen.

169 *Michail-Palast* – Er war als Residenz des Zaren Paul I. erbaut worden, Paul lebte jedoch kaum ein Jahr in dem neuen Palast. 1801 wurde er hier in seinem Schlafgemach ermordet.

*wo Dostojewski auf den Tod wartete* – 1849 hatte Zar Nikolai I. folgendes Schauspiel inszenieren lassen: Die wegen ihrer Beteiligung am Petraschewski-Zirkel Verhafteten – unter ihnen auch Dostojewski – waren zum Tode verurteilt worden. Tatsächlich jedoch hatte der Zar das Urteil in Verbannung und Zwangsarbeit umgewandelt. Die Verurteilten erfuhren von ihrer Begnadigung erst auf dem Semjonowski-Platz, dem Ort, an dem gewöhnlich die Exekutionen stattfanden, nachdem sie bereits zur Erschießung aufgestellt worden waren.

171 *der Tod des Dichters in einem Etappengefängnis* – Mandelstam war am 2. Mai 1938 verhaftet und kurz darauf zu fünf Jahren Lagerhaft verurteilt worden. Er starb am 27. Dezember 1938 im Etappengefängnis 3/10 «Wtoraja retschka» nahe Wladiwostok.

172 *Orden der ‹Affenkammer›* – Der Orden der «Großen und Freien Affenkammer» – ein Scherz-Orden, der die Zugehörigkeit des Ausgezeichneten zu einer von Alexej Michailowitsch Remisow gegründeten «Geheimgesellschaft» der Schriftsteller, Künstler und Musiker besiegelte.

174 *Tscheljuskin* – Im Februar 1934 wurde der sowjetische Eisbrecher «Tscheljuskin» während einer Forschungsexpedition im Eis eingeschlossen und von Eisblöcken zerstört. Die Besatzung konnte durch eine riskante Aktion sowjetischer Flieger gerettet werden.

175 *‹Ich verleugne weder Tote...›* – Die Frage nach dem «Akmeismus» war eine offenkundige Provokation, bei der es in erster Linie um Nikolai Gumiljow ging.

176 *Snegurotschka* – Oper von Nikolai Andrejewitsch Rimski-Korsakow.

232 *mit der Rossetti* – Christina Georgina Rossetti (1830–1894), englische Lyrikerin.

288 *die Hagerup* – Inger Hagerup (1905–1985), norwegische Lyrikerin.

332 *das Vauxhall in Pawlowsk* – Pawlowsk, 30 km südlich von Petersburg gelegen, war mit seinen romantischen Parks vor der Revolution die beliebteste Sommerfrische der Petersburger. Im *Vauxhall* fanden in den Sommermonaten allabendlich Konzerte statt.

# Personenverzeichnis

*Adamowitsch, Georgi Viktorowitsch* (1894–1972). Lyriker, Literaturkritiker, Mitglied der Gruppe der Akmeisten. 1922 Emigration.

*Aliger, Margarita Jossifowna* (geb. 1915). Lyrikerin und Übersetzerin.

*Altman, Natan Issajewitsch* (1889–1970). Maler, Grafiker, Bildhauer.

*Amfiteatrow, Alexander Walentinowitsch* (1862–1938). Lyriker, Prosaist, Feuilletonist.

*Andrejew, Leonid Nikolajewitsch* (1871–1919). Erzähler und Dramatiker; zu Beginn des 20. Jh.s einer der populärsten Schriftsteller Rußlands. 1917 Emigration nach Finnland.

*Annenski, Innokenti Fjodorowitsch* (1856–1909). Klassischer Philologe, Übersetzer, Lyriker und Dramatiker. Wegbereiter des Symbolismus.

*Anrep, Boris Wassiljewitsch* (1883–1969). Lyriker, Maler und Mosaikkünstler, emigriert 1917 nach England.

*Ardow, Viktor Jefimowitsch* (1900–1976). Prosaist; Ehemann von Nina Olschewskaja.

*Artamonow, Michail Illarionowitsch* (1898–1972). Archäologe, von 1951 bis 1964 Direktor der Eremitage-Museen.

*Assejew, Nikolai Nikolajewitsch* (1889–1963). Lyriker, von Majakowski und Chlebnikow beeinflußt.


*Balmont, Konstantin Dmitrijewitsch* (1867–1942). Symbolistischer Lyriker, zu Anfang des Jahrhunderts sehr populär; Übersetzer. 1920 Emigration nach Frankreich.

*Batalow, Alexej Nikolajewitsch* (geb. 1928). Filmschauspieler, Regisseur; Sohn von Nina Olschewskaja.

*Bedny, Demjan* (1883–1945). Lyriker. Umstrittene Stellung unter den Literaten, gleichsam offizieller Barde des Sowjetstaates nach der Revolution. Fiel 1936 bei Stalin wegen eines Opernlibrettos in Ungnade.

*Bely, Andrej* (1880–1934). Lyriker, Prosaist und Literaturwissenschaftler; Theoretiker des Symbolismus. Hielt sich zwischen 1912 und 1923 lange Zeit in Westeuropa auf, u. a. von 1921–1923 in Berlin. 1923 endgültige Rückkehr nach Rußland.

*Berdjajew, Nikolai Alexandrowitsch* (1874–1948). Kultur- und Religionsphilosoph. 1922 wegen seiner radikalen Kritik an der Politik des Materialismus und Atheismus aus der UdSSR ausgewiesen, lebte er seit 1924 in Paris.

*Berggolz, Olga Fjodorowna* (1910–1975). Lyrikerin, Essayistin.

*Berlin, Sir Isaiah* (geb. 1909). Philosoph, Kunsthistoriker.

*Blok, Alexander Alexandrowitsch* (1880–1921). Lyriker, Dramatiker und Essayist. Neben Bely bedeutendster Vertreter des russischen Symbolismus.

*Bobyschew, Dmitri Wassiljewitsch* (geb. 1936). Lyriker, veröffentlichte v. a. im Samisdat, einige wenige Gedichte konnten in sowjetischen Periodika erscheinen. 1979 Emigration in die USA.

*Brjussow, Waleri Jakowlewitsch* (1873–1924). Lyriker und Erzähler; einer der Begründer des Symbolismus in Rußland.

*Brodsky, Joseph* (geb. 1940). Als junger Lyriker in Leningrad von Achmatowa gefördert. 1964 wegen «Parasitentums» zu Verbannung verurteilt und 1972 aus der UdSSR ausgewiesen. 1987 Nobelpreis für Literatur. Lebt in den USA.

*Bulgakow, Michail Afanassjewitsch* (1891–1940). Epiker und Dramatiker. Sein bedeutendster Roman, *Der Meister und Margarita* (1928–1940), konnte in der Sowjetunion erst 1973 vollständig erscheinen.

*Bunina, Anna Petrowa* (1774–1829). Lyrikerin und Übersetzerin.

*Chasin, Jewgeni Jakowlewitsch* (1893–1974). Bruder von Nadeschda Mandelstam.

*Chlebnikow, Welemir* (1885–1922). Bedeutender experimenteller Lyriker und Futurist.

*Chodassewitsch, Wladislaw Felizianowitsch* (1886–1939). Lyriker, Literaturkritiker. Lehrte 1918/19 beim «Proletkult» in Moskau. 1922 Emigration nach Berlin, später nach Paris.

*Derschawin, Gawrila Romanowitsch* (1743–1816). Lyriker des russischen Klassizismus. Persönlicher Sekretär von Katharina II., später Gouverneur und Minister.

*Dmitrijewa, Jelisaweta Iwanowna* (1881–1928). Lyrikerin. Veröffentlichte unter dem Pseudonym Cherubina de Gabriaque in der Zeitschrift *Apollon*.

*Drusin, Waleri* (1903–1980). Literaturkritiker.

*Dymschiz, Alexander Lwowitsch* (1910–1975). Kritiker, Literaturwissenschaftler, Übersetzer, u. a. von Brecht und Feuchtwanger.

*Efros, Abram Markowitsch* (1888–1954). Kunstwissenschaftler und Literaturkritiker, Übersetzer. Autor einer Monographie zum Werk Achmatowas (1923).

*Eichenbaum, Boris Michailowitsch* (1866–1959). Literaturkritiker. Theoretiker des russischen Formalismus.

*Fadejew, Alexander Alexandrowitsch* (1901–1956). Prosaiker, Literaturfunktionär. Von 1946–1953 Generalsekretär des sowjetischen Schriftstellerverbandes. Beging Selbstmord.

*Fedin, Konstantin Alexandrowitsch* (1892–1977). Schriftsteller und sowjetischer Literaturfunktionär.

*Gerstein, Emma Grigorjewna* (geb. 1903). Literaturwissenschaftlerin. Nahe Freundin Achmatowas. Die von ihr verfaßten Erinnerungen an Anna Achmatowa sind noch unveröffentlicht.

*Ginsburg, Lydia Jakowlewna* (1902–1990). Literaturhistorikerin und Literaturtheoretikerin.

*Gitowitsch, Alexander Iljitsch* (geb. 1909). Lyriker, Übersetzer.

*Glebowa-Sudejkina, Olga Afanassjewna* (1885–1945). Schauspielerin, Sängerin, Tänzerin. Langjährige Freundin Achmatowas.

*Gorki, Maxim* (1868–1936). Epiker und Dramatiker, lebte von 1921–1931 aus gesundheitlichen, aber auch politischen Gründen in Westeuropa. 1934 zum Vorsitzenden des sowjetischen Schriftstellerverbandes ernannt. Die Umstände seines Todes sind bis heute nicht zweifelsfrei geklärt.

*Gorodezki, Sergej Mitrofanowitsch* (1884–1967). Lyriker, zusammen mit Gumiljow Begründer des «Akmeismus». Verfaßte nach der Revolution politische Lyrik.

*Granin, Daniil Alexandrowitsch* (geb. 1919). Erzähler.

*Gumiljow, Lew Nikolajewitsch* (geb. 1912). Historiker und Orientalist. Sohn Anna Achmatowas und Nikolai Gumiljows. Während des Stalinismus mehrmals in Haft, das letzte Mal von 1949 bis 1956.

*Gumiljow, Nikolai Stepanowitsch* (1886–1921). Lyriker, Übersetzer, Dramatiker. Begründer des «Akmeismus», Syndikus der «Dichter-Zunft». Achmatowa war mit ihm von 1910–1918 in erster Ehe verheiratet. Nach der Revolution wegen angeblicher Beteiligung an einer monarchistischen Verschwörung verhaftet und am 25. August 1921 erschossen.

*Hippius (Gippius), Sinaida Nikolajewna* (1869–1945). Lyrikerin, Literaturkritikerin, Romanautorin. Frau des Dichters Dmitri Sergejewitsch Mereschkowski. Von 1905–1917 führte sie in Petersburg einen Salon, der zum Treffpunkt der Symbolisten wurde. Emigrierte 1919 gemeinsam mit Mereschkowski nach Paris.

*Iwanow, Georgi Wladimirowitsch* (1894–1958). Lyriker, gehörte zur Gruppe der «Akmeisten» und war Mitglied der «Dichter-Zunft». 1923 Emigration nach Paris.

*Iwanow, Wjatscheslaw Iwanowitsch* (1866–1949). Lyriker, führender Vertreter des russischen Symbolismus. Seine Wohnung «im Turm» am Taurischen Garten war bis 1910 regelmäßiger Treffpunkt von Dichtern, Künstlern und Wissenschaftlern des vorrevolutionären Petersburg. Iwanow emigrierte 1924 nach Italien.

*Jagoda, Genrik Grigorjewitsch* (1891–1938). Von 1934–1936 Chef des NKWD. 1938 des Mordes an Kirow u. a. angeklagt und zum Tode verurteilt.
*Jessenin, Sergej Alexandrowitsch* (1895–1925). Populärer Lyriker. Ehemann von Isadora Duncan. Beging 1925 Selbstmord.

*Kawerin, Wenjamin Alexandrowitsch* (geb. 1902). Bedeutender Erzähler. Nach 1946 Opfer heftiger Diffamierungen.
*Kirsanow, Semjon Isaakowitsch* (1906–1972). Lyriker. In den zwanziger Jahren gemeinsam mit Majakowski politisch-literarische Öffentlichkeitsarbeit.
*Kljujew, Nikolai Alexejewitsch* (1887–1937). Sowohl von den Symbolisten als auch von den «Akmeisten» hochgeschätzter Lyriker. Ab 1922 Publikationsschwierigkeiten, 1934 Verbannung nach Sibirien, 1937 in einem Gefängnis bei Tomsk erschossen.
*Komissarschewskaja, Vera Fjodorowna* (1864–1910). Bedeutende Schauspielerin («russische Duse») aus dem Umkreis der Symbolisten.
*Kusmin, Michail Alexejewitsch* (1875–1936). Lyriker, Erzähler, Dramatiker, Übersetzer. Forderte die Lösung vom Symbolismus und propagierte eine rationale Gestaltung des Kunstwerks («Klarismus»).

*Lermontow, Michail Jurjewitsch* (1814–1841). Neben Alexander Puschkin bekanntester russischer Lyriker der Romantik. Tod bei einem Duell.
*Liwschiz, Benedikt Konstantinowitsch* (1887–1938). Lyriker, Übersetzer. 1937 zu 10 Jahren Haft verurteilt und aller Wahrscheinlichkeit nach gemeinsam mit dem Lyriker Juri Jurkun 1938 erschossen.
*Lomonossow, Michail Wassiljewitsch* (1711–1765). Lyriker und Universalgelehrter mit bedeutendem Anteil an der Entwicklung der modernen russischen Literatursprache.
*Losinski, Michail Leonidowitsch* (1886–1955). Lyriker, Übersetzer. Langjähriger Freund von Achmatowa. Mitglied der «Dichter-Zunft».
*Lourié (Lurje), Arthur Sergejewitsch* (1893–1966). Komponist. Vertonte einige frühe Gedichte Achmatowas sowie das *Poem ohne Held*. Emigration 1922; lebte in Berlin, Paris und den USA.

344

*Lugowskoi, Wladimir Alexandrowitsch* (1901–1957). Lyriker. Von 1926 bis 1930 Mitglied der Gruppe der Konstruktivisten. Von 1937 bis zu Stalins Tod Veröffentlichungsverbot.

*Majakowski, Wladimir Wladimirowitsch* (1893–1930). Lyriker, Dramatiker, Hauptvertreter des russischen Futurismus, stand von 1922–1929 an der Spitze von LEF («Linke Front der Künste»). Wurde trotz seines Engagements für die Revolution von den meisten vulgär-marxistischen Kritikern und Kulturfunktionären abgelehnt. Beging 1930 Selbstmord. Posthum von Stalin zum «besten und begabtesten Lyriker der Sowjetepoche» erklärt.

*Makowski, Sergej Konstantinowitsch* (1877–1962). Lyriker, Literaturkritiker, stand den «Akmeisten» nahe. Starb in der Emigration.

*Mandelstam, Nadeschda Jakowlewna* (1899–1980). Ehefrau von Ossip Mandelstam. Verfasserin von Memoiren über die Zeit des Stalinismus (*Das Jahrhundert der Wölfe*).

*Mandelstam, Ossip Emiljewitsch* (1891–1938). Einer der bedeutendsten russischen Lyriker dieses Jahrhunderts. Begann als «Akmeist». Enger Freund von Anna Achmatowa. 1934 verhaftet und zu drei Jahren Verbannung verurteilt, die er zum Teil in Woronesch verbrachte. 1938 erneute Verhaftung und Tod unter ungeklärten Umständen.

*Markisch, Perez Davidowitsch* (1896–1952). Jiddischsprachiger Lyriker, Dramatiker, Prosaist. Seine Gedichte wurden von Achmatowa ins Russische übertragen. Während des Großen Vaterländischen Krieges Mitglied des Jüdischen Antifaschistischen Komitees. 1952 unter falscher Beschuldigung verhaftet und gemeinsam mit anderen jüdischen Schriftstellern hingerichtet.

*Marschak, Samuil Jakowlewitsch* (1887–1964). Lyriker, Kinderbuchautor, Übersetzer.

*Maximow, Wladimir Jemeljanowitsch* (geb. 1932). Prosaist, Lyriker. 1973 aus dem sowjetischen Schriftstellerverband ausgeschlossen, mehrmals zwangsweise in psychiatrische Kliniken eingewiesen. 1974 Emigration nach Paris.

*Naiman, Anatoli Genrichowitsch* (geb. 1936). Lyriker. 1962–1966 literarischer Sekretär Anna Achmatowas. Veröffentlichte 1989 Erinnerungen an sie unter dem Titel *Erzählungen über Anna Achmatowa* (1992 deutsch).

*Narbut, Wladimir Iwanowitsch* (1888–1944). Lyriker, schloß sich 1912 den «Akmeisten» an. 1937 verhaftet, starb in Haft.

*Nedobrowo, Nikolai Wladimirowitsch* (1884–1919). Lyriker, Freund Achmatowas. Veröffentlichte 1915 den bedeutendsten frühen Aufsatz über die Dichterin.

*Nekrassow, Nikolai Alexejewitsch* (1821–1878). Bedeutendster Lyriker Rußlands in der bürgerlich-demokratischen Periode der russischen Freiheitsbewegung.

*Olschewskaja, Nina Antonowna* (geb. 1908). Schauspielerin, Regisseurin, langjährige Freundin Achmatowas, Ehefrau des Schriftstellers V. Ardow. Bei den Ardows wohnte Achmatowa häufig, wenn sie in Moskau war.
*Ozup, Nikolai Awdejewitsch* (1894 – 1958). Lyriker aus dem Umkreis der «Akmeisten»; Literaturkritiker. Emigrierte 1923 nach Paris.

*Pasternak, Boris Leonidowitsch* (1890 – 1960). Lyriker, Erzähler und Übersetzer. 1958 wurde ihm der Nobelpreis für Literatur verliehen, den er unter Druck ablehnte. *Doktor Schiwago* (1956), sein bedeutendster Roman, erschien erst 1988 in der Sowjetunion.
*Petrowych, Maria Sergejewna* (1908 – 1979). Lyrikerin, Übersetzerin, enge Freundin Achmatowas.
*Pilnjak, Boris Andrejewitsch* (1894 – 1938). Prosaist. 1937 verhaftet, 1938 nach fünfzehnminütiger Verhandlung als «Trotzkist, japanischer Spion und Vaterlandsverräter» zum Tode verurteilt und sofort erschossen.
*Pjast, Wladimir Alexejewitsch* (1886 – 1940). Lyriker und Übersetzer, Freund von Alexander Blok.
*Platonow, Andrej Platonowitsch* (1899 – 1951). Gehört zu den bedeutendsten russischen Erzählern dieses Jahrhunderts. Seit den dreißiger Jahren zunehmend Publikationsschwierigkeiten.
*Prokofjew, Alexander Andrejewitsch* (geb. 1900). Lyriker, Sekretär der Leningrader Sektion des sowjetischen Schriftstellerverbandes.
*Pronin, Boris* (1875 – 1946). Regisseur, Organisator und Akteur des Petersburger Kabaretts «Der streunende Hund» und «Komödiantenkeller».
*Punin, Nikolai Nikolajewitsch* (1888 – 1953). Kunsthistoriker und Kunstkritiker. Anna Achmatowa war mit ihm in dritter Ehe 1922 – 1938 verheiratet. Punin starb unter ungeklärten Umständen in Lagerhaft.

*Radischtschew, Alexander Nikolajewitsch* (1749 – 1802). Prosaist. Sein anonym herausgegebenes Buch *Die Reise von Petersburg nach Moskau* hatte großen Erfolg beim Publikum, stieß aber auf Ablehnung bei der Regierung. Radischtschew wurde zum Tode verurteilt, jedoch zu zehnjähriger Verbannung nach Sibirien begnadigt. Beging 1802 Selbstmord.
*Ranewskaja, Faina Grigorjewna* (1896 – 1984). Theater- und Filmschauspielerin, Freundin Achmatowas.
*Reisner, Larissa Michailowna* (1895 – 1926). Prosaistin, Journalistin.
*Remisow, Alexej Michailowitsch* (1877 – 1957). Prosaist. Emigrierte 1921 nach Berlin, seit 1923 lebte er in Paris.

*Samjatin, Jewgeni Iwanowitsch* (1884–1937). Prosaist und Dramatiker. Sein wichtigster Roman, *Wir* (1927), wurde erst 1988 in der Sowjetunion publiziert. 1932 Emigration.

*Schdanow, Andrej Alexandrowitsch* (1896–1948). Sowjetischer Kulturfunktionär, maßgeblich verantwortlich für die stalinistische Kulturpolitik.

*Schilejko, Wladimir Kasimirowitsch* (1891–1930). Orientalist, Übersetzer. Anna Achmatowa war mit ihm in zweiter Ehe 1918–1921 verheiratet.

*Schirmunski, Viktor Maximowitsch* (1891–1971). Literaturwissenschaftler. Stand in den zwanziger Jahren der Gruppe der «formalen Schule» nahe. Veröffentlichte eine Studie über die Lyrik Achmatowas.

*Schklowski, Viktor Borissowitsch* (1893–1985). Prosaist, Literaturwissenschaftler. Einer der bedeutendsten Theoretiker des Formalismus.

*Sejfullina, Lydia Nikolajewna* (1889–1954). Prosaistin. In den zwanziger Jahren anerkannt, später kritisiert.

*Selwinski, Ilja* (1899–1968). Lyriker, Dramatiker; bedeutender Vertreter der Gruppe der Konstruktivisten.

*Senkewitsch, Michail Alexandrowitsch* (1891–1973). Lyriker, Übersetzer. Stand in seiner Jugend den «Akmeisten» nahe.

*Sewerjanin, Igor* (1887–1941). Lyriker; einer der Hauptvertreter des russischen Futurismus. 1918 Emigration nach Estland.

*Simonow, Konstantin Michailowitsch* (1915–1979). Erzähler, Lyriker und Dramatiker. Besonders bekannt durch seine Kriegslyrik und -prosa.

*Sologub, Fjodor* (1863–1927). Lyriker, Prosaist, Übersetzer. Einer der bedeutendsten russischen Symbolisten.

*Solschenizyn, Alexander Issajewitsch* (geb. 1918). Bedeutender Erzähler, von 1945–1953 in Straf- und Sonderlagern inhaftiert, bis 1956 verbannt. Publizierte nach kurzer Phase der Anerkennung (1962 konnte *Ein Tag im Leben des Iwan Denissowitsch* erscheinen) nur im Samisdat. 1969 Ausschluß aus dem sowjetischen Schriftstellerverband, 1971 Nobelpreis für Literatur, den er nicht persönlich entgegennehmen konnte, 1974 Ausweisung aus der UdSSR. Lebt seitdem in den USA.

*Sorgenfrei, Wilhelm Alexandrowitsch* (1882–1938). Lyriker, Übersetzer, Freund Alexander Bloks.

*Soschtschenko, Michail Michailowitsch* (1895–1958). Prosaist, bedeutender Satiriker. Seit Anfang der vierziger Jahre zunehmend diffamiert, 1946 gemeinsam mit Achmatowa aus dem Schriftstellerverband ausgeschlossen.

*Sresnewskaja, Walerija Sergejewna* (1887–1967). Freundin Achmatowas seit ihrer Kindheit in Zarskoje Selo.

*Surkow, Alexej Alexandrowitsch* (1899–1983). Lyriker, Literaturfunktionär. Von 1953–1959 Generalsekretär des sowjetischen Schriftstellerverbandes.

*Tarkowski, Arseni Alexandrowitsch* (1907–1989). Lyriker, Übersetzer. Verbrachte mehrere Jahre in Lagerhaft. Vater des Filmregisseurs Andrej Tarkowski.

*Tichonow, Nikolai Semjonowitsch* (1896–1979). Lyriker. Sowjetischer Literaturfunktionär.

*Tjutschew, Fjodor Iwanowitsch* (1803–1873). Einer der großen Lyriker des 19. Jahrhunderts. Übertrug u. a. Goethe, Schiller und Heine ins Russische. Diplomat.

*Tolstoi, Alexej Nikolajewitsch* (1883–1945). Erzähler. Stand zunächst den Symbolisten nahe. Von 1918–1923 Emigration in Berlin und Paris. Nach Rückkehr in die Sowjetunion zunehmend opportunistisch.

*Tscharenz, Egische* (1897–1937). Armenische Lyrikerin, übersetzte u. a. Puschkin, Majakowski und Gorki ins Armenische.

*Tschukowskaja, Lydia Kornejewna* (geb. 1907). Tochter des Schriftstellers Kornej Tschukowski. Literaturkritikerin, Erzählerin. 1974 aus dem sowjetischen Schriftstellerverband ausgeschlossen. Langjährige Vertraute und Gesprächspartnerin Achmatowas. Über ihre Begegnungen berichtete sie nach authentischen Tagebüchern in ihren *Aufzeichnungen über Anna Achmatowa* (deutsch Band I 1987).

*Twardowski, Alexander Trifonowitsch* (geb. 1910). Lyriker, Herausgeber der Literaturzeitschrift *Nowy mir*.

*Tschukowski, Kornej Iwanowitsch* (1882–1969). Literaturwissenschaftler, Literaturkritiker. Einer der bekanntesten Kinderbuchautoren der Sowjetunion.

*Tynjanow, Juri Nikolajewitsch* (1895–1943). Erzähler. Einer der bedeutendsten Theoretiker des Formalismus.

*Tyrkowa-Williams, Ariadna Wladimirowna* (1869–1962). Verfaßte noch unveröffentlichte Erinnerungen, aus denen in der vorliegenden Biographie zitiert wird.

*Wigdorowa, Frieda Abramowna* (1915–1965). Prosaistin. Protokollierte 1964 heimlich die Gerichtsverhandlung gegen Joseph Brodsky. Das Protokoll erschien 1965 in den USA.

*Woloschin, Maximilian Alexandrowitsch* (1878–1932). Lyriker. Stand zunächst den Symbolisten, später den «Akmeisten» nahe. In der UdSSR jahrelang totgeschwiegen, erst seit 1960 wieder publiziert.

*Wrubel, Michail Alexandrowitsch* (1856–1910). Maler aus dem Umkreis der Symbolisten.

*Zwetajewa, Marina Iwanowna* (1892–1941). Neben Achmatowa bedeutendste russische Lyrikerin. Emigrierte 1922; 1939 Rückkehr in die Sowjetunion. Beging 1941 Selbstmord.

# Bibliographie

Achmatowa, A., Sotschinenija, tom 1–3. Paris 1965–1983.

Achmatowa, A., Stichotworenija i poemy. Leningrad 1979.

Achmatowa, A., Sotschinenija w dwuch tomach. Moskwa 1986.

Achmatowa, A., Desjatyje gody. Moskwa 1989.

Achmatowa, A., Posle wsego. Moskwa 1989.

Achmatowa, A., Poema bes geroja. Moskwa 1989.

Achmatowa, A., Requiem. Moskwa 1989.

Achmatowa, A. – N. Gumiljow, Stichi i pisma. In: Nowy mir. Moskwa 1986, 9.

Achmatowa, A. W pismach k N. I. Chardschijewu (1930–1960). In: Woprosy literatury. Moskwa 1989, 6.

Ardow, M., Legendarnaja Ordynka. In: Tschistyje prudy. Almanach. Moskwa 1990.

Asadowski, K., B. Jegorow, O niskopoklonstwe i kosmopolitisme: 1948 bis 1949. In: Swesda. Leningrad 1989, 6.

Berberowa, N., Kursiv moi. New York 1983. Deutsch: Ich komme aus St. Petersburg. Reinbek 1992.

Blok, A., O nasnatschenii poeta. In: A. Blok. Sobrannije sotschineni w wosmi tomach, tom 6. Moskwa–Leningrad 1962. Deutsch: Über die Bestimmung des Dichters. In: Alexander Blok, Ausgewählte Werke in drei Bänden. Berlin 1978.

Chodassewitsch, W., Literaturnyje stati i wospominanija. New York 1954.

Chodassewitsch, W., Nekropol: Wospominanija. Paris 1976.

Dialog poetow. Tri pisma Achmatowoi k Brodskomu. In: Achmatowski sbornik 1. Paris 1989.

Gerstein, E., Is wospominani. Pisma Anny Achmatowoi. In: Woprosy Literatury. Moskwa 1989, 6.

Gerstein, E., Nina Antonowna. Bessedy ob Achmatowoi s N. A. Olschewskoi-Ardowoi. In: Tschistyje prudy. Almanach. Moskwa 1990.

Ginsburg, L., Literatura w poiskach realnosti. Stati. Esse. Sametki. Leningrad 1987.
Gippius (Hippius), S., Schiwyje liza. Stichi. Dnewniki. Tbilissi 1991.
Gorki, M., Nesowremennyje mysli: Sametki o rewoluzii i kulture. Moskwa 1990.
Granin, D., A. Adamowitsch, Blokadnaja kniga. Moskwa 1982. Deutsch: Das Blockadebuch. Berlin 1987.
Gumiljow, N., Pisma o russkoi poesii. Moskwa 1990.
Nikolai Gumiljow w wospominanijach sowremennikow. Paris–New York–Düsseldorf 1989.
Haight, A., Anna Achmatova. A poetic pilgrimage. London 1976.
«... Inatsche net poeta.» Besseda L. E. Warustina s L. N. Gumiljowym. In: Swesda. Leningrad 1989, 6.
Kawerin, W., Epilog. Glawy is knigi. In: Newa. Leningrad 1989, 8.
Kardowskaja, J., Neiswestny portret Anny Achmatowy. In: Panorama iskusstw. Moskwa 1984, 7.
Lawrow, A., R. Timentschik, Innokenti Annenski w neisdannych wospominanijach. In: Pamjatniki kultury. Nowyje otkrytija. Jeschegodnik. Leningrad 1981.
Liwschiz, B., Polutoraglasny strelez. Stichotworenija, perewody, wospominanija. Leningrad 1989.
Luknizkaja, W., Nikolai Gumiljow. Schisn poeta po materialam domaschnogo archiwa Luknizkich. Leningrad 1990.
Luknizki, P., Acumiana. Wstretschi s Annoi Achmatowoi, tom 1 1924–1925. Paris 1991.
Mandelstam, N., Wtoraja kniga. Moskwa 1990. Deutsch: Generation ohne Tränen. Frankfurt/M. 1975.
Mandelstam, O., «Grotesk». O prirode slowa. O sowremennoi poesii. In: Mandelstam, Sotschinenija w dwuch tomach, tom 2. Moskwa 1990. Deutsch: Gesammelte Essays (1913–1935). Zürich 1990.
Naiman, A., Rasskasy o Anne Achmatowoi. Moskwa 1989. Deutsch: Erzählungen über Anna Achmatowa. Frankfurt/M. 1992.
Ob Anne Achmatowoi. Stichi. Esse. Wospominanija. Pisma. Leningrad 1990.
Ostrowskaja, S., Wstretschi s Achmatowoi (1944–1946). In: Westnik Russkogo christianskogo dwischenija. 1989, 2/156.
Pasternak, J., Boris Pasternak. Materialy dlja biografii. Moskwa 1989.
Perepiska Borissa Pasternaka. Moskwa 1990.
Reisner, L., Isbrannoje. Moskwa 1965.
Roskina, N., Tschetyre glawy. Is literaturnych wospominanii. Paris 1980.
Simonow, K., Glasami tscheloweka mojego pokolenija. Rasmyschlenija o I. W. Staline. In: Snamja. Moskwa 1988, 3–5.

Slonimskaja, I., Tschto ja pomnju o Soschtschenko. In: Newa. Leningrad 1990, 7.

Tomaschewskaja, S., Ja-kak peterburgskaja tumba. In: Oktjabr. Moskwa 1989, 6.

Tschukowskaja, L., Sapiski ob Anne Achmatowoi, tom 1 1938–1941. Paris 1976. Deutsch: Aufzeichnungen über Anna Achmatowa. Tübingen 1987.

Tschukowskaja, L., Sapiski ob Anne Achmatowoi, tom 2 1954–1962. Paris 1980.

Tschukowski, K., Achmatowa i Majakowski. In: Woprosy literatury. Moskwa 1988, 1.

Tschukowski, K., Sobrannije sotschineni w schesti tomach.

Deutsche Ausgaben von Werken Anna Achmatowas:

*Briefe und Aufsätze*. Russ./Dt. Übertragen von Irmgard Wille. Hrsg. von Siegfried Heinrichs. Oberbaumverlag, Berlin 1988.

*Gedichte*. Russ./Dt. Übertragen von Sarah Kirsch, Rainer Kirsch u. a. Hrsg. von Ilma Rakusa. Suhrkamp Verlag, Frankfurt a. M. 1988.

*Gedichte*. Ausgewählt und übertragen von Hans Baumann. Langewiesche-Brandt Verlag, Ebenhausen 1967.

*Im Spiegelland*. Hrsg. von Efim Etkind. Piper Verlag, München 1988.

*Poem ohne Held*. Russ./Dt. Übertragen von Irmgard Wille. Hrsg. von Siegfried Heinrichs. Oberbaumverlag, Berlin 1989.

*Poem ohne Held*. Russ./Dt. Übertragen von Heinz Czechowski, Uwe Grüning, Rainer Kirsch und Sarah Kirsch. Hrsg. von Fritz Mierau. Verlag Philipp Reclam jun., Leipzig 1979.

*Requiem*. Übertragen von Rosemarie Düring. Hrsg. von Siegfried Heinrichs. Oberbaumverlag, Berlin 1988.

*Die roten Türme des heimatlichen Sodom*. Übertragen von Irmgard Wille und Rosemarie Düring. Oberbaumverlag, Berlin 1988.

*Vor den Fenstern Frost*. Übertragen von Barbara Honigmann und Fritz Mierau. Friedenauer Presse, Berlin 1988.